西南边疆民族地区丝绸之路经济带建设中城镇化多元格局实现路径研究

向丽 蒋团标 裴金平 著

中国财经出版传媒集团

经济科学出版社

Economic Science Press

图书在版编目（CIP）数据

西南边疆民族地区丝绸之路经济带建设中城镇化多元格局实现路径研究/向丽，蒋团标，裴金平著 .—北京：经济科学出版社，2021.3

ISBN 978-7-5218-2416-2

Ⅰ.①西⋯　Ⅱ.①向⋯②蒋⋯③裴⋯　Ⅲ.①边疆地区－民族地区－丝绸之路－经济带－城市化－研究－西南地区　Ⅳ.①F299.27

中国版本图书馆 CIP 数据核字（2021）第 038840 号

责任编辑：李晓杰
责任校对：齐　杰
责任印制：范　艳　张佳裕

西南边疆民族地区丝绸之路经济带建设中城镇化多元格局实现路径研究
向　丽　蒋团标　裴金平　著
经济科学出版社出版、发行　新华书店经销
社址：北京市海淀区阜成路甲 28 号　邮编：100142
总编部电话：010-88191217　发行部电话：010-88191522
网址：www.esp.com.cn
电子邮箱：esp@esp.com.cn
天猫网店：经济科学出版社旗舰店
网址：http://jjkxcbs.tmall.com
北京密兴印刷有限公司印装
710×1000　16 开　25.25 印张　470000 字
2021 年 7 月第 1 版　2021 年 7 月第 1 次印刷
ISBN 978-7-5218-2416-2　定价：79.00 元
（图书出现印装问题，本社负责调换。电话：010-88191510）
（版权所有　侵权必究　打击盗版　举报热线：010-88191661
QQ：2242791300　营销中心电话：010-88191537
电子邮箱：dbts@esp.com.cn）

国家社会科学基金资助项目（15BMZ080）
广西高等学校千名中青年骨干教师培育计划
贺州学院2020年硕士点建设经费（东融研究）资助

作者简介

向丽，女，1982年9月生，四川内江人，哈尔滨工业大学管理学博士，贺州学院副教授、经济与管理学院副院长、东融研究中心主任，兼任广西师范大学硕士研究生导师。主要从事城镇化与区域可持续发展、技术创新管理等方面的教学与科研工作。主持在研国家社会科学基金项目1项、广西教育科学规划重点资助课题1项、贺州市教育局委托项目1项、贺州学院博士科研启动基金项目1项，完成广西哲学社会科学规划青年课题1项、广西科协资助青年科技工作者专项课题1项、广西教育厅科研课题1项、贺州市发展和改革委员会委托项目1项；作为主研人员参与完成国家社会科学基金项目3项。出版著作《研发外包中关系质量对企业创新绩效的影响机制研究》等2部；在《农业经济问题》《农业技术经济》《数理统计与管理》《工业工程与管理》《人口与经济》《中国科技论坛》《经济问题探索》《科技进步与对策》等中文核心期刊、CSSCI源期刊（辑刊）上公开发表论文32篇。学术成果获广西社会科学优秀成果奖二等奖1项、三等奖1项，民政部民政政策理论研究三等奖1项，广西高等教育创新创业教育教学成果一等奖1项，市厅级社会科学优秀成果奖一等奖6项。入选"广西高等学校千名中青年骨干教师培育计划"、广西"十百千"知识产权中青年专家。

蒋团标，男，1964年5月生，广西富川人，经济学硕士，三级教授，硕士研究生导师，广西师范大学第四届教学名师。现任中国区域经济学会常务理事，广西教育厅重点研究基地西南城市与区域经济发展研究中心主任，广西国家级开发区创新发展研究团队首席专家，广西战略研究会理事，桂林政策研究会副会长、桂林市经济学会副会长等职。长期从事区域经济和公共财政管理的教学与研究，是国内较早关注北部湾经济区和珠江—西江经济带研究的学者之一，侧重区域经济发展战略、城镇化及相关政策研究。主持完成国家社科基金一般项目1项，广西哲学社会科学项目3项，国家财政部重大委托项目1项，以及各类厅级项目、横向项目20多项；参加国家社科基金、广西社科基金及其他基金项目30多项。出版著作10余部，公开发表论文70余篇。学术成果获广西社会科学优秀成果奖二等奖1项、三等奖3项，广西优秀教学成果二等奖1项，广西师范大学优秀成果奖一等奖、二等奖多项。

裴金平，女，1987年4月生，湖北浠水人，武汉大学经济学博士，桂林电子科技大学商学院副教授。主要从事区域经济和财政学方面教学与科研工作。主持广西哲学社会科学项目1项、市厅级项目3项，参与完成国家社科基金项目2项、其他基金项目10多项；参与出版著作2部，公开发表论文10余篇。

序 一

中国社会科学院民族学与人类学研究所 刘小珉研究员

改革开放以来，我国经济实现了高速发展，城镇化在其中发挥着重要作用。科学合理的城镇化格局的构建，有助于促进规模较大的城镇吸引周围优势要素向其集聚，在推动区域城镇化发展的同时，还将辐射带动周边小城镇发展，进而促进区域整体城镇化率提高。随着我国新型城镇化的不断发展，城镇化布局和形态优化需要多元路径实现。城镇化多元格局是区域范围内城镇空间过程随着自组织和他组织相互作用而产生集聚与扩散的交替演化，最终形成区域内城镇化率、城镇兴衰演替、城镇等级规模变化、城镇职能完善以及区域城镇空间结构的演化。

习近平总书记于2013年9月首次提出共建"丝绸之路经济带"的战略构想，勾勒出中国进一步开放的新蓝图，为新一轮西部大开发开创了新的历史机遇。党的十八届三中全会将丝绸之路经济带建设正式上升为国家政策。随着相关文件的出台，丝绸之路经济带的总体架构已经明确，我国相关省份也快速做出响应，将这一外交倡议被视作地区经济社会发展的重大机遇，并纳入地方施政目标。边疆民族地区的区位和文化制度具有特殊性，其城镇化发展的路径选择和培育也更为复杂。以丝绸之路经济带建设为契机，探讨边疆民族地区城镇化多元格局尚有许多问题需要研究。

西南边疆民族地区独特的地势地貌及自然环境限制了大规模城市的发展，大城市对周边小城镇的辐射带动作用也不强。整体来看，西南边疆民族地区仍然存在城镇总量严重不足、城镇体系不完善、城镇空间布局局限等突出问题，难以形成"联系紧密、相互依存"的城镇辐射带动、互促发展的城镇化格局。因此，本书以西南边疆民族地区丝绸之路经济带建设中城镇化多元格局为研究对象，通过对西南边疆民族地区丝绸之路经济带建设中多元城镇化格局形成所面临的突出问题的政策研判，相互关系的逻辑演进、理论架构、实证检验等一系列问题的深入研究，提出了西南边疆民族地区丝绸之路经济带建设中城镇化多元格局实现路径的政策建议。

  本书观点鲜明，论证严密，既有学术价值，又有实践意义。首先，从理论层面探讨西南边疆民族地区丝绸之路经济带建设中城镇化多元格局形成的动力机制，阐述丝绸之路经济带对西南边疆民族地区城镇化多元格局作用机理的理论依据，进而构建理论分析框架。其次，从理论结合实际的角度出发，建立多元实证分析框架，运用多种实证研究方法对西南边疆民族地区丝绸之路经济带建设中城市体系的综合发展水平、职能结构、等级规模结构以及空间结构展开研究，为西南边疆民族地区丝绸之路经济带建设中城镇化多元格局的实现路径的政策设计提供了关键的理论与现实依据。再次，通过构建系统动力学仿真模型，对西南边疆民族地区丝绸之路经济带建设中人口就近城镇化进行了动态模拟。并从就业质量和社会认同度双重视角，实证考察了西南边疆民族地区农业转移人口就近城镇化意愿及其主要影响因素。最后，从城市体系综合发展水平、城市职能结构、城市等级规模结构、城市体系空间结构以及人口就近城镇化等五个方面，提出了西南边疆民族地区丝绸之路经济带建设中城镇化多元格局的实现路径。

  本书为学术界从丝绸之路经济带建设角度探究西南边疆民族地区城镇化多元格局的实现路径提供了一个新的综合分析框架，揭示了丝绸之路经济带与西南边疆民族地区城镇化多元格局的关系，探究了西南边疆民族地区丝绸之路经济带建设中城镇化多元格局形成的主要影响因素及其实现路径，是对边疆民族地区城镇化理论研究与实证研究的丰富与完善。尽管本书所涉及的研究尚存在一定的局限性，但整体而言不失为一项较高水平的研究成果。我相信《西南边疆民族地区丝绸之路经济带建设中城镇化多元格局实现路径研究》对于推动丝绸之路经济带效应影响下的广西、云南、贵州、重庆、四川和西北的陕西、甘肃、青海、宁夏、新疆及内蒙古等省份的城镇化多元格局形成,具有重要的参考价值。

刘小珉

2021 年 6 月 17 日

序 二

广西社会科学院经济发展与战略决策研究学部主任　杨鹏研究员

边疆民族地区的区位和文化制度具有特殊性，这使得其城镇化发展的路径选择和培育更为复杂。丝绸之路经济带建设为区域内城市竞逐核心、节点和支点地位提供了良好契机，丝绸之路经济带建设与区域内城镇化的关系，特别是这种关系将如何促进边疆地区城镇化多元格局路径的实现是值得关注的问题。西南边疆民族地区具有明显的"两低一少"的城镇化特征，受限于人口规模和经济规模，区域中心城市尤为匮乏，且缺少强有力的龙头城市，城市群发展也相对滞后。在丝绸之路经济带建设背景下，西南边疆民族地区城镇化发展面临着良好的机遇。推进大城市引导、中等城市崛起、小城市发展协同，清除城镇体系不完善对区域城镇化进程产生的阻碍，探索有区域特色的多元格局是西南边疆民族地区城镇化发展中亟待解决的现实难题。

《西南边疆民族地区丝绸之路经济带建设中城镇化多元格局实现路径研究》一书，以西南边疆民族地区丝绸之路经济带建设中城镇化多元格局为研究对象，首次从丝绸之路经济带建设的视角，探讨丝绸之路经济带建设与西南边疆民族地区城镇化多元格局形成的关系问题，构建西南边疆民族地区丝绸之路经济带建设中城镇化多元格局实现路径的理论框架，得出丝绸之路经济带与西南边疆民族地区城镇化多元格局之间的内在关系及其作用机理。通过综合运用定性分析和定量分析，以广西和云南两个西南边疆民族地区城市体系现状作为研究样本，探讨了西南边疆民族地区丝绸之路经济带建设中城镇化多元格局形成的民族性和特殊性。本书进一步构建了多元实证分析框架，首先对西南边疆民族地区丝绸之路经济带建设中的城市体系综合发展水平展开测算分析，其次从城市职能结构、城市等级规模结构、城市体系空间结构三个层面对西南边疆民族地区丝绸之路经济带建设中的城市体系结构特征进行实证检验，再次对西南边疆民族地区丝绸之路经济带建设中人口就近城镇化进行模拟仿真，以广西为例考察了西南边疆民族地区人口就近城镇化意愿。最后基于实证分析结果，提出西南边疆民族地区丝绸之路经济带建设中城镇化多元格局实现路径的政策建议。纵观全书，在研究方法、理论和应用等方面均具有一定的创新性。

第一，对国内外丝绸之路经济带建设与城镇化多元格局问题展开分析。当前我国西南边疆民族地区丝绸之路经济带建设中城镇化多元格局形成中存在着"丝绸之路经济带对城镇化的具体的作用机制认识不足、带内城镇化格局形成机制尚未建立、西南边疆地区城镇化多元格局的实现路径缺乏系统设计"等一系列突出问题产生的背景、成因及发展趋势。

第二，对西南边疆民族地区丝绸之路经济带建设中城镇化多元格局实现路径的理论框架展开分析。通过界定西南边疆民族地区城镇化多元格局的内涵，分析西南边疆民族地区城镇化多元格局的特征和维度，以及该区域城镇化多元格局的可行性及发展趋势。并对丝绸之路经济带效应的构成进行分析，总结其在西南边疆民族地区城镇化多元格局中的表现。进一步探究西南边疆民族地区丝绸之路经济带建设中城镇化多元格局的动力机制。再结合对丝绸之路经济带对西南边疆民族地区城镇化多元格局作用机理的理论依据的分析，构建丝绸之路经济带对西南边疆民族地区城镇化多元格局作用机理的分析框架。本书揭示了丝绸之路经济带对西南边疆民族地区城镇化多元格局的作用机理，是对边疆民族地区城镇化问题的理论研究的有益补充。

第三，对西南边疆民族地区丝绸之路经济带建设中城镇化多元格局实现路径展开实证分析。通过对西南边疆民族地区城市体系综合发展水平、三大结构特征、人口就近城镇化模拟仿真、人口就近城镇化意愿等方面的实证研究，以构建多元实证分析框架的方法全方位、多角度地分析西南边疆民族地区丝绸之路经济带建设中城镇化多元格局的主要影响因素及形成过程中存在的突出问题。本书构建了西南边疆民族地区丝绸之路经济带建设中人口就近城镇化系统动力学仿真模型，并从就业质量和社会认同度双重视角，运用结构方程模型分析方法实证检验了西南边疆民族地区农业转移人口就近城镇化意愿。

第四，对西南边疆民族地区丝绸之路经济带建设中城镇化多元格局的实现路径展开分析。从制度顶层设计的角度，从城市体系综合发展水平、城市职能结构、城市等级规模结构、城市体系空间结构的优化，以及人口就近城镇化实现路径等五个方面，提出西南边疆民族地区丝绸之路经济带建设中城镇化多元格局的实现路径。

目前，学术界已经充分认识丝绸之路经济带对城镇化的作用和布局优化的要求，但对具体的作用机制和带内城镇化格局研究还不充分。有关边疆地区城镇化问题的研究成果还主要集中在小城镇，对整体格局的规划和实现机制研究成果仍然较少。通过构建丝绸之路经济带与西南边疆民族地区城镇化多元格局关系的理论模型，并对西南边疆民族地区丝绸之路经济带建设中城镇化多元格局进行实证检验，得出西南边疆民族地区丝绸之路经济带建设中城镇化多元格局的实现路径。深化了丝绸之路经济带效应和城镇化多元格局本质和规律的认识，在一定程度上填补了目前理论研究的不足，丰富和完善了丝绸之路经济带建设和城镇化多元格局的理论体系。本书可为西部边疆民族地区（广西、云南）城镇化适度规模扩张的多元格局形成提供决策参考，实现西南边疆民族地区城镇化多元格局与丝绸之路经济带建设良性互动，同时可为丝绸之路经济带其它省份城镇化多元布局提供示范。

2021年6月20日

目 录

第一章 ▶ 绪论　1

一、研究背景与问题提出　1

二、文献回顾　5

三、研究目的与意义　33

四、研究内容、研究方法及技术路线　35

第二章 ▶ 西南边疆民族地区丝绸之路经济带建设中城镇化多元格局实现路径的理论框架　39

一、西南边疆民族地区城镇化多元格局的内涵、特征及维度　39

二、西南边疆民族地区城镇化多元格局的可行性与发展趋势　47

三、丝绸之路经济带效应及其在西南边疆民族地区城镇化多元格局中的表现　56

四、西南边疆民族地区丝绸之路经济带建设中城镇化多元格局的动力机制　60

五、丝绸之路经济带对西南边疆民族地区城镇化多元格局作用机理的分析框架　65

第三章 ▶ 西南边疆民族地区丝绸之路经济带建设中城市体系综合发展水平实证研究　76

一、评价指标体系构建　76

二、研究方法与数据来源　78

三、西南边疆民族地区丝绸之路经济带建设中城市体系综合发展
      水平评价　79
   四、西南边疆民族地区丝绸之路经济带建设中城市体系综合发展
      水平的时空演变特征分析　92
   五、研究发现与讨论　103

第四章▶西南边疆民族地区丝绸之路经济带建设中城市职能
       结构实证研究　106

   一、研究方法与数据来源　107
   二、西南边疆民族地区丝绸之路经济带建设中城市
      职能结构实证分析　111
   三、研究发现与讨论　138

第五章▶西南边疆民族地区丝绸之路经济带建设中城市等级
       规模结构实证研究　142

   一、研究方法与数据来源　142
   二、西南边疆民族地区丝绸之路经济带建设中城市人口规模结构
      实证分析　146
   三、西南边疆民族地区丝绸之路经济带建设中城市经济规模结构
      实证分析　153
   四、西南边疆民族地区丝绸之路经济带建设中城市用地规模结构
      实证分析　159
   五、研究发现与讨论　165

第六章▶西南边疆民族地区丝绸之路经济带建设中城市体系
       空间结构实证研究　167

   一、研究方法与数据来源　167
   二、西南边疆民族地区丝绸之路经济带建设中城市体系空间结构
      实证分析　172
   三、研究发现与讨论　199

**第七章▶西南边疆民族地区丝绸之路经济带建设中人口就近
　　　　城镇化模拟仿真研究　203**

　　一、研究方法与数据来源　203
　　二、系统动力学模型构建　204
　　三、广西丝绸之路经济带建设中人口就近城镇化模拟仿真　206
　　四、云南丝绸之路经济带建设中人口就近城镇化模拟仿真　241
　　五、研究发现与讨论　281

**第八章▶西南边疆民族地区人口就近城镇化意愿研究：
　　　　广西例证　285**

　　一、调查研究框架构建与问卷设计　286
　　二、就业质量对农业转移人口就近城镇化意愿的影响研究　291
　　三、基于就业质量的农业转移人口就近城镇化意愿的代际差异研究　298
　　四、基于社会认同度的农业转移人口就近城镇化意愿的地区
　　　　差异研究　306
　　五、研究发现与讨论　316

**第九章▶西南边疆民族地区丝绸之路经济带建设中城镇化多元
　　　　格局的实现路径　320**

　　一、西南边疆民族地区丝绸之路经济带建设中城市体系综合发展
　　　　水平优化路径　320
　　二、西南边疆民族地区丝绸之路经济带建设中城市职能结构优化
　　　　路径　326
　　三、西南边疆民族地区丝绸之路经济带建设中城市等级规模结构
　　　　优化路径　330
　　四、西南边疆民族地区丝绸之路经济带建设中城市体系空间结构
　　　　优化路径　334
　　五、西南边疆民族地区丝绸之路经济带建设中人口就近城镇化
　　　　实现路径　336

第十章 ▶ 结论与展望　　343

附录一：基于就业质量的农业转移人口就近城镇化意愿
　　　　调查问卷　　346

附录二：基于社会认同度的农业转移人口就近城镇化意愿
　　　　调查问卷　　348

参考文献　　350
后记　　383

第一章

绪 论

一、研究背景与问题提出

（一）研究背景

改革开放以来，我国经济实现了高速发展，城镇化在其中发挥着重要作用。城镇化既促进了城乡协调发展，又推动了城镇产业结构优化，成为我国经济可持续发展的重要引擎（辜胜阻等，2010）。美国地理学家诺瑟姆（Northam）于1975年提出了世界城镇化的三阶段发展规律，认为城镇化进程表现为"S"形曲线发展，具体可分为起步发展阶段、加速发展阶段和成熟稳定发展阶段。国内学者方创琳等（2008）通过深入分析新中国成立以来的城镇化发展历程，并对应经济发展与增长的四个不同阶段，提出了城镇化发展的四阶段论，认为我国城镇化发展应由起步阶段、中期阶段、后期阶段以及终期阶段构成。我国的城镇化水平从1980年的19.4%提升至1996年的30.48%，已经完成了城镇化起步阶段。根据党中央、国务院印发的《国家新型城镇化规划（2014~2020年）》，我国的城镇化水平将在2020年达到60%，由城镇化中期快速成长阶段迈入城镇化后期成熟发展阶段（方创琳，2018）。

在城镇化发展的起步阶段，我国主要采取"以乡补城"的单线推进发展模式，具体表现为城市的数量增多、人口剧增和规模扩张（徐晓军、张楠楠，2019）。随着城镇化的迅速发展，我国大量的农村剩余劳动力不断涌入城市（李强等，2012）。与此同时，我国传统城镇化发展模式的弊端逐渐显现，比如地方政府对"土地红利"过度依赖，而人口城镇化速度明显滞后（辜胜阻、杨威，2012；雷潇雨、龚六堂，2014）；人口过度聚集于大城市，与区域资源环境承载力不匹配，也引发了交通拥堵、教育、医疗卫生等一系列问题（陈锡文，2011）；农业转移人口市民化推进缓慢，凸显出城镇内部的"新二元"结构（魏后凯、苏红键，2013）。

在城镇化中期阶段，我国政府基于城镇化与经济社会发展的现实情况，从国家层面及时做出了一系列科学决策。2012年，党的十八大首次提出新型城镇化的发展战略；2013年，党的十八届三中全会和中央城镇化工作会议召开，对推进新型城镇化发展战略进行了全面系统的部署；2014年3月16日，《国家新型城镇化规划（2014～2020年）》正式发布，进一步指出我国要走特色新型城镇化发展道路，并提出要以人的城镇化为核心，有序推进农业转移人口市民化，优化城镇化布局和形态，提高城市可持续发展能力，推动城乡发展一体化。这就要求我国各省份要在科学发展观指导下，将信息化、新型工业化与农业现代化作为基本动力，将内涵集约增长作为新的发展方式，建立"政府引导、市场运作"的保障机制，走可持续发展道路（李国平，2013；倪鹏飞，2013）。为此，我国需要建立与区域经济发展、产业布局相适应的城市格局，将城市群作为主体形态，推进大中小城市协调发展，优化城市空间结构，提高城市综合承载能力。并尽快突破城乡二元体制，推动农业转移人口有序市民化（张占斌，2013）。此后，新型城镇化、人的城镇化等问题得到了学术界的广泛关注，也逐步成为各级政府的工作重点。同时，新型城镇化试点工作有序开展，并取得了明显成效（Chen et al.，2018）。

城镇化格局是对城镇化内在机制及其空间表现的高度概括，通常表现为城镇化水平在区域范围内的空间差异性（刘彦随、杨忍，2012）、城镇体系不断组织嬗变而形成城镇体系格局（段进军，2011）、经济空间格局（赵璐等，2014）和生态空间格局（范冬英等，2007）等。城镇化格局对于区域城镇化水平具有十分重要的影响。科学合理的城镇化格局的构建，有助于促进规模较大的城镇吸引周围优势要素向其集聚，在推动区域城镇化发展的同时，还将辐射带动周边小城镇发展，进而促进区域整体城镇化率提高。随着我国新型城镇化的不断发展,城镇化布局和形态优化需要多元路径实现。城镇化多元格局是区域范围内城镇空间过程随着自组织和他组织相互作用而产生集聚与扩散的交替演化（陆大道,2001；王莉、杨雪,2006），最终形成区域内城镇化率、城镇兴衰演替、城镇等级规模变化、城镇职能完善以及区域城镇空间结构的演化（吕园、李建伟,2014）。

"丝绸之路"曾一度是横贯整个亚欧大陆的政治、经济及文化中心。习近平于2013年9月首次提出共建"丝绸之路经济带"的构想，勾勒出中国进一步开放的新蓝图，为新一轮西部大开发开创了新的历史机遇。党的十八届三中全会将丝绸之路经济带建设正式上升为国家战略，我国西部的陕西、宁夏、甘肃、青海、新疆、重庆、四川、广西、云南9个省（自治区、直辖市）均包含在经济带的核心区域内（郭爱君、毛锦凰,2014）。第二亚欧大陆桥全线开通及沿桥地区的经济发展是丝绸之路经济带的客观基础，沿线各国在经济发展、基础设施建设，以及国家间的沟通、协调与合作等方面均取得了重要进展（杨恕、王术森,2014）。随着相关文件的出台，丝绸之路经济带的总体架构已经明确，我国相关省份也快速做出响应，并将这一外交倡议纳入地方施政目标之中，旨在推动地区经济社会发展（冯维江,2014）。

我国早已实现由农业人口占多数转为非农业人口占多数，并由乡村社会转为城市社会。尽管我国处于社会主义初级阶段的基本国情并未改变，但是人民日益增长的美好生活需要与发展的不平衡、不充分之间的矛盾已成为社会的主要矛盾，因此，我国必须适时推进城镇化战略的根本转变。作为增进边疆安全的有机载体，边疆地区城镇化具有明显的公共产品属性，有助于推动边疆地区经济发展，增强区域社会文化联系，进一步提升各民族人民生活水平（张国玉、刘晓红,2009）。但目前我国边疆少数民族地区城镇化发展中仍然存在民族传统文化遭受破坏、城镇建设规划不科学、非农主导产业匮乏等突出问题（杨金江等,2008）。边疆民族地区的区位和文化制度具有特殊性，这使得其城镇化发展的路径选择和培育更为复杂。西南边疆民族地区独特的地势地貌及自然环境限制了城市的规模化发展，也影响了大城市对周边小城镇的辐射带动作用。可见，单纯地依赖大城市的引领作用来促进西南边疆民族地区城镇化发展是行不通的。在丝绸之路经济带建设背景下，西南边疆民族地区城镇化发展面临着良好的机遇，但在推进大城市引导、中等城市崛起、小城市协同发展的过程中，清除城镇体系不完善对区域城镇化进程产生的阻碍，探索有区域特色的多元格局是西南边疆民族地区城镇化发展中亟待解决的现实难题。

(二) 问题提出

丝绸之路经济带建设为区域内城市竞逐核心、节点和支点地位提供了良好契机。推进丝绸之路经济带建设，需要一定数量的区域中心城市作为其有力支撑。西南边疆民族地区具有明显的"两低一少"的城镇化特征，即经济发展水平低、城市密度低、人口少。受限于人口规模和经济规模，西南边疆民族地区内区域中心城市尤为匮乏，广西和云南两个省份中仅有南宁市和昆明市两个区域中心城市，并且，该区域缺少强有力的龙头城市，城市群发展也相对滞后（柳建文，2017）。整体来看，西南边疆民族地区存在城镇总量严重不足、城镇体系不完善、城镇空间布局局限等突出问题，难以形成"联系紧密、相互依存"的城镇互相辐射带动、互促发展的城镇化格局（李忠斌、郑甘甜，2017）。

西南边疆民族地区的城镇化道路属于滞后型发展模式，其根源在于产业发展滞后（曹洪华，2008）。在城镇化过程中的不同阶段，三次产业的发展对推动西南边疆民族地区城镇化发展起着至关重要的作用。当城镇化水平到达一定程度之后，推动城镇化发展的主要力量将转变为第三产业（Moir，1976）。政府将以推动第三产业发展为主要任务，吸引人口流向第三产业，加快推动服务业发展，进而达到解决劳动力与提升劳动人口收入的双赢目标（陈浩宇、刘园，2019）。西南边疆民族地区的产业发展受到环境、产业政策和历史发展水平等因素的影响，这使得该区域的第一产业占比最高，且三次产业的结构层次较低。相较第二、第三产业，该区域的就业人口也集中于第一产业，出现产业结构严重失衡的现象。西南边疆民族地区基础设施建设相对滞后，资金和技术资源均较缺乏，这也在很大程度上阻碍了其第二、第三产业发展。

随着城镇经济的发展，城乡工资差距逐渐拉大，推动了西南边疆民族地区农村剩余劳动力流向城镇。与此同时，"两头占地"和"三头占地"现象也逐渐凸显，由此引发了城镇化中的耕地紧缺问题（赵俊超，2015）。在异地城镇化模式下，农业转移人口难以享受与城市市民同等的社会保障、子女教育等基本公共服务（焦晓云，2015）。西南边疆民族地区应加快推进农业转移人口就近城镇化，一方面，可采取宅基地置换等方式，使具有就近城镇化意愿的农业转移人口能够定居城镇。另一方面，通过将这部分定居城镇的人口的农地流转，可以使选择继续留在农村的人口的人均土地大幅度增加，这将有助于推动农业经营方式的转变和促进农业经营效率的提高，从而实现农民增收和生活质量提升（孙玉玲、王明亮，2014）。

本研究以西南边疆民族地区丝绸之路经济带建设中城镇化多元格局为研究对象，从文献梳理的理论角度对当前我国西南边疆民族地区丝绸之路经济带建设中，在城镇化多元格局形成过程中存在的丝绸之路经济带对城镇化的具体的作用机制认识不足、经济带内城镇化格局形成机制尚未建立、西南边疆地区城镇化多元格局的实现路径缺乏系统设计等一系列突出问题产生的背景、成因及发展趋势展开分析。首先从理论层面探讨西南边疆民族地区丝绸之路经济带建设中城镇化多元格局形成的动力机制，阐述丝绸之路经济带对西南边疆民族地区城镇化多元格局作用机理的理论依据，进而构建理论分析框架。接着从理论结合实际的角度出发，建立多元实证分析框架，运用实证研究的方法对西南边疆民族地区丝绸之路经济带建设中城市体系的综合发展水平、职能结构、等级规模结构以及空间结构展开研究，从而为西南边疆民族地区丝绸之路经济带建设中城镇化多元格局的实现路径的政策系统设计提供关键的理论与现实依据。通过构建系统动力学仿真模型，进一步对西南边疆民族地区丝绸之路经济带建设中人口就近城镇化进行动态模拟。再对西南边疆民族地区人口就近城镇化意愿进行实地调研，从就业质量和社会认同度双重视角，实证考察西南边疆民族地区农业转移人口就近城镇化意愿及其主要影响因素，研判西南边疆民族地区城镇化多元格局形成中存在突出问题的现实背景、原因和未来走向。最后提出西南边疆民族地区丝绸之路经济带建设中城镇化多元格局的实现路径。研究成果可为西南边疆民族地区（广西、云南）城镇化多元格局形成提供参考，实现西南边疆民族地区城镇化多元格局与丝绸之路经济带建设的良性互动，并为丝绸之路经济带其余省份的城镇化多元布局提供示范。

二、文献回顾

（一）丝绸之路经济带问题研究

德国地理学家李希霍芬（Richthofen）于1877年首次将中国经西域与希腊、罗马帝国的交通路线命名为"丝绸之路"。此后，各国相继提出与"丝绸之路"相关的规划构想，其中较具代表性的包括：一是联合国在2008年提出的"丝绸之路复兴"计划，该计划旨在通过执行230个项目对古丝绸之路等欧亚大陆通道的软硬件条件进行改善；二是日本在2004年重新提出的"丝绸之路外交"战略，该战略将丝绸之路地区的范围界定为中亚五国和外高加索三国，其目标是通过提高政治影响力与经济渗透度以获得该区域的能源开发和贸易主导权；三是美国在2011年提出的"新丝绸之路"计划，旨在巩固其在欧亚大陆腹地发展中的主导地位；四是俄罗斯在2012年提出的"新丝绸之路"，即"中欧运输走廊"，并强调本国将对"新丝绸之路"起到决定性作用；五是伊朗在2011年启动的"铁路丝绸之路"计划，旨在通过经由阿富汗、塔吉克斯坦及吉尔吉斯斯坦的伊朗铁路线，实现该国与中国铁路线的连通；六是哈萨克斯坦在2012年实施的"新丝绸之路"项目，旨在通过建成中亚地区最大的过境中心以恢复该国的历史地位。但以上计划的制定者都只是强调自身的"连"与"通"，并未兼顾其他国家的现实利益与长远利益。由于诸多原因，这些计划要么早已停滞，要么在实施过程中面临着重重困难（李建民，2014）。2013年9月，中国首次提出共建"丝绸之路经济带"的战略构想。

目前，学术界对于"丝绸之路经济带"的内涵尚未形成一致性观点。我国学者朱显平和邹向阳（2006）最早将"丝绸之路经济带"界定为一个以新丝绸之路综合交通通道作为展开空间，以沿线交通基础设施与中心城市作为依托，以域内贸易与生产要素的自由流动及优化配置作为动力，以区域经济一体化为手段来促进沿线经济快速增长并凸显其关联带动作用的中国—中亚跨国带状经济合作区。李忠民等（2011）提出了"新丝绸之路"的概念，即欧亚大陆桥，由东向西包括陇海线和兰新线，还指出尽管该通道具有丰富的矿产资源、能源资源、土地资源、人力资源以及旅游资源，但由于种种原因，中亚地区经济发展相对滞后。王习农和陈涛（2014）阐述了"丝绸之路经济带"的动态内涵，认为该经济带能够带动中国与沿线国家之间的合作发展，全球经济版图将会出现新变化，并对于开放型经济发展的培育具有新优势，目标是要实现位于经济带沿线的中国西部省份的跨越式发展以及长治久安，同时他们还认为，该经济带应由"狭长带状区域"转变为"大十字区域"。卫玲和戴江伟（2014）从空间范围角度认为，广义的丝绸之路经济带的空间范围与古丝绸之路基本重叠；狭义的丝绸之路经济带只限于中国和中亚五国的部分区域，具体可以从国家、地域、地形单元和城市4个层面进行划分。同时他们还提出，丝绸之路经济带实质上是一种特定的区域经济空间结构：区域产业与人口的"点—轴"集聚是形成该经济带的根本动力，主要抓手在于加强沿线各城市间的合作；具备完善的交通基础设施是丝绸之路经济带建设的首要条件；唯有构建统一的制度框架与协调机制，才能实现资金、劳动力、信息、技术等要素的自由流动；中国与中亚地区各国的共同利益成为丝绸之路经济带的根基所在，由此中国理应在丝绸之路经济带建设中发挥牵引作用；地缘政治与能源合作可视为现实基础。当前，上海合作组织在丝绸之路经济带建设过程中已经起到了政治铺垫的作用，中国和中亚地区间的能源合作也将推进双方间更深层次的经济合作，并有助于构建区域经济一体化组织。

建设丝绸之路经济带的重要性已经得到学者们的一致认同。丝绸之路经济带沿线城市可以充分地借助这个契机提升自身经济发展水平（王保忠等，2013）。从战略价值角度看，丝绸之路经济带是丝绸之路的升华，反映了我国全新的战略思想。长期探索和实施丝绸之路经济带建设，是我国的一项重要任务（王之泰，2014）。丝绸之路经济带的构想与我国经济当前所处发展阶段和现状有密切联系。共建"丝绸之路经济带"进一步明确了我国向欧亚内陆开放的战略方向，对我国能源和贸易安全、培育新的经济增长点的意义重大（王璐等，2019）。丝绸之路经济带建设符合新时期国际关系格局和沿线国家对新型全球化的期望。这种相互依存和互惠关系的形成，需要以丝绸之路经济带沿线国家的共同发展为基础（郑玉雯、薛伟贤，2019）。丝绸之路经济带位于我国东、中部产业承接的核心区位，通过积极承接产业转移，有助于促进丝绸之路经济带沿线城市发展，并推动东部和中部地区产业结构升级（卓乘风等，2019）。学者们侧重于研究与沿线国家的发展战略的对接、建立与完善合作机制、互联互通的推动等具体问题（陈小鼎、马茹，2015）。丝绸之路经济带倡导不同国家之间平等合作、共享发展成果，这就要求对中国与中亚各个国家之间的合作模式进行创新，以有效地扩大合作空间，提高双方合作效果（李建民，2014；江凤香、周芳，2017）。

学界有关丝绸之路经济带沿线国家合作内容的研究成果较多，主要集中在能源合作与安全、交通基础设施建设、贸易与投资，以及科技文化与旅游合作等方面。

第一，关于能源合作与安全的研究。丝绸之路经济带的中亚国家拥有十分丰富的资源能源，尤其是石油、天然气和水电资源，这为丝绸之路经济带沿线国家展开能源合作奠定了自然基础。但由于丝绸之路经济带沿线地区的地质地貌复杂多样，涵盖了多种形态，区域生态环境具有先天脆弱性，再加上能源产业的环境污染特征明显，这就要求丝绸之路经济带沿线国家要加强生态环境保护，以此尽可能地降低能源合作给环境带来的风险。石莹和何爱平（2015）的研究认为，在丝绸之路经济带沿线各国能源合作中，经济利益与环境利益相冲突是诱发环境风险的根源，粗放型能源合作行为是直接成因，生态环保制度与环保激励监管机制缺失分别是现实起因和潜在原因。李琪（2007）认为中亚国家基于能源的外交战略与中国的能源进口多元化战略在国家利益、经济结构以及技术力量上具有互补性。中国与中亚国家已经就双方能源合作与安全保障达成共识，但仍然存在技术、投资、规范、协调等突出问题。

师博和王勤（2016）的研究提出，中国应与中亚五国开展能源产业链一体化合作，并从技术创新、资金支持、生态环境保护、专业人才培养、多产业链条联动发展等方面提出具体实施路径。辛胜阻和王建润（2016）认为，推进丝绸之路经济带沿线国家能源合作，应注重扩展能源合作领域，形成多元化运输路线，建立能源治理新机制，并健全金融合作机制。此外，还应持续加强文化交流，推进民心相通。岳立和杨帆（2016）基于地缘经济视角，并结合国际能源合作的经验教训，提出了丝绸之路经济带多边能源合作的实现路径。方创琳等（2018）的研究指出，在中国与中亚国家合作开发利用能源过程中，应加强法律、经济等风险的防控工作。并提出成立副总理级战略能源开发协调委员会、中国—中亚能源自由贸易区，推进中亚能源开发战略运输通道和能源战略储备制度建设等建议。岳立等（2018）以丝绸之路经济带沿线国家为研究样本，采用方向性距离函数、GML 指数分析方法和 Tobit 模型，实证分析了 2000~2014 年丝绸之路经济带沿线各国的绿色全要素能源效率及其影响因素。研究结果表明，丝绸之路经济带在考察期内的绿色全要素能源效率保持上升趋势，但存在明显的地区差异；人均地区生产总值（人均 GDP）和产业结构能够促进能源效率增长，但能源结构显著负向作用于能源效率增长。

第二，关于交通基础设施建设的研究。学者们主要围绕交通基础设施与经济、贸易、城市化、旅游的关系问题展开探讨。李忠民等（2011）以新经济增长和新经济地理为研究视角，选取新丝绸之路经济带的 17 个代表性城市为研究样本，采用空间计量分析方法进行实证检验。研究得出，交通基础设施对区域经济增长具有正向空间溢出效应。从长期来看，交通基础设施仍然是新丝绸之路经济带经济增长的重要因素。刘育红（2012）采用协整理论和格兰杰因果关系检验分析方法，实证分析了新丝绸之路经济带交通基础设施投资与经济增长之间的动态关系。研究结果显示，1980~2010 年新丝绸之路经济带交通基础设施投资与经济增长之间存在长期稳定的均衡关系。刘育红和王曦（2014）运用引力模型，实证检验了新丝绸之路经济带交通密度对区域经济一体化的影响效应。其研究结果显示，2001~2011 年，新丝绸之路经济带的交通基础设施显著正向作用于城际间贸易，并且交通密度大对城际间贸易交流和区域经济一体化具有促进作用。

吕承超和徐倩（2015）综合运用空间差距、空间极化测度方法以及系统GMM 估计法，实证分析了新丝绸之路经济带的交通基础设施空间非均衡特征及其主要影响因素。马卫等（2018）通过建立 SDM 空间计量模型，从宏观、分区和国家 3 个层级测算了丝绸之路经济带在 2000~2015 年的交通基础设施空间经济溢出效应。研究结果表明，丝绸之路经济带交通基础设施对其经济发展有正向空间溢出效应，且存在明显的区域差异；交通基础设施的直接效应存在集聚分布的空间特征，并且其在东欧区域的直接效应相对较高。但随着距离的增加，交通基础设施的溢出效应表现为明显的下降态势。朱博恩等（2019）通过建立 CGE 模型，实证检验了交通基础设施联通建设既有助于丝绸之路经济带沿线国家经济发展，又有助于扩大经济带的经济效应。

龚新蜀和马骏（2014）的研究验证了 1992~2012 年丝绸之路经济带的交通基础设施投资与贸易增长之间存在显著的正相关关系。李忠民等（2014）运用 Malmqusit 指数法进行的实证研究结果显示，新丝绸之路经济带 2000~2011 年的交通基础设施效率整体呈现下降趋势，主要原因在于贸易环境出现负向变化；2008 年以后，纯技术效率的降幅较大，说明交通基础设施运营能力很难满足新增的对交通基础设施的需求。张海涛和陆铭俊（2017）探讨了新丝绸之路经济带沿线城市的交通基础设施与城市化的耦合协调关系，结果表明二者之间的耦合协调水平整体较低，大部分城市均属于濒临失调和初级协调两种类型。白洋等（2017）通过构建空间计量模型，实证检验了 2001~2014 年丝绸之路经济带交通基础设施对旅游经济增长的空间效应。研究发现，丝绸之路经济带不同交通方式均有助于区域旅游经济增长，但影响程度存在差异。其中，民航贡献率最大，其次是铁路，公路的贡献率最小。

第三，关于贸易与投资的研究。何芳和张晓君（2015）总结了中亚合作组织、中亚区域经济合作组织、上海合作组织、欧亚经济共同体以及欧亚经济联盟 5 个丝绸之路经济带主要区域性合作组织的贸易与投资便利化合作情况，并建议从国际法保障和国内法保障两个层面强化制度建设。李稻葵和程浩（2015）分析了丝绸之路经济带沿线各国与中国的贸易情况，并根据测算得到沿线各国的合作基础指数，将沿线国家划分为合作基础很好、较好以及相对较差 3 种类型。刘宁和龚新蜀（2015）采用变异系数 TOPSIS 法，并构建面板回归模型实证考察了中国对丝绸之路经济带沿线重点国家 OFDI 的投资环境及出口效应。结果表明，中国对上合组织国家投资具有不显著的出口引致效应，且国别差异明显。刁莉等（2016）首先分析了 2005~2014 年中国对中亚国家的直接投资变化情况，接着运用数据包络分析法实证考察了中国对中亚国家的直接投资效率。研究结果显示，中国对中亚五国中的哈萨克斯坦、土库曼斯坦、乌兹别克斯坦 3 个国家的直接投资效率较高，但是对吉尔吉斯斯坦、塔吉克斯坦两国的直接投资效率相当低。闫杰等（2017）基于丝绸之路经济带视角，建立贸易引力模型展开实证分析。研究发现，中国对中亚国家直接投资显著地促进了双方间双边贸易。魏兰叶和陈晓（2017）通过构建扩展的贸易引力模型，验证了中国对中亚国家的直接投资与进出口贸易之间的内在关系。研究发现，二者之间存在倒"U"形关系。

程贵等（2017）的研究得出，2003~2014年，中国对中亚五国的直接投资不断增加，而因对外投资产生的产业转移和技术进步效应也对母国的产业升级起到了促进作用。中国的产业结构优化升级受到其对中亚五国的出口规模、中亚五国汇率等因素的积极影响，但也受制于其从中亚国家进口的规模、中亚国家对华投资的影响。黄太宏和周海赟（2018）采用投资引力模型、差分GMM以及系统GMM分析方法，深入分析了中国对中亚国家直接投资的动因。该研究发现，复合型投资动因包含资源寻求、贸易导向以及成本驱动3个维度，且各维度均显著作用于中国对中亚国家的直接投资；在高能源产量和低劳动力成本差异的影响下，产业内贸易指数更显著地作用于中国对中亚国家的直接投资；相比初级农产品，加工资本品的产业内贸易指数更显著。

第四，关于科技文化与旅游合作的研究。王海燕（2008）的研究指出，中国与中亚国家主要采取项目合作、学术研讨、人员培训与互访等方式进行科技交流与合作，涉及区域创新体系、农业技术、工业技术、环保、生态类、地理地质学、高新技术类、基础研究、医药卫生业等领域。汪威（2007）测算了丝绸之路中国段21个节点城市的旅游地中心性指数，并根据聚类分析结果将旅游中心城市划分为4类，再通过旅游形象及旅游功能定位，进一步提出了构建丝绸之路中国段旅游中心城市体系的设想。李文兵和南宇（2010）对丝绸之路沿线城市旅游合作机制进行了分析，认为丝绸之路沿线城市旅游合作是一种基于旅游资源目的地间的合作，其动力是利益分享，核心是历史文化，重要目标是整合旅游形象。郭鹏等（2014）运用核密度估计法，分析了丝绸之路沿线国家的旅游资源和旅游经济空间格局，并认为沿线各国应积极推进国际旅游合作开发模式创新。高楠等（2015）运用耦合协调评价模型，实证分析了我国丝绸之路经济带沿线省份1993~2012年旅游产业与区域经济的耦合协调关系及其时空演变规律。研究发现，丝绸之路经济带旅游产业发展水平明显滞后于区域经济发展水平，但二者的耦合协调度呈现上升趋势。张广宇等（2015）提出丝绸之路经济带沿线国家应构建多边协议国际旅游合作模式，进一步完善涵盖政治磋商、投资促进和跨界治理等层面的合作保障机制。

师守祥（2017）的研究指出，丝绸之路经济带沿线国家的旅游发展面临错综复杂的安全形势、多重威胁、经济交往少、旅游便利化程度低等挑战，认为突破口在于中亚和俄罗斯对丝绸之路经济带的支持。李耀华等（2018）以中亚五国居民为调研对象，深入分析了丝绸之路经济带跨国文化遗产旅游合作中各参与主体的策略选择、合作困境及潜力，并提出构建以政府为主导，以企业为主体，社会组织主动参与的跨国文化遗产旅游合作机制。王莉莉和肖雯雯（2018）通过构建旅游空间网络和网络结构指标，实证考察了丝绸之路经济带（中国段）城市群旅游空间网络结构。结果表明，丝绸之路经济带（中国段）城市群旅游空间网络结构的非均衡特征突出，多数城市间关联度低；旅游空间网络平均距离较短，内部子结构具有较强的地理邻近性。

翁钢民等（2018）采用改进 DPSIR – DS 模型，通过构建旅游生态安全评价指标体系，判别了我国丝绸之路沿线 5 个省份的旅游生态安全等级，并分析了旅游生态安全的时空演变特征。该研究得出，2007~2015 年，丝绸之路旅游生态安全等级呈现"风险—敏感—风险"的变化趋势，包含了风险缓解、风险加剧、风险反复 3 种类型。谢霞（2019）构建了旅游经济系统脆弱性评价指标体系，并运用集对分析法，测算了丝绸之路经济带核心区在 2002~2016 年的旅游经济系统的敏感性、应对性以及脆弱性程度，并建议从挖掘地方特色旅游资源、加快文化旅游产业融合发展、加强环境污染治理等方面入手，进一步降低旅游经济系统脆弱性。李菲菲等（2019）通过建立多维超体积生态位模型，从生态位值、生态位宽度、生态位重叠度以及生态位适宜度 4 个方面，分析了 2007~2016 年新丝绸之路经济带沿线 9 个省份的旅游产业竞争力的生态位状况，并从生态位的扩充、分离以及优化等方面提出相关政策建议。

（二）城镇化多元格局问题研究

由于我国区域经济发展具有明显的非均衡性，因此在城镇化过程中应当采取多元化发展模式（辜胜阻，2000）。学者们对多元城镇化问题进行了较深入的研究，但目前关于多元城镇化模式的界定尚未有统一的定论。牛凤瑞（2001）认为多元城镇化表现为城镇化发展阶段的多元化。颜如春（2004）的研究指出，我国西部地区的城镇化道路存在多元性，亟须构建具有地区特色的多元城镇化模式，并认为西部地区多元城镇化的内容应涵盖农村人口迁移、城镇规模与城镇形态扩张、城镇化动力与城镇主导产业等方面。具体而言，应通过异地城镇化、就地城镇化以及生态移民等方式，实现农村人口迁移的多元化；通过中心城市、大城市、中小城市与小城镇的协调发展，城镇经济带、密集区、经济核心区、城市群的建设，以及散布城镇的开发，实现城镇规模与城镇形态扩张的多元化；通过因地制宜地发展工矿业、加工贸易业、旅游业以及地方特色产业，实现城镇化动力与城镇主导产业的多元化。郭小燕（2009）的研究认为，传统的城镇化模式阻碍了中部地区城镇化进程，可从动力机制、空间发展和制度创新3个层面构建城乡统筹发展的多元城镇化模式，具体包括城市群整合发展、现代城镇体系建设、中心城市核心竞争力提升以及体制机制改革等内容。城镇化动力多元化主要涉及区位理论、非均衡增长理论、二元经济结构、新贸易理论、全球化、制度和技术、工业等产业发展，以及教育、政策、社会关系、公共服务等社会因素（魏冶等，2013）。

陆益龙（2010）的研究将多元城镇化归纳为乡村生活方式的城市化与集镇化、人口城市化以及城乡一体化等路径。黄朝明和董友琴（2013）将多元城镇化定义为城镇化中出现的社会形态多元变革和挑战多元化。其中，社会形态多元变革包括人居生活形态、产业生产形态，以及城乡公共服务与管理形态等方面的变革；人口管理体系和产业关系与城镇化不相适应、社区公共服务体系不健全则属于挑战多元化。李强（2013）认为人口就近城镇化和就地城镇化是我国多元城镇化模式的重要体现。董艳华（2013）的研究指出，采禾国际集团的"定制区域经济多元体"模式有助于建立具有地方特色的区域经济多元体，进而推进区域多元城镇化发展。王震国（2013）的研究认为，我国城镇化发展必须注重长远的可持续发展，通过多样、平衡、协调、有序、渐进的政策实施，逐步实现与城镇化相关的人、自然、经济、社会和行政等体系之间的协调发展，从而加快推进由数量向质量、由规模向功能、由建设向管理、由高耗向节能、由拥堵向通达、由产业向产住的多元转型。傅贻忙等（2018）的研究将多元城镇化分为人口城镇化、空间城镇化、资本城镇化、产业城镇化以及技术城镇化5种类型。

20世纪90年代以来，随着城镇化进程的推进，我国城镇化格局发生了明显变化：一是人口的"镇化"和"市化"共同推动了城镇化发展。具体体现为城镇人口扩张对城镇化的贡献在逐渐增大，但其对城区人口增加的作用不断弱化；二是城镇人口向东部沿海地区和十大城市群集聚的发展趋势日益明显（张车伟、蔡翼飞，2012）。从城市人口规模结构和人口增长情况来看，我国城市规模的两极化倾向突显，即大城市规模得到急剧扩张，而中小城市和小城镇却出现萎缩（魏后凯，2014）。刘爱梅（2011）从市场选择、干部考核任用和政治体制，以及自然历史因素等方面，对城市规模"两极分化"的成因展开分析。我国人口向大城市集聚的主要原因在于城市间公共服务存在两极分化，大城市拥有优质的公共服务，而中小城市的公共服务发展水平明显滞后。因此，切实提升中小城市和小城镇的公共服务水平，实现基本公共服务均等化，是促进大中小城市和小城镇协调发展的关键点（刘金凤、魏后凯，2019）。

学界有关城镇化多元格局的研究最早起源于英国学者霍华德（Howard）提

出的"田园城市",其强调要将城市与区域作为一个整体展开研究。20世纪初,恩维(Unwin)拓展了田园城市理论并提出"卫星城镇"理论,认为主城区过多的人口可以通过卫星城进行疏散,但由于这种卫星城只是居住区,并不具备生活设施,因此被称为第一代卫星城;第二代卫星城的代表是沙里宁在赫尔辛基试验建立的半独立小镇,该时期的卫星城既具备生产服务设施,又能够满足就业需求;第三代卫星城建成于20世纪60年代,以英国米尔顿·凯恩斯最具代表性。与前两代卫星城镇相比,第三代卫星城的生产和生活服务设施更便利,拥有便捷的交通和优美的环境,且更具规模(吕园、邢磊,2016)。

法国地理学家戈特曼(Gottman)于1957年在其发表的论文《大都市带:东北海岸的城市化》中,最早提出了大都市带(megalopolis)的概念。其认为美国东北部大西洋沿岸地区集聚的由多个城市构成的都市区,对区域发展具有中枢性作用。从空间形态上看,大都市带形成的基础条件是多核心区域城市结构。大都市带特别是其核心轴线的高度密集交织特征相当明显。此后,学者们相继提出了都市连绵区、城市带、城乡一体区域、城市群、多中心巨型城市区域等城市密集区的空间格局。我国新型城镇化战略提出,应构建大中小城市、乡城协调发展的空间体系,从而推进形成合理的城镇化空间(白国强,2014)。随着中心地理论、增长极理论、集聚与扩散理论、空间相互作用理论以及城镇体系等空间结构描述理论,地域分工、空间扩散、核心—外围和冰山模型、新贸易理论等区域空间结构演变理论,多中心、网络型空间结构、一体化合作等新区域主义理论的提出,城镇化格局问题的研究逐渐走向系统化(陈春林等,2011)。

目前学界关于边疆民族地区城镇化格局的研究大多是围绕该区域城镇化的特殊性(武友德、王源昌,2010;安学斌、李金发,2014;史云峰,2016)、城镇化水平测算(李继云,2008;郭丽峰等,2017;刘淑茹、魏晓晓,2019)、城镇化的动力(罗淳、梁双陆,2008;曹尤,2014;熊湘辉、徐璋勇,2018)、特色城镇建设(罗应光,2010;罗淳、潘启云,2011)、城镇化发展模式(李坤等,2010;朱东辰、李英,2013;巫德富等,2015;夏柱智、贺雪峰,2017;谢学兴、秦红增,2019)、城镇化与就业关系(韦佳培等,2013;曹飞、张云河,2015;匡远配、王一清,2018)等方面展开。

(三)丝绸之路经济带建设中的城镇化问题研究

在古代,丝绸之路是城市扩张的重要途径(谭晶荣、华曦,2016)。丝绸之路经济带构想的提出,对沿线城市的功能定位与布局提出了更高的要求(支小军，2014）。西部地区是丝绸之路经济带中国段的重点建设区。丝绸之路经济带建设将为加快西部地区经济发展、提高西部地区对外开放水平提供重要平台，有助于增强西部大中型城市的自我发展能力和辐射带动作用，提高城镇化发展的质量和水平，推动西部地区由"被动城市化"升级为"主动城市化"（王颂吉、白永秀，2015）。张占斌和孙志远（2014）的研究认为，丝绸之路经济带将极大地惠及广大中西部地区，并通过经济辐射对国民经济和社会发展产生积极影响。就中西部地区城镇化发展而言，丝绸之路经济带建设所起到的积极作用主要体现在经济支撑、安全保障、科技人文交流等方面。在具体实施过程中，需要正确处理好城镇开发边界划定、城镇布局和形态规划、产业支撑、基础设施建设和基本公共服务的完善5个关键问题。与此同时，还应妥善处理好政府与市场、顶层设计与基层创新、对内开放与对外开放、经济发展与文化保护、城镇化和与新农村建设5大关系。党建伟（2014）的研究指出，丝绸之路经济带为沿线城市提供了新的机遇，但鉴于各城市存在异质性特点，不同城市参与丝绸之路经济带建设的基本思路应有所差异。

城镇化的推进、城市活力的增强和城市综合实力的提高，对于城市和地区的发展起着重要作用。一般来说，城镇化率每提高1个百分点，消费、投资和国内生产总值都会增加1个百分点以上，因此发展丝绸之路经济带，做好国内沿线重点节点城市建设尤为必要。通过国内沿线城镇化的新发展，丝绸之路经济带可以顺利向外延伸（王枫云、陈嘉俊，2015）。马琳琳和房胜飞（2017）的研究认为，应加强西北地区基础设施建设，完善城镇居民养老、医疗、保险、教育等社会公共服务体系建设，有效发挥人口聚集效应。同时，还应加快推进西南地区新型城镇化建设，打造"丝绸之路经济带"高新技术产业核心区。安公平（2019）认为丝绸之路经济带中国段（西部）各省份应从政策沟通、设施互联、贸易畅通、资金融通以及民心相通5个方面凸显地方特色，积极融入"一带一路"建设布局。大力推进新型城镇化，亟须搭建商贸合作平台和产业园区，强化基础设施建设，充分利用融资优势，提高区域综合经济实力。

张蕊等（2015）从人口、土地、经济、基础设施、公共服务、生态环境6个层面，构建了新型城镇化质量评价指标体系，并采用熵值评价法，测算了"新丝绸之路"交通大动脉陇海—兰新铁路沿线城市的新型城镇化质量水平。刘晶和何伦志（2019）运用LASSO分析方法，量化分析了丝绸之路经济带核心区新型城镇化的主要驱动因素，并提出了切实发挥基础设施的牵引作用和兵团的辐射带动作用，推进开放型城市体系建设，有效利用对口援建政策等建议。高倩等（2019）对丝绸之路经济带核心区城镇建设用地扩展情况进行了实证研究，并基于城镇建设用地扩展的时空变化特征，得到地形位指数、城镇化率、地形起伏度以及二三产业占比等主控要素对城镇建设用地扩展的作用机理。

杨宏伟和郑洁（2017）从经济基础、社会发展、环境优化以及文化设施4个层面，构建了城镇化可持续发展评价指标体系，并综合运用熵值法、象限图法和Arc-GIS分析方法，实证考察了丝绸之路经济带沿线9个省份的城镇化可持续发展水平及其成因。研究发现，重庆、陕西和广西3个省份的城镇化可持续发展水平较高，绝大部分省份的文化设施水平的衰落趋势明显，资源环境在城镇化可持续发展进程中发挥着不可估量的作用。朱海强等（2019）的研究得出，丝绸之路经济带核心区城镇化与生态环境之间存在耦合关系；城镇化发展过程整体呈现螺旋式上升，即通过发展圈和限制圈的相互作用，实现了从低级协调共生向高级协调发展转变。

（四）城市体系问题研究

1. 关于城市职能结构问题的研究

城市职能反映了一个城市在区域经济社会发展中的作用及分工，代表其在区域经济发展系统中所处的地位（Maxwell，1965）。城市职能结构的形成基础是区域和城市的产业分工，并且区域和城市的产业升级与转移路径能够在一定程度上反映其城市职能结构的时空演变特征。奥隆索（Aurousseau，1921）的研究将城市职能分为行政职能、防务职能、生产职能、交通职能、文化职能以及娱乐职能等。弗里斯克（Vresk，1996）运用标准差方法，将城市职能划分为矿业、制造业、交通通信、批发零售、金融保险、房地产、个人与专业服务、公共管理等。国内外学者孙盘寿和杨廷秀（1984）、周一星和R.布雷德肖（1988）、张文奎等（1990）、田文祝和周一星（1991）、田光进和贾淑英（2004）、许锋和周一星（2008）均分别采用实证分析方法探究了中国的城市职能问题，其中，周一星和R.布雷德肖提出的城市职能三要素理论最具代表性，其认为城市职能应包含专业化部门、职能强度和职能规模三个要素。城市职能的特征主要体现为多样性、区域性以及动态性（徐红宇等，2005；刘云刚，2009）。

现阶段我国城市的基本职能涵盖了工业、商业、交通运输业、建筑、教育、科技、社会服务等（李佳洺等，2010），这些职能在推动城镇化进程中发挥着重要作用。哈里斯等（Harris et al.，2014）的研究指出，城市职能是由综合服务、交通、制造、矿产以及科研等多类职能组成。关于城市职能的研究方法，主要有区位商指数、纳尔逊法、因子分析、聚类分析等（刘海滨、刘振灵，2009；季小妹等，2009；张磊等，2016；劳昕等，2017；梅琳等，2017）。随着城市职能结构研究的不断深入，学者们逐步由静态研究转而侧重于研究动态演化特征与发展趋势，研究单元也由单一城市向多城市和城市群组织转变，并将空间分析方法纳入传统的数理统计方法中（钱宏胜等，2015；刘晓，2015；王振波等，2015；钟业喜、冯兴华，2018）。

2. 关于城市等级规模结构问题的研究

城市等级规模结构是将各城市的规模、数量等的结构及相互关系作为表象，体现城市职能作用的发展状况。霍华德（Howard）于1899年最早研究了城市等级规模结构。克利斯塔勒（Christaller）提出的六边形分布理论，捷夫（Zipf）建立的位序—规模法则，寥什（Lösch）对不同等级市场区中心地数目的研究，贝利（Berry）对对数正态分布的研究等，进一步丰富了城市等级规模结构的研究成果。奥尔巴克（Auerbach）于1913年提出的位序—规模法则分布模型，在城市等级规模结构研究中应用最广泛。基于罗特卡（Rotka）和辛格（Singh）的研究成果，捷夫提出了Zipf公式（周一星，1995）。此外，学者们还提出了有关城市等级规模分布的一系列数学模型，如规模—交通价格模型、熵最大化模型、工业体系模型、马尔柯夫链模型、城乡人口匹配模型、行政等级体系模型、动态仿真模型等（顾朝林，1992）。等级规模结构作为城市体系的三大结构之一，是城市体系中大小不同、层次不一的城市在质和量方面的不同组合形式，具体表现为城市间相互的组合关系、特征及差异（刘春等，2011）。方创琳（2014）提出，应将城市群、超大城市、特大城市和小城镇四个层级纳入国家城镇体系等级规模结构中，形成七个层级规模结构。城市等级规模结构决定城市的功能。由于我国人口呈现分布较散的特点，城市体系等级规模结构不合理，超大城市没有发挥其应有的作用（张佳海，2018；贺璇，2019）。

我国学界有关城市等级规模结构的研究成果主要是以城市、省份或城市群为研究对象来展开分析。许学强（1997）基于1953~1990年的城市人口数据，运用Zipf公式分析了我国100个城市的等级规模结构。研究得出，区域城市规模呈现出大小序列分布，并且序列与城市人口规模之间存在显著的非线性关系。顾朝林（1999）基于1982~1985年的全国城市非农人口数据，运用回归分析方法得到全国城市位序—规模分布幂函数模型，并验证了该模型最为合理。丁睿等（2006）采用位序—规模分布模型预测了2020年我国城市等级规模结构。代合治（2001）采用位序—规模模型，分析了全国和26个省份的城市规模分布情况，其研究发现，省域城市规模分布以中级型和集中型为主导类型，向分散均衡型发展，且区域差异明显；并认为城市规模分布类型的直接影响因素是城市数量，基础动力是经济总量和工业化水平。岳文泽等（2004）通过测算城市首位指数、不平衡指数以及等级规模结构分维数，探讨了甘肃省城市体系的等级规模结构特征，并提出将中小城市作为区域城市化发展的重点。赵静等（2005）的研究发现，安徽省城市体系的等级规模结构整体变化趋势相对稳定，呈现出位序—规模分布特点，尽管城市首位度偏低，但首位城市具备较大发展潜力，应加快促进皖江城市带、皖北城市群，以及皖南中等城市和中心镇的发展水平。谭建华等（2010）的研究结果表明，四川省的城市规模分布相对均衡，但大城市分布分散、中小城市发育不全，且人口不断向大城市集聚。

赵春艳（2007）基于分形理论实证分析了关中城市群的等级规模结构特征，并由此提出强化特大城市、重点发展大城市和扩大中等城市等建议。夏为丽等（2008）对中原城市群的城市规模结构发展水平进行了实证分析，认为应通过强化内在联系，优化产业结构，构建功能互补的一体化城市体系结构。郑元凯（2008）认为人口规模对城市集聚效应的发挥起到关键作用，海峡两岸应以提高中心城市人口规模为首要任务，坚持走发展大城市，壮大中心城市的城市化思路。尉华和李娟文（2008）运用分形理论，测算了山东半岛城市群的等级规模结构分维数，认为等级规模结构优化应注重协调大中小城市发展，在发挥中心城市带动作用的同时，还应积极发展县级小城市。陈娟等（2008）认为应继续对特大城市进行培育，壮大现有大城市的同时还应进一步培育中等城市，以提高区域内大城市的数量、质量以及规模。在城市体系中，不同规模城市的增长率基本相似，城市规模分布呈现平稳变化趋势。苏飞和张平宇（2010）的研究提出，优化辽中南城市群城市等级规模结构，应加快沿海经济带的建设步伐，加强交通运输体系建设，提升城市持续发展能力。

曾鹏和陈芬（2013）运用城市首位度、四城市指数和分形分析等方法，测算了我国十大城市群等级规模结构水平，并对其变化规律展开探讨。结果表明，我国十大城市群整体呈现凸型结构模式，相较东部沿海城市群，中部地区城市群的城市规模结构更为合理。李晓玲等（2014）综合运用城市首位度指数、城市规模基尼系数、城市等级规模分布不平衡指数以及位序—规模法则，实证考察了改革开放以来东北地区城市体系等级规模结构的变化特征，并指出东北地区的经济、交通、政策及自然4类因素通过对区域城市数量、城市规模以及城市结构产生作用，进而影响了城市等级规模结构演变。付大军和朱相宇（2015）的研究得出，2008~2013年，京津冀都市圈具有不明显的等级规模结构，且一体化水平较低，核心城市的辐射效应明显低于极化效应。周霞等（2017）的研究发现，京津冀城市群内城镇体系呈现七等级构成特点，与克氏理想金字塔相比，京津冀塔身内陷的情况明显改善，并呈现出由集中式等级化向网络式扁平化发展的趋势。

部分学者在开展旅游经济问题研究中也采用了城市体系等级规模结构分析方法。如宣国富和赵静（2011）运用首位度和位序—规模分析方法，探究了江苏省旅游经济等级规模结构的演变规律。研究得出，入境旅游和国内旅游均为过渡类型的规模结构分布，且二者的等级规模结构特征具有显著的差异性；入境旅游整体呈现集聚发展态势，国内旅游则表现为先集聚后扩散的趋势。宣国富（2012）通过实证研究发现，我国大多数省份的入境旅游规模结构为首位分布和过渡分布类型，呈现显著的非均衡性特点；入境旅游规模结构类型主要受到区域经济发展战略和水平、城市职能结构以及旅游资源禀赋等因素的影响。余侃华和蔡辉（2013）的研究结果表明，陕西省的入境旅游和国内旅游均为首位分布类型，但二者的首位优势差距较明显，入境旅游首位优势更为突出；入境旅游表现为先分散后集中的趋势，而国内旅游呈现先集中后分散的发展态势；等级规模结构呈现"中间多、两头少"的特征，且中间层次的区域日渐趋同。

王冠孝和黄解宇（2014）综合运用等级钟理论、马尔科夫转移概率矩阵、位序—规模法则以及差异度模型分析方法，探究了2002~2011年山西省旅游经济等级规模结构及其演变趋势。结果表明，旅游经济规模基本遵循位序—规模分布，但呈现双分形特征；旅游经济规模结构整体保持高水平均衡分布，但标度区一与标度区二的变化趋势有所不同。时朋飞等（2016）运用赫芬达尔指数、绝对集中指数、首位度指数以及位序—规模法则，分析了广西2003~2014年的入境旅游等级规模结构及其演化特征。研究发现，广西入境旅游等级规模结构得到优化，但发育不完善，整体仍处于初级阶段。李佩和朱翊（2017）通过分析广东省21个地级市2000~2014年的旅游等级规模结构得出，广东省城市旅游经济位序变动的根本原因是中下游旅游收入城市的位序发生变动；旅游经济规模整体呈位序—规模分布，单分形特征突出，旅游经济规模逐渐趋于较佳的均衡空间分布状态。李晶和孙根年（2017）采用首位度指数、位序—规模法则以及空间基尼系数等研究方法，探讨了河北省城市旅游等级规模结构、演化特征及其成因。结果表明，河北省入境旅游规模和国内旅游规模分别呈核心极化和扁平化分布。但就长期发展趋势而言，该省的旅游等级规模结构将趋于均衡发展。翟羽佳等（2018）采用位序—规模法则和差异度模型分析方法，研究了云南省旅游经济等级规模结构及其变化规律。结果显示，该省旅游经济规模的双分形特征明显，整体呈现均衡发展态势，但两标度区的差距在逐渐拉大。

3. 关于城市空间结构问题的研究

城市空间结构是基于城市结构研究空间视角下的城市形态与城市相互作用网络（顾朝林等，2000），研究内容既包括城市形态与其内部要素的空间分布，也包括各要素之间产生相互作用的内在机制（Bourne，1982）。因此，传统意义上的城市地域结构也属于城市空间结构的研究范畴。城市发展是一个复杂的过程，是在一定发展背景下自然、人文等要素相互耦合作用的结果。在工业化之前，学界对城市空间结构的研究大多侧重于揭示城市表面形态。通常是先将城市空间结构与其发展过程相分离，然后论述城市空间结构的特性，再基于文化、技术、经济等视角，探讨城市空间结构演化的过程及其机制。比如，依托神权、君权思想，强调城市空间结构布局应以宗祠、王府和市场等为核心，并注重建立规整化和理想化的静态结构形态（Colin & David，1999；Morris，1994；Chant，1999）。城市空间结构的探索可追溯至古希腊建筑师稀波丹姆于公元前5世纪提出的棋盘式路网骨架城市空间布局。古罗马维特鲁威在公元前1世纪构建的蛛网式八角形的城市结构，也反映出该时期人们对城市空间结构的理想化追求。美国学者吉迪·肖伯纳尝试对工业化前的城市空间结构的基本模式进行概括总结。其通过研究发现，各国前工业城市的空间结构存在一定程度的统一性（朱喜钢，2000）。

随着工业化进程的推进，全世界范围内城市化均得到快速发展。以庭院经济和作坊经济为主体的传统城市空间结构模式逐渐瓦解，推动了城市发展由分散阶段转为集中阶段，城市空间结构的重组和更新也引起了学者们的广泛关注。较具代表性的研究成果有：欧文（Irving）和傅立叶（Fourier）提出的"新协和村"式市镇模式；奥斯曼（Ottoman）和本汉姆（Benham）提出的巴黎、旧金山以及芝加哥等城市的治理规划；西特（Set）提出的城市空间视觉艺术原则等。但是，这些研究成果均未能指明城市空间结构演化的方向。20世纪初期至50年代，随着城市空间结构的快速变化，学术界的研究重心逐步转向城市功能结构的研究，形成了带型城市、田园城市、工业城市等极具代表性的城市空间结构模式，以及星城市模式、大伦敦方案、有机疏散理论、堪培拉生态城市方案、中心地理论、城市与区域一体化模式、邻里单位、雷德朋街坊模式等理论成果。20世纪50年代以后，城市空间结构规划设计研究工作不断深入。学者们从人类生态环境出发，提出了装配式城市、海上飘移城市、仿生城市、量墙式与三角垂直结构城市、抽斗状插入式城市、行走式城市等新构想（胡俊，1993）。部分学者开始关注后现代社会、高科技发展所引致的文化断层、情感真空、环境破坏等问题，形成了有关城市的意象感知、交织功能、半网络化、动态性、自然生态化、拼接性以及多元文化等新思想。在城市规划实践中，也有学者探讨了弹性化与多元化城市空间结构，出现了反磁力结构方案、放射长廊结构、多中心复合结构等代表性模式。随着城市空间结构的解释性研究的推进，学者们围绕城市连绵带、形态与功能关系，以及土地循环结构等问题进行了有益的探讨。有关三地带、理想城市、殖民化城市、区域城市、大都市等现代城市内部地域结构模式的研究也不断深入（顾朝林等，2000）。部分学者指出，城市发展过程中应在空间集聚规模成本与效益上实现平衡。其中，以霍华德的"花园城"理论、芒福德的"有机秩序"理论最具代表性（刘易斯·芒德福，1989）。

20世纪中后期，许多学者认为紧凑形态应成为城市经济载体的城市形态，这是一种集中化思想。在城市空间的扩张过程及其机制方面，大部分学者都认为城市空间扩张是城市形态及空间结构演化的过程，城市发展中的集中和分散矛盾可视为其社会经济动力学机制（凯文·林奇，2001）。分散涵盖了分化、扩散、隔离等过程及机制（沙里宁，1986）。影响城市空间分离的主要因素包括：缺乏城市发展空间；城市间相互依赖对城市内部空间要素起到向外的拉动作用；信息手段的运用提高了产业空间的选择性程度；居民向往更好的生活环境质量；政府加大政策诱导力度等。随着相关研究进一步深入，逐渐形成了生态学理论模式、社会物理学理论模式、城市经济学理论模式、空间动力学模式等研究成果（顾朝林等，2000）。

从地理学角度来看，城镇化空间是城镇空间秩序、空间相互作用关系不断调整的过程。俄林（Ohlin）于20世纪二三十年代提出了地域分工理论。其在总结区域发展规律的基础上，分析了区域内部与外部发展间的关系及其变化特征。1953年，地理学家哈格斯特朗（Hagerstrand）在其出版的《空间过程的创新扩散》（*Innovation Diffusion As a Spatial Process*）一书中，提出了技术空间扩散理论。该理论被学者们应用于地理学、经济学、社会学等学科的研究中。1957年，美国地理学家乌尔曼（Ullman）提出空间相互作用理论，认为其前提条件是城市间的互补性、中介机会以及可达性。与此同时，城市连绵区、大都市带、区域城市等新的区域空间组织形式逐渐兴起（陈春林，2011）。

学界对城镇化空间关系的研究，重点关注的是空间相互作用与空间异质性问题（孟斌等，2005）。作为城市地理学的理论，空间相互作用是分析区域空间结构的前提（闫卫阳等，2009；董青等，2010）。学者们普遍认为空间作为一个主体是彼此独立、互不影响的。但实际上，绝对独立、互不影响的两个主体或空间几乎是不存在的。部分学者探讨了空间维度对区域差异的影响问题。研究表明，城镇之间的相互作用有助于促进双方资源要素的流动，如物质流、经济流、信息流、服务联系等（黄瑛、张伟，2010）。区域空间是根据这些要素流的类型、大小、强度等的不同来划分等级规模和空间形态。由此产生了空间异质性的概念。部分学者关注空间格局的差异问题，并围绕人口空间差异（封志明等，2013；王国霞等，2012；邓羽等，2014；刘涛等，2015；邓沛勇、刘毅华，2018）、城镇化率的空间差异（朱传耿等，2008；刘静玉等，2012；王建康等，2016；臧良震、苏毅清，2019）、经济差异（靳诚、陆玉麒，2012；孙铁山等，2015；倪金星等，2016；卢飞、刘明辉，2017；丁志伟等，2019）等问题进行了大量的研究工作。

在研究方法上，关于空间关系的研究，初期因计量方法发展的限制，学者们多关注于城市的功能、性质、空间结构等问题。之后伴随着实证主义方法的逐渐发展进步，学者们对于空间分析的研究，更多的是侧重于空间理论的分析，出现了区位论、相互作用理论等代表性理论。20世纪五六十年代，随着计量革命的兴起，大量新兴计量方法的运用，使得空间计量的研究更加深入。我国学者对于空间相互作用的探索较晚，这使得我国空间关系的研究具有定性与定量并存的特征。与国外相似的地方在于，我国学术界大多采用描述法进行定性研究。定量研究则主要采用引力模型、潜力模型、邻近距离法、空间布局重心等研究方法（顾朝林，1991；陈彦光、刘继生，2002；顾朝林、庞海峰，2008；杜国庆，2006）。也有学者通过调研数据研究区域城镇的空间结构（周一星、胡智勇，2002）。计算机技术的发展更新，为空间相互作用的探索打开了新的视角，产生了维诺图、加权维诺图、断裂点模型、地理探索性空间分析等研究方法（闫卫阳等，2009；王建英等，2012）。其中，地理探索性空间分析（ESDA）得到了广泛应用。该方法认为区域内部的城市并不是单独存在的，区域发展应该考虑空间之间的相互联系及作用。

莫兰（Moran）于1948年提出了度量空间相关性的Moran指数。1992年，格蒂斯（Getis）和奥德（Ord）基于空间联系距离提出了空间关联指数。安瑟林（Anselin）于1995年提出了空间联系的局部指标——LISA。这些研究成果都对局部空间相关性的研究影响深远。我国学者通过研究认为，空间依赖性是我国城市化水平的一大突出特点（王伟进、陆杰华，2012），且存在显著的空间差异，整体的空间格局表现为"西低东高"的特征（秦佳、李建民，2013；李波、张吉献，2013）。在地理尺度较小的城市内部、市域等范围，经济效率依赖于提升单中心的空间结构；但在地理尺度较大的省域等范围，经济效率的提升则更多地依赖于多中心的空间结构（刘修岩等，2017）。从空间上看，城市群中高层级城市大多分布在东部，但中西部高层级城市增长显著（韩瑞波，2018）。中国的城市群空间体系表现为东部、中部人口较为集聚，而西部、北部人口较为分散的局面，但东部和中部的一体化联系在不断加深（王雨飞等，2019）。城市群空间距离、经济发展水平、要素集聚与扩散能力、第三产业占比等均是影响城市群空间联系网络的重要因素（赵丽琴等，2019）。

（五）人口城镇化问题研究

欧美等发达国家在20世纪90年代末期已经实现高度城镇化，相关研究由最初侧重于人口城镇化进程、人口城镇化与经济社会发展之间的关系，逐渐转向与人口有关的城市生活质量、城市社区等问题（Jewson & Macgregor，1997；Henderson，2003；Andersen et al.，2011）。在人口城镇化的研究中形成了二元结构理论、推拉理论、成本收益理论、移民网络理论等较具代表性的人口迁移理论，认为人口迁移视为一个动态变化的过程，影响人口迁移的关键因素在于迁移的距离和地区。同时指出，人口的大规模迁移可能会与人口回流并存（Shen et al.，2012；Tavernia & Reed，2009）。针对中国的城镇化问题，国外部分学者认为中国的城镇化增速明显滞后于经济增速，仍然处于低水平城镇化阶段（Ebanks & Cheng，1990；Liu et al.，2003）。还有部分学者持不同观点，认为中国的城镇化发展速度已在逐步追赶经济发展速度（Friedmann，2007）。

我国人口城镇化发展具有鲜明的中国特色，具体表现为：人口城镇化明显滞后于工业化和土地城镇化，户籍人口城镇化率明显低于常住人口城镇化率。从人口城镇化的变化趋势来看，我国人口城镇化空间形态由东部和大城市为主导，逐步向中西部、中小城市及小城镇分散转变。中西部城市群和小城镇将成为新的经济增长极；人口城镇化迁移模式从"钟摆式"转向"稳定式"；人口城镇化聚集效应从人力资源转向人力资源与人力资本并存；人口城镇化从以农村劳动力转移为主转向注重农村人口发展（中国人口与发展研究中心课题组，2012）。国内学者围绕人口城镇化的空间差异、人口城镇化与土地城镇化关系、人口城镇化与工业化关系、人口城镇化与非农化关系、人口城镇化的动力机制、人口城镇化路径等问题展开了广泛而深入的探讨，研究成果颇为丰硕。

在人口城镇化的空间差异研究方面，辜胜阻和朱农（1993）运用差异分布指数考察了中国城镇化水平的区域差异，结果表明，中国六大区域的城镇化水平存在明显差异。曹广忠等（2008）运用因子分析法测算了我国东部沿海省份的人口城镇化发展水平，并对其主要影响因素进行了分析，结果显示，我国东部沿海省份的人口城镇化水平具有空间非均衡性，且各因素对区域人口城镇化水平的作用程度也有所不同。秦佳和李建民（2013）采用探索性空间分析法实证分析了中国人口城镇化的空间关系，研究发现，中国人口城镇化的空间差异日益突显，表现出"东高西低"的格局。蓝庆新等（2013）的研究认为，人口城镇化质量由协调发展、生存能力、发展质量和生活质量4个部分的指数值构成。该研究通过建立人口城镇化质量评价指标体系，对我国省域人口城镇化质量水平进行了评估和对比分析。结果表明，我国人口城镇化质量水平具有"阶梯型"分布特征，且各省份内部的城镇化质量发展也存在非均衡特点。

赵志威等（2017）采用探索性空间分析法与协调发展度模型，分析了2005~2014年吉林省人口城镇化与经济城镇化协调发展的空间演变特征，结果表明，考察期内吉林省各县市之间的城镇化水平总体空间差异在逐步缩小，人口城镇化发展滞后成为该省城镇化非均衡发展的主要原因。刘欢等（2017）分析了2006~2013年长江经济带人口城镇化的全局与局部空间演变及其空间差异。结果显示，长江经济带人口城镇化存在明显的空间分异，且具有显著的全局空间自相关，并呈现出不断减弱的局部集聚态势。吴连霞等（2018）通过研究发现，江苏省各县域在1990~2010年的人口城镇化水平得到不断提升，在空间上的存在南北分异特征，但呈现出缩小趋势。国有动力与集聚动力正向作用于人口城镇化，初始动力与根本动力对人口城镇化具有负向作用。戚伟（2019）综合运用LISA空间类型划分法与空间计量回归模型，实证分析了青藏高原在1990~2010年的城镇化格局的时空分异特点，研究发现，青藏高原整体城镇化水平较低，但其内部的拉萨市区、西宁市区、大柴旦等工矿县市的人口城镇化率达到100%。

在人口城镇化与土地城镇化关系研究方面，陈凤桂等（2010）通过研究发现，我国在1995~2007年的人口城镇化与土地城镇化协调发展水平逐年提升，且空间分异特征突出。尹宏玲和徐腾（2013）的研究结果表明，2006~2010年，我国人口城镇化与土地城镇化的失调程度有所降低，但呈现明显的地区差异；规模越大的城市，土地城镇化与人口城镇化的协调发展水平越低；县级市土地城镇化与人口城镇化的协调性明显高于地级以上城市。崔许锋（2014）综合运用层次分析法、发展水平评价模型以及均衡发展模型，实证检验了云南省人口城镇化与土地城镇化之间的协调发展水平，结果显示，考察期内云南省中部区域的人口城镇化与土地城镇化均衡性最佳，其次是东部区域，再次是西部区域。王丽艳等（2015）采用耦合协调度模型和皮尔逊相关性检验，实证研究了我国三大区域人口城镇化与土地城镇化之间的协调性，结果表明，2003~2012年，我国东中西部的土地城镇化速度明显高于人口城镇化速度，二者失调的主要原因是受制于土地政策、财税政策、户籍制度，以及区域产业发展与城镇化互动不足。

王兴杰（2016）运用数据包络分析法测算了 2006～2012 年我国土地城镇化与人口城镇化的相对效率。研究发现，从区域平均土地城镇化效率来看，西部地区最高，其次是东北地区，再次是中部地区，东部地区最低。严思齐和吴群（2016）通过构建面板 VAR 模型，并采用格兰杰因果关系检验和脉冲响应函数分析方法，探究了 2005～2013 年我国省际土地城镇化与人口城镇化的互动关系。结果表明，研究期内人口城镇化显著促进了土地城镇化发展，而土地城镇化对人口城镇化作用不明显。孙丽萍和杨筠（2017）通过研究得出，我国西部地区在 1999～2014 年的人口城镇化与土地城镇化协调发展水平呈现从低级到高级的变化趋势，但空间分异特征日趋明显。刘琼等（2018）的研究发现，我国在各个阶段的人口城镇化与土地城镇化的协调性体现为：起步阶段，土地城镇化明显滞后于人口城镇化；加速阶段，土地城镇化与人口城镇化趋同；减速阶段，土地城镇化超越人口城镇化。并提出人口低度集聚和宽松的土地管控是促进二者协调发展的最优措施。张莹等（2019）运用哈肯模型探讨了 2006～2016 年我国各省域"人口、土地、产业"城镇化的协同演化机制，实证研究结果显示，我国各省域的产业城镇化水平低于人口城镇化水平，而人口城镇化水平滞后于土地城镇化水平；各省份的"人口、土地、产业"城镇化协同演化路径存在明显差异。

部分学者探讨了制约我国人口城镇化与土地城镇化协调发展的主要因素。范进和赵定涛（2012）的研究发现，二元土地制度与户籍制度是导致人口城镇化与土地城镇化之间非均衡发展的直接原因，但根本原因在于投资驱动为主的经济发展战略。李子联（2013）通过研究得出，工业化进程加快、地方政府过度依赖土地财政以及户籍管制是制约我国人口城镇化与土地城镇化协调发展的重要因素。并建议不断完善土地流转机制，延长农地使用期限，以此提升二者之间的协调水平。隆雁翔（2014）的研究指出，历史基础与资源禀赋的地区差异是土地城镇化速度明显快于人口城镇化的直接原因，户籍制度与土地制度的二元结构、政府的投资驱动模式是其根本成因。也有学者认为地方政府投融资、过度监管银行信贷资金、抑制农村金融会对人口城镇化与土地城镇化协调发展产生不利影响（赵建强，2014；胡雪萍，2014）。林爱文和樊星（2015）的研究认为，通过调节大中小城市的规模能够促进人口城镇化与土地城镇化的协调水平提升。彭代彦和彭旭辉（2016）的研究指出，财政分权是制约人口城镇化与土地城镇化协调发展的制度根源。孙华民和王磊（2017）的研究验证了非农产业尤其是第三产业的发展能够为城镇化发展提供重要支撑，进而促进人口城镇化与土地城镇化协调发展。朱高立等（2018）的实证研究结果显示，人口城镇化与土地城镇化协调发展的关键性影响因素是投资结构，且城乡收入差距具有显著的负向作用。

有关人口城镇化与产业非农化间关系的研究成果相对较少。边雪（2013）通过构建人口城镇化、产业非农化以及用地城镇化间的三角模型，分析了长三角地区城镇化关系模式。研究指出，在不同区域和不同发展阶段，城镇化三维关系模式均显著作用于经济发展效果。杨忍等（2015）通过建立环渤海地区人口、土地与产业非农化转型评价指标体系，运用耦合协调模型实证分析了该区域的人口、土地与产业非农化转型之间的耦合协调性。研究发现，样本区域的人口城镇化、土地城镇化与产业非农化转型之间的耦合度和协调度均表现为波动式上升态势，但经济发达地区的耦合度与协调度水平相对较高，三者之间的联动一致性也更强。曹广忠和马嘉文（2016）通过分析中国人口城镇化与产业非农化的空间格局得出，中国人口城镇化水平与产业非农化水平之间相互促进，但具有明显的地带分异特征。苑韶峰等（2017）的研究发现，浙江省人口半城镇化水平与产业非农化水平均呈现增长趋势，但二者的空间格局存在明显差异。人口半城镇化表现为"南高北低"的空间格局，而产业非农化呈现出"北高南低"的空间格局。

在人口城镇化的动力机制研究方面，学者们也展开了有益的探讨。张泰城和张小青（2007）的研究认为，中国地区城镇化的动力源于政府推动、农业与非农产业发展，以及比较利益机制的作用。景普秋和张复明（2010）探讨了山西省介孝汾城镇组群人口城镇化的动力机制。研究指出，资源型山区县域城镇化具有两类特殊动力，即生产区与管理区、研发区，以及生产区与生活区之间存在分离；塌陷区和棚户区移民安置。唐蜜（2014）分析了欠发达人口大县城镇化动力机制。研究发现，欠发达人口大县城镇化水平明显滞后于经济发展的带动水平；工业化对城镇化的带动作用不明显；城镇公共服务设施建设是城镇化发展的重要推动力；农村富余劳动力转移通过城镇扩张效应与贸易效应推进了区域城镇化进程。庞瑞秋等（2014）运用空间自相关分析方法，并构建地理加权回归模型，实证分析了吉林省县域人口城镇化与多元动力因素之间的空间相关性。结果表明，该区域的国有动力因子对其人口城镇化的影响最显著，其次是农业动力，再次是非国有动力，外向动力的影响最小。

曹华林和李爱国（2014）采用结构方程模型分析方法，实证考察了新型城镇化发展中"人的城市化"的动力机制。研究得出，新型城镇化发展中"人的城市化"的心理基础是城市认同感，精神驱动力是归属感，物质基础与驱动力是安居和乐业，社会基础与驱动力是社会交往。涂正革等（2016）基于我国283个地级市面板数据，采用分位数回归分析方法展开实证研究。结果显示，我国城市群内城市的城镇化发展模式开始逐步从工业化向第三产业主导转变；对外贸易对于中国城镇化进程的推进具有重要影响；政府土地财政扩张策略阻碍了城镇化发展。汪增洋和李刚（2017）运用中介效应检验模型，实际验证了中部地区县域城镇化的动力机制。与经济服务化相比，工业化更显著地推动了县域城镇化发展，工业生产率的提高是县域城镇化快速发展的关键所在。并指出，城市群和大城市附近的县域城镇具有较强的人口吸纳能力，是推进人口城镇化发展的重要承载空间。

在人口城镇化的空间选择路径研究方面，学者们针对异地城镇化、就近和就地城镇化问题开展了大量的研究工作，形成了较丰富的研究成果。一是关于异地城镇化问题的研究。改革开放以来，我国城乡经济体制改革不断深化，农村劳动力就业由第一产业转向第二、第三产业，农村劳动力大量流出转向城市，打破了地域的限制，促进了人口异地城镇化发展（石忆邵、王云才，2006）。而最具代表性的是中西部地区大量农村居民迁移至东部沿海城市就业（黄亚平等，2011）。由于我国城镇化水平滞后于工业化水平，区域城镇化发展不平衡的特征突出。在城镇化过程中，低质量的"异地城镇化"现象仍然较普遍。尽管异地城镇化推动了中国的城镇化进程，但其弊端逐渐突显，引发了经济、社会、环境等诸多问题。许多城市的承载能力较差，一些大城市的承载能力已经趋于饱和，农村人口的大量流入势必导致这些城市难以承受。异地城镇化的发展有些难以为继，大城市难以让农村劳动力融入，真正的市民化更是难以实现（李军、吕庆海，2018）。

二是关于就近和就地城镇化问题的研究。作为代价最小的城镇化方式，人口就近转移和城镇化的重要性得到我国学界的普遍认同。学者们最初是基于迁移距离视角来认识就近和就地城镇化的现象。朱（Zhu，2004）的研究指出，我国东南沿海部分地区城镇化发展水平较高，当地农村居民并未大规模迁移到异地，而是就近实现了城镇化。就地城镇化是就近城镇化的特殊形式，但是我国大部分农村地区并不适宜就地城镇化，由此人口就近城镇化成为中西部地区城镇化发展的路径选择（王景新、庞波，2015）。王业强和魏后凯（2018）的研究认为，未来中国城镇化路径将逐步从异地城镇化路径为主转变为以就地就近城镇化路径为主，目前应积极推进省内就近城镇化，大规模推广县（市）范围内的就地城镇化尚不具备基础。

目前学界对于就近和就地城镇化的概念尚未形成一致性观点。杨世松和习谏（2006）将就地城镇化定义为：农村人口在原有居住地，通过生产条件和居住环境的改善，基础设施的完善，提高素质并改变其生活方式。张鼎如（2006）的研究认为，就地城镇化的具体含义包括村庄地域性、高度开放性、建设规划性以及公共产品供给服务性。潘海生和曹小锋（2010）基于空间和内涵视角，将就地城镇化界定为：以中小城镇为依托，实现农村人口就近进城进镇，并通过发展生产、增加收入和发展社会事业，实现其自身素质提升和生活方式城市化。胡小武和杨光（2011）的研究认为，人口就近城镇化是一种人口本土化、就近化的城镇化模式，其核心是突破城乡二元体制，通过农民非农化方式使农民能够共享城市化文明的成果，并指出西部地区人口就近城镇化需要解决城镇化与乡村工业化、公共服务之间的均衡发展，以及人口的生活方式城市化等问题。王景全（2014）的研究认为，中西部地区就近城镇化是指农业转移人口在中西部地区或是其所属的县域范围实现城镇化。李强等（2015）的研究认为，相较跨省、跨地级市的长距离流动，就近城镇化是指原农村人口近距离迁移到家乡附近的地级市和县级城镇，而就地城镇化是指农村人口通过就地改造实现向城镇化和现代化的转型。同时指出，就近城镇化模式对于城乡流动与一体化发展非常有利。

在微观机制方面，祁新华等（2012）选取我国东部沿海部分地区为研究样本，实证考察了乡村劳动力迁移行为及其意愿。并建立乡村劳动力迁移"双拉力"模型，进一步阐释了就地城镇化的形成及发展机制。研究发现，在乡村拉力中，就业机会、收入水平、乡土情结、社会保障等因素对于当地居民选择定居乡村地区具有积极作用；在城市拉力中，就业机会与收入水平、居住环境、子女教育等因素显著影响农村居民城镇定居意愿。刘文勇和杨光（2013）的研究认为，发展农村产业是人口就近就地城镇化的关键所在。并提出可通过城乡产品市场、要素市场以及产业等方面的互动促进农村产业发展。刘田喜和方亚飞（2013）的研究强调就近就地城镇化过程中，应坚持科学规划，加强产业支撑，完善城镇功能，并加快推进体制机制改革。闫世伟（2014）的研究指出，作为就近城镇化的核心，人的城镇化发展应从户籍制度改革、住房、社会保障建设等方面着手，同时还应科学制定就近城镇化规划，重视生态文明建设，并彰显地方文化特色。廖永伦（2015）认为，推进人口就近就地城镇化，应加强规划引领，发展特色优势产业，妥善解决好农业转移人口就业问题，并加大户籍制度、土地制度、社会保障制度、投融资体制机制改革力度，不断创新工作机制，提升城镇治理能力。杨云善（2017）分析了河南省人口就近城镇化过程中存在的小城镇"空心化"的风险问题。认为其直接原因是工业化与城镇化的非均衡发展，内在动因是生产力布局与利益分配不匹配，根源在于城乡二元体制及管理机制。刘国斌和陆健（2019）的研究认为，就近就地城镇化产业培育经历了资源优势培育—资源优势向产业优势转化—产业优势极化的形成过程。并从农村六次产业化、引进优势产业、特色产业园区建设、政策支持及保障等方面提出了相关政策建议。

在发展模式上，陈明星等（2016）总结了中部地区人口就近城镇化的3种模式，即本地农业剩余劳动力转移、农民工返乡就业及创业。李强等（2015）认为可通过县域经济发展、强镇崛起以及以地市为单位推进全域城乡一体化3种模式实现人口就近城镇化。马海韵和李梦楠（2018）的研究认为，推进人口就地就近城镇化，应将地方政府与农村人口视为双维主体，将宏观战略与产业结构视为动力机制的双维来源，构建"县、镇、村"多层立体发展模式，并为基础设施建设、资金保障以及产业支撑等方面提供制度保障。黄鹏进（2019）将人口就近城镇化过程中农民就近购房的类型分为投资居住型、改善居住型、工作便利型、教育消费型、面子竞争型5类，并将农民就近城镇化模式的内在特征归纳为：普通农民进城、代际支持进城、生产与生活空间分离、生活面向分殊、低户籍制度门槛、低社会融入障碍6个方面。同时，农民就近城镇化还反映出中国整体城镇化中的"梯度城镇化"特征。

部分学者针对特定区域的农业转移人口就近城镇化意愿及影响因素问题展开了实证研究，得出的结论不尽相同。彭荣胜（2016）以河南省光山县的专业特色镇为调研样本，考察了中部传统农区农户的就地就近转移意愿。结果表明，研究区域内农村人口具有强烈的就地就近转移意愿，且存在明显的"购房但不落户"的转移特征。蔡洁和夏显力（2016）以陕西省为研究样本，采用 Multinomial Logistic 回归分析方法，探究了农业转移人口对就近城镇化个体响应的影响因素。研究发现，年龄越小的农业转移人口更希望尽快实施就近城镇化，文化程度高的农业转移人口认为就近城镇化需要政府提供各种政策支持，对就近城镇化政策越了解的农业转移人口的就近城镇化意愿越强。城乡户籍制度差异导致农业转移人口在社会保障、医疗、教育、住房等方面均不能享受到平等待遇，从而使得农业转移人口更倾向于集聚于大城市。少数学者以城市融入为切入点，采用二元 Logistic 回归模型，实证考察了中西部地区人口就近城镇化意愿的代际差异。结果表明，城市融入状况对两代农业转移人口就近城镇化意愿的影响显著。同时，运用多群组结构方程模型分析方法，分别检验了中西部地区人口就近城镇化意愿的受教育程度差异、代际差异以及性别差异。研究得出，中西部地区不同受教育程度、代际和性别的农业转移人口的社会认同度均与其就近城镇化意愿显著正相关。

韩秀丽等（2018）以西部地区甘肃、宁夏、青海的回族聚居区为调查样本，实证分析了人口就近城镇化的个体响应及其主要影响因素。结果显示，该区域人口就近城镇化的个体响应程度较高，从事商贸业的类型、收入水平、原因以及意愿等因素均具有显著影响，受教育程度、城镇优势认知度、城镇购房与否等因素均起到积极作用。郑永兰和汤绮（2019）采用二元 Probit 回归模型，实证考察了江苏省新生代农民工就近城镇化意愿。研究发现，研究区域内新生代农民工具有较强烈的就近城镇化意愿。此外，顾东东等（2018）的实证研究结果证实人口就地就近城镇化模式下，农民工市民化的总成本相对更低。但欠发达地区面临的突出问题是基础设施建设投入较大，较发达城市市民化的核心在于民生投入较高。车蕾和杜海峰（2018）通过研究得出，就近市民化对个人具有明显的经济驱动作用，但在劳动力市场中政策性"农转非"人口并不具备优势，非农户口的收入溢价效应在流动特征和部门特征中存在区别。

（六）城镇化系统动力学仿真问题研究

系统动力学（system dynamics）是一门综合性学科，结合了定性与定量的方式，由静态研究转变为动态模拟，通过建立非固定结构的模型，设定形式灵活的方程开展系统的动力研究，对于多个方案的比较分析尤为适用。1958 年，弗雷斯特（Forrester）首次提出了系统动力学的概念，并于 1969 年进一步对系统动力学的理论、应用及其结构模型进行了详细的阐述，科学地解释了城市人口的变化问题。此后，学者们对系统动力学的研究范围进行了进一步拓展，相关研究成果主要集中在人口、资源、生态环境、经济及社会间的关系等方面（Mass，1974；Schroeder，1975；Alfeld，1976）。国内学界对城镇化系统动力学仿真研究主要围绕人口、资源、生态环境以及可持续发展等问题展开。

在人口仿真研究方面，刘纪和李娜（2013）通过构建城乡二元人口系统模型，对我国城乡人口的变化趋势进行仿真模拟。结果表明，我国总人口增长将在 2025 年左右到达峰值，之后人口增长将日趋乏力。李勇（2014）以哈尔滨市为例，构建城镇化进程中农村劳动力转移的系统动力学模型。研究发现，模型结果与实际的统计数据基本一致。穆光宗（2015）通过对新疆维吾尔自治区总人口的外部环境条件的实证分析得出，环境污染、医疗水平、食物资源、水资源等因素的相互作用显著影响人口结构。童玉芬和王莹莹（2016）建立了包含人口的总量、结构、素质以及劳动力就业等变量的系统模型，预测了北京市人口社会经济系统的发展趋势。顾朝林等（2017）通过构建中国城镇化系统模型，对中国城镇化过程进行多情景仿真模拟。研究得出，2035 年中国城镇化水平将达到 70% 以上，而后将迈入低增长阶段，最终城镇化水平提升至 75%~80%。

在资源仿真研究方面，杨开宇（2013）通过构建水资源供需系统动力学模型，对我国未来城镇化过程中水资源的供求变化趋势进行预测。结果表明，我国将面临比较严峻的水资源供需形势，并提出增加水供给总量、全面加强节约用水管理、增强居民节水意识等建议。熊鹰等（2013）以长株潭城市群为研究样本，建立城市群水资源供需系统模型，对传统发展型、发展经济型、节水型以及协调型4种决策方案下的水资源供需变化趋势进行了仿真模拟。研究得出，长株潭城市群未来的水资源供需矛盾将日益突出。通过对比4种决策方案的效果得出，协调型模式是最优选择。毛晟栋和范小艳（2016）通过构建城镇水资源供需系统模型来揭示城镇水资源供需的内在机理，同时对模型进行仿真检验以预测中国高速城镇化进程下水资源供需的发展趋势。研究发现，2020年城镇水资源可能面临严重的供给不足的状况。曹祺文等（2019）基于水资源约束的中国城镇化系统模型，并采用多情景模拟分析了水资源利用情况。结果表明，当部门用水效率一定时，人口增长对水资源供需平衡的影响明显低于产业发展的影响。并预计在2050年基本实现水资源供需平衡。

在生态环境仿真研究方面，刘超和林晓乐（2015）构建了城镇化与生态环境系统模型，并通过仿真模拟发现，第三产业产值占比对于城镇化与生态环境协调发展的影响最显著，其次是建成区绿化覆盖率，工业化率的影响最不明显。佟贺丰和杨岩（2017）通过构建系统动力学模型，进行综合和单一情景分析，并就不同的城镇化路径展开仿真模拟。研究发现，绿色发展的城镇化道路对生态足迹的降低具有重要影响。孔静静等（2018）运用系统动力学研究方法，探究了基础设施系统与自然生态系统之间的交互作用机制。结果表明，一类基础设施规模增大源于自然生态承载能力与它类基础设施规模的增长；实施以空气质量控制为导向的公共交通完善策略是区域交通基础设施能力提高的关键所在；供电基础设施规模的增长有赖于火力发电的能耗或比例的降低；供水基础设施能力提升的根本在于水源污染程度的下降。

在可持续发展仿真研究方面，刘洪银（2014）将稳步城镇化的内涵界定为：产城融合、就业转型以及农民市民化。并通过构建三阶段稳步城镇化系统模型得出，城镇化的不同发展阶段与经济增长之间均存在关联性，稳步城镇化将与区域经济增长协同发展。康含（2015）通过建立包含经济、旅游、环境以及人口的系统动力学模型，提出自由发展、注重经济发展、注重环境发展和经济—环境综合协调发展4种小城镇建设模式。庞永师等（2016）通过构建城中村系统动力学模型，仿真模拟了地方政府对于城中村改造与城市建设用地的7种策略。结果表明，地方政府对城中村社区管理的投资能够使城中村的数量减少，且对城中村实施综合整治和管理是最优策略；地方政府在投资旧城改造和城中村改造之前，应进行技术经济对比分析。卢志平等（2016）将柳州市作为研究样本，采用系统动力学方法，从人口、经济、资源以及环境等层面建立城市可持续发展系统仿真模型，并分别对自然发展、产业驱动、环境驱动以及协调发展4种模式进行了动态仿真。研究发现，协调发展型是最优模式，既能促进经济发展，又能在提升居民收入的同时节约资源。

周晓晔等（2016）以沈阳经济区为研究样本，构建了产业集群与城镇化间关系的系统动力学模型，研究成果为促进区域产业集群与城镇化协调发展、提高经济水平提供了参考依据。刘尔思等（2017）从政府、公众及其他相关方3个层面，构建了城镇化群体性冲突事件系统模型。实证分析结果显示，政府因素对城镇化群体性冲突事件的影响最大，公众及其他相关因素的影响相对较小。曾雁冰等（2018）构建了基于老龄化背景的医疗保险系统动力学模型，实证分析结果表明，2020年以后，我国城镇基本医保基金收支很可能出现失衡，个人就医压力将会增大。娄钰华和张松林（2019）构建了工业化、城镇化与农业现代化协调发展的系统模型，从"单化""多化""结构化"三条驱动路径展开模拟仿真。研究发现，在"三化"协调发展中，工业化的驱动作用最强，能够显著作用于所有驱动路径；"结构化"驱动路径具有更强的系统性，且其对"三化"协调发展的驱动作用最明显；作为"三化"协调发展的高效纽带，信息化成为"三化"协调发展的有力支撑。

（七）文献述评

关于丝绸之路经济带的现有研究中，丝绸之路经济带建设的重要性已经得到学术界的高度认同，我国相关省份也快速做出响应，将这一外交倡议视作地区经济社会发展的重大机遇，并纳入地方施政目标。尽管国内外学者对"丝绸之路经济带"的内涵尚未形成一致性观点，但丝绸之路经济带的总体架构已经明确，学者们针对丝绸之路经济带沿线国家合作问题开展了大量的研究工作，并侧重于研究我国与沿线国家的发展战略的对接、建立与完善合作机制、互联互通的推动等具体问题，相关研究成果主要集中在能源合作与安全、交通基础设施通道建设，贸易与投资，以及科技文化与旅游合作等方面。

关于城镇化多元格局的现有研究中，国内外学者对于多元城镇化模式的界定尚未有统一的定论，但学者们围绕人口迁移多元化、城镇规模多元化、产业多元化、城镇化动力多元化、社会形态变革及挑战多元化等多元城镇化模式进行了较深入的研究，并从县域、经济带、农村地区、中西部地区、小城镇等角度论述了多元城镇化问题，形成了较具代表性的多元城镇化推进模式。随着空间结构描述理论和新区域主义理论的提出，学界对城镇化格局问题的研究逐渐走向系统化。部分学者从城镇化的特殊性、发展水平测算、动力因素，特色城镇建设、城镇化发展模式、城镇化与就业关系等方面探讨了边疆民族地区的城镇化格局问题。

关于丝绸之路经济带建设中的城镇化的现有研究中，学者们普遍认为丝绸之路经济带建设有助于中西部地区经济社会发展水平和对外开放水平的提升。同时，丝绸之路经济带建设能够在中西部地区城镇化过程中起到明显的经济支撑作用、安全保障作用以及科技人文交流作用。部分学者指出，在丝绸之路经济带建设的具体实施过程中，中西部地区需要处理好城镇开发边界划定、城镇布局和形态规划、产业支撑、基础设施建设、基本公共服务的完善，以及政府与市场的关系、顶层设计与基层创新的关系、对内开放与对外开放的关系、经济发展与文化保护的关系、城镇化和与新农村建设的关系等问题。此外，学者们还针对丝绸之路经济带沿线核心省份和节点城市的新型城镇化建设、城镇化可持续发展、城镇化与生态环境的关系等问题展开了实证研究。

关于城市体系的现有研究中，国内外学者积极探讨了城市体系的职能结构、等级规模结构以及空间结构等问题，形成了较丰富的研究成果。在城市职能结构研究方面，学者们对城市职能类型的划分持不同观点。国内研究中以周一星的城市职能三要素理论最具代表性，其认为城市职能是由专业化部门、职能强度和职能规模三个要素构成。我国城市的基本职能在推动城镇化进程中发挥着重要作用，涉及多个领域。学者们运用区位商指数、纳尔逊法、因子分析、聚类分析、空间分析等研究方法，考察了城市、省份以及城市群等研究尺度下的区域城镇职能结构。位序—规模法则分布模型被广泛应用于城市等级规模结构的相关研究中。我国学者主要以城市、省份或城市群为研究尺度进行城市等级规模结构的实证研究。也有学者提出，应将城市群、超大城市、特大城市和小城镇等四个层级纳入国家城镇体系等级规模结构中，形成七个层级规模结构。部分学者在对旅游经济问题的研究中也采用了城市体系等级规模结构分析方法。在城市空间结构研究方面，学者们从最初的揭示城市表面形态逐渐转向城市功能结构研究，形成了极具代表性的城市空间结构模式，城市空间结构规划设计研究不断深入。此外，空间相互作用与空间异质性问题引起了学界的关注，地理探索性空间分析方法在实证研究中得到了广泛应用。

关于人口城镇化的现有研究中，国外学者运用不同的人口迁移理论分析了中国的人口城镇化问题，认为中国的城镇化属于低度城镇化，但正在逐渐适应甚至赶超经济发展水平，并采用联合国人居中心的城市发展指数和城市指标准则等量化测评方法，分析了中国城市可持续性、和谐城市、健康城市、城市人居生活质量等问题。随着我国新型城镇化发展战略的不断推进，国内学术界逐渐重视以人为本的城镇化发展模式研究，并认为推动我国新型城镇化建设的关键在于如何实现农业转移人口的身份转变。学者们针对我国人口城镇化的空间差异，人口城镇化与土地城镇化、工业化和非农化之间的关系，人口城镇化的动力机制问题展开了积极的探讨。学者们还从人口异地城镇化和就地就近城镇化等方面对我国人口城镇化路径问题进行了研究，形成了一定的研究成果。

关于城镇系统动力学仿真的现有研究中，国外学者将系统动力学研究方法广泛应用于人、自然资源、生态环境、经济、社会之间的关系，以及各类社会经济问题的研究，涵盖了项目管理、能源、交通、环境、生态、军事、生物、医学、财务、物流、人口、城市等研究领域。国内有关系统动力学的研究相对较晚，学者们通过建立系统动力学模型，分析了我国城镇化中有关人口、资源、生态环境以及可持续发展等方面的实际问题，但仅有少数研究成果涉及个别城市或省份的人口城镇化发展问题。

综上所述，学术界对于多元城镇化和城镇化多元格局研究已经具备一定的系统性，总体呈现由空间布局描述向作用机制解析转变。同时，关于城镇化多元格局及空间过程的表述多样化，出现研究脉络差异性较大的现象。尽管学者们已经充分认识到丝绸之路经济带对城镇化的作用和布局优化的要求，但对具体的作用机制和带内城镇化格局研究还不充分。此外，学界对于边疆地区城镇化研究主要集中在小城镇，对整体格局的规划和实现机制方面的研究成果仍然较少。因此，以丝绸之路经济带建设为契机，探讨边疆民族地区城镇化多元格局尚有许多问题需要研究。如对丝绸之路经济带与西南边疆民族地区城镇化多元格局之间的作用机理的思考，对丝绸之路经济带建设中西南边疆民族地区城市体系综合发展水平及其时空演变特征的认识，对西南边疆民族地区城市职能结构、城市等级规模结构、城市体系空间结构的变化情况及其特征的分析，对西南边疆民族地区人口就近城镇化发展水平的掌握，探索西南边疆民族地区丝绸之路经济带建设中城镇化多元格局的具体实现路径等，这正是本书拟研究的主要问题。

三、研究目的与意义

（一）研究目的

随着我国新型城镇化进程的推进，城镇化布局和形态优化需要多元路径实现。丝绸之路经济带为区域内城市竞逐核心、节点和支点地位提供了良好契机。丝绸之路经济带建设与区域内城镇化的关系，特别是这种关系将如何促进边疆地区城镇化多元格局路径的实现是本研究关注的焦点。本研究通过对西南边疆民族地区丝绸之路经济带建设中多元城镇化格局形成所面临的突出问题的政策研判，相互关系的逻辑演进、理论架构、实证检验等一系列问题的深入研究，探寻西南边疆民族地区丝绸之路经济带建设中城镇化多元格局的实现路径，旨在促进西南边疆民族地区城镇化多元格局路径的实现，扩大国家的对外经济交流与合作，以及为目前在丝绸之路经济带效应影响下的西南各省份的城镇化多元格局问题提供示范和参考。

（二）研究意义

1. 理论意义

本研究通过分析西南边疆民族地区在丝绸之路经济带效应带动下的城市体系的综合发展水平、职能结构、等级规模结构、空间结构的变化及特征，构建丝绸之路经济带与西南边疆民族地区城镇化多元格局关系的理论模型，并对西南边疆民族地区丝绸之路经济带建设中城镇化多元格局进行实证检验，以期能够找出西南边疆民族地区城镇化多元格局在丝绸之路经济带作用下的实现路径，深化对丝绸之路经济带效应和城镇化多元格局本质和规律的认识，在一定程度上填补目前理论研究的不足，并完善丝绸之路经济带和城镇化多元格局的理论体系。

2. 现实意义

本研究通过揭示丝绸之路经济带与西南边疆民族地区城镇化多元格局关系的研究，有助于认识西南边疆民族地区丝绸之路经济带建设中城镇化多元格局形成的主要影响因素及实现路径，为国家在扩大对外经济合作和交流，特别是为目前在丝绸之路经济带效应影响下的西南的广西、云南、贵州、重庆、四川，西北的陕西、甘肃、青海、宁夏、新疆，以及华北的内蒙古等省份的城镇化多元格局问题提供示范和参考。

四、研究内容、研究方法及技术路线

（一）研究内容

第一章绪论。首先介绍了本书的研究背景，接着分别对丝绸之路经济带、城镇化多元格局、丝绸之路经济带建设中的城镇化、城市体系、人口城镇化、城镇系统动力学仿真等问题的现有文献进行了回顾和述评，进一步明确了本书的研究内容，并阐述了本书的研究目的、研究意义以及研究方法。

第二章西南边疆民族地区丝绸之路经济带建设中城镇化多元格局实现路径的理论框架。通过界定西南边疆民族地区城镇化多元格局的内涵，分析西南边疆民族地区城镇化多元格局的特征和维度，以及该区域城镇化多元格局的可行性及发展趋势，并对丝绸之路经济带效应的构成进行分析，总结其在西南边疆民族地区城镇化多元格局中的表现，进一步探究西南边疆民族地区丝绸之路经济带建设中城镇化多元格局的动力机制，再结合对丝绸之路经济带对西南边疆民族地区城镇化多元格局作用机理的理论依据的分析，构建丝绸之路经济带对西南边疆民族地区城镇化多元格局作用机理的分析框架。

第三章西南边疆民族地区丝绸之路经济带建设中城市体系综合发展水平实证研究。从经济发展水平和居民生活质量两个层面，构建西南边疆民族地区城市体系综合发展水平评价指标体系，采用因子分析方法，对西南边疆民族地区各城市的经济规模、经济结构、社会生活和资源环境等发展水平进行量化研究，以此对比分析西南边疆民族地区各城市在丝绸之路经济带建设中的城市体系综合发展水平及其时空演变特征。

第四章西南边疆民族地区丝绸之路经济带建设中城市职能结构实证研究。从城市专业化部门、职能强度、职能规模三个方面，综合运用区位熵法、纳尔逊法、对应分析、因子分析、聚类分析等城市职能分析方法，得到西南边疆民族地区丝绸之路经济带建设中城市职能结构特征，再运用城市职能分类方法对西南边疆民族地区各城市进行职能分类，以此明确西南边疆民族地区丝绸之路经济带建设中城市职能结构的优化路径。

第五章西南边疆民族地区丝绸之路经济带建设中城市等级规模结构实证研

究。从城市人口规模、经济规模和土地规模三个层面，采用城市等级规模金字塔、城市首位律、位序—规模法则、规模差异测度模型等研究方法，实证考察西南边疆民族地区丝绸之路经济带建设中城市等级规模结构发展水平，并进一步分析西南边疆民族地区丝绸之路经济带建设中城市人口规模、经济规模和用地规模的发展水平及其分布特征。

第六章西南边疆民族地区丝绸之路经济带建设中城市体系空间结构实证研究。采用分形理论、重心模型、Theil 系数模型等研究方法，对西南边疆民族地区丝绸之路经济带建设中城市空间的结构分布、城市人口和经济重心的演变特点及规律进行分析，得到西南边疆民族地区丝绸之路经济带建设中城市体系空间结构的演变特征，进而为其体系优化提供依据。

第七章西南边疆民族地区丝绸之路经济带建设中人口就近城镇化模拟仿真研究。通过构建西南边疆民族地区丝绸之路经济带建设中人口就近城镇化系统动力学仿真模型，对西南边疆民族地区内广西的 14 个地级市和云南的 16 个地级市（自治州）丝绸之路经济带建设中的人口就近城镇化发展趋势进行动态模拟。

第八章西南边疆民族地区人口就近城镇化意愿研究：广西例证。通过对广西 14 个地级市的农业转移人口就近城镇化意愿进行实地调研，从就业质量和社会认同度双重视角，实证考察西南边疆民族地区人口就近城镇化意愿，分析就业质量对农业转移人口就近城镇化意愿的影响效应，并基于就业质量视角分析农业转移人口就近城镇化意愿的代际差异，再从社会认同度视角探讨农业转移人口就近城镇化意愿的地区差异。

第九章西南边疆民族地区丝绸之路经济带建设中城镇化多元格局的实现路径。根据第三章至第八章的实证研究结果，分别从城市体系综合发展水平、城市职能结构、城市等级规模结构、城市体系空间结构的优化，以及人口就近城镇化实现路径五个方面，提出西南边疆民族地区丝绸之路经济带建设中城镇化多元格局的实现路径。

第十章结论与展望。

（二）研究方法

1. 文献研究法

通过文献研究法总结国内外关于丝绸之路经济带、城镇化多元格局、丝绸之路经济带建设中的城镇化、城市体系、人口城镇化、城镇系统动力学仿真等方面的研究成果、发展趋势和存在问题。

2. 理论模型构建法

基于相关理论和数学模型推导出一个新的多元分析框架理论模型，得到丝绸之路经济带与西南边疆民族地区城镇化多元格局之间的内在关系及作用机理。

3. 实证模型构建法

通过构建西南边疆民族地区丝绸之路经济带建设中城市体系的综合发展水平、职能结构、等级规模结构、空间结构，以及人口就近城镇化的实证研究模型，检验丝绸之路经济带对西南边疆民族地区中城镇化多元格局的作用效应。

4. 案例分析法

通过选取位于丝绸之路经济带范围内的西南边疆民族地区中广西14个地级市作为典型案例地展开问卷调查，以此获得西南边疆民族地区城镇化多元格局形成中有关人口就近城镇化意愿的典型案例现状。

5. 政策系统设计分析法

通过将实现路径分为西南边疆民族地区丝绸之路经济带建设中城市体系综合发展水平、城市职能结构、城市等级规模结构、城市体系空间结构的优化角度，以及人口就近城镇化实现路径角度等子系统，探讨西南边疆民族地区丝绸之路经济带建设中城镇化多元格局的实现路径。

（三）技术路线

西南边疆民族地区丝绸之路经济带建设中城镇化多元格局研究的技术路线如图1-1所示。

研究思路	研究方法	研究内容	研究目的
提出问题	文献研究	西南边疆民族地区丝绸之路经济带建设中城镇化多元格局研究综述	为分析西南边疆民族地区丝绸之路经济带建设中城镇化多元格局奠定文献与现实基础
	理论框架构建	西南边疆民族地区丝绸之路经济带建设中城镇化多元格局的理论框架 ◆西南边疆民族地区城镇化多元格局的内涵、特征及维度 ◆西南边疆民族地区城镇化多元格局的可行性与发展趋势 ◆丝绸之路经济带效应及其在西南边疆民族地区城镇化多元格局中的表现形式 ◆西南边疆民族地区丝绸之路经济带建设中城镇化多元格局的动力机制 ◆丝绸之路经济带对西南边疆民族地区城镇化多元格局作用机理的分析框架	
分析问题	实证模型构建	西南边疆民族地区丝绸之路经济带建设中城镇化多元格局的实证检验 ◆西南边疆民族地区丝绸之路经济带建设中城市体系综合发展水平实证研究 ◆西南边疆民族地区丝绸之路经济带建设中城市职能结构实证研究 ◆西南边疆民族地区丝绸之路经济带建设中城市等级规模实证研究 ◆西南边疆民族地区丝绸之路经济带建设中城市体系空间结构实证研究 ◆西南边疆民族地区丝绸之路经济带建设中人口就近城镇化模拟仿真研究	分析丝绸之路经济带对西南边疆民族地区城镇化多元格局的作用效应
	案例分析	西南边疆民族地区人口就近城镇化意愿研究：广西例证	
解决问题	政策系统设计分析	西南边疆民族地区丝绸之路经济带建设中多元格局的实现路径 ◆西南边疆民族地区丝绸之路经济带建设中城市体系综合发展水平优化路径 ◆西南边疆民族地区丝绸之路经济带建设中城市等级规模优化路径 ◆西南边疆民族地区丝绸之路经济带建设中城市职能结构优化路径 ◆西南边疆民族地区丝绸之路经济带建设中城市体系空间结构优化路径 ◆西南边疆民族地区丝绸之路经济带建设中人口就近城镇化实现路径	提出相关政策建议

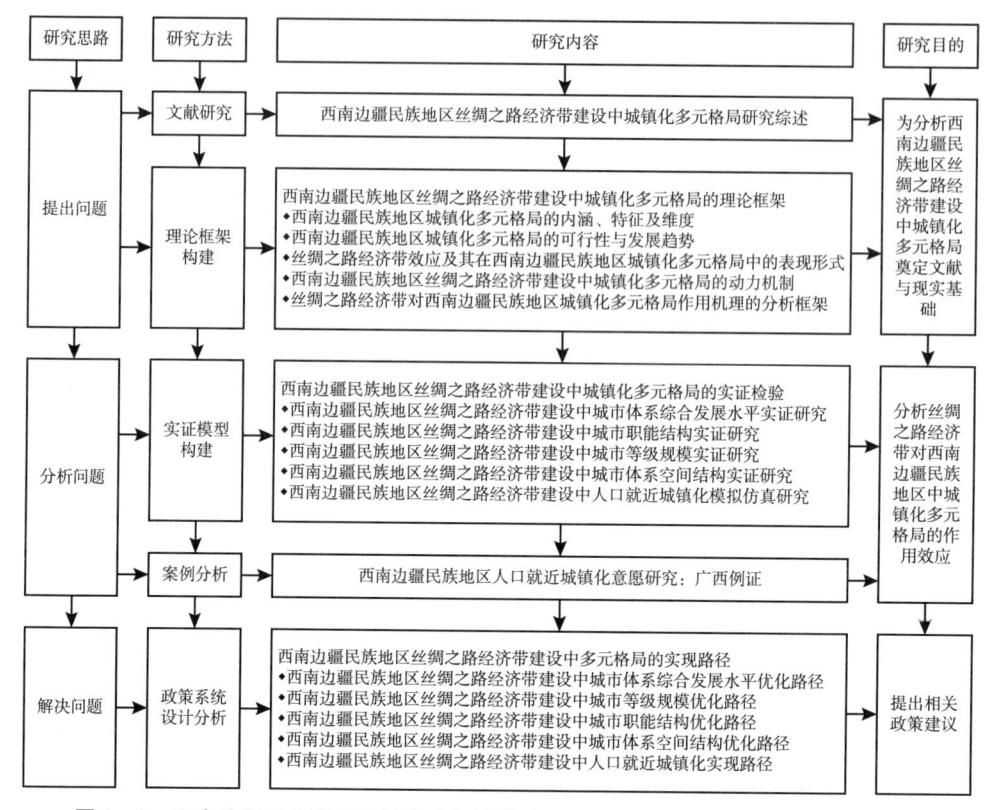

图1-1 西南边疆民族地区丝绸之路经济带建设中城镇化多元格局研究的技术路线

第二章

西南边疆民族地区丝绸之路经济带建设中城镇化多元格局实现路径的理论框架

构建西南边疆民族地区丝绸之路经济带建设中城镇化多元格局实现路径的理论框架。首先，界定西南边疆民族地区城镇化多元格局的内涵，并分析其特征及构成维度；其次，阐述西南边疆民族地区形成城镇化多元格局的可行性和发展趋势；再次，分析丝绸之路经济带的经济支撑效应、安全保障效应和科技人文交流效应，总结丝绸之路经济带效应在西南边疆民族地区城镇化多元格局中的表现；随后，探究西南边疆民族地区丝绸之路经济带建设中城镇化多元格局的动力机制；最后，分析丝绸之路经济带对西南边疆民族地区城镇化多元格局作用机理的理论依据，从而构建丝绸之路经济带对西南边疆民族地区城镇化多元格局作用机理的分析框架。

一、西南边疆民族地区城镇化多元格局的内涵、特征及维度

（一）西南边疆民族地区城镇化多元格局的内涵

城镇化多元格局是城镇化格局不断演化的结果。人类活动的各种影响因素如

文化、工业化、制度之间的相互作用推动了城镇化格局的演进，由此出现的城镇化多元格局现象，则为不同地区不同类型的城镇化提供了一条新的发展路径（方创琳，2009）。基于前人的研究成果，本研究将西南边疆民族地区城镇化多元格局的内涵界定为：随着自组织和他组织的相互作用，西南边疆民族地区城镇空间过程产生集聚与扩散的交替演化，推动区域内城镇化率逐步提升、城市职能不断完善、城市等级规模结构和空间结构得到优化，最终形成大中小城市协调发展、三次产业融合发展、人口就近城镇化有序推进的城镇化发展格局。

丝绸之路经济带建设背景下，西南边疆民族地区应在充分发挥市场作用的同时，进一步转变政府职能，更好地发挥政府在宏观调控、监督和引导等方面的作用，根据市场发展的需要，让各方面社会力量参与到城市规划和管制过程中，形成自下而上的新型管制方式，进而建立政府、市场和社会力量的合力机制，助推城镇体系的优化调整，要构建与城镇自身资源禀赋相适应的产业结构框架，强化城市产业就业支撑。作为国家经济中产业创新和增长的主要动力，城市对区域经济发展的辐射带动作用不容忽视。城市特别是中心城市是区域信息、知识、人才以及创业投资等要素资源的聚集地，在某种意义上也被视为涌现新理念、新产品和新工艺的创新中心。因此，应加速推进城镇化发展水平较低的城市的产业配套体系建设，全面改善地区投资环境，促进中心城市的功能完善和档次提升，以增强区域发展后劲；注重实施城市功能错位发展战略，大城市的产业准入标准应与城市功能定位和战略发展方向相适应，并按照高端化和服务化方向对地区产业结构进行调整优化，以缓解大型城市人口大规模集聚所带来的压力，切实提高大城市的人口、要素、产业等转移扩散成效；加快中小城市和小城镇基础设施建设，提升城镇基本公共服务水平，并为积极打造特色生态小镇的地区提供财税政策支持，有效发挥不同规模城镇的优势，促进各类城市和小城镇功能分工及协同发展；通过有效发挥城镇的集聚效应和规模效应，促进城镇间的关系由竞争走向合作，为区域内全体人民创造良好环境，最终实现城乡居民共享城镇化的发展成果。

（二）西南边疆民族地区城镇化多元格局的特征

关于城镇化多元格局的特征，学者们大多是从经济城镇化、人口城镇化、空间城镇化、质量城镇化等方面进行探讨。基于已有的研究成果，本研究从以下4个方面阐释西南边疆民族地区城镇化多元格局的特征。

第一，西南边疆民族地区城镇化动力呈现多元化特征。西南边疆民族地区的城市发展主要取决于外部因素，包括资源的优势、地理条件和财政投入等。大多数城市的形成是由于外部市场的发展，因而其往往只具有单一的功能，职能不完善，尽管城市人口较多，但这些城市的服务市场、非农产业和基础设施均相对缺乏。在改革开放之后，西部地区的城市化进程开始进入多元化时期，但国家体制因素的决定性影响仍然相当明显，一方面体现为相关城市化政策的直接影响；另一方面体现在资本、人口和其他因素上，如城市建设、投资体系等经济因素的影响（肖应明，2014）。因此，西南边疆民族地区城镇化的方向、发展速度、发展优先事项等都受到国家和地方政府制定的主要战略、制度和政策的影响。

第二，西南边疆民族地区人口城镇化具有"半城市化"特征。主要体现在两个方面：一是进城农民家庭的"半城市化"。即农民家庭的一部分成员进城后变成了市民，另一部分依然留在农村。进城的人员主要是青壮年和幼年，在农村留守则多是老年人，由此加剧了农村空巢化，也加重了农村劳动力人口的老龄化，因此限制了农业的规模经营和现代农业发展。二是已进城农民自身的"半城市化"。即部分农民为了子女能够受到良好的教育，选择从农村迁到城市成为市民。虽然这部分农民在城镇有务工收入，但是他们依然进行农业生产，在很大程度上依赖于农村承包土地所获得的收入。由于这部分进城农民难以真正转变成产业工人，因此又限制了西南边疆民族地区城镇化的支撑和带动作用。可以说，西部地区农民工市民化的进程整体较缓慢（郭晓鸣、廖祖君，2013）。在现实情况中，绝大多数的老一代农民工会返乡继续从事农业，而仅有极少数的新生代农民工打算在年老时回乡务农，这是因为新生代农民工大部分缺乏基本的农业生产技能，在城镇的生活也基本完全适应。但需要特别强调的是，农民工尤其是新生代农民工，在加快西南边疆民族地区城镇化进程中起着不可或缺的作用，应当引起重视。

第三，西南边疆民族地区城镇化多元格局具有渐进式特征。西南边疆民族地区是多民族聚居地区，具有特殊的地理位置、内部环境以及外部环境，在城镇化多元格局形成过程中，需要妥善地处理汉族和少数民族之间，以及不同少数民族之间的文化隔阂问题，这使得该区域既要加快推进多元城镇化，又要担负边疆安全与民族团结等方面的使命。西南边疆民族地区加快促进城镇化多元格局形成，不能超越承载能力与发展水平而进行城镇化"大冒进"，应当综合考虑地方政府财力、产业支撑力、人口吸纳能力、资源与环境承载力以及发展潜力，通过构建科学合理的城镇体系，有序推进农业转移人口就近城镇化（魏后凯，2014）。

第四，西南边疆民族地区城镇化多元格局具有可持续性特征。随着2008年国际金融危机之后的全球"第四次产业转移"的推进，中西部地区作为此次产业转移的主要转入地，迎来了区域经济快速发展和产业结构优化调整的良好机遇。

在国外与东部沿海发达地区双重产业转移推动下，中西部地区交通基础设施和投资环境明显改善，承接产业由加工制造业延伸至服务业，承接区域逐步向城市群集聚。产业集聚理论认为，相同或相近产业的大量企业在空间上聚集于某一区域，将通过知识外溢推动技术创新。为避免成为污染避难所，西南边疆民族地区在提升自身承接产业转移能力的同时，亟须加强生态环境保护工作。中心城市应根据自身功能定位，注重降低要素成本，提升产业配套能力，加强对外联系强度，推进产业结构优化升级，进一步提升产业集聚度，加大信息基础设施投入力度，实现信息共建共享，通过产业创新联盟和一体化科技创新平台建设，强化科技成果转化能力，从而有效发挥其对非中心城市的辐射带动作用。资源型城市应结合自身资源优势，以综合性和多元化为发展方向，积极探索转型发展模式，建立具有地方特色的现代城市产业体系。各城市都应根据地区生态环境承载力水平，因地制宜地采取环境规制措施，对入驻企业进行严格审查，坚决调整和淘汰不利于生态环境建设的产业，对高能耗、高排放产业的发展进行限制，对集约节能成效显著的企业给予财政补贴、税收优惠等政策激励，并不断优化城市绿色空间布局，提升城市公共绿地水平和绿色品质。

城镇化的可持续性应注重区域土地利用集约化、产业发展现代化、城乡一体化、城镇化与生态环境绿色化、人口市民化之间的协调发展。西南边疆民族地区城镇化多元格局的形成，一方面使得城镇化与区域发展格局相协调。因为每个地区之间的社会环境、经济环境和自然环境都不同，区域或省际的城镇化发展水平和质量的差异是客观存在的，可持续发展的全面协调有助于逐步缩小城市和区域之间的城市化速度差异，并改善城镇化发展质量。另一方面，城市化与区域发展的质量是一致的。实现可持续城市化的目标需要经济、社会和环境部门之间的协同增效作用，以应对城镇化过程中带来的"大城市病"等问题。这就需要在完善城乡基础设施的同时，不断提高城市吸收能力，促进均衡、协调发展区域城镇化，为建设健康、可持续化和全面的城镇化打下良好的基础。另外，协调发展还体现在区域发展结构和城镇化上。在实现人的城镇化的过程中，需要在县域、小城市和重点地区进行有区别的发展，进而促进大中小城市协调发展。此外，西南边疆民族地区还应大力推进人口就近城镇化，尽快消除对户籍制度的歧视，使农业转移人口真正享受到与城市市民同等的基本公共服务。

（三）西南边疆民族地区城镇化多元格局的维度

西南边疆民族地区城镇化多元格局可分为大中小城市建设、三次产业发展和人口城镇化路径 3 个维度。下面分别对西南边疆民族地区城镇化多元格局的各维度进行阐述。

1. 大中小城市建设维度

在多元城镇化发展过程中，各种类型城市协调发展是至关重要的。一方面，大中小城市的协调发展是区域内合理配置资源及可持续发展的重要途径，是推动城镇化建设由重数量向重质量过渡、统筹城乡发展的关键。在各类型城市协调发展过程中，经济和社会发展模式的合理性和可持续性是决定因素，影响社会各阶层生活水平的不断提高。另一方面，大中小城市的协调发展将加强区域间的交流，并缩小城市之间的发展差距，边缘区与核心区之间的界限也会逐渐消失，最终形成区域一体化发展（孙斌栋等，2019）。

在西南边疆民族地区城镇化多元格局中，大城市应发挥主导和引领作用。原因在于，大城市具有良好的资源优势，自然资源、政治资源等相较于中小城市都非常优厚。同时，大城市具有区位优势，交通便利发达，港口、公路、铁路、机场、高速公路和高速铁路等一应俱全。大城市还具有一定的人口规模和产业基础。大都市人口众多，市场庞大，城市基础设施相对完善，因而比邻近的中小型城市更有吸引力。这使得企业更愿意到大城市进行投资，产业更容易集中在大城市，进而形成了"虹吸效应"（刘国斌、朱先声，2018）。就业岗位的数量会因为产业的聚集而越来越多，越来越多的人倾向于在大城市工作，大城市呈现产业集聚的趋势，周边地区的发展受其影响也会逐渐加大，从而产生"辐射效应"和"极化效应"。为避免城市扩张，地方政府也会采取一系列措施，如采取产业准入和城镇边界规划，来促进工业结构的强劲发展。一方面，作为城市规划的一部分，必须在减缓大城市压力的基础上加速工业转移和功能疏解。另一方面，城市群的核心城市在加强高水平生产服务的同时，也鼓励先进的高技术产业和制造业向大中城市和其他城市转移，一般制造业向邻近的小城市转移（肖金成，2018）。相比中小型城市，大城市承担的义务和责任也更多，它们可以通过支持周边城镇发展商贸和休闲旅游等产业，来促进周边中小型城镇的发展（杨勇等，2011）；建立产业合作机制，将制造业迁往邻近城市，以促进当地就业；推进货物和人员之间的流动、加强与周边城镇的交通联系等。

西南边疆民族地区的中等城市应利用自身优势，促进大城市产业转移。大城市的发展水平和功能的提高为中等城市提供了许多机会。随着大城市功能的逐渐疏解，中等城市的产业功能得到不断提升，人口不断聚集，就业人口不断增加，城市规模也在逐渐发展扩大。在这个过程中，一些交通等条件较好的小城市，很可能成为中等城市,而中等城市则可以发展成大城市。与大城市相邻的中型城市正在发展自身有竞争力的产业,随着其竞争优势的不断增加,一般服务和高水平制造业将得到不断发展(罗波阳,2014)。因此,即使城镇内功能结构和规模不同,但城市系统也将合理化,城镇内协作和分工的影响也将最大化;运输条件的改善,新技术的快速发展,推动了城市功能水平提升。

西南边疆民族地区的小城市和小城镇的区位劣势在弱化,但成本优势不断强化。城市群中的基础设施能够共建共用,保证了大中小城市和小城镇之间的协调发展,尤其是网络化的交通给中小城市和小城镇带来了发展机遇,并改变了中小城市和小城镇的区位。我国很多小城市和小城镇发展历史悠久,但是由于一直具有区位劣势,交通不便,到目前为止这些城市的发展依然保持着较小的规模,人口和产业难以集聚。由于城镇的形成,运输条件有所改善,小城市和小城镇的经济效益增加,地理上的不利条件减少,要素成本也在不断降低,零部件等产业在小城市中得到了较快发展,可以为大中城市提供配套服务(安树伟、孙文迁,2019)。此外,小城市可以在大城市周围发展教育、休闲和康养产业,小城镇也可以根据自身优势和特色建立特色小城镇。特色化是产品能否受到市场青睐的关键因素,也是小城市和小城镇得以发展的立足点。大城市大多缺少特色,小城市的发展应该紧紧抓住自身特色,若离开特色产业进行特色小城镇建设,会浪费资金和无效占用土地资源,城乡协调发展想要依靠特色小镇的推动将难以实现(李柏文等,2017)。

2. 三次产业发展维度

农业的稳定发展对于区域经济增长具有重要作用,但传统农业的资本收益率低下,难以促进区域经济增长,这使得发展现代农业成为传统农业改造的关键(韩叙等,2017)。现代农业通过有效发挥市场机制和政府调控作用,提升农业劳动生产率、农业资源产出率及商品率,促进了多元化生态产业形态和多功能产业体系的形成(刘圣欢、杨砚池,2015)。其目标在于保障农产品供给数量与质量、促进农业可持续发展和农民增收(柯炳生,2007)。城镇化进程的加快通过农村基础设施建设的推进,改善了农业生产条件和农村居民生活环境,刺激了农产品消费需求,并推动了农业技术创新,从而为农业现代化建设创造了更有利的条件。而农业现代化水平的提高使其为城镇发展提供必需的土地、劳动力等生产要素的同时,也将对城镇基础设施建设、交通、住房等起到推动作用,进而促进城镇工业、服务业快速发展(韩长赋,2011;曹俊杰、刘丽,2014)。因此,西南边疆民族地区在丝绸之路经济带建设中,应积极培育农业龙头企业,有效发挥其"领头羊"作用；加快推进家庭农场与专业大户建设，鼓励成立产销一体化的农民专业合作组织，注重提升小农户生产经营能力，加快培育新型职业农民；通过完善农业标准体系建设，将农产品质量监管工作落实到位，推进绿色有机农产品认证，着力打造区域特色农产品品牌，提升区域农产品竞争力。此外，还应充分利用现代互联网技术，创新农产品流通模式，加快发展新型流通业态，提升区域农产品供求匹配效率，使农民能够切实分享到产业价值链增值收益。

工业是我国国民经济发展的主导产业，根据迈克尔·波特对一国产业参与国际竞争过程的划分标准（Porter，1990），我国工业经济发展已经由依靠要素驱动和投资驱动转向高度重视创新驱动的战略的实施。我国的基本国情决定了我国的工业化发展起始阶段不同于发达国家的工业化进程，伴随着改革开放以来工业经济的快速发展，我国城市工业空间布局呈现出"均衡—非均衡—收敛"的发展态势（陈仲常等，2010）。与此同时，区域产业趋同、产能过剩、资源环境承载力不足等一系列矛盾不断凸显，西部地区成为高耗能、高排放的重化工业的主要承接地。我国城市群各城市的工业布局在很大程度上依赖于其经济子系统和社会子系统优势，而资源子系统和环境子系统的作用对于城市群工业布局与区域发展协调性综合系统得分的贡献较小。西南边疆民族地区的环境承载能力整体较弱，因而在产业发展上应注重依据独特的风景资源、别致的特色建筑、优质的土特产品、别样的风俗文化等，努力提高自身发展能力，加快特色产业发展（张继焦、宋丹，2019）。具有比较优势的劳动密集型产业是西南边疆民族地区城镇化的主要选择。相比资金密集型、技术密集型和高新技术等产业，劳动密集型产业对人力资源的需求较高，而对资金、技术等要求较低，且大多从事的是处于成熟期产品的生产，进入和退出市场的壁垒较小（陆艺、姚莉，2017）。同时，西南边疆民族地区还应持续完善基础设施建设，加大科技教育投入力度，加快一体化科技创新平台建设，构建产业创新联盟，并通过信息共建共享，不断提升中心城市科技成果转化能力，强化其辐射带动作用。在提升区域产业承接能力的同时，根据地区资源环境承载力水平，制定环境规制措施，限制高能耗、高排放产业的发展，并在财税政策方面激励工业企业主动强化集约节能能力，进一步优化城市绿色空间布局，推动工业空间布局与区域资源、环境、经济、社会协调发展。

与独特资源条件相结合的现代服务业能够为西南边疆民族地区城镇化多元格局提供重要的产业支撑。改革开放以来，随着我国城市化进程快速推进，城市基础设施、交通、基本公共服务等硬件设施建设不断完善，城市功能由传统工业逐步转向现代服务业。作为现代服务业的重要增长极和经济活动中最具活力的产业之一，我国旅游产业获得了长足发展，并被中西部地区多数省份确定为战略性支柱产业（高楠等，2013）。旅游者对物质文化的需求随着其生活水平的提升而不断增长，其旅游方式逐渐由观光型为主转变为观光型与度假型相结合。旅游者对于旅游目的地的关注点不再局限于自然风光、生态环境，地区经济、社会、人文环境均成为其制定旅游决策的重要影响因素（白凯等，2010）。旅游产业的发展能够对地区经济、社会、自然环境产生显著影响（张玉玲等，2014）。西南边疆民族地区具有非常丰富的旅游资源，一些县域根据自身资源条件发挥潜在优势，大力发展旅游业，其中，政府在旅游产业的规划支出和资金支持等方面具有重要作用。旅游业可以带动多方面的发展。在就业带动中，世界旅游组织估计，增加一名旅游从业人员，间接从业人员将增加五名。旅游业涵盖了生活的方方面面，属于劳动密集型产业，对劳动力的素质并没有太高的要求，可以为西南边疆民族地区城镇化发展增加非农就业机会。在产业带动中，旅游业和三大产业中的很多行业具有很高的关联性，旅游业的发展一定会刺激并带动相关行业的发展，为西南边疆民族地区的城镇化打下良好的基础，带来快速的经济集聚效应和大量且持续客观的消费需求（杨小柳，2019）。在交流带动中，区域对外开放交流的程度随着旅游业的发展逐渐提高，西南边疆民族地区与外界的人员、物质、能量和信息的流通也不断紧密，这些地区的居民在知识和文化素质方面有了很大的改善，有机会更迅速、更方便地进入和接受现代文明，从而推动了该区域的各种活动，进而与周边地区和整个区域逐步建立了一个开放的动态系统。旅游业的发展需要一些必备条件，如公用设施的完备性、环境条件的优越性和景点的对外通达性等，才能够拉动区域内以及旅游城镇的基础设施建设和服务体系建设（张菀，2019），西南边疆民族地区的部分地区内历史风貌建筑得以保护和基础设施条件得以改善，并使得民族村落的村容村貌得以改善。

3. 人口城镇化路径维度

人口城镇化路径分为异地城镇化、就地城镇化和就近城镇化。自20世纪90年代以来，我国中西部地区农村剩余劳动力呈现出大规模流向东部沿海地区的显著特点，由此形成了极具中国特色的"异地城镇化"。学术界也将"异地城镇化"称为"半城镇化"，原因在于这一城镇化模式引发了诸多社会经济问题。我国仅有少部分农民工实现了异地城镇化。近年来，随着回流的农民工数量不断增多，"回流式"城镇化问题引起了部分学者的关注。中小城镇公共服务供给不足成为中西部地区尤其是边疆民族地区农民工"回流式"城镇化的瓶颈问题（王爱华、张珍，2019）。2011年，中国城镇人口数量、农村人口数量分别在总人口中占比51.27%、48.73%，城镇人口超过农村人口。这无疑是中国社会重大的历史性转折（倪方钰、段进军，2012），同时，也表明刘易斯拐点的出现。一是人口迁移意愿、方向发生了变化。近年来，随着中西部地区经济的发展，其对农村流动人口的吸引力不断增强（汪增洋、费金金，2014）；二是东部经济发达地区开始转型发展。在国家"创新驱动""资本密集"等战略的指导下，东部沿海许多地区的产业转型快速推进，高新技术产业等新兴产业的发展促使该地对于高素质人才的需求大幅增加，但同时却降低了其对农民工的吸纳能力。2012年，中国人口流动首次出现源头"枯竭"，劳动力数量出现绝对下降，也证实人口红利拐点出现（赵民、陈晨，2013）。就地城镇化是就近城镇化的特殊形式，但是我国大部分农村地区并不符合就地城镇化的实现条件。由此，就近城镇化成为西南边疆民族地区人口城镇化的路径选择。

二、西南边疆民族地区城镇化多元格局的可行性与发展趋势

（一）西南边疆民族地区城镇化多元格局的可行性

在边疆民族地区城镇化多元格局的形成过程中，城市的规模效应逐渐凸显，资源日渐集约化，资源得到优化配置，由此获得更高的经济效益，进一步推动区域经济社会发展（陈田，2017）。三次产业发展水平的持续提高，推动了城乡居民的福利和生活质量提升。与一般的城镇多元化不同，西南边疆民族地区未来城镇化发展还包含了边疆民族的团结和谐稳定的内容。随着丝绸之路经济带建设的快速推进，西南边疆民族地区形成城镇化多元格局已经具备可行性。

1. 西南边疆民族地区中小城市的城镇化质量不断提升

我国已经进入都市圈化阶段，中小城市是提升城镇化质量、培育发展现代化都市圈的重要载体之一（安树伟、孙文迁，2019）。大城市在自然资源、要素集聚、地理位置上具有绝对的优势地位，但大城市要发挥其辐射作用，周围必须有中小城市作为依托。这些中小城市虽然在发展水平上远不如大城市，但它们各具特色，数量众多。大城市周围的中小城市因其位置优势，逐渐成为大城市产业转移的首选。大城市通过将部分产业转移至中小城市，带动中小城市发展。西南边

疆民族地区是一个少数民族最多又相对封闭统一的区域，受地势条件的制约，大城市向外进行产业转移的半径更短。产业的进入逐渐带动西南边疆民族地区中小城市迅速发展。同时，产业的转移也带来了人口的迁移。丝绸之路经济带建设以来，西南边疆民族地区中小城市的城镇化质量不断提升，这为该区域城镇化多元格局的形成奠定了良好的基础。

根据2013~2017年的《中国城市统计年鉴》可知，西南边疆民族地区内广西和云南的中小城市在2012年的第三产业从业人员占比分别为44.02%、29.18%，2016年提升至45.07%和31.21%；城镇登记失业人员数分别从2012年的154036人、104372人，减少至2016年的149646人和71713人；人均二三产业生产总值分别从2012年的18274元/人、14952元/人，增加至2016年的25347元/人和19464元/人；人均拥有公共汽车数分别从2012年的0.88辆/万人、0.65辆/万人，增加至2016年的1.03辆/万人和1.04辆/万人；互联网宽带接入用户数分别从2012年的367万户、124万户，增加至2016年的589万户和290万户。

2. 西南边疆民族地区三大产业发展呈现良好态势

区域城镇化的发展是多重推动力共同作用的结果，农业、工业和服务业三大产业在其中具有关键性作用。在丝绸之路经济带建设过程中，西南边疆民族地区三大产业发展呈现良好态势，为城镇化多元格局的形成提供了较好的产业支撑。

第一，西南边疆民族地区农业现代化水平不断提升。根据2013~2017年的《中国统计年鉴》和《中国农村统计年鉴》可得，西南边疆民族地区内广西和云南在2012~2016年的农业投入水平、农业产出水平、农村社会发展水平以及农业可持续发展水平都有较大幅度的提升。

从农业投入水平的代表性指标值的变化情况来看，广西和云南的单位耕地面积化肥施用量分别从2012年的564.09千克/公顷、337.68千克/公顷，增加至2016年的596.35千克/公顷和379.52千克/公顷；农田有效灌溉面积分别从2012年的1541.30千公顷、1677.90千公顷，增加至2016年的1646.10千公顷和1809.40千公顷；农业投资占社会总投资比重分别从2012年的2.94%、1.87%，提高至2016年的5.84%和5.90%；农业从业人员占农村人口比重分别从2012年的56.01%、57.87%，提高至2016年的56.65%和60.54%。

从农业产出水平的代表性指标值的变化情况来看，广西和云南的土地生产率分别从2012年的39055.77元/公顷、22461.41元/公顷，提高至2016年的53420.86元/公顷和31309.00元/公顷；劳动生产率分别从2012年的14668.26

元/人、10109.86元/人，提高至2016年的19654.25元/人和13823.89元/人；农业人均GDP分别从2012年的8216.23元/人、5850.60元/人，增加至2016年的11133.76元/人和8368.70元/人；农村居民人均年纯收入分别从2012年的6007.50元/人、5416.50元/人，增加至2016年的10359.50元/人和9019.80元/人。

从农村社会发展水平的代表性指标值的变化情况来看，广西和云南的人均粮食产量分别从2012年的561.61千克/人、618.49千克/人，增加至2016年的605.61千克/人和725.47千克/人；农村居民恩格尔系数分别从2012年的42.30、45.60，下降至2016年的34.50和35.30；每百农户移动电话拥有量分别从2012年的215.45部、205.13部，增加至2016年的274.10部和257.10部；乡镇卫生院床位数分别从2012年的49331张、39833张，增加至2016年的60565张和46225张。

从农业生态水平的代表性指标值的变化情况来看，广西和云南的当年新增水土流失治理面积分别从2012年的74.30千公顷、338.30千公顷，增加至2016年的2284.90千公顷和8540.70千公顷；森林覆盖率分别从2012年的52.71%、47.50%，提升至2016年的56.51%和50.03%。

第二，西南边疆民族地区新型工业化发展后劲不断增强。根据2013~2017年的《中国统计年鉴》和《中国科技统计年鉴》可得，西南边疆民族地区内广西和云南在2012~2016年的工业企业效益、信息化水平以及科技创新水平均有明显提升。

从工业企业效益的代表性指标值的变化情况来看，广西和云南的工业增加值分别由2012年的5279.26亿元、3450.72亿元，提高至2016年的6816.64亿元和3899.20亿元；规模以上工业企业主营业务收入分别由2012年的14733.63亿元、8942.15亿元，提高至2016年的22231.3亿元和10149.03亿元。

从信息化水平的代表性指标值的变化情况来看，广西和云南的邮电业务指数分别从2012年的0.0346万元/人、0.0780万元/人，提升至2016年的0.0936万元/人和0.1155万元/人；互联网普及率分别从2012年的24.97%、28.35%，提升至2016年的45.74%和39.66%；移动电话普及率分别从2012年的57.22%、62.15%，提升至2016年的78.01%和82.64%；信息就业率分别从2012年的3.80%、3.00%，提升至2016年的5.20%和3.70%。

从科技创新水平的代表性指标值的变化情况来看，广西和云南在2012~2016年的科技创新投入水平和科技成果转化水平均在不断提高。在科技创新投入方面，广西和云南的政府R&D经费支出分别从2012年的1023343万元、736091万元，增加至2016年的1228788万元和1379007万元；R&D经费投入强度分别从

2012 年的 0.75%、0.67%，提高至 2016 年的 0.78% 和 0.89%；高等学校 R&D 课题数分别从 2012 年的 15816 项、11623 项，增加至 2016 年的 20391 项和 16456 项；研发机构 R&D 人员全时当量分别从 2012 年的 41268 人年、27817 人年，增加至 2016 年的 39903 人年和 41116 人年。在科技成果转化方面，广西和云南的国内三种专利申请授权数分别从 2012 年的 5900 件、5853 件，增加至 2016 年的 14858 件和 12032 件；商标核准注册数分别从 2012 年的 8612 件、16788 件，增加至 2016 年的 19616 件和 37991 件；技术市场成交合同金额分别从 2012 年的 25238 万元、454779 万元，增加至 2016 年的 339922 万元和 582559 万元；高技术产业新产品销售收入分别从 2012 年的 596971 万元、369872 万元，增加至 2016 年的 1067959 万元和 567995 万元。

第三，西南边疆民族地区服务业特别是旅游业发展水平不断提高。根据《中国第三产业统计年鉴》可得，广西和云南在 2012 年的服务业企业法人单位数分别为 42342 个和 28697 个；服务业企业法人单位营业收入分别为 1423.90 亿元、1698.35 亿元；服务业从业人员分别为 69.10 万人、61.40 万人。2016 年，广西和云南的服务业企业法人单位数分别达到 79090 个和 52431 个，其中，规模以上服务业企业法人单位数分别有 2256 个、1709 个；服务业企业法人单位营业收入分别提升至 2424.8 亿元、4686.2 亿元；服务业从业人员分别增加至 107.2 万人、124.3 万人。西南边疆民族地区丝绸之路经济带建设中旅游业得到快速发展。根据 2013～2017 年的《中国旅游统计年鉴》可得，广西和云南在 2012～2016 年的旅游市场规模水平、旅游要素结构与人力资源水平均有明显提升。

从旅游市场规模水平的代表性指标值的变化情况来看，广西和云南的入境旅游人数分别从 2012 年的 2502732 人次、2578433 人次，增加至 2016 年的 4825160 人次和 6003752 人次；国内旅游人数分别从 2012 年的 20778 万人次、19558 万人次，增加至 2016 年的 40400 万人次和 42519 万人次；旅游外汇收入分别从 2012 年的 807287 万元、1229094 万元，增加至 2016 年的 1437394 万元和 2042507 万元；国内旅游收入分别从 2012 年的 1579.10 亿元、1582.00 亿元，增加至 2016 年的 4047.65 亿元和 4536.54 亿元。

从旅游要素结构与人力资源水平的代表性指标值的变化情况来看，广西和云南的旅行社总数分别从 2012 年的 510 家、602 家，增加至 2016 年的 586 家和 855 家；旅游景区总数分别从 2012 年的 164 家、146 家，增加至 2016 年 352 家和 233 家；旅游业从业人数分别从 2012 年的 52025 人、78749 人，增加至 2016 年的 70468 人和 108126 人。

3. 西南边疆民族地区人口就近城镇化条件日益成熟

从宏观层面看，西南边疆民族地区人口就近城镇化已经具备政策基础。自党的十八大报告提出农民工市民化以来，我国领导人对城镇化发展高度重视，为城镇化的推进创造了良好的政策环境，城镇化由意识层面转向规划层面，并落实为具体的政策。党的十八届三中全会提出"坚持走中国特色新型城镇化道路，推进以人为核心的城镇化"。而后，中央城镇化工作会议将"推进农业转移人口市民化"作为一项重点工作。2014年3月，《国家新型城镇化规划（2014～2020）》正式印发，标志着我国城镇化进入快速发展阶段。《国务院关于进一步推进户籍制度改革的意见》的出台，使得我国户籍制度改革加速推进。2015年2月，《关于全面深化公安改革若干重大问题的框架意见》及相关改革方案印发实施，我国正式取消暂住证，城镇化进入攻坚破冰阶段。2015年3月，李克强总理在政府工作报告中提出"要坚持以人为核心，以解决三个1亿人问题为着力点，发挥好城镇化对现代化的支撑作用"。其中，"引导约一亿人在中西部地区就近城镇化"成为经济新常态背景下我国新型城镇化发展的重要方向。这为西南边疆民族地区人口就近城镇化提供了政策保障。

从国内实践看，各地积极探索人口就近城镇化模式，并取得了一定成效。如山东省德州市通过转变农民生产生活方式，创新农业经营方式，促进土地流转等措施，有效地推行了农村产业园区与新社区"两区同建"新型城镇化模式（王景新，2014；倪建伟，2015）。浙江省温州市通过"强镇扩权"改革，取得了较好的就近城镇化效果（王景新，2010）。江苏省阜宁县在尊重农民进城意愿基础上，按照便民、利民原则，推进新区建设，引导人口集中就近居住，注重以"业"兴"城"，引导各类企业集聚到产业园区，促进产业集聚；同时，加快推动农业规模经营，提升农业现代化水平（丁红军，2014）。河南省民权县强化产业集聚区建设，推动新型工业化发展，在编制规划过程中注重产城融合，不断优化营商环境，强化招商引资项目落地，为县域人口就近城镇化发展创造了有利条件（王景全，2014）。

湖北省恩施州龙凤镇通过工业化方式推动农业产业发展，探索建立特色产业体系，并注重彰显城镇特色，取得了明显的人口就近城镇化成效（魏昊星，2015）。湖北省十堰市按照"核心强化、重点集聚"的发展策略，加快推进人口向中心城市、县城和中心镇转移，通过"一城两带"城镇化建设，显著提升了城镇带内居民生活质量水平，以工业为主导，大力发展现代农业和旅游业，加大三次产业融合发展力度，为人口就近城镇化发展奠定了良好的基础（石英华、孙家希，2016）。四川省成都市温江区将美丽生态田园型城市建设作为总体定位，建立了全域城镇体系，为近郊区县就近城镇化提供了参考。四川彭州市通过产村融合和农村新型社区建设，促进了人口就近城镇化发展。四川省巴中市建立了四级新型城镇体系，结合美丽乡村建设，为贫困山区城镇化提供了经验借鉴。云南省丽江市华坪县加快建设高原特色农业及精品农庄项目，产城融合成效明显，对于民族地区资源型城市城镇化具有参考价值（张勇民等，2014）。这些地区的人口就近城镇化实践为西南边疆民族地区人口就近城镇化发展提供了可借鉴的经验。

西南边疆民族地区丝绸之路经济带建设中城镇化水平不断提升，自我发展能力显著增强，为实现人口就近城镇化提供了基础条件和发展空间。由 2013～2017 年的《中国统计年鉴》可知，西南边疆民族地区内广西和云南在 2012 年的城镇化率分别是 43.53%、39.31%，2016 年提升至 48.08% 和 45.03%。在丝绸之路经济带建设过程中，广西和云南的基础设施均得到明显改善。铁路营业里程分别从 2012 年的 3194.5 千米、2619.4 千米，增加至 2016 年的 5192.1 千米和 3651.5 千米；公路里程分别从 2012 年的 107906 千米、219052 千米，增加至 2016 年的 120547 千米和 238052 千米。其中，高速公路分别从 2012 年的 2883 千米、2943 千米，增加至 2016 年的 4603 千米和 4134 千米。广西建制村公路通畅率达到 99.8%；移动电话普及率分别从 2012 年的 62.10 部/百人、62.50 部/百人，增长至 2016 年 85.22 部/百人和 89.67 部/百人；互联网普及率分别从 2012 年的 34.2%、28.5%，提高至 2016 年 46.1% 和 39.9%。

西南边疆民族地区丝绸之路经济带建设中城乡居民生活水平、医疗卫生水平以及社会保障水平均不断提高。在城乡居民生活水平方面，广西和云南在 2012 年的城镇居民人均可支配收入分别为 21243 元、21075 元，2016 年达到 28324 元和 28611 元；农村居民人均可支配收入分别从 2012 年的 6894 元、5930 元，增长至 2016 年的 10360 元和 9020 元。在医疗卫生水平方面，广西和云南在 2012 年的医疗卫生机构数分别为 34152 个、23395 个，2016 年增加至 34253 个和 24234 个；卫生技术人员分别从 2012 年的 220761 人、166764 人，增加至 2016 年的 289872 人和 249677 人；每千人口卫生技术人员分别从 2012 年的 4.72 人、3.58 人，增加至 5.99 人和 5.23 人；医疗卫生机构床位分别从 2012 年的 16.87 万张、19.47 万张，增加至 2016 年的 22.45 万张和 25.36 万张。在社会保障水平方面，广西和云南的城镇职工基本养老保险人数分别从 2012 年的 512.7 万人、364.5 万人，增加至 2016 年的 751.9 万人和 581.8 万人；城乡居民基本养老保险分别从 2012 年的 1572.3 万人、2103.2 万人，增加至 2016 年的 1770.9 万人和 2257.5 万人；城镇基本医疗保险参保人数分别从 2012 年的 1011.5 万人、882.4 万人，增加至

2016 年的 1096.4 万人和 1163.6 万人。

丝绸之路经济带建设以来，西南边疆民族地区各级政府在财税、金融、土地等方面出台了多项优惠措施，吸引了部分农业转移人口返乡创业。西南边疆民族地区农业转移人口逐渐展现出就近城镇化倾向，特别是思想较为传统的地区与老人，异地迁移意愿更弱，更愿意进行就地城镇化（陆枭麟，2015）。西南边疆民族地区县域和镇域经济发展面临良好的机遇，可以为农业转移人口提供充足的就业岗位，并为更多的农业转移人口实现就近城镇化创造创业机会和条件（刘田喜、方亚飞，2013）。西南边疆民族地区一些城镇化进程较快的地区建立的新型农村社区也得到了当地绝大多数农村居民的支持。可见，依托地级市、县城和特色城镇的人口就近城镇化，能够有效改善很大一部分农业转移人口和当地农村居民的生活方式和居住条件，已经具备较好的发展基础。

（二）西南边疆民族地区城镇化多元格局的发展趋势

新型城镇化强调"以人为本"。西南边疆民族地区在新型城镇化进程中，将形成多元的城镇化模式，整体城镇化水平得到快速提升，城镇化所带来的积极效应将得以全面释放，主要呈现出区域大中小城市协调发展、三次产业融合发展、人口就近城镇化有序推进的发展趋势。

1. 西南边疆民族地区大中小城市协调发展

目前在西南边疆民族地区城镇化多元格局背景下大中小城市发展面临以下问题：首先，中小城市需要加强集聚功能。根据《中国城市统计年鉴》的有关数据得出，在近十年的时间里，我国中小城市常住人口占全部城市常住人口的比重下降了近一半，而大城市的常住人口所占比例在不断上升，中小城市的平均常住人口远低于大城市的增长率。其次，中小城市的发展水平有待提升。根据 2005~2017 年的《中国城市统计年鉴》数据整理计算得到，近十年中小城镇的非农产业增加值在全部城市中的比重也有所下降，中小城市的平均非农产业增加值的增长率远低于其他规模城市的增长率。再次，中小城市就业吸纳能力有待加强。中小城市在近十年间的非农产业从业人员增速较快，但仍远低于巨大规模和大规模的城市的增速。最后，中小城市的基本公共服务水平亟须提升，一是人均地方财政一般预算内收入增长较慢，全国各城镇的平均地方预算收入呈上升趋势，但中小型城镇的增长速度要比其他城镇慢；二是教师数量和学生数量有待增加，中小城镇数万人拥有的普通中小学数量正在不断减少，相较于其他的规模等级城市，中小城市普通中学和小学的教师人数依旧很少；三是医疗卫生服务水平还有待提升，中小型城镇每万人拥有的床位和医生数量不断增加，但整体仍远低于大城市。同时，中小城市每万人中拥有医院的数量呈下降趋势，而其他大城市的增长则保持稳定（武勇杰，2016）。

我国城镇化发展已经由质量、效率、多层次创新发展替代了数量和单一发展，这要求中小型城市在其发展进程中继续以人为本，并实现其质量、效率、包容性、可持续发展等方面的目标（赖扬恩，2017）。在不同的阶段，城市发展的内容和趋势发生变化。

首先表现为中小城市专业化发展。一是从外延向内涵型的转变，城镇化多元格局一向以人为本，强调城市化和公共服务的平等，以便在城市多样性中实现可持续发展。在城镇化进程中，需要建立内涵型开放模式，实现以可持续发展和质量效益为重点的健康城市化发展。二是城市职能的专业化和国际化替代产业专业化。西南边疆民族地区的中小型城市应利用其本身的资源优势和比较优势，找到自身城市功能定位，通过积极参与区域和全球分工，促使分工更加精细、专业化程度提高（国务院发展研究中心和世界银行联合课题组，2014）。因此，今后我国的城市化应该面向专业化和国际化（姚士谋等，2015）。

其次是协调化发展。一是由城镇化与农业现代化、工业化、信息化的同步高效替代滞后低效型。以往城镇化的关键要素包含房地产、土地、人口等，但是这些要素在城镇化过程中的利用率非常低。二是产城融合逐渐取代产城割裂。传统的城市化模式以城市分散为特征，显示出城市发展效率下降的趋势。随着城市经济结构的转变，内涵城市化的趋势越来越明显，而这种趋势仍受到城市工业结构优化的影响。与以前强调的城市向外扩展不同，现在重点是改善城市的现代化功能，特别是服务功能。产业发展不应与城市发展脱钩，而应相互依存。

最后是网络化发展。一是从单一模式向多重模式过渡，推动城市发展。一方面，必须快速推动城市群发展；另一方面，要使中小型城市迅速发展。随着城市地区走向网络时代，环境友好、高质量和低成本的中小型城市组成了具有专业职能的特色城市，利用自身资源和比较优势来推动城市特性发展（董晓峰等，2017）。二是由核心城市向城市区域过渡。中小型城市的发展是一个汇合点、线和面的集合点。既要考虑到中小型城市本身的结构和等级现代化，又要考虑到其相对优势、特点和专业化，充分发挥内在潜力。此外，还应考虑到中小型城市的城市建设与人口和产业发展之间的相互作用，切实发挥协调效应和集聚效应。

2. 西南边疆民族地区三次产业融合发展

在第一产业中，西南边疆民族地区积极实施乡村振兴战略，整个区域的农业发展质量大幅度提高，农业一体化水平得以提升。农业结构也更加合理，实现了由数量到质量的转变。该区域农业总产值稳步上升，增速明显，农业结构调整不断向纵深发展，农业结构不再单一，出现了农林牧渔业全面发展的新格局。农业发展条件明显改善，机械装备水平进一步提升，农业基础设施逐渐完善，水库、灌溉以及治水情况明显好转，农村用电量与农用塑料薄膜使用量得到较快增长，现代化农业的进程增速明显。

在第二产业中，西南边疆民族地区工业总产值大幅提升，增速明显且工业结构也在不断变化和升级。该区域的传统工业仍然占据工业的主导地位，且大部分传统产业存在节能减排、产能过剩压力，传统产业升级已迫在眉睫；轻工业所占份额继续下降，且不平衡也在逐渐加剧，亟须优化工业内部结构；工业产品的结构仍然处于自主创新能力低、工业生产增值低、能源消耗高以及技术含量低的状况。

在第三产业中，"十二五"以来，西南边疆民族地区第三产业的增长速度明显加快，第三产业的发展促进了整体经济结构的优化。但是，相较于先进的省份和全国水平，西南边疆民族地区仍然具有较低的发展水平，这种差距不仅体现在比重方面，还体现在绝对数量方面。具体而言，第三产业内部结构的特点呈现多元化：一是传统的第三产业继续占据重要地位，以劳动密集型为主的零售、批发和餐饮等传统第三产业仍是第三产业的主体；二是新型服务业发展迅速，资本、技术、知识密集型产业发展速度不断攀升；三是房地产业份额逐渐上升。此外，第三产业地区间发展也不平衡。西南边疆地区的第三产业整体水平不高，且内部的发展水平也参差不齐，有些区位优势相对较好，虽其第三产业的发展水平较高，但协调性较差。

综上所述，西南边疆民族地区在城镇化多元格局形成过程中，三次产业结构将更加合理。首先，第一产业的比重将逐渐下降，并且随着农业现代化进程的加快，现代化农业在整个农业中所占的比重将不断加大，现代化农业与新型城镇化相互促进、协调发展。其次，广西和云南的城镇化经济将逐渐趋于主导地位，其中非农产业比重每年都在逐渐提高。由于广西和云南的区位优势相对较好，工业资本和技术上也在不断引进和发展，使得第二产业的产值占总产值的比率逐年攀升，并逐步占据主导地位，工业结构不断调整和优化，从低度化向高度化演进。最后，第三产业的增长速度将逐渐加快，结构不断优化，发展水平也不断提高，和全国水平的差距将逐渐缩小。新兴产业的占比逐渐升高，文化娱乐服务业、信息咨询业、房地产以及金融保险等行业的增速明显，对西南边疆民族地区的经济发展起着重要作用。

3. 西南边疆民族地区人口就近城镇化有序推进

目前，边疆民族地区大多数农业转移人口就近城镇化的意愿并不强，其对定居城镇缺乏信心，主要原因是相较大城市，中小城市和县城的基础设施欠完善、基本公共服务水平较低、就业机会也较少（魏后凯，2014）。随着丝绸之路经济带建设的不断推进，西南边疆民族地区的城乡居民人均收入将出现较大幅度增长，城乡居民人均收入差距不断缩小，城乡居民收入比明显下降。城市和农村家庭的恩格尔系数将进一步下降，居民生活水平不断提高。西南边疆民族地区政府在公共安全类服务、公益基础类服务、公共事业类服务、基本民生类服务等方面的投入持续增加，城乡公共服务水平进一步提升，城乡居民生活条件不断改善。西南边疆民族地区的社会保障制度建设将得到改善，城市和农村居民的基本生活权益得到切实保障。西南边疆民族地区工伤保险参保人数、失业保险参保人数、城镇医疗保险参保人数、生育保险参保人数均不断增长。同时，西南边疆民族地区医疗卫生状况也将得以改善，医疗卫生机构床位数、卫生技术人员数不断增多。城市基础设施是整合城市经济、社会和环境效益的基础，也是确保城市居民生产性生活正常运转的重要支撑，这是城市发挥集聚作用的前提和结果。西南边疆民族地区的市政基础设施建设将不断加强，城市安全能力也在不断提高，城镇环境明显改善，城镇承载力不断增强。城市群地区通过形成科学合理的城镇体系，将成为推进西南边疆民族地区人口就近城镇化的主体形态。随着中小城市和县域基础设施的不断完善，公共服务水平的明显提高，将成为该区域人口就近城镇化的重要载体。

三、丝绸之路经济带效应及其在西南边疆民族地区城镇化多元格局中的表现

（一）丝绸之路经济带效应的构成

1. 经济支撑效应

丝绸之路经济带的建设将沿线地区紧密结合起来，构建起沿线地区互相带动

发展的桥梁。在丝绸之路经济带沿线国家中，不同国家在自然资源方面具备的优势不同，且在资源开发的问题上，单靠一个国家的力量是难以进行资源长效开发的，唯有整合各国先进的开发技术，才能对资源进行可持续的开发。因此，丝绸之路经济带的建设也为各国进行资源共同开发建立了通道（何帆等，2017）。丝绸之路经济带的构建，使得西南边疆民族地区逐渐形成对外开放的局势，改善了投资环境，吸引更多投资的进入，带来更多的发展机遇。在此基础上，西南边疆民族地区产业得以进一步兴旺发展，就业机会逐步增加，人民的生活水平、经济条件日益改善。可见，丝绸之路经济带的建设将沿线地区紧紧联系在了一起，不仅有利于促进沿线地区的经济发展，也逐渐促进了沿线地区的文化交流。随着自由贸易区的建立，各国之间进一步加强了经济联系，有助于实现共同发展的美好愿景（石敏俊等，2018）。

西南边疆民族地区推进新型城镇化，应重点关注发挥经济建设对城镇化发展的助推作用。长期以来，西南边疆民族地区落后的经济建设严重制约着地区城镇化的推进，丝绸之路经济带建设为西南边疆民族地区经济发展注入了新的活力。一方面，丝绸之路经济带建设可以使西南边疆民族地区直接参与到国际产业链分工与协作，并在此过程中承担一个重要的环节，共同发现经济带建设中的实际需求，从而推动满足需求，共同服务于经济带的建设；另一方面，丝绸之路经济带的建设将直接推动要素向沿线国家或地区集聚，从而促进地区经济发展，促使各个国家或地区在丝绸之路经济带发展战略中承担不可或缺的重要角色，推进协作与发展。

2. 安全保障效应

地区的安全是内因与外因共同作用的结果。从内因的角度来看，地区的繁荣与发展一直是维护地区安全与稳定的重要因素，丝绸之路经济带的建设为沿线的西南边疆民族地区带来发展的机遇，在促进地区发展的同时，也间接促进了地区稳定与安全。从外因的角度分析，丝绸之路经济带建设加强了沿线各国的沟通与交流，密切了国家之间的合作关系，使得各利益共同体之间互相尊重，保持更好的和谐，减少国际动荡。丝绸之路经济带内的国家和地区合作对抗恐怖主义、分裂主义与极端主义，对不安势力造成了巨大打击，维护了沿线各国的和平与稳定。这就需要各国团结协作、共同对抗这些国际性团伙和跨国性威胁。丝绸之路经济带的建设也为各国加强合作打通了渠道，通过将沿线各国的命运紧紧联系在一起，促使各国在互相尊重、独立自主的基础上，携手共同对抗跨国性质的非传统安全威胁。这样的合作不仅使各国之间的联系更加紧密，诚信体制与合作机制也逐渐建立起来，促进了各国之间的经济联系，也维护了各国的稳定与安全，为地方发展提供了安全保障。

当前丝绸之路经济带沿线国家发展中面临的主要制约因素是缺乏交通、技术、资金、人才等问题。这些问题的解决并不能单纯依靠一个国家自身的力量，而是需要依赖与其他国家开展合作，共同解决。丝绸之路经济带的建立，促进各国在这些方面的合作，用和平的方式解决稀缺资源问题，维护了世界局势的和平与稳定。目前丝绸之路经济带的合作多以经济、产能方面的合作为主，主要是为了促进区域经济繁荣与发展，由此达到整个地区的安全与稳定。但随着丝绸之路经济带的进一步深化，之后也将逐步涉及更多领域的多边与高层次的合作（李建荣、韩隽，2018）。丝绸之路经济带沿线国家开展的友好合作与交流，为各个国家与地方的发展争取一个光明的前途，相关地区的安全局势也将会对地区经济和城镇化的发展产生积极影响。

3. 科技人文交流效应

丝绸之路经济带建设加强了各国在文化、科技与人文方面的交流，使得各国在贸易和文化交流方面掌握主动权（徐晓望，2018）。科技与人文的进步是促进一个民族进步的重要推力，也是促进地区经济发展和城镇化建设的重要力量。丝绸之路经济带建设使得各国合作机制逐渐建立，也促进了沿线国家和地区在科技、人文等方面的交流与合作。高层次人才对于区域可持续发展和核心竞争力提升具有重要作用（付春香，2015）。高层次人才缺乏、人才结构不合理、人才流失严重等成为西南边疆民族地区城镇化发展中的障碍。

丝绸之路经济带建设促使沿线各国在人才、科技方面加强交流与合作。一方面，中国可以将自身具备的海洋科技优势与别国进行交流，进一步合作探索在海洋科技方面的技术突破与创新，服务于丝绸之路经济带沿线国家的海洋科技。另一方面，各国还可以通过互相学习其他国家先进的技术，强化交流与合作，推动本国科学技术的提升。因此，西南边疆民族地区在努力发展地区经济与科技进步的同时，也要注重加强高科技人才的交流与引入。通过建立专项资金支持组建专业的科研机构，推动定期举办学术成果论坛开展，吸引别国高层次人才进入本国进行技术培训等方式，加强国家间的学术机构和智库的交流合作，促进丝绸之路经济带沿线国家的科技与人文交流。

（二）丝绸之路经济带效应在西南边疆民族地区城镇化多元格局中的表现

1. 促进西南边疆民族地区基础设施不断完善

加强互联互通能力是丝绸之路经济带建设的基本要求。丝绸之路经济带的设立就是为了将沿线国家凝聚在一起，以各自的资源优势互相补给，团结协作，共同发展。经济带建设使得沿线国家经济、文化各方面的交流日益紧密，良好的基础设施是保证这些交流开展的必要前提和基础。西南边疆民族地区由于其地理位置的特殊性，地势地貌的复杂性，交通环境等均有待进一步的提升和完善。长期以来，西南边疆民族地区落后的基础设施是其与其他国家、地区合作发展的主要障碍因素之一。在丝绸之路经济带建设背景下，沿线国家和地区将有望提高基础设施建设，进而使得基础设施更好地服务于地方经济发展。

2. 增强西南边疆民族地区对资金的吸引力

丝绸之路经济带的设立使得西南边疆民族地区由开发的"腹地"变为开放的"前沿"，使得本身不具备地理优势的边疆地区也成了对外开放的西南门户。这样的开发开放有助于吸引资金的进入，增强西南边疆民族地区的经济造血功能，为支持地方经济进一步发展提供有力保障。西南边疆民族地区的开放体现在两个方面：一是依靠经济带的设立，使沿线国家和地区成为对外开发的门户，促进沿线国家和地区经济贸易发展；二是通过内陆港将西南边疆民族地区的节点城镇与丝绸之路经济带沿线城市结合起来，实现共同发展。这两个方面的开发开放均为西南边疆民族地区更好地吸引资金支持地方经济建设提供了可能。

3. 维护西南边疆民族地区安全稳定

国家统一、民族团结、社会稳定是一国经济社会可持续发展的根本前提。我国西南边疆民族地区是多民族聚集区，长期以来地区发展相对滞后，与国内其他发达地区还存在较大差距。落后的经济发展水平与相对较少的就业机会使得西南边疆民族地区剩余劳动力增多，无形中为社会的安全与稳定带来了威胁，并由此带来一系列国家安全、地区稳定问题。丝绸之路经济带的设立将我国西南地区与东部、中部有效衔接,加深了我国中部、东部、西部的联系,这使得西南边疆民族地区能够有效地承接中部与东部地区带来的产业转移,从而推动地方经济发展。产业的转移与企业的进入也为西南边疆民族地区创造了更多就业机会。另外,丝绸之路经济带也促进了西南边疆民族地区与沿线各国的交流与合作,从而促进区域均衡发展。总之,丝绸之路经济带建设促进了沿线国家和地区的经贸往来,加强了沿线各国科技与人文交流,促进了沿线国家和地区的稳定与团结。

4. 推进西南边疆民族地区科技与人才的交流合作

科技与人才是城镇化发展过程中不可或缺的重要推动力,是推动地区经济发展的关键因素。西南边疆民族地区由于其地理位置与落后的基础设施,在科技与人才方面一直属于劣势。丝绸之路经济带所涉及的国家与地区众多,各地方在科技与人才上所具备的优势不尽相同。为了实现沿线国家和地区团结一致、共同发展的目标,丝绸之路经济带沿线国家和地区将有效推动科技与人才的合作与交流。丝绸之路经济带为沿线国家和地区科技、人才的交流与合作提供了广阔空间。具体而言,搭建科技与人才交流平台、互相派出人才到对方地区学习、合作建立科研机构等,均是促进西南边疆民族地区与其他国家和地区进行科技与人才交流的重要举措。这些措施的实施有利于西南边疆民族地区引进优秀人才,进而发挥其对区域城镇化建设的重要作用。

四、西南边疆民族地区丝绸之路经济带建设中城镇化多元格局的动力机制

城镇化的初始动力包含追逐利润的资本、技术的进步以及贸易的网络化(刘易斯·芒福德,2005)。随着技术进步和经济发展阶段的变化,城镇化的基础性动力会随之而发生结构性变化(周毅,2009)。一般认为发达国家城镇化的基本动力源于工业化,而发展中国家城镇化的主要动力包括产业结构演进、市场资源配置以及政府调控。经济全球化背景下,贸易、生产以及资本的输入推动了亚太地区城镇化发展,其城镇化的内部动力是由城镇政策、经济增长以及产业结构调整所构成(吴莉娅,2008)。城市群地区的城镇化动力主要包括国家政策调控、产业结构转换、外向经济发展以及科技进步(官锡强,2008)。也有学者认为我国城镇化的基础动力在于农业的快速发展,根本动力是工业化的推进(许抄军

等，2007）。城镇化受到"政府推动"和"市场拉动"双重动力的影响（辜胜阻等，2010），城镇化动力是个体自组织和政府他组织之间的耦合（杨新华，2015）。产业创新是新型城镇化的动力来源（侯为民、李林鹏，2015），应建立涵盖公共财政服务化、工业生产智慧化和金融业态多元化的新型城镇化动力机制（王树春、王俊，2016）。对于西部地区来说，新型城镇化动力机制应包含产业发展、外向经济、市场环境以及政府行政等方面的动力（杨佩卿，2019）。城镇化多元格局动力机制是指驱动城镇化多元格局形成的经济、产业、市场、人口、政治等因素，以及这些动力因素推动城镇化多元格局形成的作用方式与作用机理。西南边疆民族地区城镇化多元格局形成是"自上而下"与"自下而上"相结合的，其动力机制包括产业结构转型动力、市场环境动力、外向经济动力、农村劳动力转移动力以及政府宏观调控动力5个方面。

（一）产业结构转型动力

随着农业产业化水平的提高，西南边疆民族地区的居民收入也有了很大提升，缓解了剩余农村劳动力的迁移，出现就近城镇化现象。但从长远来看，特色农业仍然是西南边疆地区城镇化发展的主要动力（吴满财等，2016）。根据《中国城市统计年鉴》的相关数据可得，从2005年开始，西南边疆民族地区内大多数城市的第二产业逐渐取代了初级产业，成为区域城镇化发展的引擎。在过去十年，西南边疆民族地区城市化率不断上升，第二产业的增速最快，城镇化与工业化之间存在更为明显的关联性。这是因为西南边疆民族地区还处于工业化的早期阶段，工业化所带来的效应促进了城市经济发展。在城镇化发展的早期阶段，发挥更大作用的是第一产业；而在城镇化发展的中后期，发挥作用较大的是第三产业。西南边疆民族地区第三产业在三次产业中所占的份额略有波动，但第三产业对城市化的贡献总体上比较稳定。该区域发展第三产业主要依靠生态旅游业。城市化因素在地理上的加速集中使经济增长空间扩大，持续推动了西南边疆民族地区城镇化发展。同时，生态旅游业的发展增加了就业机会，如生活服务、科学文化、外贸流通等，这使得该区域人口就近城镇化的步伐加快。

（二）市场环境动力

市场机制是影响社会发展最直接有效的手段。人类社会发展至今，最高效的资源配置手段就是市场这只"看不见的手"。市场机制能够高效配置资源、促进人类社会发展的优势，在于其能够提供有效激励、传递交易信息、增进公共利益、形成公共资源，这对于实现各方利益协调、更好的社会控制，进而推动新型城镇化具有不可估量的作用（辜胜阻等，2010）。市场机制对资源进行合理配置，主要通过对生产要素和生产活动进行有效引导，使城镇化建设中所涉及的劳动力、资金、科学技术等各种要素能够在自由市场中实现公平合理的竞争，并在竞争中不断调整要素组合和布局，进而达到比较合理的区域和城乡间各种要素的合理集聚，最终使各要素形成最优配置。新的市场机制不仅加强了城镇化和可持续发展的内在动态，而且还能有效避免"有城无人""有城无市"等伪城市化现象的发生，并通过提高资源配置效率，减少权力至上、公益缺位、公共财产缺乏等政府职能异化问题，从而促进社会的和谐稳定。

西南边疆民族地区通过促进社会主义市场经济体制的不断发展和完善，提高该区域经济发展水平，改善市场环境，激发市场活力，建立健全市场体系和机制，加强该区域对人力和财政资源的辐射影响，充分利用西南边境地区的市场机制，合理配置和优化城市建设资源，最终为形成城镇化多元格局提供有力支撑（纪晓岚、赵维良，2007）。就目前的情况来看，该区域城镇化的主要推动力仍然是政府。随着丝绸之路经济带建设的不断推进，外来影响因素越来越多，西南边疆民族地区应逐渐减少政府对城镇化建设的干预，以开放的姿态面对丝绸之路经济带建设所带来的新的市场变化，更大程度地适应市场规则，尽快实现由政府主导的动力机制向政府与市场共同发力的新型动力机制的转变，从而推动区域城镇化多元格局演化进程。

（三）外向经济动力

全球化使社会和经济发展的各个组成部分之间的联系更加紧密，全球范围内的资源分配也更加均衡。现在任何国家都不能孤立于全球经济体系之外，各个地区的经济是相互依存和相互影响的。在全球一体化的大背景下，西南边疆民族地区城镇化面临新的发展机遇，应积极开拓国内外市场，发挥比较优势，扩大分工参与。区域经济的向外发展，各区域之间的生产要素增加，外部因素的变化，以及区域丰富的自然资源和劳动力资源等，都为西南边疆地区城市发展提供了新的经济动力。丝绸之路经济带为西南边疆民族地区提供了一个重要平台，通过增加科学和人文交流、扩大对外开放等，推动了西南边疆民族地区新型城镇化发展，同时改善了该区域基础设施的落后状况，强化了城市的辐射带动作用、自我发展能力以及承载能力，促使其由被动城市化向主动城市化转变，有助于实现农村地区与城市经济的协同发展。

随着信息化建设的不断推进，西南边疆民族地区在利用城市资源上将更加有效，进一步推动区域产业结构的优化升级。在农业现代化方面，农业生产过程的智能化水平不断提高，带动了农业生产效率大幅度提升，由此出现更多的农业剩余劳动力，为城镇化发展提供人力资本保障；在新型工业化方面，信息化可以实现生产的自动化和智能化，带动多媒体、通信和交互式网络技术的迅速发展，衍生出新兴产业，推动新型工业化发展；在现代服务业方面，随着网上支付、物联网、电子商务等技术的推广，信息化逐渐改变了传统交易和消费行为，这有助于提升城镇化的内涵，推动智能化、网络化和数字化城镇的形成。将信息技术和工具应用于城市管理可以提高城市化水平和城市社会管理的效率，城市的整体竞争力大大提高，从而使西南边疆民族地区城镇化得到有效和合理的发展。此外，信息化推动了西南边疆民族地区城乡一体化进程。信息技术普及的广泛性，加快了商业化进程，提高了交易效率，推动了基本资源的流动和城乡地区的融合，从而促进了区域城镇化多元格局发展。

（四）农村劳动力转移动力

我国农村劳动力转移至城市的途径主要包括四种：一是工业与农业之间存在明显的生产效率差异，导致了城市劳动力与农村劳动力的价格差距。由此大量的农村劳动力更倾向于进城务工，以获取更高的收入。二是城市在商业、生活条件以及文化服务设施等方面的发展水平均明显优于农村地区，这对于部分经济条件较好的农村劳动力具有相当强的吸引力，其更希望将子女送到城市就读，以此获得更好的教育。三是城市的消费市场更广阔，具有出口的跳板功能和多元化的投资机会，这使得部分农村专业户更愿意通过进城获得更多的商业机会。并且，大部分来自农村的高校毕业生也更倾向于在城市就业。四是部分乡镇企业也更愿意将其总部、新产品研发结构以及销售部门迁到大中型城市，以获得更多的专业人才，进而确保企业稳步发展。从本质上看，农村劳动力转移必须以城镇为其提供充足的就业岗位为前提条件，否则将出现城镇化失控局面并引发严重的"城市病"（仇保兴，2003）。长期以来，受低成本工业化与高成本城镇化的影响作用，我国农村劳动力主要通过"离土不离乡"的方式在城镇就业，农村劳动力流动表现为明显的"候鸟"型转移态势，这使得农村劳动力转移明显脱节于工业化和城镇化，由此也引发了诸多经济社会问题（"城镇化进程中农村劳动力转移问题研究"课题组，2011）。因此，目前亟须创新城镇化发展模式，从农村劳动力就业过多依赖于工业化，转向通过人口就近城镇化来推动农业转移人口市民化问题有效解决。西南边疆民族地区通过实施农业转移人口就近城镇化，能够在社会保障、基本公共服务等方面尽快清除制度障碍，加快推进农业转移人口城乡资产权利置换，进而化解区域人口城镇化的成本制约。

（五）政府宏观调控动力

自然环境的复杂性在某种程度上限制了西部地区新型城镇化的发展，大部分省份难以同时兼顾城镇化建设和绿色发展。西南边疆民族地区的城镇化率和绿色经济增长效率均较低，多数城市依然是资源型发展路径，致使绿色发展模式下的新型城镇化发展相当缓慢（蔡宁等，2014）。由于村镇基本上是自给自足、小规模和分布不均的，它们在生活和生产之间缺少有机联系，在某一地区很难建立一个综合、大规模和有效的经济网络。而村镇生态环境问题破坏严重，有限的山地空间开发和人口日益增长的矛盾也日益突出。村镇结构的复杂性、防灾减灾能力以及安全状况严重恶化，也使得城镇化战略实施受到阻碍，在使用新材料和开发新技术方面同样存在严重的矛盾性（孙淑琴，2014）。在区域民众受教育程度低、产业结构性矛盾突出、交通信息闭塞、城镇化要素流动效率低、基础设施落后、经济基础薄弱等因素叠加影响下，西南边疆民族地区短期内很难真正实现人的城镇化。

长期以来，城镇化多元格局影响城镇发展主要是通过作用于城乡要素流动的政治制度实施的。特别是在欠发达的西南边疆民族地区，政策与制度在推动城镇化发展方面发挥着非常重要的作用。近年来，在丝绸之路经济带建设中，广西和云南都制定了一些加速促进城镇化多元格局形成的政策和制度。在土地制度改革方面，通过农村土地征用制度改革，推动农村地区集体土地利用和低丘缓坡土地综合开发试点项目。在户籍制度改革方面，对户口迁移合理地制定差别化政策，有条不紊地放宽对中等城市落户的限制，并完全放宽对小城镇落户的限制。在产业扶持改革方面，保护并利用丰富的自然资源，加快形成特色产业体系。西南边疆民族地区的城镇化水平整体较低，城镇化发展速度较慢。因此，政府行为应当被视为该区域城镇化多元格局发展的重要动力机制。要在充分发挥政府的有效有限干预作用的同时，加快推进政府职能与地位的转变，从而为西南边疆民族地区城镇化多元格局提供良好的制度环境和政策保障（茶洪旺，2013；高卫星，2015）。

五、丝绸之路经济带对西南边疆民族地区城镇化多元格局作用机理的分析框架

(一) 丝绸之路经济带对西南边疆民族地区城镇化多元格局作用机理的理论依据

1. 圈层结构理论

德国经济学家杜能（Thünen）于1826年首次提出圈层结构理论。圈层理论强调区域经济的发展以城市为中心，并以圈层状的形态逐步向外发展（曹传新、徐效坡，2004）。根据中心城市辐射范围来划分，又可将圈层划分为多个层级（李文宇、刘洪铎，2016）。主要包括内层圈、中层圈、外层圈，各圈层之间联系紧密，受到空间"距离衰减律"的影响，整个空间将不断进行扩散与集合。内圈层即核心城市，是区域内经济发展水平最高的区域，圈层内以第三产业为主，城镇化水平较高；中圈层则是核心城市与农村地区的交界处，是两个地区交融的产物，相对于内圈层，中圈层经济水平较低，圈层内主要以第二产业为主；外圈层则是区域内经济发展水平最差的区域，圈层内主要以第一产业为主，产业结构不够合理，现代化水平较低。圈层内的中心城市首位度较高，是圈层发展的核心与关键（史育龙、周一星，2009）。以中心城市为核心，中圈层、外圈层是载体，是我国目前缓解"大城市病"、促进大中小城市协调发展的关键举措（李晓江、郑德高，2017）。丝绸之路经济带建设亟须营造内陆地区开放的市场环境。西南边疆民族地区由于远离国内中心城市，受到的辐射和带动作用非常有限。根据圈层结构理论可知，远离城市的区域受到的空间限制较多，城市的带动作用越小。丝绸之路经济带建设使得沿线国家和地区形成一体，将沿线国家和地区进行有效衔接，打破空间距离的限制，促使城市在更大范围内实现经济发展，促进西南边疆民族地区新型城镇化多元格局的形成（上庆，2018）。

2. 卫星城理论

卫星城理论的雏形最早源于英国社会活动家霍华德（Howard）的"田园城

市"，正式使用并进行概念界定是在美国（霍华德，2002）。该理论主要应用于大城市开展空间组织、功能疏解及新城市的建设规划（童玉芬、马艳林，2016）。该理论设想在大城市外围建立起住宅、商业与娱乐休闲区，供部分人口在此就业与生活，即将大城市的部分功能进行分解与转移，在城市边缘地带构建发展小圈（方茜等，2017）。这样一个个独立的小圈将大城市包围，形成如行星周围的卫星而得名。根据卫星城理论的设想，周围卫星城在形式上保持一定独立，但与核心大城市应保持紧密的联系，包括在行政管理、经济、文化、社会、生活等各方面。并且，周边卫星城应具备完善的交通系统和较短的距离，以保证其与"母城"的亲密联系。卫星城的建立有效地缓解了中心城市的就业压力与人口过度超载问题，是当前许多国家、地区用于缓解中心城市压力的主要方式之一。卫星城属于城市体系中的一个重要层次（李嘉岩，2003）。对我国而言，卫星城也具有其独特的特点。首先，卫星城与"母城"之间保持着适当距离，具有相对独立性，但又依赖于"母城"，在经济、文化、生活各方面与"母城"紧密相关（黄文忠，2003）。其次，卫星城包围在"母城"的外围，具备一定规模的就业岗位和较为完善的基础设施（刘健，2004）。

3. 增长极理论

1950年，法国经济学家佩鲁（Perroux）最早提出增长极理论。其认为，经济空间可分为3种类型，即规划空间、力场空间以及同质类聚空间。经济空间具有若干个中心、力场或极，在该力场内发挥着支配作用的推进性单元即为增长极。增长极能实现自身的迅速增长，同时还能通过乘数效应促进其他部门的增长。但并不是所有地方都会同时得到增长，而是先出现在某些增长点或增长极上，而后经过多个渠道向外部扩散，进而在不同程度上影响整个区域经济发展。实际上，佩鲁提出的增长极理论侧重于研究区域经济增长问题。瑞典经济学家缪尔达尔（Myrdal）在其提出的"累积因果循环理论"中指出，如果一个地区的发展速度高于区域平均水平，将会得到累积优势，由此进一步制约落后地区发展。随着不利因素的增加，落后地区将出现累积因果循环，进而导致双重效应：一是极化效应，即发达地区阻碍了落后地区发展，生产要素不断回流到增长极，拉大了地区之间的差距；二是扩散效应，即发达地区促进了落后地区发展，在一定阶段，生产要素由增长极扩散至周边地区，缩小了地区之间的差距。

传统的增长极理论多用于解释单个指标的空间分布特征（李丹丹等，2015），而目前增长极多用于指导地区经济发展。根据增长极理论，大城市更容易吸引要素集聚，进而形成增长极（王俊亚，2008）。且大城市吸引的要素不仅有助于推动该城市成为增长极，也会对周边城市产生溢出，影响周边区域的发展。增长极的形成对周边城市具有扩散效应，进而带动周边地区经济发展（黄毅等，2013）。而过度寻求平衡的地区经济发展只是一种追求和理想，应该通过大城市的发展来辐射和带动周边区域发展才更符合区域经济发展的实际。增长极理论的发展和应用转变了我国区域发展战略、改变国内区域发展思路，即从追求公平的区域均衡战略转变成追求效率的区域非均衡发展战略。该理论强调将区域要素向条件较好的地区集中，培育其形成经济增长极，并由此辐射带动临近区域发展，最终实现区域共同发展。可见，增长极理论使用于发展中国经济，实践也证明了遵循增长极理论不仅是可行的，也是有效的（杨朝峰等，2015）。

4. 梯度转移理论

弗农（Vernon）于1966年首次提出了工业生产生命周期阶段理论，后来的研究者对该理论进行发展丰富，逐渐形成了梯度转移理论（魏敏，2016）。我国学者将梯度转移理论引入了国内，并将我国划分成几个区域，由此提出了区域经济发展的梯度转移模式（夏禹龙等，1983）。随后，国内地理学、经济学等领域的学者们对我国产业发展进行分析与研究，在产业转移模式方面提出的理论中就包括梯度转移理论（刘红光等，2014）。该理论强调产业结构对区域经济发展的决定性作用及地区经济部门对产业结构的决定性作用，特别强调主导产业在工业生命周期中所处的阶段。在该理论中，转移的产业是进入成熟期或衰退期的产业（颜银根，2014），一国应该更多地投资于发展层次低于本国的地区（叶建平等，2014）。多层次的城市系统会使得生产活动从高梯度地区向低梯度地区转移，本质上是技术的扩散及地区产业结构优化的过程。为了始终保持领先，高梯度国家需要不断地创新与发展，而当一些产业进入衰退期时，可将其逐步向低梯度地区进行转移（杨海洋，2013）。

现代产业转移理论源自20世纪30年代日本经济学家赤松要提出的"产品进口、国内生产、产品出口"三阶段的雁形模式（Akamatsu，1962），之后国外学者又相继提出了产品生命周期理论、边际产业扩张理论、国际生产折中理论等代表性理论（Vernon，1966；Kojima，1978；Dunning，1988）。在产业承接的模式选择上，一般包括低成本型、资源型、市场开拓型和产业链集群型4类传统模式（陶良虎，2010），以及跨梯度、生态化链式、网络型产业配套等新模式（邓丽，2012）。区域承接产业转移受到地区生产要素、市场需求、产业和经济发展状况以及政策制度等多种因素的共同影响作用（李斌等，2011），学者们大多针对特定区域、省域或城市群，运用TOPSIS模型、主成分分析法、Theil不均衡指数法、博弈论模型、空间滞后面板数据模型、ArcGIS空间分析等定量研究方法（李晖、王莎莎，2010；张延平等，2013；张晓堂、吴嵩博，2015；齐红倩等，2015；崔建鑫、赵海霞，2015），从产业承接能力、产业承接地和重点行业选择、承接产业转移的生态环境效应和环境风险防控等角度进行研究（段小薇等，2016；高云虹、王美昌，2012；常静、赵凌云，2015；孙敏，2013；李斌，2015）。

5. 点—轴理论

点—轴理论最早由波兰经济学家玛利士（Marys）和萨伦巴（Salemba）提出。我国著名经济地理学家陆大道提出了点—轴经济发展理论。其认为，"点"是指中心城市和各级居民点；"轴"是指基础设施，包括交通、通信干线、能源以及水源通道等（陆大道，2002）。区域发展战略及相关政策是中国城市体系空间结构演变的关键动力（鲍超、陈小杰，2014），该理论展现了空间结构的形成过程（樊杰，2014）。点—轴理论适用于地区增长极培育形成之后，因地区发展需要，培育形成的地区增长极会越来越多，在地理上呈现"点"状，由此构成了点—轴理论中的"点"。而这些"点"状的经济中心只是散落的少数条件较好的区位，并没有连成片（刘彦随，2018）。因此，可根据这些"点"状的经济中心的集聚现象和集聚程度来对城市的主体功能区进行划分（林锦耀、黎夏，2014）。点—轴理论认为，经济中心形成之后，各经济中心之间需要建立完善的交通网络，建立轴线将这些分散的经济中心连接起来，以促进地区生产要素交换及动力供应线、水源供应线等，由此形成了点—轴理论中的"轴"。这种"轴"线的建立起初服务于经济中心，但轴线的形成也会吸引产业向轴线聚集，人口沿轴线靠拢居住，由此又将产生新的经济增长极。丝绸之路经济带形成的根本动力是产业和人口的"点—轴"集聚。丝绸之路经济带的建立，会将经济带上的"点"通过经济带这条"轴"线有效连接起来。经济带"车轮"滚过的地方，就是人口、资源、产业集中的地方，也是新的增长极所在。

6. 刘易斯—费景汉—拉尼斯模型

英国经济学家刘易斯（Lewis）于1954年首先提出了二元经济结构理论，将劳动力可以无限供给、农业经济体系和城市现代工业体系的二元经济结构以及工资水平保持不变作为三大基本假设，重点阐释了以资本积累为核心要素的经济发展过程。该理论认为，发展中国家在经济发展过程中同时存在着现代增长部门和传统部门两个部门，其中，现代增长部门以工业为代表，传统部门以农业为代表，并且农业剩余劳动力由传统农业部门向现代工业部门转移有着客观必然性。这是因为农业部门采用传统方法借助不可再生资本进行生产，这使得劳动的边际生产力较低，也导致了大量农业剩余劳动力的出现。而在工业部门中，由于大量利用可再生资本进行现代化生产，劳动的边际生产力较高，往往会出现劳动力短缺，必然会将农业剩余劳动力持续吸纳到本部门以满足自身劳动力需求，使得劳动力的供给曲线和工资水平线发生改变，进而将提升工业劳动力和农业劳动力的工资收入，工业部门和农业部门趋于均衡发展。随着资本形成的力度和规模的扩张，农业剩余劳动力转移不断加速，区域经济发展水平将快速提升（蔡昉，2015）。在该理论中，经济发展的重心是现代工业部门，传统农业部门只起到为工业部门提供充足且廉价的劳动力保障作用。部分学者对刘易斯二元经济结构理论的基本假设条件提出质疑，如舒尔茨认为假设农业部门的生产效率得不到提高，将不可能实现现代工业部门的持续发展。可见，刘易斯二元经济结构理论存在着一定的缺陷，忽略了农业部门改造的重要性，认为工业部门的资本积累是推动发展中国家经济发展和劳动力转移的唯一动力，并且缺乏对工业部门和农业部门劳动力总需求的分析。

美国经济学家费景汉和拉尼斯于1961年改进了刘易斯模型，并首次提出农业剩余的概念，从动态视角研究了农业部门和工业部门均衡发展的二元经济结构理论。并指出，出现大量农业剩余劳动力的原因是农业生产率持续提高。费景汉—拉尼斯模型指出刘易斯的二元经济发展理论忽视了农业部门对促进工业部门发展的重要意义，且提高农业生产效率所出现的农业剩余劳动力向工业部门转移的前提条件也未引起充分重视。修正后的二元经济结构理论又称为刘易斯—费景汉—拉尼斯模型，着重强调了工业和农业均衡发展对于发展中国家破除城乡二元经济结构的重要作用，在很大程度上完善了农业剩余劳动力转移的二元经济发展理论。该模型以刘易斯二元经济发展理论为基础，将农业剩余劳动力向工业部门转移的过程分为劳动力无限供给阶段、二元经济发展的关键性阶段，以及经济完成向二元结构转变阶段。

7. 托达罗模型

1969年，美国发展经济学家托达罗（Todaro）首次提出城乡预期收入模型，阐释了乡村—城市劳动力转移模式（范晓非等，2013）。该模型提出的假设包括：城乡实际收入差别决定了乡村劳动力进城意愿；乡村劳动力多年实际收入的现值决定了其进城的决策是一次性的；具有较低的技能水平的乡村劳动力进城后很难就业于城市的"现代部门"。托达罗模型提出了非正规部门的概念，认为非正规部门是指数量众多的路边小商店和中小私人厂商。但是，大多数乡村劳动力进城后只能在非正规部门实现就业。乡村劳动力进城后的城乡预期收入现值的差异决定了其迁移到城市的意愿。托达罗模型准确地反映了乡村劳动力是否愿意迁移是基于其对自身比较经济利益的理性思考。如果城镇能够为其提高符合预期的就业岗位和就业机会，将有助于增强其迁移意愿。托达罗模型是对刘易斯二元结构理论的修正，该模型中有关消除要素价格扭曲现象而选择有利于劳动就业的经济发展战略思想，较好地解释了城市存在失业情况下乡城人口的流动现象（张运清，2007；钟水映、李春香，2015）。

8. 推—拉理论

英国社会学家拉文斯坦（Ravenstein）早在 1885 年就提出"人口迁移的七大规律"。其将人口迁移规律理论划分为：有关迁移数量的假设、迁入流和逆迁移流以及迁移具有较强的选择性三个部分，并指出人口迁移是迁入地、迁出地因素、中间障碍以及迁移者个人因素四种力量共同作用的结果。此外，他还提出了关于人口迁移数量的六点理论，迁入流和逆迁移流的六条规律（郭贯成、韩冰，2018）。20 世纪 50 年代末，博格（Bogue）基于运动学视角首次提出了系统的劳动力转移"推—拉"理论。其认为，人口迁移决策取决于迁出地的"推力"和迁入地的"拉力"两种力量相互作用的结果。在人口迁出地的推力因素主要包括：收入水平较低、农业生产成本增加、农村劳动力过剩导致的失业或就业不足、自然资源枯竭等；在人口迁入地的拉力因素来自较高的工资收入、更好的受教育机会和就业条件、完善的基础设施和生活环境等（许恒周等，2013）。迁移者往往是在充分考虑迁出地和迁入地的各类因素并对利害关系进行综合分析比较之后才做出最终的迁移决策。推—拉理论实际上包含了两大基本假设条件：一是假定迁移者做出的迁移决策是理性选择的行为；二是假定迁移者对迁出地和迁入地的各项信息都已经充分了解。迁移者才从增加自身工资收入、获取更好的职业发展机会或是提升生活品质等方面出发，全面地比较迁出地和迁入地的实际情况，并由此做出最有利于保障自身利益的理性决策。但是，现实情况是，很多迁移者对迁出地的信息较为熟悉，但是对迁入地的情况并不是很了解，因而其最终做出的决策很可能是主观臆断的。可见，推—拉理论虽然阐释了人口迁移的本质，但在实际操作过程中略显简单，不利于开展深层次的人口迁移研究。

9. 成本—收益理论

早期经典的劳动力流动理论只考虑了劳动力迁移的工资差别问题，较少涉及劳动力迁移的成本问题。美国经济学家舒尔茨（Shultz）于1961年提出了成本—收益理论，较系统地解释了劳动力由农村迁移到城市的原因。其认为，劳动力会首先衡量其迁移的成本与预期收益，只有当迁移预期收益高于迁移成本时，其才会做出迁移决策。该理论将劳动力迁移行为视为劳动力对个人的经济投资。经济福利差异是劳动力迁移的重要影响因素。假如不同地区在劳动力收入、就业条件以及基本社会保障等方面的差距较大，而劳动力迁移的门槛较低，劳动力迁移的概率将明显增大。劳动力的迁移成本是由其到迁入地以后的就业成本、居住成本、交通成本、机会成本以及心理成本等构成；迁移预期收益是指劳动力在迁入地可以得到更高的收入。只有当劳动力迁移后获得的预期收益明显高于其迁移前的平均收入和迁移成本之和，其才会表现出强烈的迁移意愿，否则劳动力将会选择不迁移。也就是说，劳动力迁移的净收益为正值时，其就会倾向于迁移至城市（李文忠，2015）。

（二）丝绸之路经济带对西南边疆民族地区城镇化多元格局作用机理的分析框架构建

本研究通过分析丝绸之路经济带对西南边疆民族地区城镇化多元格局所产生的影响，进而得出丝绸之路经济带对西南边疆民族地区城镇化多元格局的作用机理。随着丝绸之路经济带建设进程的不断推进，西南边疆民族地区的城市体系综合发展水平、城市职能结构、城市等级规模结构、城市体系空间结构以及人口就近城镇化水平都将发生明显的变化。本研究基于圈层结构理论、卫星城理论、增长极理论、梯度转移理论、点—轴理论、刘易斯—费景汉—拉尼斯模型、托达罗模型、推—拉理论以及成本—收益理论，提出丝绸之路经济带对西南边疆民族地区城镇化多元格局的作用过程：丝绸之路经济带效应的发挥→西南边疆民族地区的城市体系综合发展水平提升→西南边疆民族地区的城市职能结构出现变化→西南边疆民族地区的城市等级规模结构出现变化→西南边疆民族地区的城市体系空间结构出现变化→西南边疆民族地区人口就近城镇化水平出现变化。在不同时期，丝绸之路经济带效应对西南边疆民族地区城镇化多元格局的作用程度存在差异。由此构建出丝绸之路经济带对西南边疆民族地区城镇化多元格局作用机理的分析框架，如图2-1所示。

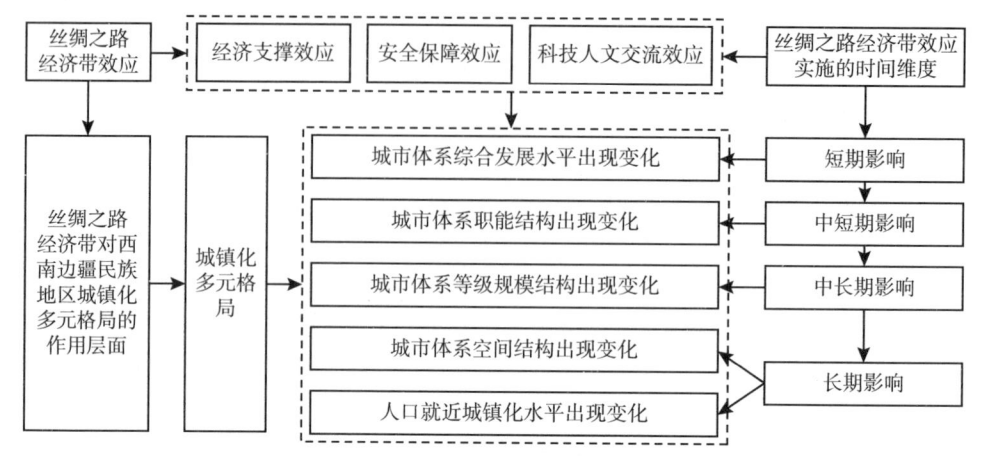

图2-1 丝绸之路经济带对西南边疆民族地区城镇化多元格局作用机理的分析框架

本研究对丝绸之路经济带与西南边疆民族地区城镇化多元格局的关系进行了探讨，进一步分析了丝绸之路经济带对于西南边疆民族地区城市体系的综合发展水平、职能结构、等级规模结构、空间结构以及人口就近城镇化5个层面的作用路径。研究认为，随着丝绸之路经济带的经济支撑效应、安全保障效应以及科技人文交流效应的不断凸显，丝绸之路经济带将从短期、中短期、中长期以及长期4个时间维度对西南边疆民族地区城镇化多元格局产生明显影响。其中，短期影响表现为西南边疆民族地区的城镇体系综合发展水平出现变化；中短期影响表现为西南边疆民族地区城市体系的职能结构出现变化；中长期影响表现为西南边疆民族地区城市体系的等级规模结构出现变化；长期影响表现为西南边疆民族地区城市体系的空间结构和人口就近城镇化水平均出现变化。

研究探讨西南边疆民族地区丝绸之路经济带建设中城镇化多元格局的影响因素，主要围绕经济因素和自然因素两方面展开。经济因素在城镇化多元格局形成过程中发挥着至关重要的作用。丝绸之路经济带建设将带动西南边疆民族地区经济发展，从而影响西南边疆民族地区城镇化多元格局。本研究将经济因素对西南边疆民族地区城镇化多元格局的作用路径进一步细分为交通因素、产业因素以及人口因素3条路径，如图2-2所示。

第一，交通因素对西南边疆民族地区城镇化多元格局的作用路径。交通是影响城镇化进程的重要经济要素之一。完善的交通网络为城镇化的发展带来产业和人口。西南边疆民族地区境内地势差悬殊，气候类型多样，山川河谷相间，平原地段较少，这使得大城市对周边小城镇的辐射带动作用受到很大限制。近年来，随着丝绸之路经济带建设的加速推进，西南边疆民族地区经济得到发展，城镇化

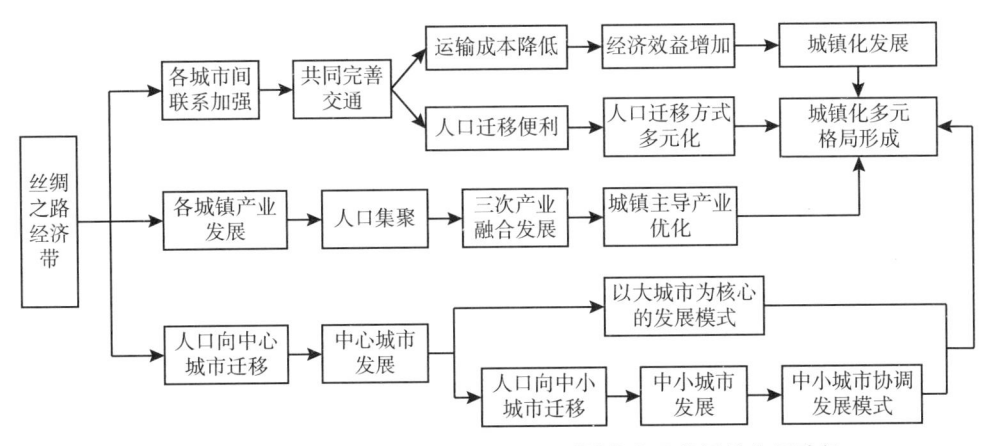

图 2-2 经济因素对西南边疆民族地区城镇化多元格局的作用路径

进程逐步加快，促进了各城市之间的往来，逐步形成相对完善的城市内外交通系统。城市间道路通达水平的提升，降低了城市之间要素流动的运输成本，也促进了城市之间的要素流动与交换。与此同时，交通等基础设施的完善吸引农村地区人口为了享受到更好的教育资源、更多的就业机会而向城市地区转移，使得城市与农村联系愈加紧密（戢晓峰等，2017）。在丝绸之路经济带建设对经济的带动作用下，西南边疆民族地区内的大城市在区域中的政治、经济、科技、教育、文化等的作用得到优化升级。西南边疆民族地区需要优先发展大城市，进而依靠大城市的辐射带动作用拉动中小城市发展，进而形成合理的城镇体系结构（郭凯峰，2010）。交通网络发展迟缓、超前或结构不合理是西南边疆民族地区城镇发展的阻碍因素。丝绸之路经济带将西南边疆民族地区与沿线国家和地区建立起联系，也完善了沿线地区交通条件。作为丝绸之路经济带的重要节点区域，西南边疆民族地区在丝绸之路经济带经济发展和城镇化战略格局中具有举足轻重的地位。完善的交通将使得西南边疆民族地区人口向城镇迁移呈现多元化，原因在于便利的交通为城镇进行人口就近城镇化提供了条件和基础。

第二，产业因素对西南边疆民族地区城镇化多元格局的作用路径。产业对城镇发展的影响贯穿在城镇发展的各个方面。在城镇形成初期，产业的发展逐渐吸引了人口向城市集聚，为城市发展带来劳动力。而当城镇发展到一定规模时，产业的发展又会吸引其他要素和产业向城市集聚，进一步推动城市发展。当城市具备一定规模之后，产业逐渐发展壮大，又会带动相关产业的发展。因此，产业要素在城镇发展的各个阶段均起到了重要作用。在城镇形成初期，城镇化主要靠第一产业进行推动，由第一产业逐步发展壮大而形成城镇；在城镇发展的中期，第二产业的发展为城镇注入了强大动力，城镇以第二产业为主导产业；在城镇发展的中后期，城镇主要以第三产业服务业为主导，进一步推动地区城镇化发展。因此，城镇化发展的不同阶段由不同产业主导，进而对城镇化发展起到促进作用。

第三，人口因素对西南边疆民族地区城镇化多元格局的作用路径。人口规模是影响城镇扩张规模的主要因素之一。《国家新型城镇化规划（2014~2020年）》指出，要优化城市规模结构。城市规模结构的优化涉及人口规模、经济规模、产业关联等诸多方面。其中，有效的人口规模分布结构是合理城市规模的首要条件（陈明星，2015）。合理的人口规模将促进国家城市格局的多中心均衡发展，地区经济发展、交通设施的完善、工业化与信息化发展均促使城市规模逐渐呈现分散化分布（孙斌栋等，2019）。与此同时，随着城市功能的逐渐完善，城市内部的产业将会面临升级转型。一些产业将会随着丝绸之路经济带建设形成的轴线向经济带"轴"的两侧进行转移。产业的转移为中小城市迎来了发展机会，它们将会结合自身产业基础，发展形成一些高端的制造业与普通服务业，由此带动地方经济发展。这使得大中小城市内部的产业得到发展，促进地方经济发展，从而使中小城市逐步发展成为大城市。西南边疆民族地区某些中小城市的交通优势度明显高于某些多山地区的城市群，因此，西南边疆民族地区应重视中小城市发展，加快推进中小城市与大城市协调发展的发展战略，以此促进区域城镇化发展。

区域发展需要空间支撑，空间内部的地质、地貌、土壤、自然资源等条件以及生态环境状况均会对城镇的形成和发展产生影响，主要通过影响人口分布来对城镇化发展产生作用。独特的自然条件和生态环境，对西南边疆民族地区城镇化多元格局起到重要的影响。自然要素对西南边疆民族地区城镇化多元格局的作用可分为地势基础和资源要素两条路径。从地势基础路径来看，地形决定了区域城镇发展的方向，地势基础是城镇化发展速度及空间结构的重要影响因素。城镇多集中于平原与河谷地区，地势建设成本较低，也有利于城市进行扩展和延伸，为城市发展提供充足的空间；而高原、山丘等地区不利于形成城镇，也容易阻碍当地城镇化的发展。起伏的地势增长了城市建设成本，也限制了城市的进一步发展。西南边疆民族地区的地形起伏较大，平原、盆地较少，因而西南边疆民族地区城镇的发展受到了制约。一般认为，城镇扩张是在现有城镇镇区基础上的扩张，西南边疆民族地区的地势基础决定了该地区城镇布局形态扩张形势的多元化。

从资源要素路径来看，资源要素是区域城镇化的推动力，差异化的资源要素成为西南边疆民族地区城镇化多元格局形成的重要因素。共建"丝绸之路经济带"倡议的提出，提升了欧亚非大陆的互联互通水平，深化了中国与沿线国家的全方位多领域合作。丝绸之路经济带建设通过促进经济带沿线地区之间的能源合作，为西南边疆民族地区城镇化发展带来能源基础。西南边疆民族地区旅游资源丰富，且拥有部分矿产资源。"丝绸之路经济带"的建设连接了沿线各个国家和地区，使得西南边疆民族地区的旅游及矿产资源得到更好的开发与利用，进一步推动了区域新型城镇化建设。由于各地区资源要素不同，城镇化的动力也不尽相同。部分矿产资源的丰富的地区选择以矿业、制造业为城镇化的推动力；而资源自然较少的地区，则只能选择以商贸、旅游或流通等行业以推动城镇化发展；部分经济发展水平较高的地区，则会选择高新技术产业为推动力。高技术产业集聚能够为区域产业发展带来共生效应、协同效应、区位效应等优势，被视为促进区域产业结构优化升级和区域竞争优势提升的重要途径。

第三章

西南边疆民族地区丝绸之路经济带建设中城市体系综合发展水平实证研究

城市体系建设是一项复杂的系统工程，强调经济发展、结构优化、布局合理、体系完整、资源节约等。提高城市体系综合发展水平是推进西南边疆民族地区新型城镇化建设的重要内容，也是实现该区域经济协调发展的关键所在。本章将城市体系综合发展水平划分为经济发展水平和居民生活质量水平两个维度，选取经济规模、经济结构、社会生活和资源环境4个二级指标17个三级指标，构建西南边疆民族地区城市体系综合发展水平评价指标体系。并采用因子分析方法，实证考察西南边疆民族地区丝绸之路经济带建设中城市体系综合发展水平，进一步探讨西南边疆民族地区丝绸之路经济带建设中城市体系综合发展水平、经济发展水平和居民生活质量水平的时空演变特征。

一、评价指标体系构建

本研究基于指标的合理性、综合性、全面性及可得性，并借鉴前人的相关研究成果（张裕凤等，2016；仲俊涛等，2016；叶浩、庄大昌，2017；赵金丽等，2018），选取最能反映西南边疆民族地区城市体系综合发展水平的指标，以此较客观公正地反映西南边疆民族地区丝绸之路经济带建设中的城市体系综合发展水平的变化情况。本研究将城市体系综合发展水平分为经济发展和居民生活质量两个一级指标。最终建立了由 2 个一级指标、4 个二级指标、17 个三级指标构成的西南边疆民族地区城市体系综合发展水平指标评价体系（见表 3-1）。所有指标均为正向指标。

表 3-1　西南边疆民族地区城市体系综合发展水平评价指标体系

	一级指标	二级指标	三级指标及单位	指标属性
城市体系综合发展水平	经济发展	经济规模	地区生产总值（亿元）	正向
			人均地区生产总值（元）	正向
			规模以上工业企业数（个）	正向
			规模以上工业企业总资产（亿元）	正向
			金融机构人民币存款（亿元）	正向
			金融机构人民币贷款（亿元）	正向
		经济结构	第二产业增加值占 GDP 比重（%）	正向
			第三产业增加值占 GDP 比重（%）	正向
			货物进出口总额占 GDP 比重（%）	正向
	居民生活质量	社会生活	人均财政支出（万元）	正向
			人均财政收入（万元）	正向
			职工平均工资（元）	正向
			公共图书馆数量（个）	正向
			公共图书馆人均藏书量（册、件/人）	正向
		资源环境	建成区绿化覆盖率（%）	正向
			人均公园绿地面积（平方米）	正向
			城市污水处理率（%）	正向

经济发展指标可以分解为经济规模和经济结构两个二级指标。其中，地区生产总值、人均地区生产总值、规模以上工业企业数、规模以上工业企业总资产、金融机构人民币存款、金融机构人民币贷款 6 项三级指标表征经济规模水平；第二产业增加值占 GDP 比重、第三产业增加值占 GDP 比重、货物进出口总额占 GDP 比重 3 项三级指标表征经济结构水平。

居民生活质量指标可以分解为社会生活和资源环境两个二级指标。其中，社会生活指标采用人均财政支出、人均财政收入、职工平均工资、公共图书馆数量、公共图书馆人均藏书量5项三级指标进行测算；资源环境指标采用建成区绿化覆盖率、人均公园绿地面积、城市污水处理率3项三级指标进行测算。

二、研究方法与数据来源

（一）研究方法

现有研究中关于指标权重的确定方法主要分为三类，即主观确定法、客观确定法和组合确定法。其中，主观确定法是指专家根据实际问题并结合自身经验来主观地确定权重，包含二项系数法、模糊评价法、专家调查法（Delphi法）、环比评分法、层次分析法（AHP）等。客观确定法是指根据原始数据中各属性值的变异程度和对其他属性的影响程度来确定权重，包含熵权赋值法、因子分析法、离差及均方差法、灰色关联法等。组合确定法是指根据主客观信息集成（综合）来确定权重。学界大多采用因子分析法、熵值法、层次分析法、灰色关联分析法等对不同研究尺度的城市体系综合发展水平展开评价分析。本研究采用因子分析方法确定各项指标的权重，并计算得出西南边疆民族地区30个地级市（自治州）的城市体系综合发展水平得分。

在许多实际问题研究中，我们需要通过收集众多的变量来全面准确反映事物的特点和本质。然而这些收集来的众多指标和数据不仅会增加计算处理的难度，更重要的是各变量之间由于相关关系的存在，导致多重共线性问题的出现，最终容易造成参数估计误差。为了克服上述误差，最好的办法是科学合理地提取到少数的综合变量，这些综合变量不仅包含原变量提供的大部分信息，还要尽可能彼此不相关。因子分析是通过降维方式把众多观测变量转换成包含了共同因素的少数变量，从而达到降低变量数目和问题分析复杂性的一种操作的方法。基本步骤如下：

第一，变量的相关性检验。因子分析的基本原理是以相关性为基础，首先从原有众多的变量中，把联系比较紧密的变量归为一类，即同一类别中各变量之间的相关性较高。其次采用协方差矩阵确定公因子。变量相关性的检测方法包括两类：一是巴特利特球度检验法。巴特利特球度检验主要是用来判断相关系数矩阵是否是单位矩阵，采用变量的相关系数矩阵行列式计算出统计量。该统计量的原

假设 H_0：相关系数矩阵是否是单位矩阵。假如巴特利特球度检验的统计量的观测值较大，且概率值小于给定的显著性水平，则原假设不成立。即各变量之间存在公共因子，适合做因子分析。反之，则不能拒绝原假设，即各变量之间不存在公共因子，不适合做因子分析。二是 KMO 检验法。KMO 检验统计量的取值分布于 0~1。一般来说，KMO 值趋于 1，表明变量间的相关性越强，偏相关性越弱，越适合做因子分析；反之，KMO 值越接近于 0，意味着变量间的相关性越弱，不适合做因子分析。一般来说 KMO 统计量大于 0.5 以上，可以考虑使用因子分析法，小于 0.5 则应考虑采用其他统计方法。

第二，提取公因子和求解因子载荷矩阵。在 SPSS 统计分析软件中，主成分分析法是估计因子载荷矩阵的默认方法。此外，还有 α 因子分解法、加权最小二乘估计法、最大似然法等。关于因子数的确定，一般参照以下两个标准：一是提取公因子的最小特征值，默认大于 1；二是公因子的累计方差贡献率大于或等于 85%。求解因子载荷矩阵是因子分析的关键。

第三，计算因子得分。当因子确定以后，可以根据所建立的因子模型，采用线性回归方法计算得到各公共因子在每个样本上的因子得分。根据因子得分情况可以直观地评价不同地区的城市体系综合水平，并进行优劣势比较和分类分析。

（二）数据来源

本研究选取西南边疆民族地区内广西壮族自治区的 14 个地级市和云南省的 16 个地级市（自治州）作为研究样本，研究区间设定为 2010~2016 年。所使用的数据由 2011~2017 年的《中国区域经济统计年鉴》《中国环境统计年鉴》以及历年各省份的国民经济和社会发展统计公报直接得出或通过公式计算求得。

三、西南边疆民族地区丝绸之路经济带建设中城市体系综合发展水平评价

（一）城市体系综合发展水平评价

本研究在 SPSS20.0 统计分析软件中运用因子分析法，计算得到 2010~2016

年西南边疆民族地区的 30 个地级市（自治州）丝绸之路经济带建设中城市体系综合发展水平评价得分。下面以 2010 年的数据为例进行评价分析，其他年份的计算过程相同。

1. 变量的相关性检验

表 3 – 2 是本研究构建的西南边疆民族地区城市体系综合发展水平评价指标体系中的基础指标变量的 KMO 检验和 Bartlett 球形检验结果。可以看出，KMO 检验值为 0.676，明显大于 0.5，说明本研究选取的指标具有较强的相关性，适合进行因子分析。同时，Bartlett 检验值为 599.068，相应的 P 值为 0.000，可以认为测算城市体系综合发展水平指标变量的相关系数矩阵并不是单位阵，存在公因子，适用于因子分析。

表 3 – 2　　　　　KMO 检验和 Bartlett 球形检验结果

KMO 检验		0.676
Bartlett 球形检验	近似卡方	599.068
	df	136
	Sig.	0.000

2. 提取公因子和求解因子载荷矩阵

表 3 – 3 是采用主成分分析法提取公因子方差的计算结果，即初始变量的共同度。"提取"列表示变量共同度的取值，一般介于 0 ~ 1 之间。如 GDP（X_1）的共同度为 0.971，可以理解为五个公因子能够解释 GDP（X_1）的方差的 97.1%。也就是说，提取的公因子对变量 GDP 的方差作出了 97.1% 的贡献。

表 3 – 3　　　　　　　　公因子方差

变量	初始	提取	变量	初始	提取
GDP X_1	1.000	0.971	金融机构人民币存款 X_5	1.000	0.981
人均 GDP X_2	1.000	0.881	金融机构人民币贷款 X_6	1.000	0.965
规模以上工业企业单位数 X_3	1.000	0.886	第二产业增加值占 GDP 得比重 X_7	1.000	0.925
资产总计 X_4	1.000	0.877	第三产业增加值占 GDP 得比重 X_8	1.000	0.973

续表

变量	初始	提取	变量	初始	提取
货物进出口总额占GDP的比重 X_9	1.000	0.829	公共图书馆人均藏书量 X_{14}	1.000	0.762
人均财政支出 X_{10}	1.000	0.876	建成区绿化覆盖率 X_{15}	1.000	0.817
人均财政收入 X_{11}	1.000	0.907	人均公园绿地面积 X_{16}	1.000	0.753
职工平均工资 X_{12}	1.000	0.883	城市污水处理率 X_{17}	1.000	0.743
公共图书馆 X_{13}	1.000	0.701	—	—	—

表3-4给出了解释的总方差，根据特征根数值从大到小顺序来排序。设定主成分的特征根大于1，累计贡献率大于85%。可见，大于1的特征根共有5个，变量相关系数矩阵的5大特征值分别为6.763、3.091、1.958、1.806、1.114，所以可以提取出5个公因子。并且，前5个特征值的提取平方和载入、旋转平方和载入的累积百分比值为86.657%，说明解释了原有变量86.657%的信息，对城市体系综合发展水平整体的代表性较强，可以认为因子分析的效果良好。

表3-4　　　　　　　　解释的总方差

成分	初始特征值			提取平方和载入			旋转平方和载入		
	合计	方差贡献率	累积方差贡献率	合计	方差贡献率	累积方差贡献率	合计	方差贡献率	累积方差贡献率
1	6.763	39.784	39.784	6.763	39.784	39.784	6.241	36.713	36.713
2	3.091	18.183	57.967	3.091	18.183	57.967	2.947	17.336	54.049
3	1.958	11.516	69.483	1.958	11.516	69.483	2.401	14.122	68.171
4	1.806	10.622	80.104	1.806	10.622	80.104	1.729	10.169	78.340
5	1.114	6.553	86.657	1.114	6.553	86.657	3.151	18.535	96.875
6	0.727	4.274	90.931						
……	……	……							
17	0.001	0.007	100.00						

表3-5是采用最大方差法旋转得到的因子载荷矩阵。因子 F_1 对各变量方差贡献率为36.713%，解释GDP、规模以上工业企业数、规模以上工业企业总资产、金融机构人民币存款、金融机构人民币贷款、人均财政收入和公共图书馆数

量,包含的指标信息最多,反映了西南边疆民族地区丝绸之路经济带建设中对生产要素的依赖程度。因子 F_2 对各变量方差贡献率为 17.336%,解释人均 GDP、第三产业增加值占 GDP 比重、人均财政支出、职工平均工资和公共图书馆人均藏书量,反映了西南边疆民族地区丝绸之路经济带建设中公共服务水平和居民生活质量。因子 F_3 对各变量方差贡献率为 14.122%,解释第二产业增加值占 GDP 的比重,反映出西南边疆民族地区丝绸之路经济带建设中工业发展水平(或对工业的依赖程度)。因子 F_4 对各变量方差贡献率为 10.169%,解释货物进出口总额占 GDP 的比重,一定程度上反映了西南边疆民族地区的对外开放程度和制度质量。因子 F_5 对各变量方差贡献率为 18.535%,表示建成区绿化覆盖率、人均公园绿地面积和城市污水处理率,反映了西南边疆民族地区丝绸之路经济带建设中环境保护的力度。

表 3-5　　　　　　　　　　　因子载荷矩阵

变量	因子				
	F_1	F_2	F_3	F_4	F_5
GDP X_1	0.878	0.019	0.070	-0.072	0.239
人均 GDP X_2	0.375	0.490	0.330	0.386	0.280
规模以上工业企业数 X_3	0.738	0.015	0.029	-0.204	0.384
规模以上工业企业总资产 X_4	0.856	0.049	0.262	0.085	0.032
金融机构人民币存款 X_5	0.955	0.001	-0.211	0.098	0.090
金融机构人民币贷款 X_6	0.943	0.008	-0.266	0.111	0.068
第二产业增加值占 GDP 比重 X_7	0.156	0.281	0.889	-0.083	0.022
第三产业增加值占 GDP 比重 X_8	0.211	0.321	-0.900	0.006	0.011
货物进出口总额占 GDP 比重 X_9	-0.003	-0.150	-0.098	0.888	0.067
人均财政支出 X_{10}	-0.032	0.743	-0.262	0.273	-0.315
人均财政收入 X_{11}	0.583	0.482	0.039	0.449	0.076
职工平均工资 X_{12}	0.310	0.801	-0.107	-0.287	-0.129
公共图书馆数量 X_{13}	0.815	-0.168	0.174	-0.169	-0.316
公共图书馆人均藏书量 X_{14}	-0.327	0.860	0.128	-0.115	0.091
建成区绿化覆盖率 X_{15}	0.274	-0.239	0.259	0.213	0.629
人均公园绿地面积 X_{16}	-0.136	-0.026	0.006	0.135	0.867
城市污水处理率 X_{17}	0.344	0.025	-0.071	-0.415	0.635

根据表 3-5 因子载荷矩阵，可以进一步得到各变量的因子分析模型如下：

GDP：$X_1 = 0.878F_1 + 0.019F_2 + 0.070F_3 - 0.072F_4 + 0.239F_5$

人均 GDP：$X_2 = 0.375F_1 + 0.490F_1 + 0.330F_1 + 0.386F_1 + 0.280F_5$

规模以上工业企业数：$X_3 = 0.738F_1 + 0.015F_2 + 0.029F_3 - 0.204F_4 + 0.384F_5$

规模以上工业企业总资产：$X_4 = 0.856F_1 + 0.049F_2 + 0.262F_3 + 0.085F_4 + 0.032F_5$

金融机构人民币存款：$X_5 = 0.955F_1 + 0.001F_2 - 0.211F_3 + 0.098F_4 + 0.090F_5$

金融机构人民币贷款：$X_6 = 0.943F_1 - 0.008F_2 - 0.266F_3 + 0.111F_4 + 0.068F_5$

第二产业增加值占 GDP 比重：$X_7 = 0.156F_1 + 0.281F_2 + 0.889F_3 - 0.083F_4 + 0.022F_5$

第三产业增加值占 GDP 比重：$X_8 = 0.211F_1 + 0.321F_2 - 0.900F_3 + 0.006F_4 + 0.011F_5$

货物进出口总额占 GDP 比重：$X_9 = -0.003F_1 - 0.150F_2 - 0.098F_3 + 0.888F_4 + 0.067F_5$

人均财政支出：$X_{10} = -0.032F_1 + 0.743F_2 - 0.262F_3 + 0.273F_4 - 0.315F_5$

人均财政收入：$X_{11} = 0.583F_1 + 0.482F_2 + 0.039F_3 + 0.449F_4 + 0.076F_5$

职工平均工资：$X_{12} = 0.310F_1 + 0.801F_2 - 0.107F_3 - 0.287F_4 - 0.129F_5$

公共图书馆数量：$X_{13} = 0.815F_1 - 0.168F_2 + 0.174F_3 - 0.169F_4 - 0.316F_5$

公共图书馆人均藏书量：$X_{14} = -0.327F_1 + 0.860F_2 + 0.128F_3 - 0.115F_4 + 0.091F_5$

建成区绿化覆盖率：$X_{15} = 0.274F_1 - 0.239F_2 + 0.259F_3 + 0.213F_4 + 0.629F_5$

人均公园绿地面积：$X_{16} = -0.136F_1 - 0.026F_2 - 0.006F_3 + 0.135F_4 + 0.867F_5$

城市污水处理率：$X_{17} = 0.344F_1 + 0.025F_2 - 0.071F_3 - 0.415F_4 + 0.635F_5$

3. 计算因子得分

本研究通过回归分析法得到因子得分系数矩阵，结果如表 3-6 所示。进一步计算得到下列各因子得分函数，用 F_i 表示：

$F_1 = 0.154X_1 + 0.032X_2 + 0.117X_3 + 0.163X_4 + 0.179X_5 + 0.178X_6 + 0.022X_7 + 0.028X_8 - 0.010X_9 - 0.011X_{10} + 0.087X_{11} + 0.046X_{12} + 0.192X_{13} - 0.099X_{14} + 0.012X_{15} - 0.093X_{16} + 0.023X_{17}$

$F_2 = -0.010X_1 + 0.182X_2 + 0.002X_3 - 0.008X_4 - 0.033X_5 - 0.032X_6 + 0.114X_7 + 0.104X_8 - 0.072X_9 + 0.261X_{10} + 0.158X_{11} + 0.292X_{12} - 0.100X_{13} +$

$0.346X_{14} - 0.073X_{15} + 0.031X_{16} + 0.033X_{17}$

$F_3 = 0.018X_1 + 0.156X_2 - 0.014X_3 + 0.128X_4 - 0.105X_5 - 0.129X_6 + 0.430X_7 - 0.432X_8 - 0.035X_9 - 0.092X_{10} + 0.030X_{11} - 0.039X_{12} + 0.100X_{13} + 0.064X_{14} + 0.087X_{15} - 0.051X_{16} - 0.083X_{17}$

$F_4 = -0.060X_1 + 0.220X_2 - 0.144X_3 + 0.046X_4 + 0.042X_5 + 0.050X_6 - 0.040X_7 - 0.024X_8 + 0.539X_9 + 0.156X_{10} + 0.256X_{11} - 0.192X_{12} - 0.095X_{13} - 0.084X_{14} + 0.117X_{15} - 0.058X_{16} - 0.278X_{17}$

$F_5 = 0.057X_1 + 0.106X_2 + 0.149X_3 - 0.066X_4 - 0.015X_5 - 0.022X_6 - 0.042X_7 + 0.062X_8 + 0.007X_9 - 0.121X_{10} + 0.000X_{11} - 0.039X_{12} - 0.241X_{13} + 0.106X_{14} + 0.274X_{15} + 0.458X_{16} + 0.324X_{17}$

表 3-6　　　　　　　　　　因子得分系数矩阵

变量	因子				
	F_1	F_2	F_3	F_4	F_5
GDP X_1	0.154	-0.010	0.018	-0.060	0.057
人均 GDP X_2	0.032	0.182	0.156	0.220	0.106
规模以上工业企业数 X_3	0.117	0.002	-0.014	-0.144	0.149
规模以上工业企业总资产 X_4	0.163	-0.008	0.128	0.046	-0.066
金融机构人民币存款 X_5	0.179	-0.033	-0.105	0.042	-0.015
金融机构人民币贷款 X_6	0.178	-0.032	-0.129	0.050	-0.022
第二产业增加值占 GDP 比重 X_7	0.022	0.114	0.430	-0.040	-0.042
第三产业增加值占 GDP 比重 X_8	0.028	0.104	-0.432	-0.024	0.062
货物进出口总额占 GDP 比重 X_9	-0.010	-0.072	-0.035	0.539	0.007
人均财政支出 X_{10}	-0.011	0.261	-0.092	0.156	-0.121
人均财政收入 X_{11}	0.087	0.158	0.030	0.256	0.000
职工平均工资 X_{12}	0.046	0.292	-0.039	-0.192	-0.039
公共图书馆数量 X_{13}	0.192	-0.100	0.100	-0.095	-0.241
公共图书馆人均藏书量 X_{14}	-0.099	0.346	0.064	-0.084	0.106
建成区绿化覆盖率 X_{15}	0.012	-0.073	0.087	0.117	0.274
人均公园绿地面积 X_{16}	-0.093	0.031	-0.051	0.058	0.458
城市污水处理率 X_{17}	0.023	0.033	-0.083	-0.278	0.324

根据表 3-6，结合各因子的累积贡献率，计算得到 2010 年西南边疆民族地区 30 个地级市（自治州）的城市体系综合发展水平的评价得分。再根据各因子得分函数，计算出 2010 年西南边疆民族地区各地级市（自治州）的城市体系综合发展水平的主因子得分，进一步得到各城市的排序情况，结果如表 3-7 所示。可见，西南边疆民族地区各地级市（自治州）内部综合因子得分差距较大。从各主因子来看，主因子（F_1）昆明和南宁的得分最高，分别为 4.0156 和 2.2321，说明昆明和南宁的生产要素积累程度均较高，具备较好的工业基础。主因子（F_2）得分最高的是迪庆和怒江，分别为 2.7382 和 2.3277。虽然这两个城市在其他方面较为落后，但其公共服务和第三产业发展都相对较好。主因子（F_3）得分最高的是柳州，得分为 2.0526，说明柳州的工业发展水平较高，在城市体系建设过程中对工业的依赖性较强。因此，柳州在今后的城市建设过程中应注重工业结构的合理化，逐步降低对工业的依赖，提高地区公共服务水平。防城港属于北部湾地区沿海城市，主因子（F_4）得分遥遥领先。这是因为随着一带一路建设和北部湾经济区开放发展，防城港的对外开放水平有了较大提高。柳州主因子（F_5）得分最高，得分为 1.4948，反映出柳州虽然是工业城市，但对资源的依赖性较小，环境污染程度较低，城市环境保护工作和绿化建设落实到位。

表 3-7　2010 年西南边疆民族地区各城市的城市体系综合发展水平主因子得分

城市	主因子 1 (F_1)	主因子 2 (F_2)	主因子 3 (F_3)	主因子 4 (F_4)	主因子 5 (F_5)	综合因子得分（$\sum F$）
昆明	4.0156	0.3655	-0.8543	1.4645	0.5860	1.0000
柳州	1.0701	1.6496	2.0526	-0.5536	1.4948	0.6673
南宁	2.2321	0.8247	-1.3458	-0.6682	1.2591	0.6205
玉溪	0.2545	1.6014	1.8754	0.4121	0.3361	0.5238
防城港	-0.4562	0.9842	0.6212	2.8975	0.4494	0.4062
桂林	0.7260	-0.0002	0.2014	-0.6977	1.0936	0.3638
曲靖	0.6797	-0.4652	1.0899	-0.5034	0.0698	0.3431
红河	0.2137	-0.1435	1.0046	-0.0308	-0.4001	0.2917
百色	-0.0163	-0.1487	1.5064	-0.0420	-0.4736	0.2739
梧州	-0.3246	-0.1171	1.4450	0.0260	0.4315	0.2486
迪庆	-0.6118	2.7382	-1.6979	0.0658	-2.3896	0.1883
北海	-0.5690	0.1656	-0.0939	0.4814	0.9646	0.1873

续表

城市	主因子1 (F_1)	主因子2 (F_2)	主因子3 (F_3)	主因子4 (F_4)	主因子5 (F_5)	综合因子得分 ($\sum F$)
来宾	-0.3522	-0.0259	0.6885	-0.4635	0.1428	0.1818
楚雄	-0.3857	0.2478	0.0875	-0.3811	0.3605	0.1775
崇左	-0.5302	-0.7184	0.0288	2.1845	-0.5028	0.1669
大理	0.0932	-0.3557	-0.2018	-0.7151	-0.8953	0.1466
玉林	-0.0100	-0.8315	-0.0729	-1.0560	1.2898	0.1441
河池	-0.0011	-0.7209	0.3480	-0.8210	-0.3015	0.1410
贺州	-0.1176	-0.6625	0.5593	-0.9420	-0.9917	0.1105
钦州	-0.3325	-0.7521	-0.1284	-0.4050	0.4127	0.0965
怒江	-0.8958	2.3277	-1.6350	-1.0860	-1.0383	0.0943
德宏	-0.6994	-0.3274	-0.9235	1.4162	-0.2374	0.0924
普洱	-0.4769	-0.4784	-0.5316	0.2599	-0.3539	0.0817
丽江	-0.9063	0.4075	-1.0323	-0.2028	1.2793	0.0775
贵港	-0.3920	-0.9909	-0.0925	-0.8936	1.0198	0.0635
昭通	0.0151	-1.1308	0.1577	-0.8474	-1.8346	0.0562
西双版纳	-0.9189	-0.8196	-1.2529	1.7030	1.0472	0.0484
临沧	-0.4210	-0.8599	-0.1437	-0.2084	-1.4326	0.0278
文山	-0.2940	-0.6996	-0.8068	-0.5442	-1.2341	0.0193
保山	-0.5884	-1.0640	-0.8534	0.1510	-0.1513	0.0000

为了便于分析和比较，本研究将2010年西南边疆民族地区30个地级市（自治州）的综合因子得分值进行标准化处理，并得到30个城市的城市体系综合发展水平排名情况（见表3-8）。进一步绘制出2010年西南边疆民族地区各城市的城市体系综合发展水平图（见图3-1），以便更直观地反映西南边疆民族地区各城市的城市体系综合发展水平。

表3-8　2010年西南边疆民族地区各城市的城市体系综合发展水平评价得分排序

排名	城市	综合发展水平	排名	城市	综合发展水平
1	昆明	1.0000	16	大理	0.1466
2	柳州	0.6673	17	玉林	0.1441
3	南宁	0.6205	18	河池	0.1410
4	玉溪	0.5238	19	贺州	0.1105
5	防城港	0.4062	20	钦州	0.0965
6	桂林	0.3638	21	怒江	0.0943
7	曲靖	0.3431	22	德宏	0.0924
8	红河	0.2917	23	普洱	0.0817
9	百色	0.2739	24	丽江	0.0775
10	梧州	0.2486	25	贵港	0.0635
11	迪庆	0.1883	26	昭通	0.0562
12	北海	0.1873	27	西双版纳	0.0484
13	来宾	0.1818	28	临沧	0.0278
14	楚雄	0.1775	29	文山	0.0193
15	崇左	0.1669	30	保山	0.0000

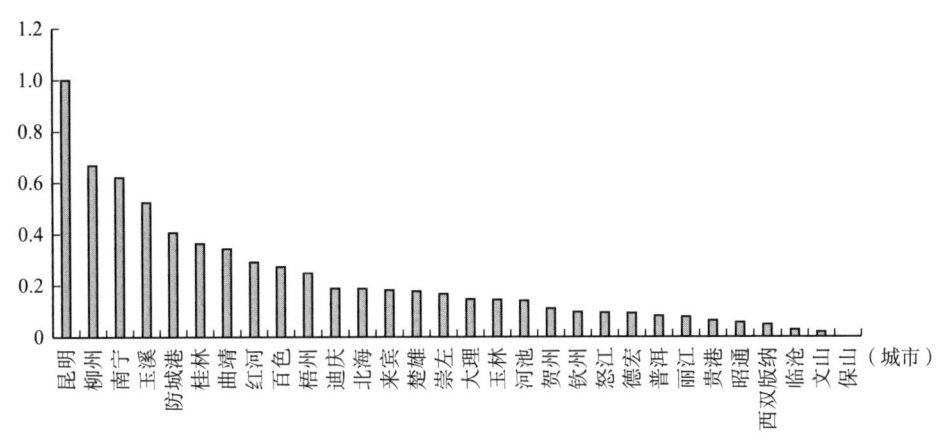

图3-1　2010年西南边疆民族地区各城市的城市体系综合发展水平

由表3-8和图3-1可知，2010年西南边疆民族地区30个地级市（自治州）中，城市体系综合发展水平得分最高的是昆明（1.0000），其次是柳州

(0.6673)，南宁排名第三位（0.6205）；临沧、文山和保山分别排名在后三位，城市体系综合发展水平得分值分别为0.0278、0.0193和0.0000。30个城市的城市体系综合发展水平均值为0.2280。其中，广西均值为0.2623，云南均值为0.1980。30个城市中，高于平均值的城市有10个，其中广西有6个，云南有4个，具体包括昆明、柳州、南宁、玉溪、防城港、桂林、曲靖、红河、百色、梧州，表明2010年广西的城市体系综合发展水平整体高于云南。

尽管因子分析结果得分排序表从整体上清晰地反映了西南边疆民族地区30个城市的城市体系综合发展水平的位序情况，但是未能从城市体系综合发展水平类别的角度对其进行确切科学的梯度划分。因此，本研究采用系统聚类分析法，对西南边疆民族地区30个地级市（自治州）进行分类，结果如表3-9所示。可以看出，西南边疆民族地区的30个城市可以划分为4大类。其中，昆明、柳州和南宁3个城市为第一类；玉溪、防城港、桂林、曲靖、红河、百色、梧州7个城市为第二类；迪庆、北海、来宾、楚雄、崇左、大理、玉林、河池、贺州9个城市为第三类；钦州、怒江、德宏、普洱、丽江、贵港、昭通、西双版纳、临沧11个城市为第四类。结合各城市的城市体系综合发展水平主因子得分及排序可以得出：昆明、柳州和南宁属于城市体系综合发展水平最高的3个城市；玉溪、防城港、桂林、曲靖、红河、百色、梧州7个城市体系综合发展水平较好；迪庆、北海、来宾、楚雄、崇左、大理、玉林、河池、贺州9个城市体系综合发展水平一般；城市体系综合发展水平较为落后的城市包括钦州、怒江、德宏、普洱、丽江、贵港、昭通、西双版纳、临沧、文山、保山。

表3-9　西南边疆民族地区城市体系综合发展水平分类结果

类别	城市	类规模
第一类	昆明、柳州、南宁	3
第二类	玉溪、防城港、桂林、曲靖、红河、百色、梧州	7
第三类	迪庆、北海、来宾、楚雄、崇左、大理、玉林、河池、贺州	9
第四类	钦州、怒江、德宏、普洱、丽江、贵港、昭通、西双版纳、临沧、文山、保山	11

（二）城市体系经济发展水平评价

本研究选取2个二级指标（经济规模和经济结构）和9个三级指标，衡量2010年西南边疆民族地区内30个城市的城市体系经济发展水平。在SPSS20.0统计分析软件中，通过因子分析法计算得到各城市的城市体系经济发展水平评价得分及排序情况,如表 3-10 所示。图 3-2 更直观地反映了 2010 年西南边疆民族地区各城市的城市体系经济发展水平。

表 3-10　2010 年西南边疆民族地区各城市的城市体系经济发展水平评价得分排序

排名	城市	综合发展水平	排名	城市	综合发展水平
1	昆明	1.0000	16	玉溪	0.0935
2	南宁	0.6993	17	保山	0.0886
3	柳州	0.2652	18	红河	0.0878
4	桂林	0.2615	19	文山	0.0860
5	防城港	0.1851	20	贵港	0.0790
6	西双版纳	0.1625	21	河池	0.0717
7	崇左	0.1615	22	丽江	0.0708
8	玉林	0.1586	23	普洱	0.0635
9	德宏	0.1534	24	楚雄	0.0611
10	曲靖	0.1520	25	昭通	0.0311
11	北海	0.1384	26	梧州	0.0285
12	迪庆	0.1236	27	百色	0.0283
13	钦州	0.1175	28	临沧	0.0184
14	大理	0.1028	29	来宾	0.0132
15	怒江	0.0981	30	贺州	0.0000

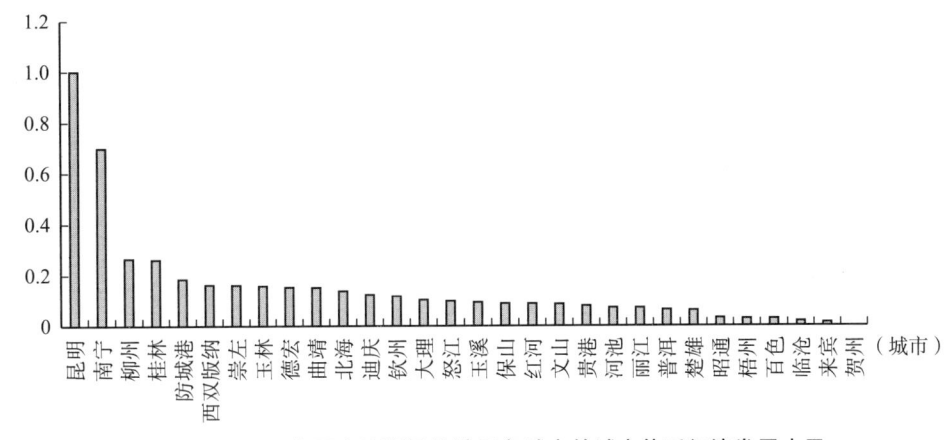

图 3-2　2010 年西南边疆民族地区各城市的城市体系经济发展水平

由表 3-10 和图 3-2 可知，2010 年昆明市的城市体系经济发展水平最高，其次是南宁，再次是柳州；临沧、来宾和贺州均排名在最后三位，贺州的城市体系经济发展水平最低。这和实际情况一致，省会城市在地区经济发展方面所具有的独特优势，是其他城市所无法比拟的。30 个城市的城市体系经济发展水平的平均得分为 0.1534，其中，广西的均值为 0.1577，云南的均值为 0.1496。30 个城市中，城市体系经济发展水平超过平均值的城市共有 9 个。其中，广西有 6 个城市，具体为南宁、柳州、桂林、防城港、崇左和玉林；云南仅有昆明、西双版纳和德宏 3 个城市的城市体系经济发展水平超过平均值。可见，从总体上来看，2010 年云南的城市体系经济发展水平要明显落后于广西。

（三）城市体系居民生活质量水平评价

本研究从社会生活和资源环境两个层面共选取 8 个三级指标，衡量 2010 年西南边疆民族地区内 30 个城市的城市体系居民生活质量水平。在 SPSS20.0 统计分析软件中，通过因子分析法计算得到各城市的城市体系居民生活质量水平评价得分及排序情况，如表 3-11 所示。图 3-3 更直观地反映了 2010 年西南边疆民族地区各城市的城市体系居民生活质量水平。

表 3-11　　2010 年各城市的城市体系居民生活质量水平评价得分排序

排名	城市	居民生活质量	排名	城市	居民生活质量
1	柳州	1.0000	11	昆明	0.6925
2	丽江	0.9647	12	梧州	0.6341
3	玉溪	0.9547	13	桂林	0.5921
4	防城港	0.9367	14	普洱	0.5877
5	怒江	0.8557	15	德宏	0.5790
6	西双版纳	0.7622	16	来宾	0.5454
7	迪庆	0.7596	17	百色	0.5417
8	南宁	0.7529	18	红河	0.5214
9	楚雄	0.7208	19	崇左	0.4762
10	北海	0.6986	20	玉林	0.4658

续表

排名	城市	居民生活质量	排名	城市	居民生活质量
21	曲靖	0.4566	26	河池	0.2564
22	贵港	0.4491	27	临沧	0.2379
23	保山	0.4300	28	文山	0.2124
24	钦州	0.3801	29	贺州	0.1557
25	大理	0.2791	30	昭通	0.0000

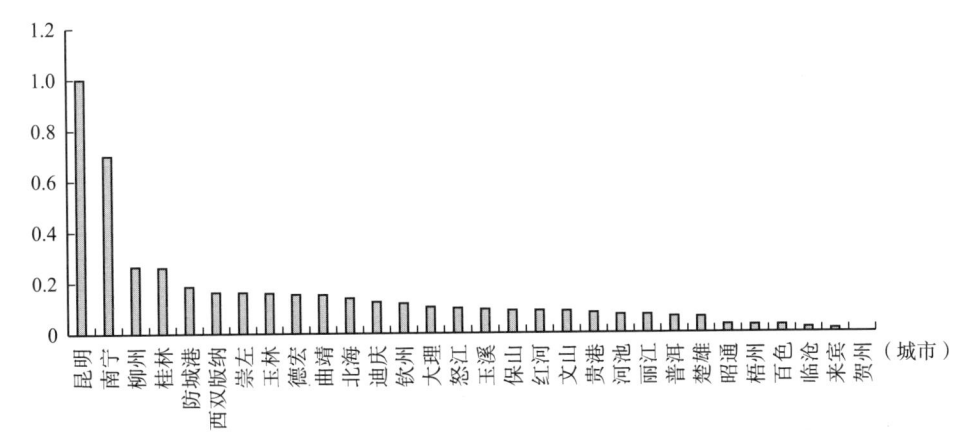

图 3-3　2010 年西南边疆民族地区各城市的城市体系居民生活质量水平

由表 3-11 和图 3-3 可知，2010 年柳州的城市体系居民生活质量水平评价得分最高，其次是丽江，玉溪位列第三位；文山、贺州和昭通均排名在最后三位，昭通的城市体系居民生活质量水平最低。30 个城市的城市体系居民生活质量水平的平均得分为 0.5633，其中，广西的均值为 0.5632，云南的均值为 0.5634。可见，广西和云南的居民生活质量总体差异不大。30 个城市中，有 15 个城市的城市体系居民生活质量水平得分超过平均水平。其中，广西有 6 个城市，分别为柳州、防城港、南宁、北海、梧州、桂林；云南有 9 个城市，分别为丽江、玉溪、怒江、西双版纳、迪庆、楚雄、昆明、普洱和德宏。可以看出，广西各城市之间的居民生活质量差异相对较大。值得注意的是，南宁和昆明分别作为广西和云南的省会城市，但这两个城市的居民生活质量水平得分排名却相对靠后。其中，南宁排名第 8 位，昆明排名第 11 位。这说明随着经济发展水平的提高，这两个城市的城市体系居民生活质量水平并没有得到同步提高。

四、西南边疆民族地区丝绸之路经济带建设中城市体系综合发展水平的时空演变特征分析

(一) 城市体系综合发展水平的时空演变特征分析

为进一步分析西南边疆民族地区丝绸之路经济带建设中城市体系综合发展水平的时空演变特征，本研究通过计算得到 2010~2016 年西南边疆民族地区各城市的城市体系综合发展水平的评价得分，如表 3-12 所示。

表 3-12　2010~2016 年西南边疆民族地区各城市的城市体系综合发展水平评价得分

城市	2010 年	2011 年	2012 年	2013 年	2014 年	2015 年	2016 年	均值
南宁	0.6205	0.6771	0.7400	0.6622	0.6704	0.6730	0.7116	0.6792
柳州	0.6673	0.5359	0.4287	0.5958	0.5468	0.4846	0.5823	0.5488
桂林	0.3638	0.3613	0.3203	0.3329	0.3162	0.2717	0.3798	0.3351
梧州	0.2486	0.2400	0.1195	0.2301	0.1906	0.1292	0.2472	0.2007
北海	0.1873	0.2192	0.1769	0.3529	0.2578	0.1736	0.2871	0.2364
防城港	0.4062	0.3059	0.2361	0.3733	0.3745	0.3508	0.3533	0.3429
钦州	0.0965	0.1063	0.0996	0.1522	0.1042	0.0676	0.2260	0.1218
贵港	0.0635	0.0596	0.0979	0.0281	0.0193	0.0000	0.1805	0.0641
玉林	0.1441	0.2206	0.1884	0.1337	0.1176	0.0692	0.2339	0.1582
百色	0.2739	0.1734	0.1005	0.1732	0.1601	0.1152	0.2571	0.1791
贺州	0.1105	0.0720	0.0494	0.0556	0.0528	0.0275	0.1471	0.0736
河池	0.1410	0.0947	0.1135	0.0156	0.0000	0.0049	0.1757	0.0779
来宾	0.1818	0.1232	0.0783	0.0846	0.0583	0.0217	0.1515	0.0999
崇左	0.1669	0.0803	0.0929	0.1533	0.1935	0.1987	0.0000	0.1265
广西均值	0.2623	0.2335	0.2030	0.2388	0.2187	0.1849	0.2809	0.2317
昆明	1.0000	1.0000	1.0000	1.0000	1.0000	1.0000	1.0000	1.0000

续表

城市	2010年	2011年	2012年	2013年	2014年	2015年	2016年	均值
曲靖	0.3431	0.3180	0.2438	0.3004	0.2237	0.1597	0.3100	0.2712
玉溪	0.5238	0.4157	0.2809	0.4253	0.3943	0.3417	0.4655	0.4068
保山	0.0000	0.0138	0.0979	0.0395	0.0385	0.0083	0.1686	0.0524
昭通	0.0562	0.0296	0.0000	0.0809	0.0456	0.0004	0.1467	0.0513
丽江	0.0775	0.1931	0.2275	0.1598	0.1471	0.1377	0.2865	0.1756
普洱	0.0817	0.0422	0.0667	0.0509	0.0541	0.0285	0.2236	0.0782
临沧	0.0278	0.0000	0.0278	0.0400	0.0290	0.0133	0.1382	0.0394
楚雄	0.1775	0.1725	0.1863	0.1338	0.1513	0.1332	0.3217	0.1823
红河	0.2917	0.2329	0.1733	0.3174	0.2149	0.1913	0.3260	0.2496
文山	0.0193	0.0274	0.0496	0.0040	0.0013	0.0026	0.1832	0.0411
西双版纳	0.0484	0.1074	0.2172	0.0699	0.0834	0.0868	0.1875	0.1144
大理	0.1466	0.1515	0.1726	0.1494	0.1490	0.1095	0.2769	0.1651
德宏	0.0924	0.0827	0.1465	0.0782	0.1167	0.1160	0.1959	0.1184
怒江	0.0943	0.1354	0.1383	0.0000	0.0632	0.0642	0.2231	0.1026
迪庆	0.1883	0.1966	0.3217	0.2435	0.2285	0.3005	0.4962	0.2822
云南均值	0.1980	0.1949	0.2094	0.1933	0.1838	0.1684	0.3094	0.2082

根据表3-12可知，2010~2016年，西南边疆民族地区各城市的城市体系综合发展水平有升有降，在波动变化中呈现上升的趋势。其中，各城市在2010~2013年城市体系综合发展水平相对较高，且在2013年达到近几年的小高峰。2016年，广西和云南的城市体系综合发展水平均值都达到历年最大值。从横向对比来看，西南边疆民族地区30个城市之间的城市体系综合发展水平差异较大。

表3-13是2013年西南边疆民族地区各城市的城市体系综合发展水平得分排序。图3-4更直观地反映了西南边疆民族地区各城市的城市体系综合发展水平。可以看出，2013年西南边疆民族地区城市体系综合发展水平排名前两位的城市分别是昆明和南宁；柳州和玉溪分别位于第3和第4，这两个城市均是各省份的工业强市，工业发展水平和城市建设仅次于省会城市；排名最后两位的城市分别是文山和怒江，这两个城市的城市体系综合发展水平与其他城市的差距较大。从均值情况来看，2013年广西和云南的城市体系综合发展水平均值分别为0.2388、0.1933，表明广西的城市体系综合发展水平整体高于云南。

表 3-13　2013 年西南边疆民族地区各城市的城市体系综合发展水平评价得分排序

排名	城市	综合发展水平	排名	城市	综合发展水平
1	昆明	1.0000	16	大理	0.1494
2	南宁	0.6622	17	楚雄	0.1338
3	柳州	0.5958	18	玉林	0.1337
4	玉溪	0.4253	19	来宾	0.0846
5	防城港	0.3733	20	昭通	0.0809
6	北海	0.3529	21	德宏	0.0782
7	桂林	0.3329	22	西双版纳	0.0699
8	红河	0.3174	23	贺州	0.0556
9	曲靖	0.3004	24	普洱	0.0509
10	迪庆	0.2435	25	临沧	0.0400
11	梧州	0.2301	26	保山	0.0395
12	百色	0.1732	27	贵港	0.0281
13	丽江	0.1598	28	河池	0.0156
14	崇左	0.1533	29	文山	0.0040
15	钦州	0.1522	30	怒江	0.0000

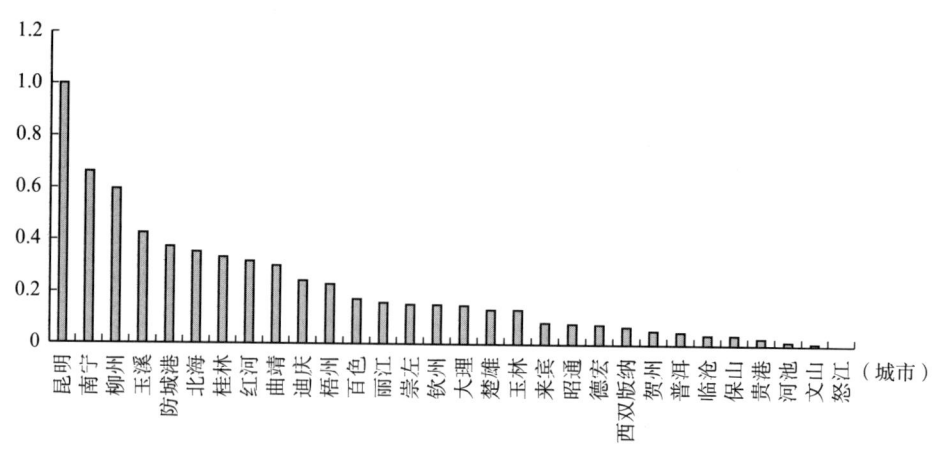

图 3-4　2013 年西南边疆民族地区各城市的城市体系综合发展水平

表 3-14 是 2016 年西南边疆民族地区各城市的城市体系综合发展水平得分排序。图 3-5 更直观地反映了西南边疆民族地区各城市的城市体系综合发展水平。可以看出，2016 年昆明的城市体系综合发展水平得分仍然最高，崇左的城市体系综合发展水平得分最低。30 个城市的城市体系综合发展水平的平均得分是 0.2961，其中，昆明、南宁、柳州、迪庆、玉溪等 10 个城市的城市体系综合发展水平得分高于平均值，有 6 个城市来自云南，其余 4 个城市来自广西；北海、丽江、大理等 20 个城市的城市体系综合发展水平得分均低于平均值。云南的城市体系综合发展水平均值为 0.3904，而广西城市体系综合发展水平均值为 0.2809。这说明在丝绸之路经济带建设过程中，相对于广西，云南的城市体系建设取得的进步更明显。

表 3-14　2016 年西南边疆民族地区各城市的城市体系综合发展水平评价得分排序

排名	城市	综合发展水平	排名	城市	综合发展水平
1	昆明	1.0000	16	玉林	0.2339
2	南宁	0.7116	17	钦州	0.2260
3	柳州	0.5823	18	普洱	0.2236
4	迪庆	0.4962	19	怒江	0.2231
5	玉溪	0.4655	20	德宏	0.1959
6	桂林	0.3798	21	西双版纳	0.1875
7	防城港	0.3533	22	文山	0.1832
8	红河	0.3260	23	贵港	0.1805
9	楚雄	0.3217	24	河池	0.1757
10	曲靖	0.3100	25	保山	0.1686
11	北海	0.2871	26	来宾	0.1515
12	丽江	0.2865	27	贺州	0.1471
13	大理	0.2769	28	昭通	0.1467
14	百色	0.2571	29	临沧	0.1382
15	梧州	0.2472	30	崇左	0.0000

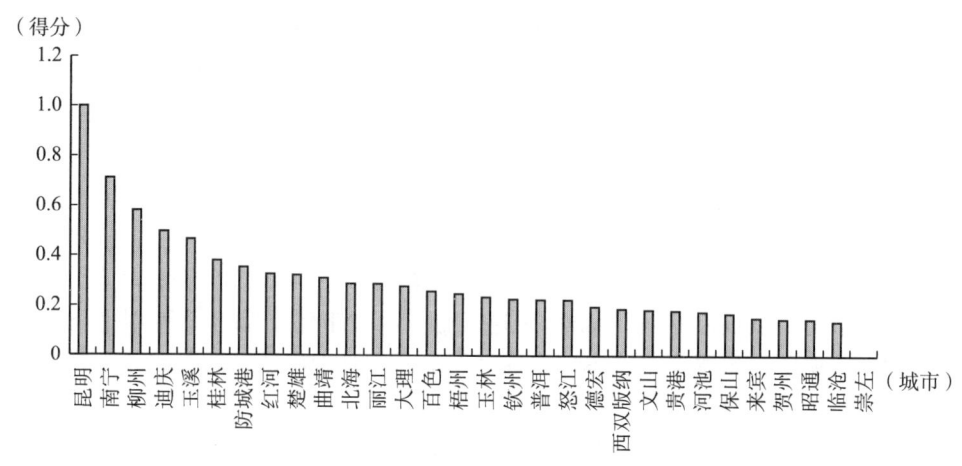

图 3-5 2016 年西南边疆民族地区各城市的城市体系综合发展水平

通过对比西南边疆民族地区各城市在 2010 年、2013 年和 2016 年的城市体系综合发展水平变化情况可以得出,昆明的城市体系综合发展水平始终位居首位,且遥遥领先于其他城市,南宁紧随其后排名第 2。从排名变化情况来看,云南的丽江、迪庆、文山和西双版纳 4 个城市的城市体系综合发展水平排名上升较快,而广西的崇左、来宾、河池和贺州 4 个城市的城市体系综合发展水平排名下降幅度较大。可见,在丝绸之路经济带建设过程中,云南的城市体系综合发展水平整体上取得了较大进步。

(二)城市体系经济发展水平的时空演变特征分析

为进一步分析西南边疆民族地区丝绸之路经济带建设中城市体系经济发展水平的时空演变特征,本研究通过计算得出 2010~2016 年西南边疆民族地区 30 个城市的城市体系经济发展水平评价得分,如表 3-15 所示。可以看出,西南边疆民族地区的 30 个城市在 2010~2016 年的城市体系经济发展水平总体呈上升趋势。其中,南宁的城市体系经济发展水平得分从 2010 年的 0.6993 上升至 2016 年的 0.7443;柳州的城市体系经济发展水平得分由 2010 年的 0.2652 上升到 2016 年的 0.7309,增长了将近两倍。考察期内,西南边疆民族地区的 30 个城市的城市体系经济发展水平都取得了较快发展。

表 3-15 2010~2016 年西南边疆民族地区各城市的城市体系经济发展水平评价得分

城市	2010 年	2011 年	2012 年	2013 年	2014 年	2015 年	2016 年	均值
南宁	0.6993	0.7014	0.7209	0.7072	0.6715	0.7294	0.7443	0.7106
柳州	0.2652	0.2785	0.3224	0.3034	0.2866	0.7250	0.7309	0.4160
桂林	0.2615	0.2433	0.2610	0.2403	0.2041	0.4758	0.4808	0.3095
梧州	0.0285	0.0131	0.0399	0.0156	0.0000	0.4156	0.4351	0.1354
北海	0.1384	0.1335	0.1247	0.0959	0.0393	0.4182	0.4371	0.1982
防城港	0.1851	0.1944	0.2048	0.1282	0.0605	0.5314	0.5137	0.2597
钦州	0.1175	0.1155	0.1606	0.1388	0.1338	0.2832	0.3238	0.1819
贵港	0.0790	0.0790	0.1343	0.1288	0.1042	0.2228	0.2616	0.1442
玉林	0.1586	0.1593	0.1817	0.1735	0.1408	0.3329	0.3406	0.2125
百色	0.0283	0.0212	0.0493	0.0430	0.0146	0.3582	0.4046	0.1313
贺州	0.0000	0.0035	0.0254	0.0225	0.0117	0.1664	0.1893	0.0598
河池	0.0717	0.0777	0.1388	0.1249	0.1209	0.1096	0.1044	0.1069
来宾	0.0132	0.0112	0.0456	0.0492	0.0293	0.1920	0.1898	0.0758
崇左	0.1615	0.1525	0.1922	0.1949	0.1738	0.3573	0.3204	0.2218
广西均值	0.1577	0.1560	0.1858	0.1690	0.1422	0.3798	0.3912	0.2260
昆明	1.0000	1.0000	1.0000	1.0000	1.0000	1.0000	1.0000	1.0000
曲靖	0.1520	0.1472	0.1852	0.1819	0.2297	0.3688	0.3877	0.2361
玉溪	0.0935	0.0945	0.1217	0.1175	0.0808	0.4832	0.4857	0.2110
保山	0.0886	0.0694	0.0906	0.0917	0.0718	0.1462	0.1662	0.1035
昭通	0.0311	0.0185	0.0374	0.0395	0.0531	0.2087	0.2304	0.0884
丽江	0.0708	0.0564	0.0773	0.0600	0.0763	0.1193	0.1329	0.0847
普洱	0.0635	0.0474	0.0649	0.0583	0.0720	0.1606	0.1705	0.0910
临沧	0.0184	0.0000	0.0000	0.0000	0.0492	0.1324	0.1461	0.0494
楚雄	0.0611	0.0545	0.0887	0.0993	0.0997	0.2119	0.2380	0.1219
红河	0.0878	0.0748	0.1248	0.0984	0.1254	0.3182	0.3405	0.1671
文山	0.0860	0.0670	0.0907	0.0815	0.0821	0.1319	0.1488	0.0983
西双版纳	0.1625	0.0999	0.1689	0.1877	0.1516	0.0801	0.0652	0.1308
大理	0.1028	0.0970	0.1253	0.1323	0.1025	0.2405	0.2504	0.1501

续表

城市	2010年	2011年	2012年	2013年	2014年	2015年	2016年	均值
德宏	0.1534	0.1423	0.1470	0.1805	0.2569	0.1047	0.0331	0.1454
怒江	0.0981	0.0851	0.1118	0.1163	0.0915	0.0000	0.0000	0.0718
迪庆	0.1236	0.1130	0.1459	0.1352	0.1551	0.0849	0.0963	0.1220
云南均值	0.1496	0.1354	0.1613	0.1613	0.1686	0.2370	0.2432	0.1795

表3-16反映了2013年西南边疆民族地区各城市的城市体系经济发展水平得分排序情况。可以看出，2013年，昆明和南宁两个省会城市的城市体系经济发展水平评价得分分别排名在第1和第2，桂林仅次于柳州排名第4，排名最后3位的城市分别是贺州、梧州和临沧。30个城市的城市体系经济发展水平平均得分为0.1649。其中，广西的平均得分为0.1690，云南的平均得分为0.1613。城市体系经济发展水平评价得分高于平均得分的城市总共有9个，分别是昆明、南宁、柳州、桂林、崇左、西双版纳、曲靖、德宏和玉林。总体来看，考察期内广西的城市体系经济发展水平要高于云南，但二者间的差距在逐渐缩小。

表3-16　2013年西南边疆民族地区各城市的城市体系经济发展水平评价得分排序

排名	城市	综合发展水平	排名	城市	综合发展水平
1	昆明	1.0000	13	贵港	0.1288
2	南宁	0.7072	14	防城港	0.1282
3	柳州	0.3034	15	河池	0.1249
4	桂林	0.2403	16	玉溪	0.1175
5	崇左	0.1949	17	怒江	0.1163
6	西双版纳	0.1877	18	楚雄	0.0993
7	曲靖	0.1819	19	红河	0.0984
8	德宏	0.1805	20	北海	0.0959
9	玉林	0.1735	21	保山	0.0917
10	钦州	0.1388	22	文山	0.0815
11	迪庆	0.1352	23	丽江	0.0600
12	大理	0.1323	24	普洱	0.0583

续表

排名	城市	综合发展水平	排名	城市	综合发展水平
25	来宾	0.0492	28	贺州	0.0225
26	百色	0.0430	29	梧州	0.0156
27	昭通	0.0395	30	临沧	0.0000

表 3-17 反映了 2016 年西南边疆民族地区各城市的城市体系经济发展水平得分排序情况。西南边疆民族地区 30 个城市在 2016 年的城市体系经济发展水平平均得分为 0.3123。其中，昆明的得分最高，怒江的得分最低；昆明、南宁、柳州、防城港、玉溪等 14 个城市的城市体系经济发展水平得分均超过了平均值，有 10 个城市来自广西，仅有 4 个城市来自云南；贵港、贺州、普洱和保山等 16 个城市的城市体系经济发展水平得分均低于平均水平。可见，考察期内广西的城市体系经济发展水平整体上取得的进步更明显。

表 3-17 2016 年西南边疆民族地区各城市的城市体系经济发展水平评价得分排序

排名	城市	综合发展水平	排名	城市	综合发展水平
1	昆明	1.0000	16	大理	0.2504
2	南宁	0.7443	17	楚雄	0.2380
3	柳州	0.7309	18	昭通	0.2304
4	防城港	0.5137	19	来宾	0.1898
5	玉溪	0.4857	20	贺州	0.1893
6	桂林	0.4808	21	普洱	0.1705
7	北海	0.4371	22	保山	0.1662
8	梧州	0.4351	23	文山	0.1488
9	百色	0.4046	24	临沧	0.1461
10	曲靖	0.3877	25	丽江	0.1329
11	玉林	0.3406	26	河池	0.1044
12	红河	0.3405	27	迪庆	0.0963
13	钦州	0.3238	28	西双	0.0652
14	崇左	0.3204	29	德宏	0.0331
15	贵港	0.2616	30	怒江	0.0000

由表 3-10、表 3-16 和表 3-17 可知，西南边疆民族地区 30 个城市在 2010 年城市体系经济发展水平的平均得分为 0.1534，2013 年上升为 0.1639，2016 年达到 0.3132。整体而言，西南边疆民族地区的城市体系经济发展水平一直呈快速上升的发展态势。其中，城市体系经济发展水平得分增速最快的城市分别是梧州、百色、玉溪、来宾和贺州，西双版纳、德宏和怒江的城市体系经济发展水平增速较慢。

（三）城市体系居民生活质量水平的时空演变特征分析

为进一步分析西南边疆民族地区丝绸之路经济带建设中城市体系经济发展水平的时空演变特征，本研究通过计算得出 2010~2016 年西南边疆民族地区 30 个城市的城市体系居民生活质量水平评价得分，如表 3-18 所示。总体来看，2010~2016 年，西南边疆民族地区城市体系居民生活质量水平在波动中呈下降的趋势，其中，怒江、来宾和北海 3 个城市的城市体系居民生活质量水平下降趋势最为明显。少数几个城市的城市体系居民生活质量水平表现为上升态势，其中，昆明的城市体系居民生活质量水平评价得分从 2010 年的 0.6925 上升至 2016 年的 1.0000；迪庆的城市体系居民生活质量水平评价得分从 2010 年的 0.7596 上升为 2016 年的 0.7585；大理的城市体系居民生活质量水平评价得分从 2010 年的 0.2791 上升为 2016 年的 0.3622。

表 3-18　　　　2010~2016 年各城市的居民生活质量水平评价得分

城市	2010 年	2011 年	2012 年	2013 年	2014 年	2015 年	2016 年	均值
南宁	0.7529	0.7760	0.9138	0.1761	0.1216	0.8111	0.6600	0.6016
柳州	1.0000	0.5411	0.9534	0.1775	0.1263	0.8784	0.6082	0.6121
桂林	0.5921	0.6241	0.6280	0.0886	0.0906	0.5551	0.4013	0.4257
梧州	0.6341	0.4725	0.6689	0.0858	0.0717	0.5579	0.1856	0.3824
北海	0.6986	0.3732	0.6721	0.1932	0.1483	0.6103	0.2471	0.4204
防城港	0.9367	0.3169	0.6953	0.3473	0.3724	0.6704	0.6061	0.5636
钦州	0.3801	0.2181	0.2667	0.0834	0.1718	0.6755	0.1373	0.2761
贵港	0.4491	0.2011	0.3393	0.0293	0.0821	0.3086	0.0000	0.2014
玉林	0.4658	0.4725	0.5035	0.0000	0.0000	0.3339	0.0788	0.2649
百色	0.5417	0.3938	0.4598	0.2088	0.0892	0.5567	0.3310	0.3687

续表

城市	2010年	2011年	2012年	2013年	2014年	2015年	2016年	均值
贺州	0.1557	0.2660	0.4826	0.0565	0.2235	0.4249	0.0659	0.2393
河池	0.2564	0.2800	0.2634	0.1418	0.1626	0.3458	0.1731	0.2319
来宾	0.5454	0.3217	0.4509	0.1241	0.1201	0.4286	0.0936	0.2978
崇左	0.4762	0.1059	0.3235	0.2006	0.2021	0.6653	0.0359	0.2870
广西均值	0.5632	0.3831	0.5444	0.1367	0.1416	0.5588	0.2589	0.3695
昆明	0.6925	1.0000	0.9378	0.2226	0.2540	0.7244	1.0000	0.6902
曲靖	0.4566	0.5592	0.5446	0.1226	0.1036	0.3571	0.1804	0.3320
玉溪	0.9547	0.5937	0.9583	0.4035	0.2807	0.8643	0.6618	0.6739
保山	0.4300	0.1457	0.3728	0.2030	0.1545	0.3331	0.1635	0.2575
昭通	0.0000	0.1287	0.0000	0.3817	0.3676	0.0000	0.0127	0.1272
丽江	0.9647	0.5268	1.0000	0.1971	0.1567	1.0000	0.6120	0.6368
普洱	0.5877	0.1741	0.3260	0.2742	0.2173	0.3917	0.3208	0.3274
临沧	0.2379	0.0880	0.3250	0.2028	0.1884	0.4325	0.1610	0.2337
楚雄	0.7208	0.4611	0.6980	0.2519	0.1860	0.6402	0.4909	0.4927
红河	0.5214	0.5057	0.5254	0.2789	0.2027	0.5578	0.4671	0.4370
文山	0.2124	0.1322	0.1608	0.3321	0.2973	0.1510	0.1254	0.2016
西双版纳	0.7622	0.1901	0.9454	0.1039	0.0574	0.6878	0.3350	0.4403
大理	0.2791	0.3721	0.3974	0.2960	0.2582	0.3427	0.3622	0.3297
德宏	0.5790	0.1735	0.5530	0.3052	0.2245	0.5313	0.2632	0.3757
怒江	0.8557	0.2911	0.5768	0.6953	0.6194	0.7080	0.2839	0.5758
迪庆	0.7596	0.0000	0.9162	1.0000	1.0000	0.6866	0.9474	0.7585
云南均值	0.5634	0.3339	0.5773	0.3294	0.2855	0.5255	0.3992	0.4306

表3-19反映了2013年西南边疆民族地区各城市的城市体系居民生活质量水平得分排序情况。可以看出，2013年，西南边疆民族地区城市体系居民生活质量得分最高的城市是迪庆，其次是怒江，再次是玉溪，昭通排名第4，这些城市均来自云南省。而排名最后6位的城市均来自广西，依次是桂林、梧州、钦州、贺州、贵港和玉林。从均值情况来看，2013年，云南的城市体系居民生活质量评价得分均值为0.3294，广西的城市体系居民生活质量评价得

分均值为 0.1367，可以认为 2013 年云南省的城市体系居民生活质量水平明显高于广西。

表 3-19　2013 年西南边疆民族地区各城市的城市体系居民生活质量评价得分排序

排名	城市	居民生活质量	排名	城市	居民生活质量
1	迪庆	1.0000	16	崇左	0.2006
2	怒江	0.6953	17	丽江	0.1971
3	玉溪	0.4035	18	北海	0.1932
4	昭通	0.3817	19	柳州	0.1775
5	防城港	0.3473	20	南宁	0.1761
6	文山	0.3321	21	河池	0.1418
7	德宏	0.3052	22	来宾	0.1241
8	大理	0.2960	23	曲靖	0.1226
9	红河	0.2789	24	西双版纳	0.1039
10	普洱	0.2742	25	桂林	0.0886
11	楚雄	0.2519	26	梧州	0.0858
12	昆明	0.2226	27	钦州	0.0834
13	百色	0.2088	28	贺州	0.0565
14	保山	0.2030	29	贵港	0.0293
15	临沧	0.2028	30	玉林	0.0000

表 3-20 反映了 2016 年西南边疆民族地区各城市的城市体系居民生活质量水平得分排序情况。可以看出，2016 年，西南边疆民族地区城市体系居民生活质量水平评价得分排名前 3 位的城市依次是昆明、迪庆和玉溪，而排名最后 3 位的城市分别是崇左、昭通和贵港。西南边疆民族地区 30 个城市的城市体系居民生活质量水平的平均得分为 0.3337，其中，广西城市体系居民生活质量水平的平均得分为 0.2589，云南的城市体系居民生活质量水平的平均得分为 0.3392。城市体系居民生活质量水平评价得分高于平均值的城市有 12 个，其中 8 个城市来自云南，仅有 4 个城市来自广西。总体来看，2016 年云南的城市体系居民生活质量水平相对更高。

表 3-20　2016 年西南边疆民族地区各城市的城市体系居民生活质量评价得分排序

排名	城市	居民生活质量	排名	城市	居民生活质量
1	昆明	1.0000	16	德宏	0.2632
2	迪庆	0.9474	17	北海	0.2471
3	玉溪	0.6618	18	梧州	0.1856
4	南宁	0.6600	19	曲靖	0.1804
5	丽江	0.6120	20	河池	0.1731
6	柳州	0.6082	21	保山	0.1635
7	防城港	0.6061	22	临沧	0.1610
8	楚雄	0.4909	23	钦州	0.1373
9	红河	0.4671	24	文山	0.1254
10	桂林	0.4013	25	来宾	0.0936
11	大理	0.3622	26	玉林	0.0788
12	西双版纳	0.3350	27	贺州	0.0659
13	百色	0.3310	28	崇左	0.0359
14	普洱	0.3208	29	昭通	0.0127
15	怒江	0.2839	30	贵港	0.0000

由表 3-11、表 3-19 和表 3-20 可知，西南边疆民族地区的 30 个城市在 2010 年的城市体系居民生活质量水平评价得分的平均得分为 0.5633，2013 年下降为 0.2395，2016 年又上升到 0.3337。可见，西南边疆民族地区的城市体系居民生活质量水平整体呈现出波动下降的发展态势。

五、研究发现与讨论

（一）研究发现

本章通过构建西南边疆民族地区城市体系综合发展水平评价指标体系，采用因子分析法，对西南边疆民族地区内广西壮族自治区和云南省的30个地级市（自治州）的城市体系综合发展水平进行了综合评价，并进一步探讨西南边疆民族地区丝绸之路经济带建设中城市体系综合发展水平、经济发展水平以及居民生活质量水平的时空变化特征。得到如下研究发现：

第一，西南边疆民族地区在2010年的城市体系综合发展水平呈现出以省会城市为中心向四周递减的空间格局。其中，昆明的城市体系综合发展水平评价得分最高，其次是柳州，南宁排名第3。整体来看，云南的城市体系经济发展水平要明显落后于广西，但二者间的城市体系居民生活质量水平的差距并不明显。尽管昆明、南宁和柳州等城市的经济发展水平要远高于其他城市，但这些城市的城市居民生活质量水平评价得分都较低，说明其在城市体系建设过程中更注重经济发展，而在民生方面的投入明显不足。

第二，通过分析西南边疆民族地区各城市在2010年、2013年和2016年3个代表性年份的城市体系综合发展水平变化情况得出，昆明的城市体系综合发展水平始终位居首位，南宁保持在第2位。从考察期内各城市的城市体系综合发展水平排名变化情况来看，云南的丽江、迪庆、文山和西双版纳4个城市的排名上升较快，而广西的崇左、来宾、河池和贺州4个城市的排名降幅较大。表明云南在丝绸之路经济带建设中的城市体系综合发展水平整体上提升更快。

第三，西南边疆民族地区的城市体系综合发展水平总体在不断提高，但相比居民生活质量水平，经济发展水平的贡献更大。昆明的城市体系居民生活质量水平评价得分与其他城市之间的差异较小。不同地区间城市体系综合发展水平的差异较大，省会城市及其临近的工业城市的城市体系综合发展水平评价得分要明显高于其他城市。考察期内，广西在除2014年以外其余年份的城市体系综合发展水平均明显高于云南，但两个省份之间的差距在逐渐缩小。这说明云南的城市体系综合发展水平整体提升速度更快。具体来看，广西的城市体系经济发展水平增速更明显，而云南的城市体系居民生活质量水平相对更高。

（二）讨论

城市体系综合发展水平的研究涉及经济发展规模与结构、民生福利、资源环境等多方面因素。本研究从经济发展水平和居民生活质量两个层面，选取17个三级指标构建评价指标体系，对西南边疆民族地区城市体系综合发展水平进行实证分析。西南边疆民族地区的大多数城市在2010年的经济发展水平是其城市体系综合发展水平的短板。主因子F_1得分高的城市，由于经济基础较好，生产要素积累程度高，城市体系综合发展水平稳步增长。而主因子 F_1 得分低的城市，其经济基础较弱，城市体系综合发展水平增长速度较慢，这使得地区间的差距逐渐拉大。西南边疆民族地区是少数民族聚集区，大多数城市的经济基础薄弱，基础设施落后，产业发展滞后。因此，西南边疆民族地区的城市体系建设仍然需要以经济建设为中心，当这些城市的经济发展到一定程度后，其能够拥有更多的资金用于文化、教育、医疗等基本公共服务建设，从而在整体上提高区域城市体系综合发展水平。对于城市体系经济发展水平较高的昆明、南宁、柳州等城市来说，制约这些城市的城市体系综合水平进一步提高的主要因素在于居民生活质量水平。这些城市提高城市体系综合发展水平的关键是要加大基本公共服务领域的财政支出，切实提高基本公共服务水平，并不断改善资源环境质量，以此增强地区居民幸福感和获得感。

从考察期内西南边疆民族地区各城市的城市体系综合发展水平变化情况来看，云南迪庆的城市体系综合发展水平提高较快，其在 2016 年的城市体系综合发展水平评价得分仅次于昆明、南宁和柳州，排名第 4。原因在于该城市的城市体系居民生活质量水平评价得分较高，其在 2016 年的城市体系居民生活质量水平评价得分为 0.9474，排名第 2，仅次于省会城市昆明。而广西崇左在 2016 年的城市体系综合发展水平评价得分最低，城市体系经济发展水平评价得分为 0.3204，居民生活质量水平评价得分仅为 0.0359，说明该城市较低的城市体系经济发展水平和居民生活质量水平是其城市体系综合发展水平提高的制约因素。作为边境口岸城市，崇左应充分借助丝绸之路经济带建设的契机，大力发展贸易及旅游业，加快促进地区经济社会发展。

第四章

西南边疆民族地区丝绸之路经济带建设中城市职能结构实证研究

城市职能反映了城市间的分工特点、城市与区域之间的关系（许学强等，2009）。城市职能的研究为城市性质的确定、城市总体规划的编制、城市发展战略的制定提供了参考依据，并有助于认识和分析城市职能结构特征，进一步明确城市的强势职能、突出职能和一般职能。随着丝绸之路经济带建设进程的不断推进，实证考察西南边疆民族地区各城市的城市职能特征，探寻其城市职能演化的规律，将有助于推动区域新型城镇化发展。本章从城市专业化部门、职能强度、职能规模三个方面，综合运用区位熵法、纳尔逊法、对应分析、因子分析、聚类分析等城市职能分析方法，分析西南边疆民族地区丝绸之路经济带建设中城市职能结构特征，再运用城市职能分类方法对西南边疆民族地区的各城市进行职能分类，以此明确西南边疆民族地区丝绸之路经济带建设中城市职能结构优化路径。

一、研究方法与数据来源

（一）研究方法

1. 区位熵法

城市经济活动可以分成非基本活动和基本活动两部分，其中，服务于本城市需要的活动属于非基本活动，服务于城市以外需要的活动属于基本活动。区位熵法是学界用以划分城市基本活动和非基本活动的常用方法，由马蒂拉（Mattila）和汤普森（Thompson）首先提出，计算公式为：

$$L_i = \frac{\frac{e_i}{e_t}}{\frac{E_i}{E_t}} \quad (i=1, 2, 3, \cdots, n) \tag{4-1}$$

公式（4-1）中，e_i 为城市第 i 部门的职工就业人数，e_t 为城市职工总人数；E_i 代表全国第 i 部门的职工就业人数，E_t 代表全国职工总人数。L_i 代表区位熵，$L_i > 1$，表明该部门具备向区域外提供服务的功能，属于城市的基本职能。若 $L_i < 1$，表明该部门属于城市的非基本职能。

2. 因子分析法

通过摩尔回归分析法（C. L. Moore）计算出城市各部门的基本部分职工比重，以此数据矩阵进行因子分析，通过提取主因子得出城市职能结构特征。

摩尔回归分析法计算城市各部门的基本部分职工比重的步骤如下：首先根据规模的大小将城市划分为若干等级，找出各规模级别城市的中位城市以及各部门的最小职工占比，并对二者进行回归分析。其次以中位城市的人口数为自变量，各规模组中某个部门的最小职工比重为因变量，建立回归方程（4-2），计算出回归方程参数。再利用公式（4-3）计算出城市某部门的最小需求量。最后，通过计算城市各部门的实际职工占比与最小需求量的差值，得出各部门的基本部分职工占比（熊理然，2009）。相关计算公式如下：

$$E_{ij} = a_i + b_i \lg P_j \qquad (4-2)$$

公式（4-2）中，E_{ij} 为规模城市 j 的部门 i 实际测算的最小职工占比，P_j 表示规模级城市 j 的人口中位数，a_i 和 b_i 均为参数。

$$E_i = a_i + b_i \lg P \qquad (4-3)$$

公式（4-3）中，E_i 表示规模城市 P 部门 i 的最小需求量，a_i 和 b_i 均为参数。

3. 职能专业化部门分类法

本研究借鉴许锋和周一星（2008）的研究成果，以全国某部门就业比重的平均值作为衡量尺度，若某城市某部门的就业人员比重高于全国平均值，则表示该城市具有该项职能的专业化部门；若低于全国平均值，则该城市不具有该职能的专业化部门。

4. 城市职能规模分析法

根据国务院 2014 年下发的《关于调整城市规模划分标准的通知》，城市规模统计的指标调整为城区常住人口，据此本研究以城区常住人口表征城市职能规模，具体类型及划分标准见表 4-1。

表 4-1　　　　　　　　城市规模类型及划分标准

城区常住人口（人）	城市规模
20 万以下	Ⅱ型小城市
20 万~50 万	Ⅰ型小城市
50 万~100 万	中等城市
100 万~300 万	Ⅱ型大城市
300 万~500 万	Ⅰ型大城市
500 万~1000 万	特大城市
1000 万以上	超大城市

5. 纳尔逊分类法

纳尔逊的城市职能分类法是极具代表性的职能强度测度方法。该方法是通过计算所有城市每个职能部门职工就业比重的平均值和标准差，以此衡量城市职能强度。计算公式如下：

$$N_{ij} = \frac{(X_{ij} - \overline{X_j})}{S_d} \tag{4-4}$$

公式（4-4）中，X_{ij}表示第 i 个城市第 j 个职能部门的就业人员所占比重；$\overline{X_j}$表示全国第 j 个职能部门的就业平均比重；S_d表示全国第 j 个职能部门的标准差。N_{ij}表示第 i 个城市第 j 个职能部门的职能强度指数，该数值越大，表示城市职能强度越强。若$N_{ij} < 0$，表示该城市不具备该项职能；若$0 \leq N_{ij} < 0.5$，表示该职能部门是该城市的一般职能；若$0.5 \leq N_{ij} < 1$，表示该职能部门是该城市的显著职能；若$1 \leq N_{ij} < 2$，表示该职能部门是该城市的突出职能；若$N_{ij} > 2$，表示该职能部门为城市的强势职能。

6. 对应分析法

对应分析法是用于寻求列联表的行和列之间联系的一种低维图形表示法，可以直观地揭示出同一分类变量或不同分类变量中各个类别之间的差异。通过对应分析法能够得到西南边疆民族地区丝绸之路经济带建设中城市职能分工的特点及其互补性。运用对应分析法可以在一张二维图上同时画出属性变量不同取值的情况，并以直观、简洁的形式描述城市与职能间相同属性和不同属性之间的关系。基于广西壮族自治区和云南省的 30 个地级市（自治州）的相关数据，运用 SPSS20.0 统计分析软件，以各城市中职能部门的从业人员比重为变量进行对应分析。在点聚图中，离原点较远的职能表示该城市的专业化职能，离得越远，表明专业化优势越明显。离原点越近的职能表示该城市的一般化职能。职能点和城市点距离越接近，表示二者间的联系越密切。通过观测不同时间点聚图的变动情况，可以探寻城市职能特征的变动趋势，若城市点由原点向外扩散，表明城市职能由综合化向专业化方向发展；若城市点集聚于原点，则表明城市职能由专业化向综合化方向发展。

7. 城市专业化部门相似度

借鉴曾春水等（2018）的研究结果，本研究运用产业结构相似度系数来衡量城市间产业结构同构化的程度，计算公式如下：

$$S = \frac{\sum_{k=1}^{n} X_{ik} X_{jk}}{\sqrt{\sum_{k=1}^{n} X_{ik}^2 \sum_{k=1}^{n} X_{jk}^2}} \quad (4-5)$$

公式（4-5）中，S 表示城市专业化部门相似系数；X_{ik} 为 i 城市 k 产业的从业人口比重；X_{jk} 为 j 城市 k 产业的从业人口比重。S 数值越大，表明两个城市间专业化部门的相似性越高。

（二）数据来源

本研究选取西南边疆民族地区内广西壮族自治区的 14 个地级市和云南省的 16 个地级市（自治州）作为研究样本，研究区间设定为 2010~2016 年。研究所需要的数据包括两类：一是城市人口规模数据。根据城市职能规模分析方法，将城区常住人口作为城市人口规模的衡量指标。因此，本研究使用的是 2011~2017 年的《中国城市建设统计年鉴》中的城区人口数据。为确保广西壮族自治区和云南省所涵盖的各城市范围与《广西统计年鉴》《云南统计年鉴》相一致，对相应年份的《中国城市建设统计年鉴》中广西壮族自治区和云南省的部分城市的城区人口进行了合并处理。二是各城市和全国职能活动部门从业人口数据。对于广西壮族自治区和云南省各职能活动部门从业人口数据，采用的是 2011~2017 年的《广西统计年鉴》和《云南统计年鉴》中的城镇单位分市分行业从业人员数据。全国从业人口数据则采用 2011~2017 年的《中国统计年鉴》按行业分城镇单位就业人员数据。

借鉴熊理然（2009）、王振波等（2015）、钟业喜和冯兴华（2018）的研究成果，本研究将原始数据中 19 个行业进行归并和剔除。基于城市在经济上具有的非农属性，先将"农林牧渔业"剔除，然后对剩余的行业进行归并，形成 10 类职能部门。具体如下：金融业、房地产业、建筑业、矿业、公共管理和社会组织，分别代表城市的金融业、房地产业、建筑业、矿业和公共管理职能；合并制造业、电力、煤气及水的生产和供应，代表工业职能；合并交通运输仓储和邮政业、信息传输计算机服务和软件业，代表交通通信职能；合并批发和零售业、住宿和餐饮业、租赁和商务服务业，代表商业职能；合并科学研究技术服务和地质勘查业、水利环境和公共设施管理，代表科研管理职能；合并教育、居民服务和其他服务业、卫生社会保障和社会福利业、文化体育和娱乐业，代表社会服务职能。

二、西南边疆民族地区丝绸之路经济带建设中城市职能结构实证分析

(一) 城市职能结构特征分析

区位熵法是研究城市基本活动和非基本活动类型的常用方法,但采用不同区域为基准所得到的城市职能部门类型存在差异。一是以全国作为基准区域,从全国角度考察西南边疆民族地区丝绸之路经济带建设中整体城市职能分类;二是以西南边疆民族地区为基准区域,从区域的角度考察西南边疆民族地区丝绸之路经济带建设中各城市的职能分类。

本研究以全国为基准区域,运用区位熵法计算得到西南边疆民族地区丝绸之路经济带建设中各城市职能部门区位熵,如表4-2所示。可以看出,在2010年和2016年两个年份中,西南边疆民族地区的科研管理、社会服务和公共管理3项城市职能的区位熵值均大于1,属于具有一定的比较优势的基本职能;矿业、工业、交通通信、金融业、房地产业5项城市职能的区位熵值均小于1,属于处于相对弱势地位的非基本职能。丝绸之路经济带建设过程中,西南边疆民族地区未能实现城市基本职能与非基本职能协调发展。其中,基本职能区位熵表现为上升趋势,而非基本职能中除矿业和房地产业职能之外其他职能都呈现下降趋势。考察期内,西南边疆民族地区城市的商业职能由2010年的1.07下降至2016年的0.96,表明商业由基本职能转变为非基本职能,该项职能的比较优势有所弱化;建筑业职能由2010年的0.97上升到2016年的1.10,表明建筑业由非基本职能转变为基本职能,该项职能的比较优势在逐步增强。

表4-2 西南边疆民族地区丝绸之路经济带建设中各城市职能部门区位熵

年份	基本职能				非基本职能					
	建筑业	科研管理	社会服务	公共管理	矿业	工业	交通通信业	金融业	商业	房地产业
2010	0.97	1.07	1.38	1.27	0.74	0.74	0.87	0.85	1.07	0.84
2016	1.10	1.12	1.47	1.38	0.75	0.68	0.73	0.82	0.96	0.98
差值	0.13	0.05	0.09	0.11	0.01	-0.06	-0.14	-0.03	-0.11	0.14

从 2010 年和 2016 年各城市职能的差值来看，在基本职能中，建筑业职能的区位熵增幅最大，增加了 0.13。非基本职能中，房地产业职能的区位熵增速最快，增加了 0.14；交通通信职能的区位熵降幅最明显，下降了 0.14；商业职能的区位熵降低了 0.11；工业职能和金融业职能的区位熵分别下降了 0.06 和 0.03。可见，西南边疆民族地区丝绸之路经济带建设中城市基本职能总体发展态势良好，城市职能专业化程度高于全国水平，城市基本职能的比较优势在逐步增强。值得关注的是，西南边疆民族地区城市非基本职能中的工业、交通通信、金融业、商业等现代产业职能部门发展缓慢，这些城市职能的比较弱势已经显现。

本研究再以西南边疆民族地区为基准区域，运用区位熵法，计算得到西南边疆民族地区丝绸之路经济带建设中各城市职能部门区位熵，如表 4－3 所示。从各城市的职能结构来看，在 2010 年和 2016 年两个年份中，作为大城市的南宁和昆明的基本职能部门均包括了交通通信业、商业、房地产业、科研管理 4 项城市职能，非基本职能部门均涵盖了矿业、社会服务和公共管理 3 项城市职能。南宁的工业职能由基本职能转为非基本职能，建筑业由非基本职能转换为基本职能。从区位熵变化情况来看，考察期内南宁的商业、房地产业、科研管理 3 项城市职能都呈递减态势，降幅最明显的是商业和房地产业。但该城市的建筑业、交通通信业和金融业的区位熵值都得到提升，其中增速最快的是建筑业。昆明的商业、建筑业、工业、金融业、房地产业、公共管理等职能的区位熵值均在下降，降幅最大的是建筑业。该城市的矿业、科研管理、社会服务等职能的区位熵值均在上升，增速最快的是交通通信业。柳州除建筑业职能区位熵呈递增态势外，其余城市职能均呈递减态势。

表 4－3　西南边疆民族地区丝绸之路经济带建设中各城市职能部门区位熵

城市规模	城市	年份	矿业	工业	建筑业	交通通信业	金融业	商业	房地产业	科研管理	社会服务	公共管理
大城市	南宁	2010	0.07	1.04	0.80	1.14	1.29	1.60	1.81	1.45	0.92	0.73
		2016	0.01	0.92	1.39	1.25	1.65	1.08	1.28	1.31	0.82	0.63
	昆明	2010	0.44	0.94	1.85	1.73	0.94	1.65	1.58	1.09	0.60	0.63
		2016	0.55	0.80	1.46	1.99	0.85	1.62	1.40	1.15	0.66	0.51
	柳州	2010	0.20	1.62	0.64	1.00	1.03	1.28	1.04	1.13	0.75	0.65
		2016	0.03	1.39	1.60	0.68	0.57	0.91	0.96	1.09	0.69	0.58

续表

城市规模	城市	年份	矿业	工业	建筑业	交通通信业	金融业	商业	房地产业	科研管理	社会服务	公共管理
中等城市	曲靖	2010	5.23	1.17	0.91	0.35	0.66	0.41	0.20	0.52	0.97	0.80
		2016	6.77	1.08	1.09	0.47	0.48	0.96	0.69	0.46	0.82	0.73
	玉林	2010	0.01	0.88	1.39	0.91	1.08	0.73	0.70	0.88	1.36	0.75
		2016	0.00	1.26	0.90	0.75	0.86	0.58	0.56	0.85	1.32	0.84
	桂林	2010	0.28	1.02	0.50	0.85	1.18	1.11	1.03	1.43	1.14	1.03
		2016	0.54	1.16	0.86	0.68	1.38	1.07	0.96	1.09	1.00	0.97
	红河	2010	1.64	1.38	0.79	0.65	0.78	0.53	0.45	0.86	0.91	1.12
		2016	1.69	1.32	0.82	0.65	0.64	0.61	0.71	0.91	1.01	1.18
	贵港	2010	0.07	0.83	0.45	0.97	0.94	0.48	0.20	1.02	1.64	1.11
		2016	0.02	1.03	0.28	0.94	1.51	0.50	0.39	0.57	1.67	1.33
	梧州	2010	0.30	1.12	0.72	0.88	1.22	0.48	1.65	0.87	1.26	0.99
		2016	0.27	1.80	0.22	0.74	1.20	0.42	0.67	0.77	1.25	1.03
Ⅰ型小城市	昭通	2010	2.22	0.52	0.58	0.68	0.89	0.41	0.58	0.64	1.33	1.85
		2016	2.72	0.42	0.46	0.51	0.54	0.65	0.67	0.88	1.67	1.74
	大理	2010	0.64	0.86	1.78	0.85	0.95	1.29	1.53	0.69	0.86	0.97
		2016	0.32	0.90	0.80	0.82	1.10	1.43	1.44	0.83	1.03	1.21
	百色	2010	1.49	0.96	0.21	1.08	0.73	0.60	0.39	0.94	1.24	1.41
		2016	2.39	0.82	0.33	0.99	0.76	0.76	0.44	0.95	1.27	1.79
	河池	2010	1.91	0.80	0.65	0.91	0.90	0.62	0.23	0.91	1.29	1.22
		2016	1.44	0.74	0.34	1.12	1.10	0.56	0.46	0.79	1.48	1.72
	钦州	2010	0.39	0.63	1.35	0.98	0.83	0.63	0.48	0.78	1.49	0.99
		2016	0.20	0.91	1.52	0.67	0.67	0.48	0.61	0.62	1.23	0.94
	玉溪	2010	1.96	1.37	0.60	0.38	1.21	1.38	0.21	0.46	0.81	1.00
		2016	1.35	1.44	0.88	0.45	0.90	1.50	1.28	0.58	0.75	0.84
	楚雄	2010	1.94	0.76	1.39	0.82	1.03	0.66	0.22	0.77	0.95	1.43
		2016	1.16	0.77	0.63	0.75	1.09	0.92	0.94	1.14	1.24	1.46

续表

城市规模	城市	年份	矿业	工业	建筑业	交通通信业	金融业	商业	房地产业	科研管理	社会服务	公共管理
Ⅰ型小城市	贺州	2010	0.32	0.83	0.46	0.81	1.00	0.52	0.60	0.83	1.43	1.47
		2016	0.35	0.75	0.09	0.70	2.16	0.53	0.34	0.93	1.58	1.93
	北海	2010	0.58	1.34	0.62	0.98	1.32	0.66	1.42	1.18	1.02	0.82
		2016	0.26	1.45	0.58	0.89	1.64	0.69	0.90	1.19	1.02	0.99
	防城港	2010	0.35	0.71	1.48	2.84	0.60	0.49	2.45	0.89	0.82	1.20
		2016	0.06	0.47	1.48	1.87	0.68	0.56	1.03	1.05	0.94	1.47
	来宾	2010	1.55	1.12	0.30	0.57	0.90	0.53	0.46	1.32	1.28	1.09
		2016	0.49	0.98	0.55	0.69	1.37	0.56	0.69	0.83	1.31	1.59
	崇左	2010	1.06	1.24	0.34	0.87	1.08	0.57	0.54	1.17	1.06	1.23
		2016	1.70	0.92	0.20	0.70	1.21	0.81	0.60	1.14	1.32	1.71
	保山	2010	0.89	0.79	2.40	0.51	0.85	0.63	1.48	0.75	0.95	0.98
		2016	0.63	0.98	1.46	0.48	0.61	0.82	1.34	0.76	0.96	0.98
Ⅱ型小城市	文山	2010	1.63	0.66	0.52	0.82	0.94	0.66	1.44	0.75	1.42	1.30
		2016	1.31	0.70	0.42	0.79	1.15	0.78	1.17	0.83	1.57	1.36
	普洱	2010	0.56	1.14	0.72	0.80	0.85	0.53	0.51	1.04	1.06	1.38
		2016	0.77	1.15	0.99	0.62	0.70	0.64	0.41	1.35	0.99	1.29
	临沧	2010	0.59	0.79	0.31	0.94	0.90	0.43	0.41	0.51	1.37	1.83
		2016	0.61	1.07	0.67	0.69	0.63	0.65	1.61	0.48	1.19	1.56
	西双版纳	2010	0.84	0.60	0.81	0.90	1.37	1.36	0.74	1.58	1.07	1.26
		2016	0.40	0.86	0.27	0.73	0.65	1.35	2.11	2.20	1.04	1.53
	德宏	2010	0.38	0.77	1.20	0.58	1.41	0.96	1.42	0.83	0.86	1.75
		2016	0.34	0.78	0.64	0.69	1.79	1.23	0.92	0.78	0.99	1.80
	丽江	2010	3.07	0.53	0.80	0.70	0.99	1.37	0.35	1.12	0.97	1.40
		2016	0.83	0.41	0.48	0.88	0.97	1.51	1.39	2.29	1.12	1.61
	怒江	2010	0.02	0.87	0.24	0.77	0.83	0.30	0.30	0.62	1.23	2.28
		2016	0.07	1.07	0.40	0.90	0.78	0.43	0.33	0.70	1.13	2.29
	迪庆	2010	1.77	0.40	0.74	0.53	1.06	1.26	0.00	2.37	0.94	1.76
		2016	1.41	0.43	0.40	1.08	1.00	1.03	0.43	1.97	1.15	2.07

西南边疆民族地区的所有中等城市都以工业为基本职能部门，且占比83%的中等城市的基本职能部门还包含了社会服务业，表明中等城市的工业和社会服务职能具有明显的比较优势。但该区域缺少以交通通信业为基本职能部门的城市，反映出西南边疆民族地区内中等城市的交通通信业的发展较为滞后，这些城市的交通通信业的专业化程度明显低于区域平均水平。曲靖的矿业的区位熵最大，其数值在2016年高达6.77，说明该项职能在区域内优势最为突出。从2010年和2016年各城市职能的差值来看，梧州的科研管理职能的区位熵下降最快，由2010年的1.65降至2016年的0.67；曲靖的矿业职能的区位熵上升最快，由2010年的5.23上升到2016年的6.77。

西南边疆民族地区以社会服务业、公共管理业为基本职能部门的Ⅰ型小城市所占比例分别为77%和69%。仅有河池、防城港这两个城市的基本职能部门包含交通通信业，仅有大理和玉溪两个城市的基本职能部门包含商业，仅有玉溪和北海两个城市的基本职能部门包含工业，这表明交通通信业、商业、工业等职能在Ⅰ型小城市中发展明显滞后。从2010年和2016年各城市职能的差值来看，防城港的房地产业职能区位熵下降最快，由2.45降到1.03；贺州的金融业区位熵上升最快，由1上升到2.16。

西南边疆民族地区内所有Ⅱ型小城市都以公共管理业为基本职能部门，且以社会服务职能为基本职能的城市占比达到75%，表明城市公共管理和社会服务职能的发展优势较明显。同时，所有Ⅱ型小城市都以建筑业为非基本职能部门。除迪庆外，其他Ⅱ型小城市都以交通通信业为非基本职能部门，说明Ⅱ型小城市中建筑业和交通通信业发展滞后。丽江的矿业的区位熵由2010年的3.07降至2016年的0.83，表明矿业是该城市降幅最明显的职能部门。而区位熵上升最快的是西双版纳的房地产业职能，从2010年的0.74提高到2016年的2.11。

本研究基于城区人口数据，进一步将西南边疆民族地区的城市分成4个规模组，分别得到2010年和2016年西南边疆民族地区不同规模组城市的最小需求量，结果如表4-4和表4-5所示。由于2011年的《中国城市建设统计年鉴》中缺少怒江和迪庆的城区人口数据，为了保持研究数据口径的统一性，将这两个自治州的数据剔除，研究样本设定为西南边疆民族地区内广西壮族自治区的14个地级市和云南省其余14个地级市（自治州）。

表4-4　　2010年西南边疆民族地区不同规模组城市的最小需求量

城市规模/ 城市数 （人/个）	中位 城市 规模 （万人）	矿业 （%）	工业 （%）	建筑业 （%）	交通 通信业 （%）	金融业 （%）	商业 （%）	房地产业 （%）	科研管理 （%）	社会服务 （%）	公共管理 （%）
100万~500万/2	206.42	0.23	21.80	7.70	6.34	2.95	14.26	2.22	4.73	15.76	8.94
50万~100万/6	69.94	0.04	19.13	4.40	1.94	2.09	3.67	0.28	2.26	19.80	9.23
20万~50万/11	23.96	1.13	12.02	2.91	2.13	1.90	3.63	0.30	2.00	21.34	11.71
20万以下/9	16.38	1.04	12.23	2.07	2.85	2.29	3.87	0.49	2.21	22.49	13.95

表4-5　　2016年西南边疆民族地区不同规模组城市的最小需求量

城市规模/ 城市数 （人/个）	中位 城市 规模 （万人）	矿业 （%）	工业 （%）	建筑业 （%）	交通 通信业 （%）	金融业 （%）	商业 （%）	房地产业 （%）	科研管理 （%）	社会服务 （%）	公共管理 （%）
100万~500万/2	224.70	0.02	16.28	23.67	3.39	1.77	8.09	2.31	4.76	15.53	6.71
50万~100万/6	73.59	0.00	20.92	3.77	2.34	1.49	3.77	0.94	2.01	19.46	9.61
20万~50万/11	32.92	0.12	8.63	1.56	2.26	1.67	4.25	0.81	2.55	17.79	11.02
20万以下/9	14.19	0.70	8.44	4.69	3.10	1.95	5.71	0.98	2.10	23.28	16.96

第一，确定各职能部门基本部分职工比重。从城市规模分组结构可以看出，西南边疆民族地区城市规模是一个连续的规模结构，可采用摩尔回归分析法测算出各职能部门的最小需求量。首先，以表4-4和表4-5中各规模组中位城市的城区人口规模数为自变量，各职能部门中最小职工比重为因变量，采用回归分析中的曲线估计方法比较R^2值，分别得到2010年和2016年西南边疆民族地区各城市职能部门的最优拟合回归方程（见表4-6和表4-7）。接着，将回归参数及各城市的人口规模数带入拟合模型，计算得到各职能部门的最小需求量。再用各职能部门实际职工比重减去最小需求量，得出相应的基本部分职工比重，进而获得由28个地级市（自治州）样本和10个职能部门基本部分职工比重构成的"28×10"数据矩阵，如表4-8和表4-9所示。

表 4-6　2010 年西南边疆民族地区各城市职能部门的最优拟合回归方程

部门	拟合函数	R^2	回归参数			
			b_0	b_1	b_2	b_3
矿业	三次曲线	0.858	0.052	-0.037	0	0.003
工业	三次曲线	0.956	-0.069	0.160	0	-0.007
建筑业	三次曲线	0.994	0.014	0	-0.001	0.006
交通通信业	三次曲线	1	0.091	0	-0.083	0.034
金融业	二次曲线	0.967	0.073	-0.067	0.021	0
商业	三次曲线	0.994	0.156	0	-0.159	0.067
房地产业	三次曲线	0.999	0.029	0	-0.033	0.014
科研管理	三次曲线	1	0.047	0	-0.035	0.015
社会服务	三次曲线	0.989	0.230	0	0.004	-0.008
公共管理	二次曲线	0.990	0.376	-0.276	0.066	0

表 4-7　2016 年西南边疆民族地区各城市职能部门的最优拟合回归方程

部门	拟合函数	R^2	回归参数			
			b_0	b_1	b_2	b_3
矿业	线性	0.653	0.011	-0.005	0	0
工业	三次曲线	0.640	-0.243	0.299	0	-0.022
建筑业	三次曲线	0.999	0.228	0	-0.267	0.114
交通通信业	二次曲线	0.994	0.105	-0.097	0.028	0
金融业	三次曲线	0.977	0.038	-0.018	0	0.002
商业	三次曲线	0.992	0.120	0	-0.085	0.033
房地产业	三次曲线	0.998	0.022	0	-0.018	0.008
科研管理	三次曲线	0.899	0.041	0	-0.027	0.012
社会服务	二次曲线	0.763	0.362	-0.149	0.027	0
公共管理	二次曲线	0.973	0.418	-0.285	0.058	0

表 4-8 2010年西南边疆民族地区各城市职能部门基本部分职工比重   单位：%

城市	矿业	工业	建筑业	交通通信业	金融业	商业	房地产业	科研管理	社会服务	公共管理
南宁	-0.04	3.03	0.22	0.95	1.30	3.71	0.60	2.43	7.89	1.59
柳州	0.45	17.99	0.48	2.55	0.95	5.98	0.58	2.22	1.54	0.42
桂林	0.68	5.06	-0.22	2.37	1.60	5.96	0.91	3.91	10.88	5.68
梧州	0.61	8.71	2.79	3.04	1.86	1.58	2.06	1.77	12.93	4.51
北海	1.25	16.12	2.74	3.57	2.19	3.53	1.81	3.21	5.62	0.78
防城港	0.13	3.86	11.67	13.37	-0.21	1.12	3.08	1.79	-0.27	4.43
钦州	0.28	1.99	10.40	3.02	0.49	2.36	0.31	1.34	17.29	1.49
贵港	-0.09	1.76	0.08	3.52	0.94	1.49	-0.02	2.40	23.15	6.26
玉林	-0.24	2.47	8.82	3.00	1.36	3.26	0.59	1.69	16.14	1.43
百色	3.79	10.18	-0.41	3.34	0.12	1.71	0.11	1.93	10.54	6.91
贺州	-0.20	7.89	2.11	1.55	0.88	0.48	0.30	1.39	15.50	7.15
河池	5.66	3.31	2.94	3.21	0.89	3.21	0.13	2.08	12.82	6.61
来宾	4.20	12.46	0.11	0.97	0.77	1.79	0.36	3.73	12.00	3.39
崇左	2.38	16.60	0.82	2.24	1.26	1.53	0.34	2.98	5.82	4.45
昆明	0.97	0.00	8.80	1.46	-0.34	-1.64	-0.96	-0.48	1.43	-0.40
曲靖	16.93	8.18	3.52	-0.64	-0.09	-0.78	-0.37	-0.17	6.61	2.39
玉溪	5.39	19.29	3.22	-0.39	1.68	8.90	-0.09	-0.08	-0.56	1.34
保山	1.60	7.48	20.96	-0.25	0.36	1.18	1.48	0.97	2.86	-0.21
昭通	6.38	-1.31	2.85	1.57	0.74	0.70	0.52	0.78	13.35	14.19
丽江	8.45	2.87	5.74	0.13	0.59	6.64	-0.35	2.30	2.96	4.27
普洱	0.70	14.55	4.48	1.74	0.50	1.02	0.25	2.37	5.95	6.40
临沧	0.50	8.08	0.89	1.81	0.44	-1.09	-0.13	-0.18	13.60	11.26
楚雄	5.36	4.94	10.84	2.13	1.13	2.64	-0.05	1.32	3.02	7.79
红河	4.90	15.69	3.88	1.86	0.49	2.34	0.44	1.83	3.37	5.88
文山	4.42	2.15	2.28	2.27	0.89	2.89	1.71	1.27	15.47	6.19
西双版纳	0.81	6.25	6.02	0.48	1.48	5.14	-0.09	4.02	5.51	0.51
大理	1.39	5.37	14.06	2.80	1.01	9.05	1.94	1.10	1.36	2.55
德宏	0.08	6.14	9.20	0.47	2.25	4.78	1.52	1.46	0.44	11.51

表 4-9　2016 年西南边疆民族地区各城市职能部门基本部分职工比重　　单位：%

城市	矿业	工业职能	建筑业	交通通信职能	金融业	商业职能	房地产	科研管理职能	社会服务职能	公共管理
南宁	-0.05	1.37	0.27	3.12	2.91	1.73	0.42	0.96	3.33	1.45
柳州	-0.01	10.31	18.20	0.99	-0.07	3.31	0.76	1.63	-0.66	-0.13
桂林	1.00	6.05	9.16	1.22	2.49	5.41	1.04	2.09	6.11	4.38
梧州	0.37	19.79	0.78	1.58	1.98	0.04	0.56	0.97	11.41	4.28
北海	0.23	15.37	8.79	2.30	3.31	2.32	1.30	3.11	4.58	1.64
防城港	-0.29	-1.51	23.34	6.94	0.25	0.50	1.59	2.45	1.30	5.75
钦州	0.08	5.08	24.88	1.12	0.62	0.62	0.62	0.63	9.14	0.39
贵港	-0.16	4.32	2.22	2.62	2.94	0.80	-0.08	0.14	21.27	8.07
玉林	-0.16	8.34	11.18	1.62	0.90	1.29	0.20	1.17	13.54	2.35
百色	4.67	2.89	4.56	2.78	0.58	2.90	0.20	2.06	10.31	11.85
贺州	0.30	4.61	-0.60	1.03	4.78	0.09	-0.08	1.93	16.40	11.41
河池	2.68	1.22	4.72	3.41	1.65	1.16	0.25	1.36	15.40	10.97
来宾	0.71	6.00	8.27	1.28	2.47	1.15	0.79	1.53	11.26	9.35
崇左	3.15	7.47	1.47	1.06	1.90	2.71	0.57	2.88	10.29	8.99
昆明	0.95	1.76	-15.66	5.71	-0.06	1.54	-0.86	-2.11	-0.16	-0.23
曲靖	14.04	4.28	12.25	0.08	-0.29	4.34	0.33	-0.79	2.14	1.45
玉溪	2.48	15.59	13.93	0.06	1.01	9.48	2.22	0.47	-1.86	-0.62
保山	1.06	4.39	23.44	0.31	0.15	3.67	2.31	1.12	3.97	2.66
昭通	5.28	-3.14	6.15	0.20	-0.15	1.48	0.75	1.75	19.01	9.76
丽江	1.15	4.56	1.09	0.90	0.81	6.79	2.15	7.44	2.58	2.31
普洱	1.15	13.96	13.94	0.44	0.25	0.74	0.06	3.71	1.82	2.20
临沧	0.80	13.01	8.06	0.72	0.01	0.62	2.92	-0.12	6.23	5.19
楚雄	2.01	4.32	8.99	1.35	1.53	3.79	1.38	2.89	8.64	5.71
红河	3.35	9.78	10.30	1.15	0.23	1.59	0.58	1.52	5.97	6.57
文山	2.27	5.34	3.91	1.24	1.61	1.84	1.86	1.41	15.35	2.78
西双版纳	0.24	14.01	-2.68	0.10	-0.18	5.27	3.87	7.01	0.51	1.11
大理	0.28	6.23	12.15	1.77	1.59	8.45	2.61	1.52	3.87	2.95
德宏	0.24	6.54	8.01	0.78	3.59	5.94	1.28	1.24	1.72	8.80

第二，运用因子分析法提取城市职能主因子。本研究基于西南边疆民族地区的28个城市10个职能部门基本部分职工比重数据，采用主成分方法进行因子分析。根据基本特征值大于1的原则，共提取到4个城市职能主因子，贡献率之和大于70%，表明4个主因子能够高度概括西南边疆民族地区丝绸之路经济带建设中城市职能特征的信息。经过正交旋转后得到西南边疆民族地区在考察期内的城市职能主成分特征值、方差贡献率和累计方差贡献率（见表4-10），以及西南边疆民族地区城市职能主成分的载荷矩阵（见表4-11和表4-12）。

表4-10　西南边疆民族地区城市职能主成分特征值、方差贡献率和累计方差贡献率

主成分	2010年			2016年		
	特征值	方差贡献率（%）	累计方差贡献率（%）	特征值	方差贡献率（%）	累计方差贡献率（%）
1	2.362	23.619	23.619	2.990	29.897	29.897
2	1.947	19.466	43.085	1.646	16.457	46.354
3	1.845	18.454	61.538	1.374	13.737	60.091
4	1.038	10.376	71.914	1.058	10.583	70.674

表4-11　2010年西南边疆民族地区城市职能主成分的载荷矩阵

指标	主因子1	主因子2	主因子3	主因子4
交通通信业	0.842	-0.365	0.011	0.012
房地产业	0.805	0.186	0.126	-0.171
矿业	-0.667	-0.266	0.130	-0.061
金融业	0.113	0.887	-0.068	0.226
商业	0.015	0.788	0.357	-0.052
社会服务	0.031	-0.078	-0.827	0.255
公共管理	-0.044	-0.054	-0.653	0.020
工业	-0.099	0.093	0.636	0.602
建筑业	0.224	-0.001	0.315	-0.842
科研管理	0.364	0.400	-0.001	0.594

表 4 – 12　　2016 年西南边疆民族地区城市职能主成分的载荷矩阵

指标	主因子 1	主因子 2	主因子 3	主因子 4
交通通信业	0.855	-0.040	0.115	-0.223
房地产业	0.820	-0.317	0.077	0.015
矿业	0.620	-0.028	-0.484	0.160
金融业	-0.371	0.043	0.279	0.116
商业	0.131	0.789	-0.186	0.044
社会服务	-0.277	0.781	-0.031	0.192
公共管理	-0.294	0.709	0.179	0.094
工业	0.018	-0.099	0.897	-0.034
建筑业	-0.271	0.071	-0.280	0.842
科研管理	-0.120	-0.340	-0.434	-0.767

由表 4 – 11 可知，2010 年西南边疆民族地区城市职能的第一主因子以交通通信业和房地产业两个职能部门的载荷相对较高，并以矿业的负向载荷最高，反映了交通通信业和房地产业与矿业互为对极的状态。该因子的贡献率为 23.619%，可看作生产性服务业和矿业职能因子；第二主因子在金融业和商业两个职能部门的载荷相对较高，反映了第三产业中现代服务业的综合能力。该因子的贡献率为 19.466%，可看作是现代服务业职能因子；第三主因子在工业职能部门的载荷相对较高，而社会服务和公共管理两项职能的载荷相对较低，反映了工业与社会服务和公共管理互为对极的状态。该因子的贡献率为 18.454%，可看作是社会服务和工业职能因子；第四主因子在科研管理职能部门的载荷最高，并以建筑业负向载荷最高，反映了科研管理和建筑业互为对极的状态。该因子的贡献率为 10.376%，可看作是建筑业和科研管理职能因子。

由表 4 – 12 可知，2016 年西南边疆民族地区城市职能的第一主因子以交通通信业、房地产业和矿业 3 个职能部门的载荷相对较高，反映了交通通信业、房地产业和矿业的综合能力。该因子的贡献率为 29.897%，可看作是交通通信业、房地产业和矿业职能因子；第二主因子以商业、社会服务和工商管理 3 个职能部门的载荷相对较高，反映了城市发展的综合配套能力。该因子的贡献率为 16.457%，可看作是社会综合服务因子；第三主因子以工业职能部门的载荷最高，该因子的贡献率为 13.737%，可看作是工业职能因子；第四主因子以建筑业职能部门的载荷最高，该因子的贡献率为 10.583%，可看作城市建筑业职能因子。

2010～2016 年，西南边疆民族地区丝绸之路经济带建设中城市行政和金融建筑服务、社会综合服务职能逐渐提升,而城市工业交通职能、矿业职能逐渐减弱,城市的商业职能较为稳定。该区域内社会综合服务职能和以金融为代表的现代服务职能得到不断提升,而工业、矿业等职能逐渐减弱。这些职能特征变化与城市的经济日趋成熟相一致,但行政服务等政策性职能是每个城市都具有的城市职能,产业附加值并不高,因而该项职能的逐步提升对城市职能发展的推动作用有限。

(二) 城市职能结构演变特征分析

周一星和布雷德肖 (1988) 进行城市工业职能分类研究时提出完整的城市工业职能概念,其认为城市工业职能应由城市专业化部门、职能强度和职能规模三类要素组成。其中,城市专业化部门是指城市内具有专业化能力能够为区域外服务的部门;城市职能强度是指城市对外输出产品能力的强弱;城市职能规模是指城市对外服务绝对规模的大小。下面分别从城市职能三要素对西南边疆民族地区丝绸之路经济带建设中城市职能结构的演变特征进行分析。

1. 城市职能专业化部门演变特征分析

借鉴许锋和周一星 (2008) 的研究成果,本研究以全国平均值作为城市职能专业化部门的判别标准,即若某城市某部门从业人员比重高于全国平均水平,则该城市就具有该项职能的专业化部门。表4-13反映了2010年和2016年西南边疆民族地区城市专业化部门的城市数量变动情况。可以看出,西南边疆民族地区在考察期内4个基本职能主导的城市数量除建筑业职能以外整体维持较稳定数量。其中,具有社会服务职能和公共管理职能的城市数量最多,分别占比90%和77%。这说明社会服务和公共管理两项职能的专业化总体水平较高。建筑业职能主导城市增加4个,表明西南边疆民族地区丝绸之路经济带建设中建筑业职能拉动了与其相配套的金融业、工业职能部门的同步发展。

表4-13 2010年、2016年西南边疆民族地区城市专业化部门的城市数量变动情况

单位:个

年份	基本职能				非基本职能					
	建筑业	科研管理	社会服务	公共管理	矿业	工业	交通通信业	金融业	商业	房地产业
2010	8	12	28	24	9	5	2	6	11	9
2016	12	12	27	23	3	6	2	7	9	9

非基本职能中，工业职能、金融职能主导的城市数量在上升，交通通信职能、房地产职能主导的城市数量保持不变，采矿职能、商业职能主导的城市数量在减少，说明西南边疆民族地区受到国家经济结构转型升级的影响，一些原来以矿业部门为主导的城市转而积极探索城市可持续发展路径，从而促进了城市资源型产业与非资源型产业协调发展。由表4-13可知，矿业部门主导的城市数量减少了6个；交通通信部门主导的城市数量虽然维持不变，但具有该项职能的城市比重最小，仅占6%。同时，商业部门主导的城市数量减少2个，表明西南边疆民族地区丝绸之路经济带建设中交通通信业、商业的发展明显滞后于城镇化进程。

表4-14反映了2010~2016年西南边疆民族地区按城市规模分类的专业化部门城市数量变动情况。可以看出，考察期内西南边疆民族地区大城市中社会服务、交通通信业、金融业、商业、房地产业都维持稳定的数量，且在2016年都具有建筑业职能和科研管理职能，表明这些职能的专业化水平较高。但西南边疆民族地区大城市中都缺少公共管理职能和矿业职能，说明这两项职能的专业化水平较低。建筑业职能主导的城市数量由1个增加到3个，科研管理职能主导的城市数量由2个增加到3个，工业职能主导的城市数量由0个增加到1个，表明西南边疆民族地区大城市的建筑业职能、科研管理职能和工业职能的专业化水平均在不断提升。西南边疆民族地区中等城市基本职能中专业化部门数量最多的是社会服务职能，且具有这项职能的专业化部门城市数量所占比重保持在83%左右。专业化部门数量增幅最大的是建筑业职能，由17%增长至67%；专业化部门数量下降幅度最大的是科研管理职能，由50%下降至17%。非基本职能中商业职能和房地产业职能专业化部门数量所占比重均呈递减趋势，且商业职能的下降幅度明显。而交通通信业职能是中等城市中专业化部门数量最少的职能。

表4-14 2010~2016年西南边疆民族地区按城市规模分类的专业化部门城市数量变动情况

单位：个

规模	基本职能				非基本职能					
	建筑业	科研管理	社会服务	公共管理	矿业	工业	交通通信业	金融业	商业	房地产业
大城市（2/3）	1/3	2/3	1/1	0/0	0/0	0/1	1/1	1/1	2/2	2/2
中等城市（6/6）	1/4	3/1	5/6	3/4	1/1	1/3	0/0	1/2	3/1	1/0

续表

规模	基本职能				非基本职能					
	建筑业	科研管理	社会服务	公共管理	矿业	工业	交通通信业	金融业	商业	房地产业
Ⅰ型小城市（11/13）	4/4	2/4	11/12	10/11	6/2	3/2	1/1	2/3	2/2	4/3
Ⅱ型小城市（11/8）	2/1	5/4	11/8	11/8	2/0	1/0	0/0	2/1	4/4	2/4

注：表中数据"/"前后分别为2010年和2016年城市数量。

Ⅰ型小城市基本职能中专业化部门数量最多的是社会服务职能，其次是公共管理职能，表明这两项职能的专业化水平较高。非基本职能中矿业、工业、房地产业3项职能的专业化部门数量所占比重均呈递减趋势，降幅最明显的是矿业。而专业化部门数量增长幅度最大的是金融业，可见Ⅰ型小城市的产业结构转型力度较大，效果较明显。

Ⅱ型小城市基本职能中社会服务职能和公共管理职能是所有城市都具有的专业化部门。交通通信业职能是专业化部门数量最少的职能，表明该项职能专业化水平较低。金融业、工业、矿业、建筑业4项职能的专业化部门数量所占比重都呈递减趋势，降幅最大的是矿业职能。科研管理、商业、房地产业3项职能的专业化部门数量所占比重都呈递增趋势，房地产业职能的增幅最明显。

根据以上分析可得，西南边疆民族地区丝绸之路经济带建设中城市基本职能的建筑业专业化部门数量在大城市和中等城市中呈递增趋势，在Ⅰ型小城市中维持稳定数量，在Ⅱ型小城市中呈递减趋势，表明建筑业职能具有从Ⅱ型小城市向大城市和中等城市集聚的趋势。科研管理职能的专业化部门数量所占比重最高的是大城市，在小城市中呈递增趋势，在中等城市中呈递减趋势。专业化部门数量最多的社会服务职能和公共管理职能都出现在中等城市和小城市中，表明具有这两项职能的专业化部门所占比例随着城市规模级增大出现下降趋势。中小城市城市职能专业化主要体现为社会服务职能和公共管理职能，表明中小城市的城市职能结构还不够完善。

在非基本职能中，矿业和交通通信业职能的专业化部门数量所占比重都呈递减趋势，表明矿业和交通通信业职能在西南边疆民族地区城市职能体系中的地位在下降。而工业职能专业化部门数量所占比重只在大城市和中等城市中呈现递增态势，表明西南边疆民族地区的工业职能在逐渐向中等以上城市强化。商业和房地产职能的专业化部门数量所占比重只在Ⅱ型小城市中呈现递增态势，金融业职能的专业化部门数量所占比重在中等城市和Ⅰ型小城市中呈递增态势，这也进一步说明规模等级较大的城市的现代服务业专业化程度还有较大的提升空间。

2. 城市职能规模演变特征分析

城市职能规模的演变可从横向与纵向两个角度进行考量。横向角度是将西南边疆民族地区各部门从业人员比重与全国均值进行比较,纵向角度是比较西南边疆民族地区在考察期内各部门从业人员比重变化情况。表4-15反映的是2010~2016年西南边疆民族地区与全国各行业就业人口比重对比情况。

表4-15　2010~2016年西南边疆民族地区与全国各行业就业人口比重对比

区域	年份	基本职能				非基本职能					
		建筑业	科研管理	社会服务	公共管理	矿业	工业	交通通信业	金融业	商业	房地产业
西南边疆民族地区	2010	8.24	4.25	28.90	17.28	3.54	21.36	4.98	3.13	7.19	1.14
	2016	12.64	4.44	26.92	17.35	2.00	19.54	4.21	3.15	7.62	2.14
	差值	4.40	0.19	-1.98	0.07	-1.54	-1.82	-0.77	0.02	0.43	1.00
全国	2010	9.30	4.42	20.75	13.36	4.97	27.22	6.67	3.78	8.00	1.59
	2016	13.87	4.40	18.23	12.46	3.61	24.95	7.10	3.99	8.89	2.49
	差值	4.57	-0.02	-2.52	-0.90	-1.36	-2.27	0.43	0.21	0.89	0.90

从表4-15可以看出,2016年西南边疆民族地区的科研管理职能规模超过了交通通信业规模,房地产业规模也大于矿业规模。在基本职能中,除社会服务职能以外的其他城市职能规模都得到了较快速发展,其中,建筑业增长幅度最大,增加了4.4%,但其增速仍然低于全国水平;社会服务职能规模降低了1.98%,但其降幅小于全国的降幅2.52%。在非基本职能中,工业和矿业的规模在缩小,且下降的幅度分别排在第1位和第2位,这种趋势与全国相同;房地产业上升最快,与全国的趋势相一致;交通通信业规模减少了0.77%,与全国趋势不同。金融业和商业职能规模在扩大,但这两项城市职能的增幅仍低于全国水平。可见,西南边疆民族地区丝绸之路经济带建设中建筑业和房地产业的从业人口比重上升幅度都较大,但相配套的社会服务职能和交通通信职能从业人口比重均在下降,金融业和商业职能部门的增长幅度也都低于全国水平,表明西南边疆民族地区丝绸之路经济带建设进程中配套的现代服务业功能有待进一步完善。

从城市人口规模来看,西南边疆民族地区内绝大部分城市人口规模呈递增态势，且大城市对人口的吸引力明显大于小城市。考察期内，大城市的职能规模增幅较大，其中，昆明增加了 167 万人，增长幅度为 67.63%；南宁增加了 58.77 万人，增长幅度为 35.42%。而小城市的人口增幅较小，部分城市还出现负增长的情况，如文山、丽江和大理的降幅分别为 20.87%、10.65%、9.45%。

3. 城市职能强度演变特征分析

本研究运用纳尔逊城市职能分类法对西南边疆民族地区丝绸之路经济带建设中各城市的城市职能强度进行识别，结果如表 4-16 所示。可见，西南边疆民族地区丝绸之路经济带建设中各城市的突出职能和强势职能趋同性强，主导职能（包括突出职能和强势职能）演化特点并不明显。2010 年，以社会服务作为城市强势职能的城市有 13 个，占比 43%；以社会服务作为城市突出职能的城市有 6 个，占比 20%；以社会服务为主导职能的城市所占比重高达 63%；以公共管理作为城市突出职能的城市有 8 个，作为强势职能的有 1 个，共占比 30%；以其余职能作为城市主导职能的城市数量占比低于 16%。2016 年，以社会服务作为城市强势职能的城市有 14 个，以社会服务为突出职能的城市有 8 个，以社会服务为主导职能的城市数量占 73%；以公共管理作为突出职能的城市是 11 个，以公共管理为强势职能的城市是 1 个，共占比 40%；以其余职能作为城市主导职能的城市所占比重均低于 20%。这说明西南边疆民族地区各城市以社会服务和公共管理作为主导职能，城市职能结构趋同性问题较突出，表明该区域的城市职能结构亟待优化。考察期内，以社会服务和公共管理为主导职能的城市数量所占比重都上升了 10%，而以其他职能作为城市主导职能的城市数量并未有大幅提升。可见，西南边疆民族地区以社会服务和公共管理为主导职能，其他职能主导作用不突出的职能结构特点依然存在。

表 4-16　西南边疆民族地区丝绸之路经济带建设中各城市的职能强度

城市	2010 年		2016 年	
	突出职能	强势职能	突出职能	强势职能
南宁	商业（1.58） 科研管理（1.26）	—	建筑业（1.44）	—
柳州	工业（1.04）	—	建筑业（1.99）	—
桂林	科研管理（1.20）	社会服务（2.06）	社会服务（1.23）	—
梧州	—	社会服务（2.73）	工业（1.26）	社会服务（2.58）

续表

城市	2010年		2016年	
	突出职能	强势职能	突出职能	强势职能
北海	社会服务（1.34）	—	社会服务（1.34）	—
防城港	建筑业（1.14） 房地产业（1.82）	交通通信业（4.41）	建筑业（1.68）	—
钦州	—	社会服务（4.10）	建筑业（1.79）	社会服务（2.46）
贵港	—	社会服务（4.97）	—	社会服务（4.87）
玉林	—	社会服务（3.33）	—	社会服务（2.99）
百色	公共管理（1.03）	社会服务（2.62）	公共管理（1.48）	社会服务（2.68）
贺州	公共管理（1.17）	社会服务（3.77）	公共管理（1.73）	金融业（2.36） 社会服务（4.39）
河池	—	社会服务（2.92）	公共管理（1.36）	社会服务（3.84）
来宾	—	社会服务（2.97）	公共管理（1.14）	社会服务（2.89）
崇左	社会服务（1.56）	—	公共管理（1.35）	社会服务（2.94）
昆明	建筑业（1.96） 交通通信业（1.42） 商业（1.69）	—	建筑业（1.62） 交通通信业（1.17） 商业（1.23）	—
曲靖	社会服务（1.03）	矿业（2.86）	—	矿业（2.60）
玉溪	商业（1.09）			
保山	—	建筑业（3.18）	建筑业（1.64） 社会服务（1.03）	—
昭通	公共管理（1.98）	社会服务（3.18）	公共管理（1.40）	社会服务（4.88）
丽江	矿业（1.20） 商业（1.07） 社会服务（1.05） 公共管理（1.01）	—	商业（1.00） 社会服务（1.87） 公共管理（1.16）	科研管理（3.65）
普洱	社会服务（1.61）	—	社会服务（1.17）	—
临沧	公共管理（1.96）	社会服务（3.38）	公共管理（1.07）	社会服务（2.24）
楚雄	公共管理（1.07）	—	—	社会服务（2.55）
红河	—	—	社会服务（1.28）	—
文山	—	社会服务（3.66）	—	社会服务（4.31）

续表

城市	2010 年		2016 年	
	突出职能	强势职能	突出职能	强势职能
西双版纳	商业（1.05） 科研管理（1.64） 社会服务（1.66）	—	房地产业（1.72） 社会服务（1.43） 公共管理（1.03）	科研管理（3.39）
大理	建筑业（1.80）		社会服务（1.38）	
德宏	金融业（1.03） 公共管理（1.77）	—	金融业（1.35） 社会服务（1.16） 公共管理（1.50）	
怒江	—	社会服务（2.57） 公共管理（2.93）	社会服务（1.91）	公共管理（2.37）
迪庆	公共管理（1.80）	科研管理（3.94）	公共管理（1.98）	科研管理（2.73） 社会服务（2.05）

根据表4-16可知，西南边疆民族地区部分城市缺少强势职能，城市职能较单一，多样化特点不突出。2010年和2016年，西南边疆民族地区分别有13个城市和12个城市无强势职能，特别是昆明、南宁这两个城市在考察期内没有一项职能成为城市强势职能，这对于发挥中心城市的辐射带动作用非常不利。在拥有强势职能的城市中，除了社会服务和公共管理两项职能外，将其余职能作为强势职能的城市较分散。2010年，防城港、曲靖、保山和迪庆的强势职能分别为交通通信业、矿业、建筑业和科研管理；2016年，贺州、曲靖、丽江、西双版纳和迪庆等5个城市的强势职能只涉及3项，分别是金融业、矿业和科研管理。考察期内，西南边疆民族地区的城市强势职能种类由4项减少为3项。其中，矿业和科研管理职能作为强势职能保持稳定，但交通通信业和建筑业弱化为显著职能和突出职能。可见，西南边疆民族地区在丝绸之路经济带建设中城市职能未实现多样化发展。

考察期内，西南边疆民族地区城市基本职能中，建筑业职能强度呈上升趋势，表明作为城镇化进程中的重要支撑职能的建筑业获得了快速发展，其职能强度明显增加，上升较快的城市包括柳州、南宁、桂林和临沧4个城市。科研管理和社会服务两项城市职能的强度略有上升，公共管理职能强度呈下降趋势，表明政府公共管理的高效化和管理方式的多元化使得公共管理职能弱化。城市非基本职能中，矿业职能强度呈下降趋势。其中，曲靖的矿业职能强度由2.86降到2.60，表明资源型城市虽在产业结构调整中取得一定进展，但职能强度仍比较大，产业结构升级压力依然存在；工业职能强度呈递减趋势。2010年和2016年都仅有1个城市以工业职能作为突出职能，表明西南边疆民族地区的工业发展远远落后于全国整体水平，工业化成效并不显著。交通通信业和商业两项城市职能的强度呈递减趋势。其中，以交通通信业为突出职能的城市数量从2010年的2个减少至2016年的1个；以商业职能为突出职能的城市数量由2010年的5个减少为2016年的2个。这说明西南边疆民族地区在丝绸之路经济带建设中，作为城镇化进程中强有力支撑的服务业职能在弱化，未起到城市化加速器作用。房地产业和金融业两项职能的强度呈上升趋势，表明西南边疆民族地区在丝绸之路经济带建设中房地产业和金融业均得到较快速发展。但这两项职能的职能强度都为负数，表明该区域房地产业和金融业的发展水平仍落后于全国水平。

（三）城市职能分工的特点及互补性分析

本研究分别以2010年、2016年广西壮族自治区和云南省30个地级市（自治州）各城市职能部门的从业人员比重为变量，采用欧式距离的度量方法进行对应分析，得到西南边疆民族地区丝绸之路经济带建设中城市职能分工点聚图（见图4-1）。

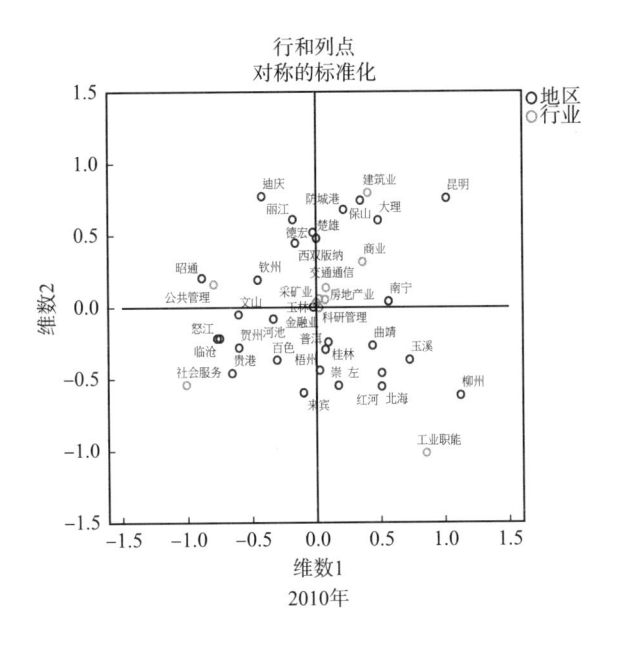

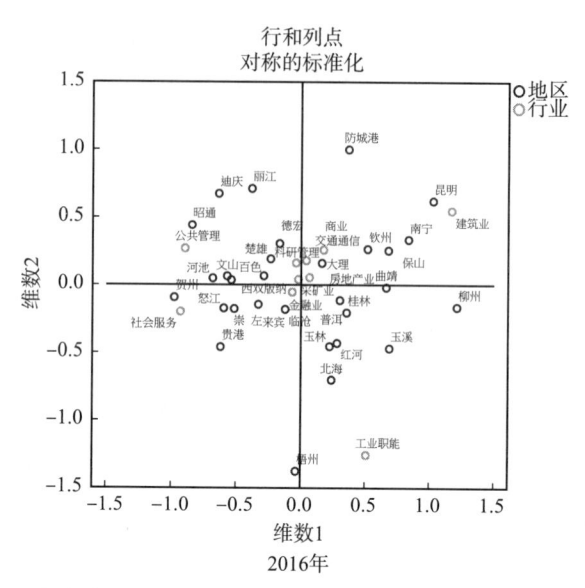

图4-1 西南边疆民族地区丝绸之路经济带建设中城市职能分工情况

从图4-1可以看出，城市一般化职能为交通通信业、科研管理、金融业和房地产业4项职能，专业化职能为公共管理、社会服务、工业、建筑业和商业5项职能。考察期内，商业职能由专业化职能转为一般化职能；交通通信业、科研管理、金融业和房地产业职能4项由原点向外扩展，表明这些一般化职能具有向专业化方向发展的趋势。从城市职能整体变动情况来看，点分布由集中趋向发散，说明西南边疆民族地区丝绸之路经济带建设中城市职能整体呈现出向专业化发展的趋势。值得关注的是，作为省会城市（首府）的昆明和南宁两个城市与周边城市的联系不够紧密，辐射带动作用不明显，这反映出丝绸之路经济带建设背景下西南边疆民族地区城市中心—外围的二元结构比较突出。

本研究通过计算得到属性变量各状态之间的距离，并根据距离的大小测量各状态之间的接近程度，以此定量分析城市职能专业化程度（李佳洺等，2010）。表4-17反映了西南边疆民族地区丝绸之路建设中各城市职能分工的惯量和总惯量情况。可见，西南边疆民族地区丝绸之路经济带建设中城市总惯量从2010年的0.175提升到2016年的0.203，表明西南边疆民族地区城市间的互补性在增强。2016年，城市惯量较大的城市是柳州、昆明、梧州和昭通，表明这些城市的职能结构专业化较强。考察期内城市惯量提升较快的城市包括梧州、河池、贺州和南宁，表明这些城市向专业化职能发展；城市惯量下降较快的城市包括临沧、大理、楚雄和红河，表明这些城市向综合化职能发展。

表4-17 西南边疆民族地区丝绸之路经济带建设中各城市职能分工的惯量和总惯量

年份	昭通	玉林	玉溪	西双版纳	梧州	文山	曲靖	钦州	普洱	怒江
2010	0.008	0.004	0.008	0.003	0.002	0.004	0.010	0.006	0.001	0.010
2016	0.012	0.004	0.009	0.005	0.014	0.005	0.011	0.008	0.002	0.007
变化率	45.98	-12.41	16.77	53.67	524.70	31.17	8.68	19.45	26.30	-29.50

年份	南宁	柳州	临沧	丽江	来宾	昆明	红河	贺州	河池	桂林
2010	0.005	0.015	0.006	0.006	0.003	0.014	0.005	0.004	0.002	0.001
2016	0.009	0.017	0.001	0.007	0.002	0.016	0.003	0.011	0.006	0.002
变化率	89.91	16.43	-82.61	29.53	-44.30	16.19	-47.27	174.18	255.79	39.13

年份	贵港	防城港	迪庆	德宏	大理	楚雄	崇左	北海	保山	百色
2010	0.008	0.008	0.010	0.005	0.005	0.003	0.003	0.005	0.009	0.002
2016	0.008	0.011	0.009	0.003	0.001	0.001	0.004	0.005	0.007	0.004
变化率	-0.69	28.86	-5.26	-34.47	-73.20	-63.50	56.06	0.21	-25.96	71.72

年份	总惯量
2010	0.175
2016	0.203
变化率	15.89

(四) 城市职能专业化相似度分析

表4-18是2016年西南边疆民族地区城市职能专业化相似度系数矩阵。可以看出,西南边疆民族地区丝绸之路经济带建设中,省会城市与其他城市互补性较高,省会城市之间、省(区)内部城市间专业化结构相似度较高,城市分工不够明确。昆明、南宁与省(区)内各城市职能专业化相似度比较低。其中,昆明与14个城市的相似度系数都在0.5以下,该城市与贺州相似度系数最低,仅为0.216。并且,这两个城市的专业化部门完全不一致,贺州的专业化部门是金融业、社会服务和公共管理职能,而昆明的这些职能部门都不具专业化。南宁与4个城市相似度系数均在0.5以下,该城市与其他城市的互补性明显弱于昆明。虽然省会城市与其他城市互补性较高,但省会城市之间专业化结构相似度较高,相似度系数高达0.936。南宁和昆明两个城市在建筑业、商业、房地产业、科研管理等方面都是专业化部门。

表 4-18　2016 年西南边疆民族地区城市职能专业化相似度系数矩阵

城市	南宁	柳州	桂林	梧州	北海	防城港	钦州	贵港	玉林	百色	贺州	河池	来宾	崇左	昆明
南宁	1.00	0.946	0.873	0.623	0.752	0.809	0.939	0.603	0.854	0.513	0.443	0.529	0.668	0.500	0.936
柳州	0.946	0.000	0.851	0.662	0.776	0.673	0.852	0.492	0.805	0.423	0.311	0.400	0.583	0.417	0.882
桂林	0.873	0.851	1.00	0.902	0.960	0.698	0.894	0.858	0.976	0.803	0.742	0.789	0.901	0.818	0.718
梧州	0.623	0.662	0.902	1.00	0.981	0.422	0.679	0.872	0.905	0.797	0.763	0.776	0.866	0.842	0.414
北海	0.752	0.776	0.960	0.981	1.00	0.547	0.779	0.863	0.948	0.793	0.747	0.772	0.885	0.827	0.557
防城港	0.809	0.673	0.698	0.422	0.547	1.00	0.892	0.614	0.709	0.654	0.589	0.676	0.720	0.584	0.742
钦州	0.939	0.852	0.894	0.679	0.779	0.892	1.00	0.762	0.917	0.704	0.645	0.730	0.819	0.676	0.808
贵港	0.603	0.492	0.858	0.872	0.863	0.614	0.762	1.00	0.907	0.944	0.958	0.970	0.970	0.961	0.387
玉林	0.854	0.805	0.976	0.905	0.948	0.709	0.917	0.907	1.00	0.818	0.778	0.832	0.916	0.831	0.675
百色	0.513	0.423	0.803	0.797	0.793	0.654	0.704	0.944	0.818	1.00	0.970	0.986	0.970	0.990	0.323
贺州	0.443	0.311	0.742	0.763	0.747	0.589	0.645	0.958	0.778	0.970	1.00	0.985	0.951	0.979	0.216
河池	0.529	0.400	0.789	0.776	0.772	0.676	0.730	0.970	0.832	0.986	0.985	1.00	0.971	0.979	0.328
来宾	0.668	0.583	0.901	0.866	0.885	0.720	0.819	0.970	0.916	0.970	0.951	0.979	1.00	0.972	0.454
崇左	0.500	0.417	0.818	0.842	0.827	0.584	0.676	0.961	0.831	0.990	0.979	0.979	0.972	1.00	0.289
昆明	0.936	0.882	0.718	0.414	0.557	0.742	0.808	0.387	0.675	0.323	0.216	0.328	0.454	0.289	1.00
曲靖	0.755	0.811	0.812	0.693	0.741	0.576	0.804	0.606	0.800	0.605	0.461	0.563	0.663	0.578	0.668
玉溪	0.816	0.887	0.933	0.854	0.909	0.516	0.756	0.663	0.859	0.624	0.517	0.570	0.726	0.646	0.725
保山	0.960	0.920	0.910	0.678	0.790	0.864	0.979	0.689	0.894	0.656	0.568	0.655	0.778	0.630	0.854
昭通	0.481	0.314	0.698	0.632	0.634	0.685	0.715	0.912	0.756	0.941	0.946	0.968	0.907	0.921	0.298
丽江	0.482	0.309	0.681	0.554	0.589	0.672	0.632	0.817	0.672	0.888	0.886	0.890	0.847	0.877	0.360
普洱	0.857	0.844	0.971	0.860	0.928	0.788	0.915	0.836	0.951	0.834	0.754	0.810	0.917	0.827	0.687

续表

城市	南宁	柳州	桂林	梧州	北海	防城港	钦州	贵港	玉林	百色	贺州	河池	来宾	崇左	昆明
临沧	0.719	0.670	0.932	0.882	0.910	0.739	0.847	0.935	0.932	0.942	0.894	0.929	0.985	0.939	0.529
楚雄	0.686	0.569	0.886	0.796	0.829	0.762	0.838	0.956	0.900	0.967	0.943	0.972	0.985	0.960	0.505
红河	0.803	0.824	0.973	0.930	0.969	0.678	0.864	0.853	0.960	0.834	0.751	0.803	0.911	0.839	0.625
文山	0.580	0.432	0.810	0.771	0.771	0.664	0.768	0.979	0.863	0.952	0.963	0.983	0.955	0.954	0.385
西双版纳	0.516	0.448	0.814	0.802	0.807	0.552	0.626	0.882	0.787	0.924	0.900	0.895	0.911	0.945	0.351
大理	0.822	0.739	0.957	0.811	0.874	0.763	0.875	0.878	0.924	0.868	0.814	0.858	0.926	0.867	0.701
德宏	0.642	0.550	0.847	0.735	0.786	0.751	0.756	0.858	0.801	0.930	0.893	0.904	0.941	0.918	0.486
怒江	0.535	0.495	0.809	0.809	0.822	0.678	0.687	0.873	0.790	0.955	0.912	0.919	0.950	0.945	0.337
迪庆	0.398	0.248	0.635	0.561	0.580	0.682	0.594	0.816	0.635	0.931	0.921	0.921	0.868	0.905	0.244

城市	曲靖	玉溪	保山	昭通	丽江	普洱	临沧	楚雄	红河	文山	西双版纳	大理	德宏	怒江	迪庆
南宁	0.755	0.816	0.960	0.481	0.482	0.857	0.719	0.686	0.803	0.580	0.516	0.822	0.642	0.535	0.398
柳州	0.811	0.887	0.920	0.314	0.309	0.844	0.670	0.569	0.824	0.432	0.448	0.739	0.550	0.495	0.248
桂林	0.812	0.933	0.910	0.698	0.681	0.971	0.932	0.886	0.973	0.810	0.814	0.957	0.847	0.809	0.635
梧州	0.693	0.854	0.678	0.632	0.554	0.860	0.882	0.796	0.930	0.771	0.802	0.811	0.735	0.809	0.561
北海	0.741	0.909	0.790	0.634	0.589	0.928	0.910	0.829	0.969	0.771	0.807	0.874	0.786	0.822	0.580
防城港	0.576	0.516	0.864	0.685	0.672	0.788	0.739	0.762	0.678	0.664	0.552	0.763	0.751	0.678	0.682
钦州	0.804	0.756	0.979	0.715	0.632	0.915	0.847	0.838	0.864	0.768	0.626	0.875	0.756	0.687	0.594
贵港	0.606	0.663	0.689	0.912	0.817	0.836	0.935	0.956	0.853	0.979	0.882	0.878	0.858	0.873	0.816
玉林	0.800	0.859	0.894	0.756	0.672	0.951	0.932	0.900	0.960	0.863	0.787	0.924	0.801	0.790	0.635
百色	0.605	0.624	0.656	0.941	0.888	0.834	0.942	0.967	0.834	0.952	0.924	0.868	0.930	0.955	0.931

续表

城市	曲靖	玉溪	保山	昭通	丽江	普洱	临沧	楚雄	红河	文山	西双版纳	大理	德宏	怒江	迪庆
贺州	0.461	0.517	0.568	0.946	0.886	0.754	0.894	0.943	0.751	0.963	0.900	0.814	0.893	0.912	0.921
河池	0.563	0.570	0.655	0.968	0.890	0.810	0.929	0.972	0.803	0.983	0.895	0.858	0.904	0.919	0.921
来宾	0.663	0.726	0.778	0.907	0.847	0.917	0.985	0.985	0.911	0.955	0.911	0.926	0.941	0.950	0.868
崇左	0.578	0.646	0.630	0.921	0.877	0.827	0.939	0.960	0.839	0.954	0.945	0.867	0.918	0.945	0.905
昆明	0.668	0.725	0.854	0.298	0.360	0.687	0.529	0.505	0.625	0.385	0.351	0.701	0.486	0.337	0.244
曲靖	1.00	0.836	0.837	0.537	0.394	0.814	0.726	0.666	0.847	0.590	0.494	0.733	0.588	0.563	0.382
玉溪	0.836	1.00	0.834	0.451	0.466	0.878	0.802	0.699	0.914	0.590	0.682	0.856	0.709	0.668	0.409
保山	0.837	0.834	1.00	0.624	0.586	0.929	0.834	0.794	0.881	0.687	0.620	0.881	0.755	0.676	0.540
昭通	0.537	0.451	0.624	1.00	0.911	0.728	0.855	0.943	0.700	0.972	0.832	0.803	0.849	0.828	0.921
丽江	0.394	0.466	0.586	0.911	1.00	0.701	0.800	0.908	0.635	0.886	0.911	0.829	0.890	0.814	0.962
普洱	0.814	0.878	0.929	0.728	0.701	1.00	0.948	0.899	0.980	0.801	0.810	0.931	0.872	0.867	0.701
临沧	0.726	0.802	0.834	0.855	0.800	0.899	1.00	0.966	0.949	0.914	0.898	0.947	0.936	0.946	0.815
楚雄	0.666	0.699	0.794	0.943	0.908	0.980	0.949	1.00	0.875	0.972	0.917	0.945	0.947	0.916	0.901
红河	0.847	0.914	0.881	0.700	0.635	0.801	0.914	0.972	1.00	0.796	0.803	0.909	0.834	0.858	0.642
文山	0.590	0.590	0.687	0.972	0.886	0.810	0.898	0.917	0.796	1.00	0.879	0.876	0.869	0.851	0.873
西双版纳	0.494	0.682	0.620	0.832	0.911	0.931	0.947	0.945	0.803	0.879	1.00	0.882	0.909	0.904	0.884
大理	0.733	0.856	0.881	0.803	0.829	0.872	0.936	0.947	0.909	0.876	0.882	1.00	0.933	0.851	0.773
德宏	0.588	0.709	0.755	0.849	0.890	0.867	0.946	0.916	0.834	0.869	0.909	0.933	1.00	0.949	0.906
怒江	0.563	0.668	0.676	0.828	0.814	0.701	0.815	0.901	0.858	0.851	0.904	0.851	0.949	1.00	0.891
迪庆	0.382	0.409	0.540	0.921	0.962	0.701	0.815	0.901	0.642	0.873	0.884	0.773	0.906	0.891	1.00

从省（区）内部城市来看，柳州、曲靖与其他城市专业化结构相似度较低。柳州在工业职能上专业化特别突出，该城市与11个城市间的相似度系数都在0.5以下。曲靖在矿业方面特别突出。广西的桂林、北海、钦州、玉林，以及云南的保山、普洱、临沧、楚雄、红河、大理10个城市间相似度系数都在0.5以上。大理与其他城市相似度系数都在0.7以上，城市专业化部门主要集中在建筑业、科研管理、社会服务、公共管理等行业，高度相关的城市职能专业化部门特色并不明显。并且，该区域内以工业、交通通信业、金融业、商业等现代服务业为主导的城市职能部门的城市较少，表明西南边疆民族地区丝绸之路经济带建设中各城市之间尚未形成具有区域特色的城市职能分工体系。

（五）城市职能类型分析

借鉴许锋和周一星（2008）的城市职能分类方法，本研究基于2016年西南边疆民族地区广西壮族自治区和云南省的30个地级市（自治州）的10类职能部门所占比重和城区人口数据矩阵，运用SPSS20.0统计分析软件进行系统聚类分析（Ward法），度量标准采用欧氏距离，并使用Z得分标准化处理方法消除量纲影响。由于城区人口变量仅有一个，因此将该变量赋予0.25的权重，其他变量权重为0.075。图4-2是2016年西南边疆民族地区城市职能聚类谱系图。

根据图4-2可知，2016年西南边疆民族地区丝绸之路经济带建设中30个城市的城市职能包括4个大类（距离系数为12）、8个亚类（距离系数为4左右），以及13个职能组（距离系数为2）。据此可将西南边疆民族地区的30个城市划分为以下四种类型：

一是综合型城市。具体包括南宁、昆明、防城港共3个城市。此类城市的职能特点体现为综合性强。有5个以上的行业区位熵大于1，且各项区位熵均较大。其中，南宁的交通通信业、建筑业、金融业、商业、房地产业、科研管理6项城市职能较突出；昆明的建筑业、交通通信业、商业、房地产业、科研管理5项职能较发达；防城港的建筑业、交通通信业、房地产业、科研管理、公共管理5项职能较突出。南宁的城市职能定位为北部湾城市群核心城市、国家"一带一路"有机衔接的重要门户城市，具有区域重要的金融服务、信息交流、商贸物流等核心功能。昆明是"一带一路"、长江经济带的重要枢纽城市，是面向东南亚辐射中心的核心区，具有区域交通枢纽、国际经济贸易、金融服务、科技创新的核心作用。防城港的城市职能定位为环北部湾地区重要的临海工业基地及区域滨海旅游城市。

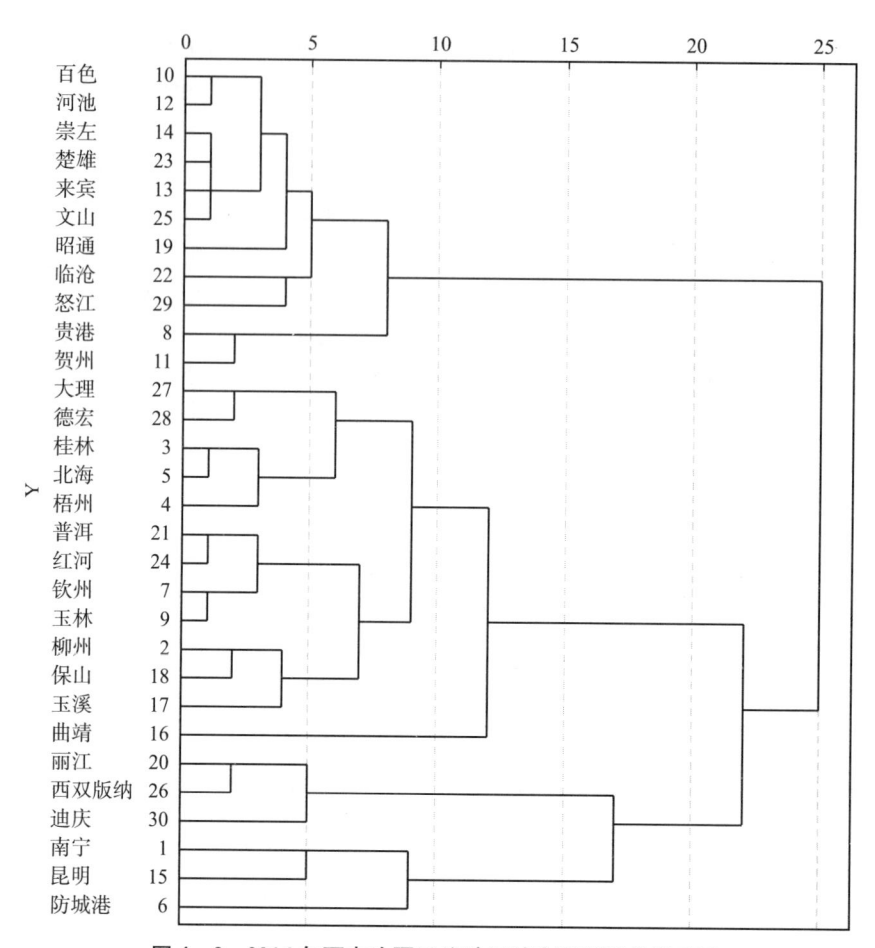

图 4-2　2016 年西南边疆民族地区城市职能聚类谱系图

二是商业和科研管理职能较突出的城市。具体包括迪庆、西双版纳、丽江共3个城市。其中，迪庆的城市职能定位为旅游集散中心、物流中心；西双版纳的城市职能定位为以旅游文化、加工制造、健康产业为主的城市；丽江的城市职能定位为我国重要的旅游城市、区域性商贸物流中心、滇西北地区重要的高新技术产业和生物创新产业基地。

三是矿业、工业和建筑业职能较突出的城市。具体包括曲靖、玉溪、保山、柳州、玉林、钦州、红河、普洱、梧州、北海、桂林、德宏、大理13个城市。其中，矿业职能突出的城市有曲靖、红河、玉溪；工业职能较突出的城市是曲靖、玉溪、柳州、玉林、红河、普洱、梧州、北海、桂林；建筑业职能较突出的城市是曲靖、保山、柳州、钦州。各城市职能定位如下：曲靖——国家重要的能源基地、装备制造业基地、区域流通节点城市、滇东区域金融服务中心；玉溪——烟草、生态旅游、装备制造、新能源、新技术产业等特色产业基地；保山——面向南亚、东南亚的战略枢纽、云南战略性新兴产业基地、省级历史文化名城；柳州——西南地区综合交通枢纽、区域性工业产业与服务中心；玉林——区域性先进制造业基地，北部湾经济区重要物流节点城市；钦州——北部湾临海核心工业区、物流中心；普洱——中国通向东南亚国际大通道上的前沿口岸城市，以生物资源、能源、冶金、林业、旅游文化业为主导产业的城市；梧州——国家级桂东南承接产业转移示范区和粤桂交通物流枢纽城市；北海——国际滨海旅游目的地、西南地区重要的高新技术产业、临港产业及海洋产业集聚基地、区域性商贸物流中心；桂林——国际旅游胜地、客运与游客集散中心、商业中心、高新技术产业和特色加工制造业城市；德宏——重要国际陆港、以装备制造业、生物医药和大健康产业、文化旅游产业为主导的城市；大理——云南重要的现代服务业、先进制造业基地、通往东南亚、南亚重要陆路通道枢纽节点、国际知名休闲康体旅游胜地。

四是金融业和房地产业职能较突出的城市。具体包括贺州、贵港、怒江、临沧、昭通、文山、来宾、楚雄、崇左、河池、百色11个城市。其中，金融业职能突出的城市是贺州、贵港、文山、来宾、楚雄、崇左、河池；房地产职能突出的城市是临沧、文山、崇左。各城市职能定位如下：贺州——全国石材资源综合利用示范基地、休闲养生旅游城市、桂粤湘重要的商贸物流集散地；贵港——西江流域核心港口城市、广西重要的水陆交通枢纽；怒江——大峡谷生态旅游胜地、国家级有色金属基地；临沧——边境开放合作服务、民族风情旅游、生态经济基地；昭通——南北大通道的综合枢纽、云南省重要的工业基地、集商贸集散、生态旅游为一体的现代城市；文山——大健康产业基地、有色金属绿色产业发展试验基地；来宾——新兴现代化工业城市、区域性商贸物流基地、西江黄金水道上的内河枢纽港；楚雄——区域性交通枢纽城市，全国著名的彝族文化旅游目的地，特色鲜明的生物医药和大健康产品研发生产基地；崇左——以边境工业、国际商贸、边关旅游为特色的西南现代化区域中心城市；河池——桂西北重要的区域性综合服务中心、健康养生旅游城市、以有色金属为主导的生态环保型产业示范基地；百色——区域性铝制造业中心、区域性休闲旅游健康养生中心、区域性综合交通枢纽城市。

三、研究发现与讨论

（一）研究发现

本章从城市专业化部门、职能强度、职能规模三个方面，对西南边疆民族地区丝绸之路经济带建设中城市职能结构的发展情况及其特征展开分析，并对西南边疆民族地区各城市的职能进行分类。得到如下研究发现：

第一，西南边疆民族地区城市的行政和金融建筑服务、社会综合服务职能逐渐提升，而工业交通职能和矿业职能逐渐减弱，商业职能较为稳定。这说明西南边疆民族地区城市职能结构整体是以第三产业的基础性和政策性职能为主，第二产业的矿业和交通职能逐渐减弱。

第二，西南边疆民族地区城市职能具有潜在互补性，但职能趋同性较高。2010~2016年，西南边疆民族地区城市职能总惯量从2010年的0.175提升到0.203，表明城市间的互补性在增强。但是，根据城市专业化部门相似度的测算结果，省会城市之间、省（区）内部城市之间专业化结构相似度较高，城市分工不够明确。这主要是因为总惯量作为测度城市职能分工的指标是对潜在互补性或分工的可能性进行度量，广西壮族自治区和云南省在自然禀赋、产业结构、城市发展政策等方面存在差异，潜在的城市职能分工基础比较高。但这种潜在分工机制能否有效地发挥，关键在于是否能充分利用这些专业化分工基础，并通过区域协调机制将其优势予以充分实现。这表明西南边疆民族地区丝绸之路经济带建设中城市之间潜在的互补优势还需要进一步通过区域协调机制予以实现。随着经济的发展，不同地区产业结构的相似度系数表现出上升趋势。原因在于，一个城市成功的发展模式会成为其他城市学习的对象，这使得城市发展要素得到扩散，进而会促进城市快速发展。这种趋同性引发了城市职能同构化，致使各城市的城市职能特色不够鲜明，主导产业面临同构危机，难以充分发挥其比较优势以获得更大的经济效益。

第三，西南边疆民族地区各城市的城市职能部门发展出现失衡。2010~2016年，西南边疆民族地区城市基本职能区位熵呈上升趋势，其中上升最快的是建筑业。该区域建筑业职能的快速提升与其城市化发展需要大批从事基础设施建设的人员有关。同时，建筑业也是承接农村劳动力转移的重要产业。另外，从区位熵、城市专业化部门的数量及城市职能强度角度来看，社会服务和公共管理两项职能在西南边疆民族地区绝大部分城市中都属于专业化部门和主导职能，以这两项职能作为专业化部门的城市分别占比90%和77%，作为主导职能的城市分别占到73%和40%。但在非基本职能中，工业、交通通信业、金融业、商业等城市职能的区位熵呈下降趋势，以这些职能作为主导职能的城市数量非常少。可见，在西南边疆民族地区丝绸之路经济带建设中，城市职能部门发展失衡，工业及现代服务业职能较薄弱，城市职能结构需要进一步优化。

第四，西南边疆民族地区不同类型城市的职能结构专业化变化趋势存在明显差异。其中，综合型城市的城市规模较大，具有多项主导职能，且城市整体竞争力较强，城市职能结构日渐专业化；而城市规模小且仅具有单一或少量主导职能的城市的职能相对僵化，需不断加快职能结构转型升级。对应分析结果显示，2016年西南边疆民族地区城市职能专业化较强的城市包括柳州、昆明、梧州、昭通4个城市，且均属于大中型城市，经济增速较快，并具有多项主导职能。柳州和梧州的工业职能、邵通的矿业职能、昆明的现代服务业职能均具有较突出的特色，通过充分发挥城市比较优势，重点发展竞争优势明显的专业化部门，能够获得较高的经济效益。在参与区域分工时，这些城市的专业化部门具有较高的竞争力，在区域发展中占据重要地位。对于城市规模较小、主导职能较少的城市而言，城市职能结构整体较均衡但缺乏突出的专业化部门。这类城市的区域竞争力普遍较弱，如惯量较小且呈递减趋势的楚雄市，其城市职能专业化水平较低，城市职能全而不专，区域竞争力较弱，城市发展缓慢，城市职能结构转型升级亟待推进。

（二）讨论

西南边疆民族地区省会城市（首府）是区域经济发展的中心，承担着区域经济建设的重大使命和责任，应充分发挥其辐射和带动作用。但当前作为首府（省会城市）的南宁和昆明两个城市的自身实力均较有限，限制了其对区域经济的带动能力。具体表现为三个方面：第一，城市经济规模较小。2016年，南宁对广西GDP的贡献率为20.22%，昆明对云南GDP的贡献率为29.21%，明显低于成都对四川GDP的贡献率（37.24%）。南宁GDP仅相当于成都的30.43%，重庆的20.87%；昆明的GDP相当于成都的35.33%，重庆的24.24%。南宁的常住人口相当于成都的44.37%，重庆的23.17%；昆明常住人口相当于成都的

42.27%，重庆的 22.07%。可见，南宁和昆明的经济规模和城市人口规模均偏小。第二，考察期内这两个城市都没有一项职能成为城市的强势职能，优势不够突出。第三，两个城市间专业化职能相似度极高，在丝绸之路经济带建设中城市的职能分工不够鲜明。以上这些因素均不利于发挥西南边疆民族地区中心城市的辐射带动作用。

产业结构对城市职能的形成和发展起着至关重要的作用。城市经济发展水平高和低的城市职能结构以第三产业为主，城市发展水平较高或较快的城市职能结构以第二产业为主，并向第三产业职能结构转型。直辖市、省会城市或首府主要形成以具有高附加值优势的第三产业为主导地位的城市职能。2016 年，南宁三次产业构成为 10.69：38.52：50.79；昆明为 4.7：38.6：56.7。第三产业中区位熵大于 1 的职能包括交通通信业、商业、房地产业、科研管理职能，说明这些职能不仅能满足本地区需求，还能向区域外供给，对于城市的发展具有重要作用。经济发展水平低的城市职能结构也以第三产业为主，原因是第二产业发展滞后，第三产业比重相对较高，但其附加值和效益并不高。2016 年，昆明的怒江三次产业构成为 15.8：29.9：54.3，迪庆的三次产业构成为 6.4：36.2：57.4。这两个城市的地区生产总值在云南排名靠后，经济发展水平较低，主导职能为社会服务和公共管理职能，产业附加值并不高，对城市职能发展的推动作用有限。

城镇化进程助推城市职能结构转变。随着城镇化进程的推进，不断扩大的城镇人口必然会带来商品和服务的消费需求增加，这将促进商品和社会服务的生产，推动城市商业职能和社会服务职能的发展。同时，城镇规模的不断扩大将促进城镇基础设施和生产、生活环境的完善，从而带动建筑业、房地产业及交通、金融等相关服务业的发展。2010～2016 年，广西和云南的部分城市推进城镇化发展中各项指标取得了长足的发展，其中，南宁和昆明的城镇化率高于全国平均水平，产业结构都属于"三二一"型。这两个城市的第三产业产值占 GDP 比重、城市建设用地占市区面积比重、房地产开发投资额占固定资产投资额比重，以及建筑业从业人员比重均明显高于城镇化进程较缓慢的来宾和普洱。可见，南宁、昆明的城市职能在建筑业、商业、交通通信业、房地产业等方面的职能强度较高。

政府是城市职能塑造的主体力量，对于优化城市职能结构具有引领作用。政府根据国家宏观经济政策、当地的经济发展水平、区位优势、产业基础等来制定科学的发展规划，并在规划中对城市的发展方向、职能结构、城市性质等进行明确的定位，这使得城市发展各具特色。借助于国家出台的实施西部大开发战略、中国—东盟博览会永久落户南宁、共建丝绸之路经济带和 21 世纪海上丝绸之路等政策，西南边疆民族地区迎来了发展机遇。广西提出了构建面向东盟的国际大通道、打造西南中南地区开放发展新的战略支点、形成21世纪海上丝绸之路与丝绸之路经济带有机衔接的重要门户的建设目标，未来将加快产业布局的优化，进一步发挥生产要素的集聚效应。随着《国务院关于支持云南省加快建设面向西南开放重要桥头堡的意见》《推动共建丝绸之路经济带和21世纪海上丝绸之路的愿景与行动》等文件的出台，云南在丝绸之路经济带中的定位已经明确。云南省政府在"十三五"规划中提出，构建工业化和信息化融合、现代服务业加快发展、具有云南特色的现代产业体系更趋完善的迈向中高端的产业结构。

第五章

西南边疆民族地区丝绸之路经济带建设中城市等级规模结构实证研究

城市等级规模结构是城市体系的重要组成部分，一般从人口规模、经济规模和土地规模等方面进行测度。在丝绸之路经济带建设中，如何构建科学合理的城市等级规模结构体系，推动西南边疆民族地区城市体系实现健康协调发展，是迫切需要研究的问题。本章从人口、经济、土地三个层面，采用城市等级规模金字塔、城市首位律、位序—规模法则、规模差异测度等研究方法，实证考察西南边疆民族地区丝绸之路经济带建设中城市等级规模结构发展水平。主要研究内容包括三个方面：一是西南边疆民族地区丝绸之路经济带建设中城市人口规模发展水平及其分布特征；二是西南边疆民族地区丝绸之路经济带建设中城市经济规模发展水平及其分布特征；三是西南边疆民族地区丝绸之路经济带建设中城市用地规模发展水平及其分布特征。

一、研究方法与数据来源

（一）研究方法

本研究主要采用城市等级规模金字塔、城市首位律、位序—规模法则、规模差异测度模型等研究方法，探讨西南边疆民族地区丝绸之路经济带建设中的城市等级规模结构。

1. 城市等级规模金字塔

作为城市等级规模结构的最主要内容之一，城市人口规模结构是指一个国家或地区内的城市人口规模的组合结构和特征。研究区域城市人口规模结构，有利于通过分析该区域的城市人口规模及其组合结构，进一步把握其内在的分布特征，为促进城市人口规模结构的健康有序发展奠定基础（叶浩等，2015）。城市等级规模金字塔，是指将城市人口数量按照大小顺序进行排序，然后依据设定好的城市等级规模标准，将城市归类为不同的等级规模类型。通过计算不同城市等级规模中的城市个数，可以发现一个典型特征，即城市数量与城市的等级规模之间呈现反向关系（段瑞君，2014）。采用城市等级规模金字塔进行等级规模研究，方法虽相对简易，但是对于分析城市等级规模结构的特点和规律具有重要的理论和现实意义，因而该研究方法得到了广泛应用。但城市等级规模金字塔仅适用于城市人口规模等级测度的研究，并不适用于经济规模和土地规模的研究和测算。

2. 城市首位度

城市首位律是美国学者杰斐逊（Jefferson）于1939年首次提出。其认为，一个国家的最大城市和第二大城市之间的城市规模差距很大，首位城市相对于第二大城市而言具有巨大的人口规模优势，而且在国家或区域发展中发挥着巨大的影响作用，并符合首位分布规律。城市首位度，即城市规模最大的城市与城市规模第二大的城市之间的规模比值，可以采用公式（5-1）来表示。城市首位度的值在大于2之时，会更符合城市首位律的分布规律（刘爱梅、王波，2015）。但部分学者通过对城市首位律的研究发现，仅依靠首位城市和第二位城市的城市规模之比仍不能更好地反映一个国家或地区的城市等级规模结构是否合理。为此，有学者采用4城市指数和11城市指数来研究城市首位度，丰富了城市首位度的理论研究体系。4城市指数和11城市指数的计算公式，分别见公式（5-2）和公式（5-3）。通常而言，4城市指数和11城市指数正常值为1。相比2城市指数而言，4城市指数和11城市指数更能准确地反映城市的等级规模结构特征。目前，2城市指数（S_2）、4城市指数（S_4）、11城市指数（S_{11}）通常被同时用来研究城市首位度（张佳海，2018），具体计算公式如下：

$$S_2 = P_1/P_2 \tag{5-1}$$

$$S_4 = P_1/(P_2 + P_3 + P_4) \quad (5-2)$$
$$S_{11} = 2P_1/(P_2 + P_3 + \cdots + P_{11}) \quad (5-3)$$

其中，P_1、P_2、P_3、P_4……为城市规模自大而小排序的城市人口数量、国民生产总值和城市建成区面积。

3. 位序—规模法则

德国学者奥尔巴克（Auerbach）早在1913年研究城市人口规模之时，提出了城市人口规模与其规模等级之间的乘积趋向于一个常数，该研究成果被广泛认可，后被称为位序规模理论。捷夫（Zipf）在奥尔巴克等的研究基础上，通过进一步研究指出，城市规模服从帕累托分布，其指数趋近于常数1，该结论又被称为Zif法则（Zipf，1949）。这使得位序—规模法则更具有一般性。位序—规模法则，是通过将城市人口规模按大小顺序进行排序，然后进一步探析其人口规模与其位序之间的内在关系，进而分析其城市规模分布的结构特征。假如城市人口规模与其位序之间有着较为稳定的内在关系，则表明该城市体系具有服从位序—规模法则分布的特点。本研究采用罗卡特的位序—规模理论模型分析西南边疆民族地区各城市的城市等级规模（钟学思，2015），表达式如下：

$$P_i = KR^{-q} \quad (5-4)$$

公式（5-4）中，两边取以 e 为底的对数可得：

$$\ln P_i = \ln K - q\ln R \quad (5-5)$$

公式（5-4）和公式（5-5）中，P_i 为城市规模，即第 i 位城市的人口数量、国民生产总值或城市建成区面积，K 为理想的城市规模，R 表示位序，q 表示集中指数。依据集中指数 q 的大小，可以将城市规模分布划分为以下三种类型：分散均衡型（$q \leq 0.85$）、集中型（$1.2 > q > 0.85$）、首位型（$q \geq 1.2$）。

4. 规模差异测度

现有研究大多采用差异测度方法来研究城市等级规模差异，常用的测度方法包括标准差、变异系数、基尼系数、赫芬达尔系数等。其中，标准差、变异系数和基尼系数的数值越大，表示城市规模差异越大；而赫芬达尔系数反映了城市规模的集聚程度，其数值越大，表示城市规模发展越集中，发展越不均衡。

（1）标准差（VOC）：是一组数据与其均值之间的平方和，并除以其数据个数，然后再求得该数值的算术平方根。标准差通过数据的离散程度来反映城市规模之间的绝对差异。

$$VOC = \sqrt{\sum_{i=1}^{n}(X_i - \overline{X})^2/n} \qquad (5-6)$$

公式（5-6）中，VOC 为标准差，n 为样本数，X_i 为样本值，$\overline{X}$ 为样本平均值。

（2）变异系数（CV）：是一组数据的标准差与该组数据平均值之比。变异系数反映了城市规模之间的相对差异。

$$CV = \frac{VOC}{\overline{X}} \qquad (5-7)$$

公式（5-7）中，CV 为变异系数，VOC、$\overline{X}$ 分别表示样本标准差和平均值。

（3）基尼系数（G）：通常被用来测算地区的收入分配差距，也被用以衡量和反映地区之间的相对差异状况。其数值在 0~1 之间，数值越小，表示地区差距越小；数值越大，表示地区差距越大。

$$G = 1 + \frac{1}{n} - \frac{1}{n^2 \overline{y}}(y_1 + 2y_2 + 3y_3 + \cdots + ny_n) \qquad (5-8)$$

公式（5-8）中，G 为基尼系数，n 为样本数，$\overline{y}$ 为样本平均值，y_1，y_2，$y_3 \cdots y_n$ 为由大到小的样本值。

（4）赫芬达尔系数（H_n）：用于衡量城市规模集聚程度。其数值在 0~1 之间，数值越大，表明城市规模集聚水平相对较高，区域发展越不平衡；数值越小，表明城市规模集聚水平相对较低，区域发展越平衡。

$$H_n = \sum_{i=1}^{n} p_i^2 \qquad (5-9)$$

公式（5-9）中，H_n 为赫芬达尔系数，n 为样本数，P_i 为前 n 位各自所占总数的比值。

（二）数据来源

本研究选取西南边疆民族地区内广西壮族自治区的 14 个地级市和云南省的 16 个地级市（自治州）作为研究样本，研究区间设定为 2010~2016 年。所使用的数据由 2011~2017 年的《中国城市建设统计年鉴》《广西统计年鉴》和《云南统计年鉴》直接得出或通过公式计算求得。

二、西南边疆民族地区丝绸之路经济带建设中城市人口规模结构实证分析

（一）城市人口规模结构特征分析

丝绸之路经济带建设涉及西南边疆民族地区内广西壮族自治区和云南省，其中，广西有14个地级市，云南省有16个地级市（自治州）。根据2014年《国务院关于调整城市规模划分标准的通知》，按照城区常住人口的规模大小，我国的城市规模划分标准主要分为以下几大类：一是城区常住人口数量小于50万的城市称为小城市（人口数量处于20万~50万的城市称为Ⅰ型小城市；人口数量小于20万的城市称为Ⅱ型小城市）；二是城区常住人口数量处于50万~100万的城市称为中等城市；三是城区常住人口处于100万~500万的城市称为大城市（人口数量处于300万~500万的城市称为Ⅰ型大城市；人口数量处于100万~300万的城市称为Ⅱ型大城市）；四是城区常住人口处于500万~1000万的城市称为特大城市；五是城区常住人口大于1000万的城市称为超大城市。据此，本研究对丝绸之路经济带建设涉及的西南边疆民族地区在2010年和2016年两个年份中的人口规模结构的等级进行划分（见表5-1和表5-2）。

表5-1　　　2010年西南边疆民族地区城市人口规模结构的等级划分

规模等级	标准（万人）	数量（个）	城市
超大城市	>1000	0	
特大城市	500~1000	0	
Ⅰ型大城市	300~500	0	
Ⅱ型大城市	100~300	2	南宁、昆明
中等城市	50~100	6	柳州、桂林、梧州、贵港、玉林、曲靖
Ⅰ型小城市	20~50	11	北海、防城港、钦州、河池、来宾、玉溪、昭通、楚雄、红河、文山、大理

续表

规模等级	标准（万人）	数量（个）	城市
Ⅱ型小城市	<20	9	百色、贺州、崇左、保山、丽江、普洱、临沧、西双版纳、德宏

资料来源：根据2011年《中国城市建设统计年鉴》得出，共包含28个地级市（自治州）。鉴于怒江傈僳族自治州和迪庆藏族自治州缺少相关数据，为了保持研究数据口径的统一性，故予以剔除。

表5-2　　2016年西南边疆民族地区城市人口规模结构的等级划分

规模等级	标准（万人）	数量（个）	城市
超大城市	>1000	0	
特大城市	500~1000	0	
Ⅰ型大城市	300~500	1	昆明
Ⅱ型大城市	100~300	2	南宁、柳州
中等城市	50~100	6	桂林、梧州、贵港、玉林、曲靖、红河
Ⅰ型小城市	20~50	13	北海、防城港、钦州、百色、贺州、河池、来宾、崇左、玉溪、昭通、保山、楚雄、大理
Ⅱ型小城市	<20	8	丽江、普洱、临沧、文山、西双版纳、德宏、怒江、迪庆

资料来源：根据2017年《中国城市建设统计年鉴》得出，共包含30个地级市（自治州）。

由表5-1和表5-2可得，西南边疆民族地区在2010年和2016年的人口规模等级数量总体上没有太大变化。尽管该区域仍然没有特大城市和超大城市，但2016年其在Ⅰ型大城市数量上实现了零突破，昆明成为西南边疆民族地区丝绸之路经济带建设中唯一的Ⅰ型大城市。整体上看，西南边疆民族地区在2010年和2016年的Ⅱ型大城市和中等城市数量分别保持有2个和6个城市，但是所列入的城市存在微小变化。2010年，列入Ⅱ型大城市的分别是广西首府南宁和云南省会城市昆明，但2016年为广西的南宁和柳州两个城市，昆明已经上升到Ⅰ型大城市。2010年，列入中等城市的6个城市分别是柳州、桂林、梧州、贵港、玉林和曲靖，广西占了5个，而云南只有1个城市列入。2016年，列入中等城市的是桂林、梧州、贵港、玉林、曲靖和红河等6个城市，其中广西有4个城市，云南有2个城市列入。两个年份中，Ⅰ型小城市的城市变化较大。2010年列入的11个城市中，广西占了5个，分别是北海、防城港、钦州、河池和来宾，其余6

个城市分别是云南的玉溪、昭通、楚雄、红河、文山和大理。但在 2016 年列入的 13 个城市中，广西占了 8 个，而云南仅有 5 个城市列入，分别是玉溪、昭通、保山、楚雄和大理。此外，考察期内Ⅱ型小城市在数量上没有太大变化，但是具体城市变化较明显。2010 年列入的 9 个城市中，广西占有 3 个，云南有 6 个城市。但是，2016 年列入Ⅱ型小城市的 8 个城市全部是云南省的。

就具体城市而言，昆明、柳州、红河、百色、贺州、崇左、保山 7 个地级市（自治州）实现了人口规模的提档升级。其中，昆明由 2010 年Ⅱ型大城市上升到 2016 年的Ⅰ型大城市规模等级，城区人口数量也由 2010 年的 226.92 万上升到 2016 年的 413.92 万；柳州则由 2010 年的中等城市上升为 2016 年的Ⅱ型大城市之列；云南的红河哈尼族彝族自治州则由 2010 年的Ⅰ型小城市升为 2016 年的中等城市之列；百色、贺州、崇左、保山 4 个城市均由 2010 年的Ⅱ型小城市全部上升为Ⅰ型小城市。值得注意的是，云南的文山壮族苗族自治州出现了人口规模降级。该城市由 2010 年的Ⅰ型小城市降为 2016 年的Ⅱ型小城市，人口规模从 2010 年的 23 万降至 2016 年的 18.2 万，表明该自治州的人口出现萎缩。

西南边疆民族地区丝绸之路经济带建设中涉及的 30 个地级市（自治州）的人口规模等级呈现出明显的"两头小、中间大"的分布特征，尚未达到正金字塔结构的理想状态。从城市等级规模结构来看，西南边疆民族地区丝绸之路经济带建设中城市等级规模结构与理想的金字塔结构的城市规模等级序列相比，小城市数量太多，而大城市和中等城市太少，其中小城市比例占到 2/3 左右，远远超过大城市和中等城市数量。可见，目前西南边疆民族地区丝绸之路经济带建设中城市等级规模结构仍然不够合理，亟待优化城市等级规模结构。

（二）城市人口规模结构实证分析

1. 西南边疆民族地区城市人口规模结构的首位度指数分析

由 2010~2016 年西南边疆民族地区 30 个地级市（自治州）的城区常住人口数据可知，在这 7 年中，昆明、南宁、柳州、曲靖、桂林、玉林 6 个城市一直分别稳居前 6 名，其中，昆明是西南边疆民族地区丝绸之路经济带建设中城区常住人口最多的城市，且以 1.5 倍左右的优势遥遥领先于排名第 2 的南宁。本研究根据公式（5-1）、公式（5-2）和公式（5-3），计算得到 2010~2016 年西南边疆民族地区城市人口规模结构的首位度指数，结果如表 5-3 所示。

表 5-3　2010~2016 年西南边疆民族地区城市人口规模结构的首位度指数

首位度指数	2010 年	2011 年	2012 年	2013 年	2014 年	2015 年	2016 年
S_2	1.4881	1.4339	1.5440	1.2651	1.9301	1.9237	1.8421
S_4	0.7092	0.6923	0.7645	0.6483	0.9887	0.9869	0.9554
S_{11}	0.6978	0.6941	0.7729	0.6493	0.9692	0.9524	0.9414

由表 5-3 可知，2010~2016 年，西南边疆民族地区城市人口规模结构的首位度指数 S_2 的最大值为 1.9301，最小值为 1.2651，且 S_2 指数均未超过理想值 2，说明西南边疆民族地区丝绸之路经济带建设中城市体系内中心城市的资源要素集聚和扩散能力有待提高。2014 年以后，首位度指数 S_2 的数值在 2014 年和 2015 年都大于 1.9000，相对较接近理想值 2。尽管在 2016 年 S_2 指数有所回落，由 2015 年的 1.9237 降低至 2016 年的 1.8421，但该指数仍然大于 1.8000，表明 2014 年以来，随着西南边疆民族地区丝绸之路经济带建设的推进，该区域中心城市的集聚和扩散能力不断增强，但是与中心城市的集聚和扩散目标能力和水平仍有一定的差距。

图 5-1 更直观地反映了西南边疆民族地区在 2010~2016 年的城市人口规模结构的首位度指数变化趋势。可以看出，在考察期内，西南边疆民族地区城市人口规模结构的首位度指数 S_2 从 2010 年的 1.4881 减小至 2011 年的 1.4339，而后增加至 2012 年的 1.5440，这期间的波动幅度相对较小。但是在 2012 年以后，其波动幅度相对较大，先由 2012 年的 1.4339 减小至 2013 年的 1.2651，然后又迅速增加至 2014 年的 1.9301，随后又逐步减小至 2016 年的 1.8421。这说明 2014 年以前，西南边疆民族地区城市人口规模的首位城市的集聚和扩散能力较为有限，但是 2014 年以后，城市人口规模的首位城市的集聚和扩散能力明显增强；同时也表明西南边疆民族地区丝绸之路经济带建设中，中心城市在 30 个城市中的地位呈现出动态变化态势。

根据表 5-3 和图 5-1 可知，西南边疆民族地区城市人口规模结构的首位度指数 S_4 和 S_{11} 的数值较接近，且二者的变化趋势较相似。同时，城市人口规模的首位度指数 S_4、S_{11} 与 S_2 的变动特点也较相似。具体来说，首位度指数 S_4 先从 2010 年的 0.7092 减小至 2011 年的 0.6923，然后增加至 2012 年的 0.7645，之后又迅速减小至 2013 年的 0.6483，再迅速增加至 2014 年的 0.9887。相比 2010~2012 年而言，S_4 指数值在 2012~2014 年的变动幅度相对较大。S_4 指数值在 2015~2016 年逐渐减小，2016 年减小至 0.9554。但是，2014~2016 年，S_4 指数均大于 0.9 且较接近 1，表明首位城市的辐射能力在 2014~2016 年间有所增强。

(首位度指数)

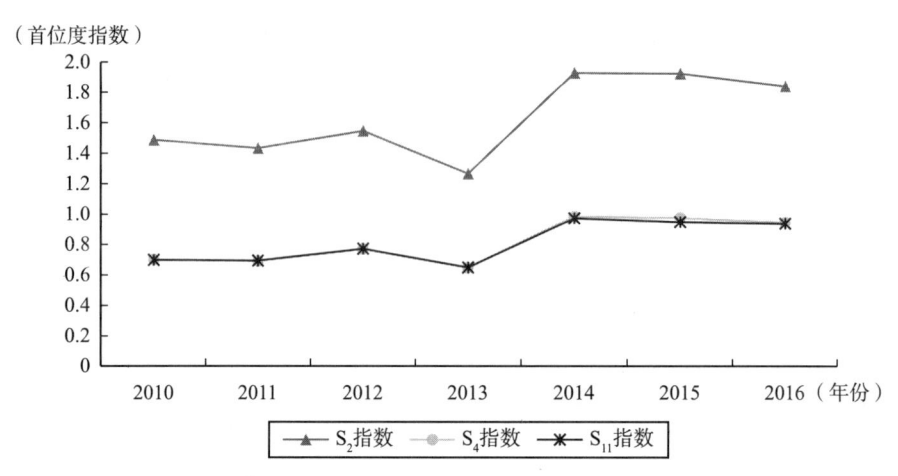

图 5-1 2010~2016 年西南边疆民族地区城市人口规模结构的首位度指数变化趋势

西南边疆民族地区城市人口规模结构的首位度指数 S_{11} 先由 2010 年的 0.6978 减小至 2011 年的 0.6941，然后增加至 2012 年的 0.7729，而后迅速减小至 2013 年的 0.6493，再迅速增加至 2014 年的 0.9692。可见，S_{11} 指数在 2012~2014 年的变动幅度要比其在 2010~2012 年的变动大。从 2014 年开始，S_{11} 指数逐渐降低，2016 年降至 0.9414。考察期内，S_{11} 指数在 2014~2016 年都较接近 1，表明首位城市的辐射能力在 2014~2016 年得到增强。由此可见，西南边疆民族地区丝绸之路经济带建设中的城市类型仍然以中小型城市为主，大型城市的数量相对较少，大型城市对中小城市的集聚和扩散能力仍有待增强。

2. 西南边疆民族地区城市人口规模结构的位序—规模分析

本研究运用位序—规模法则，根据公式（5-5），通过 STATA 软件进行回归分析，得到西南边疆民族地区城市人口规模结构的位序—规模的回归结果（见表 5-4）。可以看出，2010~2016 年西南边疆民族地区城市人口规模（P）与位序（R）的拟合度均大于 0.9000，并且各方程模型都通过了 1% 的显著性水平检验，表明方程模型的拟合度较好。从 q 值的变化情况来看，q 值从 2010 年的 0.9430 增加至 2012 年的 0.9770，接着下降至 2013 年的 0.9311，随后增加至 2014 年的 0.9862，而后又下降至 2015 年的 0.8704，2016 年达到历年最大值 1.0747。这表明西南边疆民族地区在 2010~2016 年的城市人口规模的位序规模分布呈现波动性变化趋势。但总体而言，指数 q 的数值均介于 0.85~1.20，说明西南边疆民族地区丝绸之路经济带建设中城市人口规模分布属于集中型分布类型，介于首位型和分散均衡型之间。西南边疆民族地区首位城市对其他中小型城市的集聚和扩散能力有待增强。各中小型城市的人口规模虽然取得了较大的发展，但与首位城市之间的发展差距仍较大，中小型城市的人口规模仍有较大的发展空间。

表5-4　西南边疆民族地区城市人口规模结构的位序—规模回归结果

年份	回归方程	K值（万人）	R^2值
2010	$\ln P = 5.7303 - 0.9430 * \ln R$	308.0543	0.9761
2011	$\ln P = 5.8123 - 0.9561 * \ln R$	334.3747	0.9762
2012	$\ln P = 5.8759 - 0.9770 * \ln R$	356.3570	0.9770
2013	$\ln P = 5.7765 - 0.9311 * \ln R$	322.6171	0.9699
2014	$\ln P = 5.9634 - 0.9862 * \ln R$	388.9384	0.9733
2015	$\ln P = 6.1074 - 0.8704 * \ln R$	449.1581	0.9337
2016	$\ln P = 6.2212 - 1.0747 * \ln R$	503.3103	0.9115

作为理想的城市人口规模，K值是基于客观数据测算得到的反映城市最优人口规模指标的数据。从K值的变化情况来看，K值从2010年的308.0543万人逐渐增加至2016年的503.3103万人。尽管K值在2013年有所缩小，但自2010年以来，西南边疆民族地区丝绸之路经济带建设中城市体系最优人口规模总体上不断扩大，也反映了城市发展规模总体上不断扩大，并向着良好的方向发展。

3. 西南边疆民族地区丝绸之路经济带建设中城市人口规模结构差异分析

本研究利用2010~2016年西南边疆民族地区30个地级市（自治州）的城区常住人口数据，采用标准差、变差系数、基尼系数、赫芬达尔系数等方法，通过计算得到西南边疆民族地区历年的城市人口规模结构的标准差、变差系数、基尼系数及赫芬达尔系数（见表5-5），并绘制出西南边疆民族地区历年城市人口规模结构的标准差、变异系数、基尼系数及赫芬达尔系数的变化趋势图，如图5-2和图5-3所示。可见，西南边疆民族地区历年的城市人口规模的标准差系数（VOC）、变异系数（CV）的变动趋势较相似，分别反映了城市人口规模的绝对差异和相对差异的变化情况。总体上看，自2010年以来，西南边疆民族地区城市人口规模的绝对差距、相对差距总体上均不断扩大。其中,标准差系数(VOC)先从 2010 年的 59.3547 增加至 2012 年的 70.6359,然后在 2013 年回落至 63.4617,但在 2014 年又扩大至 86.8727,2016 年达到 92.0593。这表明考察期内西南边疆民族地区城市人口规模的绝对差距总体上不断扩大。同时,变异系数(CV)先从 2010 年的 1.2991 增加至 2012 年的 1.3993,然后在 2013 年回落到 1.2934,但在 2014 年又扩大至 1.5598,2016 年增加至 1.6040,说明 2010 年以来西南边疆民族地区城市人口规模的相对差距在不断扩大。

表 5-5 西南边疆民族地区历年的城市人口规模结构的标准差、变异系数、基尼系数及赫芬达尔系数

年份	标准差(VOC)	变异系数(CV)	基尼系数(G)	赫芬达尔系数(Hn)
2010	59.3547	1.2991	0.6854	0.0122
2011	63.8906	1.3161	0.6866	0.0133
2012	70.6359	1.3993	0.6854	0.0150
2013	63.4617	1.2934	0.6927	0.0132
2014	86.8727	1.5598	0.6783	0.0193
2015	88.6906	1.5615	0.6647	0.0196
2016	92.0593	1.6040	0.6498	0.0204

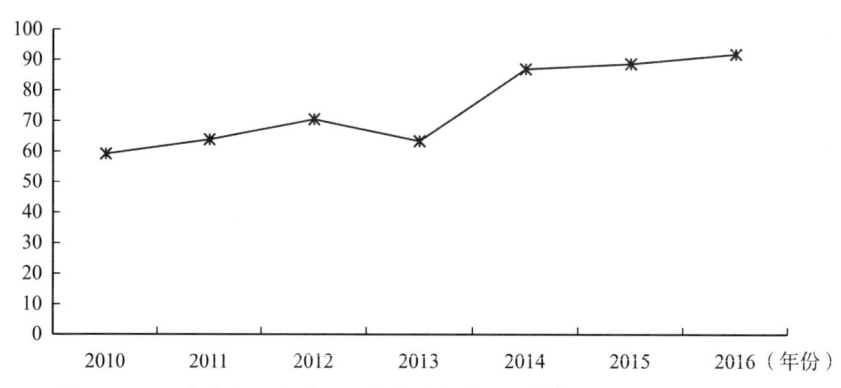

图 5-2 西南边疆民族地区历年的城市人口规模结构的标准差变化趋势

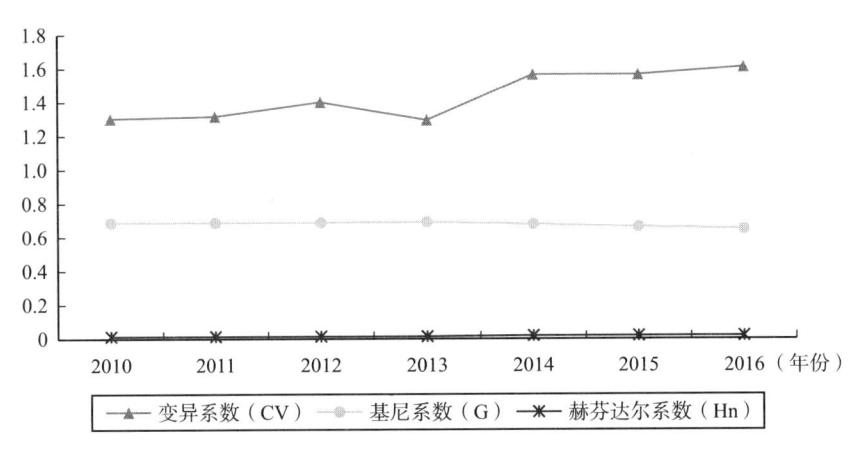

图 5-3 西南边疆民族地区历年城市人口规模结构的变异系数、
基尼系数和赫芬达尔系数的变化趋势

从图 5-3 的基尼系数（G）和赫芬达尔系数（Hn）的变化情况来看，基尼系数（G）位于 0.6400~0.7000，总体变化趋势不大，2010~2016 年仍处于一定的波动过程中。该系数值从 2010 年的 0.6854 增加至 2013 年的 0.6927，表明西南边疆民族地区各城市在该时间段内的城市人口规模差距稍有所扩大。但基尼系数值 2013~2016 年又有所回落，从 2013 年的 0.6927 降低至 2016 年的 0.6498，说明西南边疆民族地区各城市的城市人口规模差距有所减小。另外，赫芬达尔系数（Hn）整体不断扩大，从 2010 年的 0.0122 增加至 2016 年的 0.0204，反映了西南边疆民族地区丝绸之路经济带建设中城市人口规模的集聚程度不断增强，城市间人口规模趋于非均衡发展。

三、西南边疆民族地区丝绸之路经济带建设中城市经济规模结构实证分析

（一）城市经济规模结构特征分析

根据 2011~2017 年《中国城市统计年鉴》，自 2010 年以来，西南边疆民族

地区经济不断发展，30个地级市（自治州）的年生产总值由2010年的16966.41亿元增长到2016年的33420.51亿元，几乎翻了一番。在经济快速发展的同时，西南边疆民族地区是人口数量也增长较快。其中，广西壮族自治区的14个地级市的城区常住总人口从2010年的701.58万人增长至2016年的875.3万人；云南省的16个地级市（自治州）的城区常住总人口由2010年的577.7万人增长至2016年的846.56万人。另外，广西首府南宁的国民生产总值占全区的19%左右，该城市的城区常住人口占到广西14个地级市的城区常住人口的25%左右。云南省会城市昆明的国民生产总值占全省的28%左右，而该城市的城区常住人口占到16个地级市（自治州）的45%左右。

从各个城市的GDP来看，西南边疆民族地区30个城市呈现非均衡发展特征，且两极分化明显。2016年，昆明的GDP位于首位，达到4300.08亿元，而昭通的GDP仅为309.29亿元。从人均GDP来看，防城港的人均GDP为7.28万元，昆明的人均GDP为6.39万元，柳州的人均GDP为6.26万元，而昭通的人均GDP仅为1.40万元。原因主要是防城港的港口贸易较发达，昆明的第三产业发展迅速，柳州的工业较发达，而昭通的经济发展水平较低。西南边疆民族地区整体人均GDP发展水平偏低，说明该区域更多的是依靠劳动密集型产业来获取经济的发展。因此，西南边疆民族地区在第二产业和第三产业方面仍然有很大的发展空间。

西南边疆民族地区经济发展水平较低，区域内贫困的范围和深度较大，居民生活质量不高（赵曦、刘天平，2012）。由于西南边疆民族地区的经济发展规模相对较小和增长速度相对较慢，其与东部发达地区之间的发展差距仍然较大，并且这种差距正在逐步扩大，不利于推动区域均衡增长以及西南边疆民族地区城市化的可持续发展。目前西南边疆民族地区城市经济发展中仍面临着较多的现实难题，如城市产业发展趋同、产业结构单一、工业化和信息化发展水平低下、三次产业发展不够协调等，这些因素已成为制约西南边疆民族地区城市化发展的重要因素（吕俊彪，2012）。可见，西南边疆民族地区的城市经济规模结构发展差距在不断扩大，区域非均衡发展的特征相当明显。

（二）城市经济规模结构实证分析

1. 城市经济规模结构的首位度指数分析

本研究根据2010~2016年西南边疆民族地区30个地级市（自治州）的GDP数据可知，在这7年中，昆明、南宁、柳州、桂林、曲靖、玉林6个城市一直分别位列前 6 位。其中，2010~2015 年，GDP 排名第 7 和第 8 的分别是玉溪和红河；2016 年，红河上升至第 7 位，玉溪下降至第 8 位，梧州和百色始终分别位于第 9 和第 10。云南的迪庆和怒江一直位于后两位，西双版纳始终排名倒数第 5，其余城市的 GDP 排名变动较大。本研究运用公式（5-1）、公式（5-2）和公式（5-3），依次计算出 2010~2016 年西南边疆民族地区城市经济规模结构的首位度指数，如表 5-6 所示。可见，2010~2016 年，西南边疆民族地区城市经济规模结构的首位度指数 S_2 的最大值为 1.2182，最小值为 1.1348，且 S_2 指数均未超过理想值 2，说明城市经济规模结构对西南边疆民族地区丝绸之路经济带建设的经济影响和贡献率非常有限，城市体系内中心城市的凝聚力有待提高。

表 5-6　2010~2016 年西南边疆民族地区城市经济规模结构的首位度指数

首位度指数	2010 年	2011 年	2012 年	2013 年	2014 年	2015 年	2016 年
S_2	1.1778	1.1348	1.2029	1.2182	1.1794	1.1636	1.1611
S_4	0.5025	0.4903	0.5184	0.5277	0.5169	0.5186	0.5222
S_{11}	0.4635	0.4539	0.4819	0.4900	0.4879	0.4900	0.4888

图 5-4 更直观地反映了西南边疆民族地区在 2010~2016 年的城市经济规模结构的首位度指数变化趋势。可以看出，在考察期内，S_2 指数呈现出下降、上升又下降的趋势，特别是 2011 年呈现出跳跃式的下跌以及 2012 年呈现出跳跃式上升的变化过程。这说明西南边疆民族地区丝绸之路经济带建设中的中心城市在 30 个地级市（自治州）中的地位呈现一个动态变化的过程。自 2011 年以后，中心城市南宁的地位在逐步增强，尤其在 2012 年其地位更是提升到一个新台阶，但是从 2014 年后便开始下滑，到了 2016 年只有 1.1611，表明中心城市南宁跟第二大城市的差距不大而且差距越来越小。相对于 S_2 指数来说，西南边疆民族地区城市经济规模结构的 S_4 指数和 S_{11} 指数的数值更小。其中，S_4 指数最小值为 0.4903，最大值为 0.5277，变化幅度较小，2010~2016 年 S_4 值一直在 0.49~0.52 浮动，总体呈现出平缓的增长趋势，说明中心城市南宁在位于前 4 位城市中的地位是不断上升的。此外，S_{11} 指数一直都略低于 S_4 指数，最大值仅为 0.4900，最小值为 0.4539，且 2012~2016 年一直在 0.50 左右波动，且在 0.50 数值下趋于稳定，这说明中心城市昆明在 30 个地级市（自治州）中的地位也越来越稳定。但 S_4 指数和 S_{11} 的指数均低于理想的指数值 1，表明西南边疆民族地区丝绸之路经济带建设中城市体系内第一大城市和其他城市间的经济规模差距较小，空间结构呈现多极型，首位城市并不具有垄断功能。

（首位度指数）

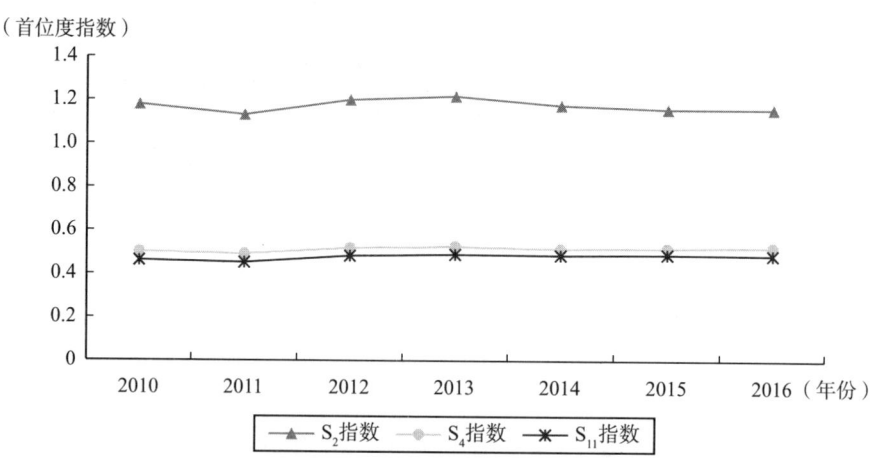

图 5-4　2010～2016 年西南边疆民族地区城市经济规模结构的首位度指数变化趋势

2. 城市经济规模结构的位序—规模分析

本研究运用位序—规模法则，结合公式（5-5），通过 STATA 软件进行回归分析，计算得到西南边疆民族地区城市经济规模结构的位序—规模的回归结果（见表 5-7）。

表 5-7　西南边疆民族地区城市经济规模结构的位序—规模回归结果

年份	回归方程	K 值（亿元）	R^2 值
2010	$\ln P = 8.2515 - 0.8964 * \ln R$	3833.4653	0.8193
2011	$\ln P = 8.4223 - 0.8869 * \ln R$	4547.1109	0.8153
2012	$\ln P = 8.5439 - 0.8816 * \ln R$	5135.4320	0.8256
2013	$\ln P = 8.6421 - 0.8734 * \ln R$	5665.2607	0.8298
2014	$\ln P = 8.7128 - 0.8615 * \ln R$	6080.4692	0.8346
2015	$\ln P = 8.7673 - 0.8570 * \ln R$	6420.5631	0.8429
2016	$\ln P = 8.8421 - 0.7891 * \ln R$	6919.6471	0.8408

由表 5-7 可知，2010～2016 年西南边疆民族地区丝绸之路经济带建设中城市经济规模与位序的拟合度均大于或等于 0.8153，方程模型的拟合结果较好，且均达到了显著性检验水平。q 值在 2011～2012 年逐渐上升，而后呈现下降趋势，2016 年下降至 0.7891，但总体趋于稳定。这表明西南边疆民族地区丝绸之路经

济带建设中城市经济规模符合位序—规模分布规律。2010~2015年，西南边疆民族地区丝绸之路经济带建设中城市经济规模分布属于集中型分布（0.85 < q < 1.2），城市经济规模分布集中，各个城市经济规模差距较大。但随着q值的下降，城市经济规模会更加分散，经济规模会更加平均，如2016年城市经济规模分布属于分散均匀型。另外，作为反映城市经济规模不断向上发展的理想指标，K值在考察期内持续上升，从2010年的3139.8006亿元升至2016年的5860.4236亿元。可以认为自2010年以来，西南边疆民族地区丝绸之路经济带建设中城市经济规模总体上不断向上发展。

3. 城市经济规模结构差异分析

本研究根据公式（5-6）至公式（5-9），通过计算得到反映西南边疆民族地区丝绸之路经济带建设中城市经济规模结构差异的各项指标值（见表5-8），并绘制出西南边疆民族地区历年城市经济规模结构的标准差、变异系数、基尼系数及赫芬达尔系数的变化趋势（见图5-5和图5-6）。可见，西南边疆民族地区丝绸之路经济带建设中城市经济规模结构的VOC值持续增长，从2010年的684.3371增加至2016年的1364.6938，表明西南边疆民族地区城市经济规模结构的绝对差异在不断扩大。CV值从2011年的0.8345增长到2013年的0.8518，2014年下降为0.8471，而后回升至2015年的0.8503，2016年再次下降至0.8422。但总体而言，西南边疆民族地区城市经济规模结构的相对差异略有改善。G值虽然在2010~2016年有所波动，但是波动幅度相当小，但总体仍略有所缩小，从2010年的0.6441缩减到2016年的0.6387，表明西南边疆民族地区丝绸之路经济带建设中城市经济规模结构的相对差异有所缩小。此外，Hn值在2010年、2016年的系数值分别为0.0569和0.0570，在波动式发展中整体略有增加。这表明西南边疆民族地区丝绸之路经济带建设中城市经济规模的聚集程度得到缓慢提升，但西南边疆民族地区整体城市经济规模聚集程度仍然较低。

表5-8　　西南边疆民族地区历年的城市经济规模结构的
标准差、变异系数、基尼系数及赫芬达尔系数

年份	标准差（VOC）	变异系数（CV）	基尼系数（G）	赫芬达尔系数（Hn）
2010	684.3371	0.8411	0.6441	0.0569
2011	819.1782	0.8345	0.6456	0.0565

续表

年份	标准差（VOC）	变异系数（CV）	基尼系数（G）	赫芬达尔系数（Hn）
2012	959.7195	0.8500	0.6405	0.0574
2013	1080.5492	0.8518	0.6388	0.0575
2014	1180.9658	0.8471	0.6406	0.0573
2015	1265.7080	0.8503	0.6391	0.0574
2016	1364.6938	0.8422	0.6387	0.0570

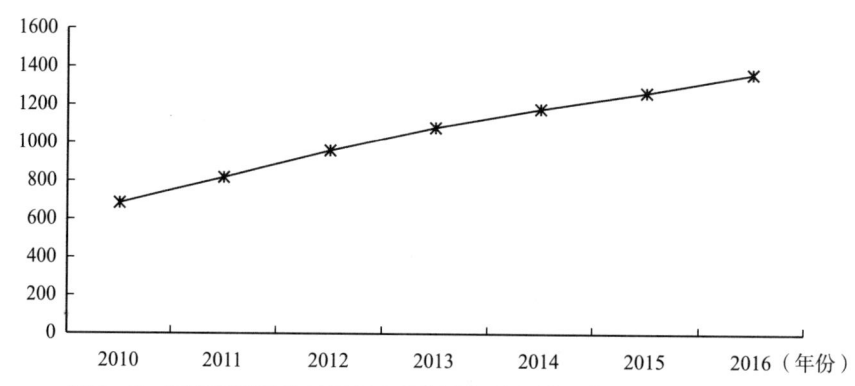

图 5-5 西南边疆民族地区历年的城市经济规模结构的标准差变化趋势

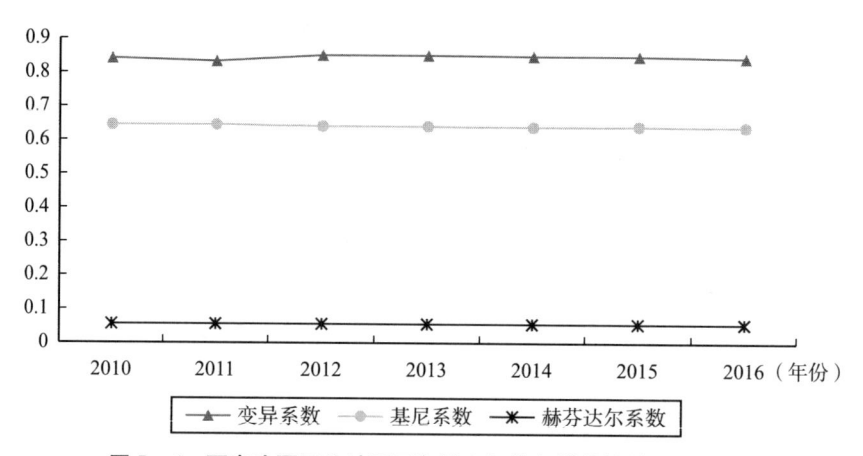

图 5-6 西南边疆民族地区历年城市经济规模结构的变异系数、基尼系数和赫芬达尔系数的变化趋势

四、西南边疆民族地区丝绸之路经济带建设中城市用地规模结构实证分析

（一）城市用地规模结构特征分析

西南边疆民族地区占据着广大的国土面积，并且拥有丰富的自然资源，但由于其地形复杂，生存环境相对恶劣，历史上就人口稀少，经济发展程度不高。西南边疆民族地区的复杂地貌、相对较落后的交通条件以及其脆弱的生态环境，在很大程度上影响了该区域的城市发展规模的扩大，制约着其城市化发展进程。但随着西南边疆民族地区经济的快速发展，其对城市用地的需求也不断增加，这使得西南边疆民族地区丝绸之路经济带建设中各城市的建成区面积继续扩大。根据2011~2017年《中国城市统计年鉴》，2010~2016年西南边疆民族地区城市建设用地增速明显，从2010年的1719.68平方千米增加到2016年的2480.96平方千米，增加了761.28平方千米，增幅高达44.2687%。非农业人口增加和经济发展是推动西南边疆民族地区丝绸之路经济带建设中城市用地规模扩张的两大动力，但该区域需要综合考虑其对周边生态环境及农业耕地面积的影响，合理确定区域城市用地规模。

从各城市的城市用地规模的扩张情况来看，西南边疆民族地区高层次城市的用地规模扩张绝对数较大，而低层次城市的用地规模增幅较大。2010年、2013年和2016年三个代表性年份的建成区面积数据显示，无论是人口规模还是经济实力排名都位列前3位的昆明、南宁和柳州3个城市的建成区面积绝对值均有大幅度的增加。2010年、2013年和2016年的建成区面积数据表明，昆明分别为316.03平方千米、433.73平方千米和471.20平方千米，南宁分别为215.23平方千米、283.02平方千米和310.47平方千米，柳州分别为135.06平方千米、177.54平方千米和188.49平方千米。昆明、南宁和柳州的建成区面积绝对值分别增加了155.17平方千米、95.24平方千米和53.43平方千米，排名在前3位，远远超过其他城市。这说明西南边疆民族地区高层次城市用地规模增长数量较大，政府对高层次城市发展高度重视。原因可能在于大量人口涌向大城市，使得

城市用地需求出现新变化。考察期内，昆明、南宁和柳州3个城市的建成区面积增幅分别为49.10%、44.25%、39.56%。无论是从绝对值增加情况还是相对增幅来看，昆明、南宁和柳州这3个高层次城市的建成区面积在整体上都有明显提高，尤其2013年城市用地规模扩张非常迅速。其中，昆明的城市用地规模由2012年的358.44平方千米跃升至2013年的433.73平方千米，直接增加了74.29平方千米，其增加的建成区面积是临沧的近5倍。

值得注意的是，西南边疆民族地区各城市2010~2013年的城市用地规模扩张速度相较于2013~2016年的更慢。西南边疆民族地区2010~2013年城市用地规模增加较快且排名在前10位的城市依次是：玉溪、文山、昭通、昆明、临沧、南宁、柳州、贵港、保山和钦州；2013~2016年城市用地规模增加较快且排名在前10位的城市分别是：保山、百色、桂林、梧州、曲靖、红河、临沧、迪庆、河池、防城港。这说明西南边疆民族地区中小城市的城市用地规模扩张较迅速。虽然这些中小城市的城市建成区面积的绝对数增加不大，但是这些城市的城市建成区面积的相对增加幅度非常大。以保山市为例，2010年该城市的城市建成区面积仅为21平方千米，2016年增加至61.04平方千米。尽管该城市的城市建成区面积在绝对数上变化不大，但在相对幅度上增加了2倍，说明西南边疆民族地区内低层次城市的城市用地规模扩张也较快。

城市用地规模的扩张与城市经济规模的扩张之间存在着密切的联系。城市用地规模的合理程度，也对城市经济规模的发展速度和质量具有较大的影响。如果城市用地规模利用不合理，将制约城市经济规模的扩张速度，进而不利于促进城市经济的健康发展。2016年，西南边疆民族地区GDP排名在前11位的城市依次是：昆明、南宁、柳州、桂林、曲靖、玉林、红河、玉溪、梧州、百色、钦州；而按照城市用地规模排名在前11位的城市依次是：昆明、南宁、柳州、曲靖、贵港、桂林、玉林、钦州、红河、梧州、北海。可以看到，GDP排名和城市用地规模排名均在前9位的城市包括：昆明、南宁、柳州、桂林、曲靖、玉林、红河、梧州、钦州。尽管城市用地规模较大的城市和经济规模较大的城市相对较一致，但是两者之间的排序差距仍存在较大的差别，这反映出西南边疆民族地区城市用地规模与经济规模之间存在着不协调的关系。西南边疆民族地区丝绸之路经济带建设中城市用地规模与城市经济发展水平之间仍然不一致，有待进一步优化城市用地规模，从而更好地适应城市经济发展水平。

(二) 城市用地规模结构实证分析

1. 西南边疆民族地区城市用地规模结构的首位度指数分析

由 2010~2016 年西南边疆民族地区 30 个地级市（自治州）的建成区面积数据可知，在这 7 年中，昆明、南宁、柳州 3 个城市一直分别稳居前 3 名，其中，昆明是西南边疆民族地区丝绸之路经济带建设中建成区面积最大的城市，且分别以 1.5 倍和 2 倍左右的优势遥遥领先于排名第 2 的南宁和第 3 的柳州。本研究根据公式 (5-1)、公式 (5-2) 和公式 (5-3)，计算得到 2010~2016 年西南边疆民族地区城市用地规模结构的首位度指数，结果如表 5-9 所示。可见，2010 ~2016 年，西南边疆民族地区城市用地规模结构的首位度指数 S_2 介于 1.4683~1.5741，其中最大值为 2014 年的 1.5741，最小值为 2010 年的 1.4683。这表明西南边疆民族地区丝绸之路经济带建设中城市用地规模的城市集聚程度有待增强，城市用地规模的扩大对西南边疆民族地区丝绸之路经济带的经济影响及贡献率仍有待进一步提升。

表 5-9　西南边疆民族地区丝绸之路经济带建设中城市用地规模的首位度指数

首位度指数	2010 年	2011 年	2012 年	2013 年	2014 年	2015 年	2016 年
S_2	1.4683	1.4887	1.4809	1.5325	1.5724	1.5741	1.5177
S_4	0.7269	0.7007	0.6992	0.7786	0.7981	0.7836	0.7540
S_{11}	0.7124	0.6988	0.6969	0.8031	0.7916	0.7558	0.7458

图 5-7 更直观地反映了西南边疆民族地区 2010~2016 年的城市用地规模结构的首位度指数变化趋势。可以看出，在考察期内，S_2 指数呈现出不断扩大的变化特点，表明用地规模第一大城市与第二大城市之前的用地规模差距不断扩大，同时也反映了这两大城市之间的发展差距也在不断扩大。从 S_4 指数的变化趋势来看，S_4 指数从 2010 年的 0.7269 逐渐减小至 2012 年的 0.6992，这期间城市用地规模的差距有所缩小，但是 2013 年 S_4 指数又增加至 0.7786，2014 年持续增加至 0.7981，随后再逐渐减小至 2016 年的 0.7540，总体上经历了倒 "N" 形的变化过程。S_{11} 指数也经历了类似的变化，先由 2011 年的 0.7124 减小至 2012 年的 0.6969，随后又增加至 2013 年的 0.8031，然后持续降低至 2016 年的 0.7458。由

此可见，2010~2016年，西南边疆民族地区丝绸之路经济带建设中城市用地规模的S_4指数和S_{11}指数总体上有所增加，意味着该区域城市用地规模的等级规模差异有所扩大，首位城市与其他城市之间的用地规模差距也在扩大。

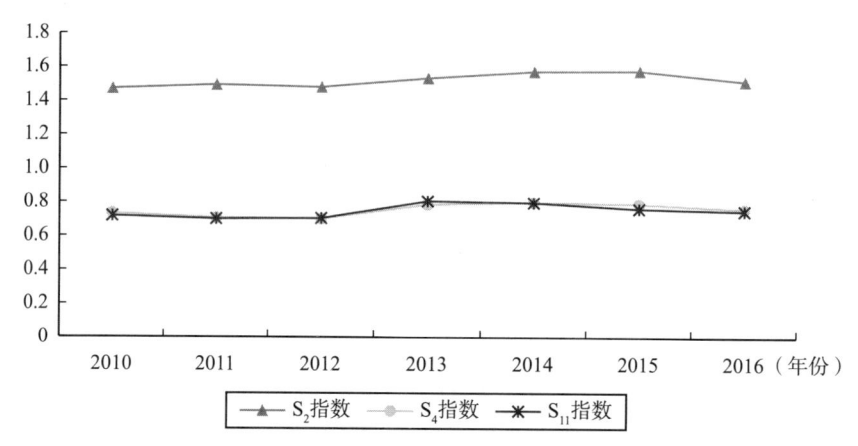

图 5-7　2010~2016 年西南边疆民族地区城市用地规模结构的首位度指数变化趋势

2. 西南边疆民族地区城市用地规模结构的位序—规模分析

本研究运用位序—规模法则，结合公式（5-5），通过 STATA 软件进行回归分析，计算得到西南边疆民族地区城市用地规模结构的位序—规模的回归结果（见表 5-10）。可以看出，2010~2016 年西南边疆民族地区城市用地规模与位序的拟合度均大于 0.9600，各方程模型都通过 1% 的显著性水平，表明方程模型的拟合度都较好。考察期内，q 值总体上不断扩大，最小值为 0.8369，最大值为 0.8810，表明西南边疆民族地区城市用地规模的集中度有所提高。而 2010 年和 2011 年的 q 值指数均小于 0.85，表明该区域的城市用地规模结构分布属于分散均衡型，各城市之间的用地规模相对较均衡。但该区域 2012~2016 年的城市用地规模均介于 0.85~1.20，表明这期间城市用地规模分布属于集中型分布，各城市间的用地规模差距有所扩大。从 K 值的变化情况来看，考察期内 K 值总体上有所扩大，从 2010 年的 339.5659 平方千米不断增加至 2016 年的 522.1285 平方千米，而 K 值作为理想的城市用地规模，反映出 2010 年以来西南边疆民族地区丝绸之路经济带建设中城市用地规模总体上在不断扩大。

表 5-10　2010~2016 年西南边疆民族地区城市用地规模结构的位序—规模回归结果

年份	回归方程	K 值（平方千米）	R^2 值
2010	$\ln P = 5.8277 - 0.8369 * \ln R$	339.5659	0.9751
2011	$\ln P = 5.9123 - 0.8442 * \ln R$	369.5470	0.9750
2012	$\ln P = 6.0230 - 0.8694 * \ln R$	412.7809	0.9687
2013	$\ln P = 6.0874 - 0.8776 * \ln R$	440.2849	0.9696
2014	$\ln P = 6.1360 - 0.8810 * \ln R$	462.1770	0.9678
2015	$\ln P = 6.1959 - 0.8722 * \ln R$	490.7338	0.9629
2016	$\ln P = 6.2579 - 0.8780 * \ln R$	522.1285	0.9669

3. 西南边疆民族地区丝绸之路经济带建设中城市用地规模结构差异分析

本研究根据公式（5-6）至公式（5-9），通过计算得到反映西南边疆民族地区丝绸之路经济带建设中城市用地规模结构差异的各项指标值（见表5-11），并绘制出西南边疆民族地区历年城市用地规模结构的标准差、变异系数、基尼系数及赫芬达尔系数的变化趋势图（见图5-8和图5-9）。可见，西南边疆民族地区城市用地规模的 VOC 值不断扩大，从 2010 年的 62.8742 不断增加至 2016 年的 92.3891，表明自 2010 年以来西南边疆民族地区城市用地规模的绝对差距不断扩大。城市用地规模的 CV 值是倒"N"形的变化过程，但总体呈上升趋势，先从 2010 年的 1.0603 减小至 2011 年的 1.0592，然后持续增加至 2013 年的 1.1998，再逐步减小至 2016 年的 1.1172。这表明 2010 年以来西南边疆民族地区城市用地规模的相对差距有所扩大。尽管 G 值波动幅度不大，但总体略有下降，从 2010 年的 0.6563 降低至 2016 年的 0.6437，反映出西南边疆民族地区城市用地规模有趋向均衡的趋势。此外，Hn 值从 2010 年的 0.0156 不断增加至 2016 年的 0.0228，保持了持续增长态势，表明西南边疆民族地区丝绸之路经济带建设中城市用地规模的集聚程度不断增强，城市用地规模日益趋于不均衡状态。

表 5-11　2010~2016 年西南边疆民族地区历年的城市用地规模结构的标准差、变异系数、基尼系数及赫芬达尔系数

年份	标准差（VOC）	变异系数（CV）	基尼系数（G）	赫芬达尔系数（Hn）
2010	62.8742	1.0603	0.6563	0.0156
2011	67.4604	1.0592	0.6592	0.0168

续表

年份	标准差（VOC）	变异系数（CV）	基尼系数（G）	赫芬达尔系数（Hn）
2012	71.7964	1.0838	0.6437	0.0179
2013	85.4288	1.1998	0.6460	0.0216
2014	87.5376	1.1839	0.6430	0.0220
2015	87.8356	1.1168	0.6430	0.0218
2016	92.3891	1.1172	0.6437	0.0228

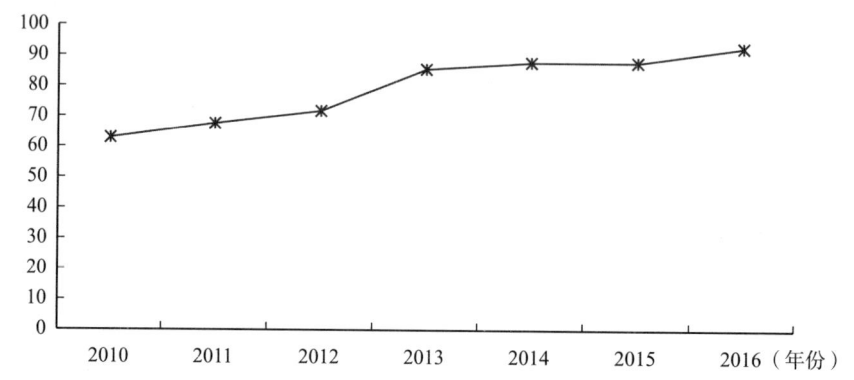

图 5-8　2010~2016 年西南边疆民族地区历年的城市用地规模结构的标准差变化趋势

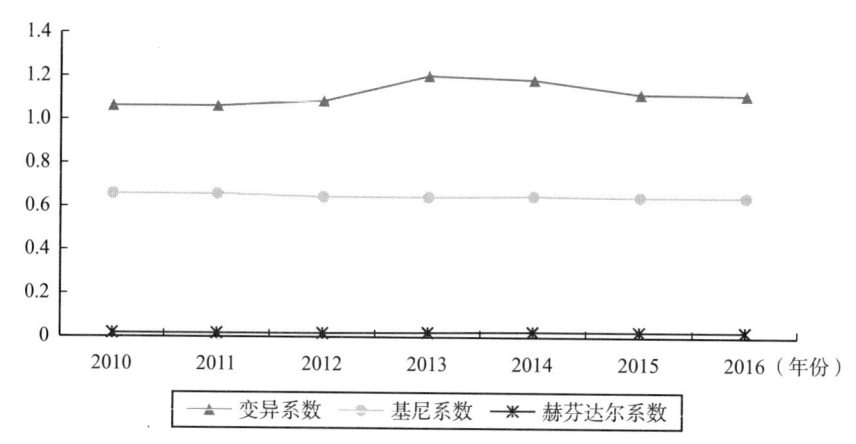

图 5-9　2010~2016 年西南边疆民族地区历年城市用地规模结构的变异系数、基尼系数和赫芬达尔系数变化趋势

五、研究发现与讨论

（一）研究发现

本章运用城市等级规模金字塔、城市首位度、位序—规模法则、规模差异测度方法，从城市人口规模、经济规模和土地规模三个层面，实证考察了西南边疆民族地区丝绸之路经济带建设中城市等级规模结构发展水平。研究发现：第一，西南边疆民族地区丝绸之路经济带建设中的城市等级规模结构整体呈现"两头小、中间大"的分布特点，尚未达到正金字塔结构的理想状态。西南边疆民族地区内中小型城市的数量较多，而大型城市的数量相对较少，城市人口规模的集聚和扩散能力有待提高。第二，西南边疆民族地区城市经济规模不断扩大，但发展不平衡，城市间经济差距不断扩大，城市经济规模的集聚和扩散能力有待增强。第三，西南边疆民族地区城市用地规模总体继续扩张，高层次城市用地规模扩张绝对数较大，低层次城市用地规模扩张速度较快，但城市用地规模与经济规模之间的关系仍不够协调，城市间用地规模差距总体上有所扩大。

（二）讨论

本章的实证分析结果表明，西南边疆民族地区在2010~2016年的城市人口规模首位度指数低于理想值，反映出该区域丝绸之路经济带建设中城市体系内中心城市的资源要素集聚和扩散能力有待提高。原因主要在于西南边疆民族地区中小型城市的数量较多，而大型城市的数量相对较少，大型城市对中小城市的集聚和扩散效应尚未凸显。考察期内，西南边疆民族地区的城市经济规模首位度指数未达到理想值，说明城市经济规模结构对西南边疆民族地区丝绸之路经济带建设的经济影响和贡献率相当有限。此外，西南边疆民族地区的城市用地规模首位度指数也低于理想值，说明西南边疆民族地区城市用地规模的集聚程度较低。

西南边疆民族地区在考察期内的城市人口规模以集中型分布为主，城市人口规模整体呈现上升趋势。尽管中小型城市的人口规模增速较快，但城市人口规模差距在不断扩大，城市人口规模趋于非均衡发展。首位城市对中小型城市的集聚和扩散效应难以有效发挥，中小型城市与首位城市间的差距仍然较大。该区域的城市经济规模符合位序—规模分布规律，由集中分布型向分散均匀型转变，城市经济规模的绝对差异不断扩大，但其相对差异有所改善。同时，该区域的城市用地规模由分散均衡型向集中型转变，城市间用地规模差距在扩大。总体来看，西南边疆民族地区的城市人口规模、经济规模和用地规模均有所扩大，但是仍面临着城市等级规模发展不均衡等诸多问题，城市等级规模结构仍然不够合理，在推进丝绸之路经济带建设中有待进一步优化。因此，西南边疆民族地区应加快推进区域城市人口规模、经济规模与用地规模的协调发展，以此促进城市等级规模结构更加科学化、合理化，从而实现城市等级规模健康有序发展。

第六章

西南边疆民族地区丝绸之路经济带建设中城市体系空间结构实证研究

为进一步探析西南边疆民族地区丝绸之路经济带建设中城市体系的空间结构，更好地把握西南边疆民族地区城市体系空间结构的时空演变特征，本章采用分形理论、重心模型、泰勒（Theil）系数模型等研究方法，实证考察西南边疆民族地区丝绸之路经济带建设中城市空间的结构分布、城市人口和经济重心的演变特点及规律，得到西南边疆民族地区丝绸之路经济带建设中城市体系空间结构的演变特征，进而为西南边疆民族地区丝绸之路经济带建设中城市体系空间结构体系优化提供依据。

一、研究方法与数据来源

（一）研究方法

1. 分形理论

通过分形理论可以对西南边疆民族地区丝绸之路经济带建设中城市体系空间结构展开研究。西南边疆民族地区丝绸之路经济带建设中各城市的空间地理分布具有一定的结构相似性，即具有空间分形的特点。空间分形的特点可以采用分维数来描述，而空间结构分形的关联维数即为西南边疆民族地区丝绸之路经济带建设中城市体系影响要素分布的空间相关性。分维数体现了局部特征在整体结构中的填充能力，因而通过分析空间结构的分维数可以有效揭示整个城市体系的空间演进机理。

依据分形理论，可以定义西南边疆民族地区丝绸之路经济带建设中城市体系的空间关联函数（曾鹏等，2011），具体公式如下：

$$C(\gamma) = \frac{1}{N^2} \sum_i^N \sum_j^N \theta(r - d_{ij}) \quad (i \neq j) \quad (6-1)$$

公式（6-1）中，r 为给定的尺码，d_{ij} 为 i、j 两个城市之间的欧氏距离，θ 为 Heaviside 阶跃函数。

公式（6-2）反映的是圆心为 i、半径为 r 的圆形区域范围内存在城市 j 的概率（徐建华，2002）。

$$\theta(\gamma - d_{ij}) = \begin{cases} 1, & \text{当 } d_{ij} \leq \gamma \text{ 时} \\ 0, & \text{当 } d_{ij} > \gamma \text{ 时} \end{cases} \quad (6-2)$$

在欧氏距离的计算方面，首先将西南边疆民族地区丝绸之路经济带建设中各城市人民政府的地理位置表示为各城市的经纬度代表点，然后利用百度地区软件，测算得到各城市代表点经纬度值的小数形式，再利用公式（6-3）计算得到两城市之间的欧式距离。

$$S = 2\arcsin\sqrt{\sin^2\left(\frac{(Lat1 - Lat2) \times \pi}{360}\right) + \cos\left(\frac{Lat1 \times \pi}{180}\right) \times \cos\left(\frac{Lat2 \times \pi}{180}\right) \times \sin^2\left(\frac{(Lung1 - Lung2) \times \pi}{360}\right)} \times 6378.137$$

$$(6-3)$$

公式（6-3）中，Lat1、Lung1 分别为 A 点位置的纬度和经度；Lat2、Lung2 分别为 B 点位置的纬度和经度；地球的赤道半径为 6378.137 千米；欧式距离 S 的单位为千米。

同时，由于西南边疆民族地区丝绸之路经济带建设中城市体系空间结构分布的分形特点，具有标度不变性，即：

$$C(\lambda r) \propto \lambda C(r) \quad (6-4)$$

$$C(r) \propto r^\alpha \quad (6-5)$$

公式（6-4）中，λ 为尺度比，α 为标度因素；$D = \alpha$ 是西南边疆民族地区丝绸之路经济带建设中城市体系的空间关联分维数，反映的是各城市密度变化的平均值。一般而言，D 的值介于 0～2 之间。当 D 趋向 2，表明各城市的空间分布比较均匀；当 D 趋向 1，表明各城市的空间分布集聚于某一条地理线，如交通线、河流、海岸线等；当 D 趋向 0，表明城市空间分布比较集中，以某一城市为集聚中心。

为便于计算，空间关联分维数可定义为公式（6-6）：

$$N(r) \propto r^D \tag{6-6}$$

同时，公式（6-6）还可以表示为：

$$N(r) = \sum_i \sum_j \theta(r - d_{ij}) \tag{6-7}$$

公式（6-7）中，取定步长 $\Delta r = 30$ 千米，则可以计算得到具有大于 r 的特征线性尺度的客体数目（对象）N(r)，这样就可以得到一系列点对（r, N(r)）。将城市体系的这一系列点对描绘在双对数坐标图中，以观察到它们呈对数线性分布，然后对各点（r, N(r)）取对数得到（lnr, ln N(r)），再通过对各组对数分别进行回归分析，得到空间结构分维值的测算结果。

2. 重心模型

本研究首先以赤道（0°）为横（X）轴，本初子午线（0°）为纵（Y）轴建立直角坐标系，然后利用公式（6-3）和各城市地理坐标，计算得到各城市的代表点在直角坐标系上分别距离 X 轴和 Y 轴的距离，进而测算得到该城市代表点在直角坐标系上的距离坐标。

假设 Lat1、Lung1 分别表示任一城市代表点 A 的纬度和经度，该点到本初子午线、赤道线的距离分别为 S_1、S_2；同时，假设使用 Lat2、Lung2 分别表示在本初子午线上距离 A 点的距离为 S_1 的坐标点的纬度、经度。则有 Lat2 = Lat1，Lung2 = 0，并将其代入公式（6-3）可得：

$$S_1 = 2\arcsin \sqrt{\cos^2\left(\frac{Lat1 \times \pi}{180}\right) \times \sin^2\left(\frac{Lung1 \times \pi}{360}\right)} \times 6378.137 \tag{6-8}$$

同时，假设在赤道线上距离 A 点的距离为 S_2 的坐标点的维度、经度分别为 Lat3、Lung3，则有 Lat3 = 0，Lung3 = Lung1，并将其代入公式 6-3 得到：

$$S_2 = 2\arcsin \sqrt{\sin^2\left(\frac{Lat1 \times \pi}{360}\right)} \times 6378.137 \tag{6-9}$$

本研究利用公式（6-8）和公式（6-9）将各城市的经纬度转换成直角坐标系下点的坐标，且令 $X = S_1$、$Y = S_2$，可以得到西南边疆民族地区丝绸之路经济带建设中各城市的坐标点距离直角坐标系 X 轴、Y 轴的距离。

假如一个地区由多个区域构成，其中 i 区域的重心坐标是（X_i, Y_i），而 E_{ij} 是

i 区域的某个经济属性指标，则整个地区的重心坐标可以通过公式（6-10）求得（乔家军、李小健，2005）：

$$X_i = \frac{\sum (E_{ij} \times X_{ij})}{\sum E_{ij}}$$

$$Y_i = \frac{\sum (E_{ij} \times Y_{ij})}{\sum E_{ij}} \quad (6-10)$$

公式（6-10）中，j 为年份，E_{ij} 为经济指标。

一个地区的经济指标重心的变动主要受到其地理位置及该经济指标的"重量"的影响。由于各地区的地理位置一般是固定的，因而经济指标的重心变化主要受到其经济指标的"重量"的影响，并随其经济指标"重量"的大小变化而处于不断的变动之中（Asheim & Dunford，1997）。

根据公式（6-10），可以测算得到重心坐标的具体位置。假设用 Lat4、Lung4 分别表示重心坐标的维度、经度（度数形式），那么该重心坐标的维度、经度可以通过公式（6-11）求得。

$$Lat4 = \frac{Y_i \times 180}{\pi \times 6378.137}$$

$$Lung4 = \arcsin \sqrt{\frac{\sin\left(\dfrac{X_i}{2 \times 6378.137}\right)}{\cos\left(\dfrac{Y_i \times \pi}{180}\right)}} \times \frac{360}{\pi} \quad (6-11)$$

3. 泰勒系数模型

泰勒系数（Theil 系数）由泰勒在 20 世纪 60 年代提出，现被广泛应用于空间经济发展差异研究。泰勒系数差异可分解为"区域间差异"和"区域内差异"两个组成部分，分别反映地区间、地区内的差异状况。泰勒系数可以通过以下公式来表示：

$$T_{总} = T_{区域间} + T_{区域内} = \sum_{i=1}^{n} Y_i \log \frac{Y_i}{P_i} + \sum_{i=1}^{n} Y_i \left(\sum_j Y_{ij} \log \frac{Y_{ij}}{P_{ij}} \right) \quad (6-12)$$

$$T_{区域间} = \sum_{i=1}^{n} Y_i \log \frac{Y_i}{P_i} \quad (6-13)$$

$$T_{区域内} = \sum_{i=1}^{n} Y_i \left(\sum_j Y_{ij} \log \frac{Y_{ij}}{P_{ij}} \right) \quad (6-14)$$

其中，$T_{总}$ 为总差异，n 为划分的区域个数，Y_i 为 i 地区的经济指标份额，P_i 为 i 地区的人口份额，Y_{ij}、P_{ij} 分别为 i 地区 j 城市的经济指标份额和人口份额。

（二）数据来源

本研究选取西南边疆民族地区内广西壮族自治区的 14 个地级市和云南省的 16 个地级市（自治州）作为研究样本，研究区间设定为 2010～2016 年。数据来源于 2011～2017 年的《中国城市统计年鉴》《广西统计年鉴》和《云南统计年鉴》。鉴于 2015 年和 2016 年《中国统计年鉴》中的进出口总额数据使用的单位不统一，故采用当年全国美元兑换人民币的平均汇率进行转换。首先，在百度地图中查找得到西南边疆民族地区丝绸之路经济带建设中各城市政府代表点的经纬度；然后，采用公式（6-8）和公式（6-9），计算得到西南边疆民族地区丝绸之路经济带建设中各城市代表点在直角坐标系上的坐标（见表 6-1）。

表 6-1 西南边疆民族地区丝绸之路经济带建设中各城市经纬度值及其到赤道和本初子午线的距离

城市	城市代表点的经纬度坐标		城市代表点到赤道和本初子午线的距离（单位：千米）	
	北纬	东经	到赤道的距离	到本初子午线的距离
南宁	22.8238	108.3730	2540.7328	10768.6872
柳州	24.3324	109.4350	2708.6695	10699.1815
桂林	25.2418	110.1862	2809.9062	10660.6411
梧州	23.4826	111.2855	2614.0700	10957.1448
北海	21.4871	109.1268	2391.9298	10976.0483
防城港	21.6930	108.3611	2414.8570	10884.6035
钦州	21.9866	108.6609	2447.5322	10882.1175
贵港	23.1175	109.6056	2573.4229	10848.1462
玉林	22.6602	110.1874	2522.5143	10949.7002
百色	23.9088	106.6254	2661.5095	10496.6959
贺州	24.4101	111.5738	2717.3174	10876.7209
河池	24.6987	108.0915	2749.4463	10540.5582
来宾	23.7563	109.2277	2644.5332	10744.8297
崇左	22.3829	107.3715	2491.6545	10723.4843

续表

城市	城市代表点的经纬度坐标		城市代表点到赤道和本初子午线的距离（单位：千米）	
	北纬	东经	到赤道的距离	到本初子午线的距离
昆明	24.8878	102.8402	2770.4986	10055.5111
曲靖	25.4970	103.8026	2838.3103	10076.6005
玉溪	24.3529	102.5337	2710.9478	10083.0190
保山	25.1178	99.1680	2796.1034	9702.4975
昭通	27.3441	103.7236	3043.9264	9866.9200
丽江	26.8609	100.2331	2990.1440	9618.1842
普洱	22.8310	100.9728	2541.5277	10089.7438
临沧	23.8904	100.0953	2659.4693	9907.2554
楚雄	25.0390	101.5527	2787.3269	9924.7802
红河	23.3687	103.3823	2601.3886	10259.2950
文山	23.3925	104.2398	2604.0424	10335.0715
西双版纳	22.0154	100.8034	2450.7365	10150.0528
大理	25.6846	100.3081	2859.1979	9747.4425
德宏	24.4389	98.5922	2720.5203	9716.7080
怒江	25.8237	98.8631	2874.6741	9604.4437
迪庆	27.8254	99.7086	3097.5057	9469.6245

二、西南边疆民族地区丝绸之路经济带建设中城市体系空间结构实证分析

（一）城市空间结构分维度分析

本研究根据表6-1中西南边疆民族地区丝绸之路经济带建设中各城市的经纬度坐标，采用公式（6-3）计算得到西南边疆民族地区丝绸之路经济带建设中两两城市之间的欧式距离，如表6-2所示。可见，各两两城市之间的欧式距离是一个对称的矩阵。当矩阵满秩时，共有 $N^2 = 30 \times 30 = 900$ 个数值。

第六章 西南边疆民族地区丝绸之路经济带建设中城市体系空间结构实证研究

表6-2 西南边疆民族地区丝绸之路经济带建设中两城市之间的欧式距离

单位：千米

城市	南宁	柳州	桂林	梧州	北海	防城港	钦州	贵港	玉林	百色	贺州	河池	来宾	崇左	昆明
南宁	0														
柳州	200.1	0													
桂林	326.6	126.7	0												
梧州	307.0	210.8	225.6	0											
北海	168.1	318.8	432.4	314.3	0										
防城港	126.1	314.2	437.3	360.7	82.5	0									
钦州	97.9	273.3	394.9	316.9	73.6	45.1	0								
贵港	130.5	136.6	244.1	176.5	188.4	204.0	159.2	0							
玉林	187.2	201.7	287.8	145.1	170.5	217.0	174.2	78.5	0						
百色	215.7	289.3	389.9	477.4	372.7	304.6	299.1	316.7	389.9	0					
贺州	371.3	217.0	168.1	107.5	411.2	447.2	402.3	246.9	241.0	505.7	0				
河池	211.0	142.1	219.9	351.8	373.4	336.3	307.9	234.1	311.9	172.9	354.0	0			
来宾	135.8	67.6	192.0	212.1	253.2	246.6	205.7	81.0	156.8	265.5	249.3	156.0	0		
崇左	114.1	302.8	428.7	419.6	206.9	127.8	140.1	243.5	291.2	186.5	485.1	268.5	244.1	0	
昆明	608.4	670.2	741.7	871.6	746.6	667.4	676.7	715.6	788.5	398.9	885.1	531.1	660.0	539.9	0
曲靖	551.6	583.2	642.7	790.5	703.7	629.3	631.0	645.6	721.7	335.9	793.5	441.4	582.2	502.3	118.4
玉溪	619.6	699.9	779.5	895.7	747.6	666.5	680.2	733.6	803.6	418.6	916.4	564.1	683.6	540.9	67.2
保山	970.4	1041.6	1109.8	1242.4	1095.3	1013.5	1029.4	1083.4	1154.2	767.2	1256.0	902.0	1030.5	889.5	371.3
昭通	688.1	663.3	686.1	873.5	852.0	785.7	778.4	756.7	835.2	481.1	851.3	527.1	682.2	664.5	287.7
丽江	937.1	965.6	1011.3	1174.9	1083.3	1005.7	1012.0	1033.3	1109.4	722.1	1170.4	823.6	968.8	877.8	341.4
普洱	759.2	879.3	974.2	1057.8	853.8	771.6	796.7	885.2	946.0	589.9	1095.2	754.4	850.2	659.4	297.9

续表

城市	南宁	柳州	桂林	梧州	北海	防城港	钦州	贵港	玉林	百色	贺州	河池	来宾	崇左	昆明
临沧	854.1	950.1	1032.4	1141.3	965.3	882.8	903.2	974.5	1040.9	664.5	1167.0	816.2	930.0	763.5	299.7
楚雄	736.5	801.0	870.2	1002.6	869.7	789.3	801.2	845.9	918.0	529.1	1015.5	661.4	791.0	662.8	131.0
红河	514.6	625.5	721.1	807.3	627.2	544.9	563.6	637.1	701.6	336.2	841.7	501.2	598.1	423.6	178.1
文山	427.9	539.1	637.4	719.6	545.8	464.1	480.3	549.6	614.7	250.0	754.9	417.7	510.5	340.3	219.1
西双版纳	784.1	920.1	1022.0	1088.2	862.5	781.6	810.9	913.0	968.7	632.9	1133.4	802.5	885.3	678.1	381.9
大理	878.3	932.8	993.8	1137.6	1013.7	933.5	944.9	984.8	1058.1	668.3	1144.6	791.6	927.0	806.8	269.9
德宏	1013.4	1099.1	1174.3	1295.2	1128.4	1046.0	1065.5	1131.3	1199.4	817.9	1315.3	962.0	1083.2	925.5	432.6
怒江	1020.7	1078.5	1138.9	1283.1	1152.3	1071.3	1084.6	1129.1	1201.8	812.4	1290.3	937.3	1072.2	945.6	413.4
迪庆	1034.4	1047.1	1082.1	1257.8	1185.5	1109.5	1113.3	1124.0	1201.3	818.7	1244.9	906.3	1056.0	981.8	452.6

城市	曲靖	玉溪	保山	昭通	丽江	普洱	临沧	楚雄	红河	文山	西双版纳	大理	德宏	怒江	迪庆
南宁															
柳州															
桂林															
梧州															
北海															
防城港															
钦州															
贵港															
玉林															
百色															

续表

城市	曲靖	玉溪	保山	昭通	丽江	普洱	临沧	楚雄	红河	文山	西双版纳	大理	德宏	怒江	迪庆
贺州															
河池															
来宾															
崇左															
昆明															
曲靖	0														
玉溪	180.8	0													
保山	468.3	350.8	0												
昭通	206.1	354.2	518.2	0											
丽江	387.6	362.7	221.6	350.1	0										
普洱	413.4	232.7	314.2	574.5	455.5	0									
临沧	415.5	253.0	166.0	529.9	331.5	148.3	0								
楚雄	232.2	125.3	240.6	336.3	242.3	253.2	195.5	0							
红河	241.1	139.7	470.1	444.6	502.3	253.9	340.2	263.0	0						
文山	238.8	204.0	549.5	443.6	559.0	340.3	426.3	328.8	87.7	0					
西双版纳	494.0	315.1	384.0	663.4	543.3	92.6	221.3	345.7	304.8	384.8	0				
大理	351.5	269.2	130.9	387.3	131.4	325.2	201.2	144.4	404.5	473.1	412.2	0			
德宏	538.8	399.7	95.5	607.4	316.3	301.8	164.5	306.7	501.8	586.4	352.4	221.9	0		
怒江	496.9	404.7	84.5	512.7	179.0	396.4	248.9	284.2	533.0	607.9	468.2	145.7	156.8	0	
迪庆	482.9	479.2	306.6	399.7	119.4	571.2	440.4	361.0	618.7	671.6	657.1	246.0	393.7	238.5	0

本研究根据公式（6-1）至公式（6-7），以及表6-1和表6-2的相关数据，选定步长 $\Delta r = 30$ 千米，通过测算得到西南边疆民族地区丝绸之路经济带建设中城市体系的码尺 r 及其关联函数 N(r)，进一步得到广西壮族自治区、云南省以及西南边疆民族地区丝绸之路经济带建设中城市体系的空间结构分维值测算结果（见表6-3）。结合表6-3中广西壮族自治区、云南省和西南边疆民族地区城市体系的码尺 r 及其关联函数 N(r) 形成的系列点（r, N(r))，并对这些点取对数得到（lnr, ln N(r)），再将城市体系的这一系列点描绘在双对数坐标图中，以观察到其呈对数线性分布。最后，对各组对数分别进行回归分析，得到广西、云南及西南边疆民族地区丝绸之路经济带建设中城市体系的空间结构分维值测算结果（见表6-4）。

表6-3　　西南边疆民族地区丝绸之路经济带建设中城市体系的码尺 r 及其关联函数 N(r)

序号	广西		云南		西南边疆民族地区	
	r	N(r)	r	N(r)	r	N(r)
1	900	105	690	120	1320	435
2	870	104	660	120	1290	434
3	840	99	630	117	1260	426
4	810	96	600	113	1230	419
5	780	87	570	105	1200	402
6	750	78	540	100	1170	388
7	720	69	510	95	1140	374
8	690	60	480	87	1110	357
9	660	50	450	76	1080	335
10	630	45	420	72	1050	326
11	600	34	390	63	1020	306
12	570	31	360	52	990	289
13	540	25	330	44	960	275
14	510	20	300	34	930	258
15	480	16	270	29	900	246
16	450	15	240	22	870	237

续表

序号	广西		云南		西南边疆民族地区	
	r	N(r)	r	N(r)	r	N(r)
17	420	13	210	17	840	226
18	390	11	180	12	810	214
19	360	11	150	9	780	204
20	330	11	120	6	750	197
21	300	10	90	3	720	188
22	270	10	60	2	690	180
23	240	6			660	161
24	210	5			630	156
25	180	3			600	148
26	150	3			570	139
27	120	2			540	123
28	90	2			510	116
29	60	2			480	107
30					450	95
31					420	85
32					390	77
33					360	67
34					330	58
35					300	47
36					270	40
37					240	28
38					210	20
39					180	15
40					150	10
41					120	8
42					90	4
43					60	3

表 6-4　西南边疆民族地区丝绸之路经济带建设中城市体系空间结构分维值测算结果

地区	回归方程	分维度 D	决定系数 R^2
广西壮族自治区	$\ln N(r) = -7.4937 + 1.7389 \ln r$	1.7389	0.9214
云南省	$\ln N(r) = -6.8971 + 1.8243 \ln r$	1.8243	0.9919
西南边疆民族地区	$\ln N(r) = -5.8602 + 1.6802 \ln r$	1.6802	0.9919

表 6-4 的结果显示，广西壮族自治区、云南省和西南边疆民族地区的 $\ln r$ 与 $\ln N(r)$ 之间的回归分析均通过了 1% 的显著性检验。并且，上述三个区域的回归方程的决定系数 R^2 分别为 0.9214、0.9919、0.9919，均大于 0.9 或非常接近 1，表明三个模型的拟合效果均较好。另外，广西壮族自治区、云南省和西南边疆民族地区的分维度 D 分别为 1.7389、1.8243、1.6802，表明这三个区域的空间结构属于分形结构。分维度 D 均大于 1 且接近 2，表明三个区域的城市空间分布都相对比较均匀，各城市分布尚未高度集中于某一个城市或某一地理线。这说明西南边疆民族地区各城市之间的空间经济联系程度仍然较薄弱，有待进一步增强其空间经济联系。广西壮族自治区的分维度 D 比云南省的分维度 D 要小，表明广西壮族自治区的城市集中度比云南省的城市集中度要稍好一些。但是，西南边疆民族地区的城市集中度高于广西壮族自治区和云南省。总体而言，西南边疆民族地区的城市集中度仍然较低，亟须进一步增强区域城市空间经济联系。

由于广西壮族自治区、云南省和西南边疆民族地区的城市空间分布都相对较均匀，为深入探析西南边疆民族地区丝绸之路经济带建设中城市体系的空间结构分布，本研究进一步选取珠江—西江经济带、广西北部湾经济区、滇中城市经济圈等西南边疆民族地区丝绸之路经济带建设中的主要国家级城市经济圈的空间结构分布进行研究，以较深入地探析各城市的空间结构分布及其集聚情况。根据公式 (6-1) 至公式 (6-7)，以及表 6-1 和表 6-2 中的相关数据，选定步长 $\Delta r = 30$ 千米，通过测算得到西南边疆民族地区丝绸之路经济带建设中的主要国家级城市经济圈的城市码尺 r 及其关联函数 $N(r)$，进而得到西南边疆民族地区丝绸之路经济带建设中的主要国家级城市经济圈的城市空间结构分维值测算结果（见表 6-5）。

表6-5　西南边疆民族地区丝绸之路经济带建设中主要国家级
城市经济圈城市体系的码尺及其关联函数

序号	珠江—西江经济带		广西北部湾经济区		滇中城市经济圈	
	r	N(r)	r	N(r)	r	N(r)
1	480	21	300	15	240	6
2	450	21	270	14	210	6
3	420	19	240	12	180	5
4	390	18	210	10	150	4
5	360	15	180	7	120	2
6	330	14	150	4	90	2
7	300	12	120	2	60	1
8	270	9	90	1		
9	240	6	60	1		
10	210	5				
11	180	2				
12	150	2				
13	120	2				
14	90	1				
15	60	1				

注：珠江—西江经济带的范围是依据国家发展改革委印发的《珠江—西江经济带发展规划》的规划范围进行确定，包括南宁、柳州、梧州、贵港、百色、来宾、崇左7个城市，不含规划延伸区；广西北部湾经济区的范围是依据国家批准实施的《广西北部湾经济区发展规划》进行确定，包括南宁、北海、钦州、防城港、玉林、崇左6个城市；滇中城市经济圈的范围是依据《国务院关于支持云南省加快建设面向西南开放重要桥头堡的意见》进行确定，包括：昆明、曲靖、玉溪、楚雄4个城市。

本研究根据表6-5中珠江—西江经济带、广西北部湾经济区、滇中城市经济圈的城市码尺r及其关联函数N(r)形成的系列点(r, N(r))，通过对这些点取对数得到(lnr, ln N(r))，再将城市体系的这一系列点描绘在双对数坐标图中，以观察到其呈对数线性分布（略）。最后，对各组对数分别进行回归分析，得到珠江—西江经济带、广西北部湾经济区、滇中城市经济圈的城市空间结构分维值测算结果（见表6-6）。

表 6-6　西南边疆民族地区丝绸之路经济带建设中主要国家级城市
经济圈空间结构分维值测算结果

地区	回归方程	分维度 D	决定系数 R^2
珠江—西江经济带	$\ln N(r) = -7.7708 + 1.7627\ln r$	1.7627	0.9395
广西北部湾经济区	$\ln N(r) = -8.5734 + 1.9976\ln r$	1.9976	0.9480
滇中城市经济圈	$\ln N(r) = -5.5594 + 1.3623\ln r$	1.3623	0.9544

根据表 6-6 可知，珠江—西江经济带、广西北部湾经济区、滇中城市经济圈的 $\ln r$ 与 $\ln N(r)$ 之间的回归分析均通过了 1% 的显著性检验。并且，上述三个地区回归方程的决定系数 R^2 分别为 0.9395、0.9480、0.9544，均大于 0.9 或接近 1，表明三个模型的拟合效果均较好。从分维度 D 的测算结果来看，珠江—西江经济带、广西北部湾经济区的分维度 D 分别为 1.7627、1.9976，表明这两个国家级城市经济圈的空间结构属于分形结构，城市空间分布都比较均匀，但城市集中度仍然不高，需要进一步增强其城市空间经济联系；滇中城市经济圈的分维度 D 为 1.3623，表明该区域的空间结构属于分形结构，且城市空间分布集中于某一城市或地理线。结合滇中城市经济圈中昆明、曲靖、玉溪、楚雄 4 个城市的地理位置及其经济发展情况发现，滇中城市经济圈的空间结构分布呈现以云南昆明为中心以及曲靖、玉溪、楚雄呈外围分布的半椭圆形空间结构走向。并且，滇中城市经济圈的空间结构分布还具有楚雄、昆明、曲靖之间的线性分布特点，并与玉溪之间呈现"T"形结构分布，该区域的城市空间结构分布也较珠江—西江经济带和广西北部湾经济区的城市空间结构分布特点要强。

（二）城市重心轨迹演变分析

本研究采用公式（6-8）至公式（6-10），结合西南边疆民族地区各城市的经纬度坐标以及相关指标数据，通过测算得到西南边疆民族地区丝绸之路经济带建设中各城市的总人口、地区生产总值、三次产业增加值、社会消费品零售额、财政收入、进出口总额等指标重心的经度和纬度（见表 6-7）。再分别将其在直角坐标系中用散点图进行表示，以此分析其重心轨迹的变动特点和趋势。

表6-7　2010~2016年西南边疆民族地区丝绸之路经济带建设中各城市指标重心的经度和纬度

年份	城镇人口		地区生产总值		第一产业增加值		第二产业增加值		第三产业增加值		社会消费品零售额		财政收入		进出口总额	
	东经	北纬	东经	北纬	东经	北纬	东经	北纬	东经	北纬	东经	北纬	东经	北纬	东经	北纬
2010	106.7161	23.9186	106.1662	24.0415	106.1397	23.9208	106.3196	24.0884	105.9846	24.0370	106.2145	24.0327	104.4610	24.2817	105.5871	23.6074
2011	106.7053	23.9266	106.1794	24.0279	106.1905	23.8989	106.3084	24.0746	106.0033	24.0269	106.1869	24.0385	104.4767	24.2501	105.7912	23.4757
2012	106.6606	23.9415	106.0701	24.0456	105.9877	23.9395	106.2068	24.0857	105.9296	24.0422	106.1603	24.0424	104.5907	24.2570	105.9943	23.4619
2013	106.7470	23.9153	106.0311	24.0472	105.9427	23.9356	106.2347	24.0655	105.8071	24.0731	106.2342	24.0469	104.4847	24.2803	105.6706	23.4766
2014	106.6166	23.9496	106.0507	24.0225	105.8581	23.9600	106.3541	24.0048	105.7845	24.0671	106.1379	24.0431	104.6251	24.2631	105.5631	23.3493
2015	106.6400	23.9441	106.0218	24.0196	105.8581	23.9569	106.3219	23.9950	105.7672	24.0689	106.1328	24.0437	104.6084	24.2569	106.0831	23.1077
2016	106.6509	23.9414	106.0205	24.0074	105.8780	23.9489	106.3420	23.9643	105.7469	24.0717	106.1095	24.0480	104.7271	24.2701	106.1978	23.0093

1. 西南边疆民族地区丝绸之路经济带建设中各城市指标重心轨迹的演变

（1）人口重心的轨迹演变分析。

图 6-1 反映了 2010~2016 年西南边疆民族地区各城市人口重心的演变路径。根据表 6-7 和图 6-1 可知，2010~2016 年西南边疆民族地区各城市人口重心的变动呈现主要向西北或东南方向变动，且呈现近似线性的波动特点，主要原因是受到分别来自以云南省的昆明、红河等城市以及广西壮族自治区的南宁、玉林、桂林、柳州等城市为中心的城市人口拉力的共同作用。这也表明这些城市的人口增速相对较快，对人口重心的牵引力作用相对较大。西南边疆民族地区各城市的人口重心演变路径可划分为四个阶段：

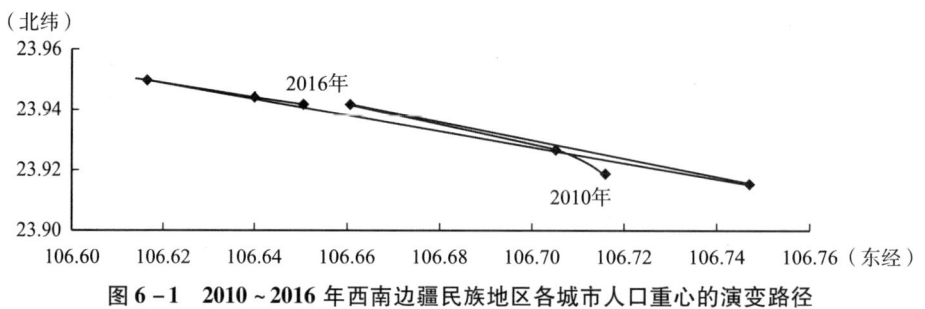

图 6-1 2010~2016 年西南边疆民族地区各城市人口重心的演变路径

第一阶段（2010~2012 年）：人口重心从 2010 年的重心坐标点（106.7161，23.9186）向西北方向移动到新的重心坐标点（106.6606，23.9415），其中经度减小了 0.0555，纬度增加了 0.0230。

第二阶段（2012~2013 年）：人口重心从 2012 年的重心坐标点（106.6606，23.9415）快速向东南方向移动至新的坐标点（106.7470，23.9153），其中经度增加了 0.0864，而纬度减小了 0.0262。

第三阶段（2013~2014 年）：人口重心从 2013 年的重心坐标点（106.7470，23.9153）快速向西北方向移动至新的坐标点（106.6166，23.9496），其中经度减小了 0.1304，而纬度增加了 0.0343。

第四阶段（2014~2016 年）：人口重心从 2014 年的重心坐标点（106.6166，23.9496）逐步向东南方向移动至新的坐标点（106.6509，23.9414），其中经度增加了 0.0343，而纬度减小了 0.0082。

(2) 经济重心的轨迹演变分析。

图 6-2 反映了 2010~2016 年西南边疆民族地区各城市经济重心的演变路径。从表 6-7 和图 6-2 可以看到，2010~2016 年西南边疆民族地区各城市经济重心主要向西部、西北和南部方向偏移。为此，可以将 2010~2016 年西南边疆民族地区各城市经济重心的变动趋势划分为以下三个阶段：

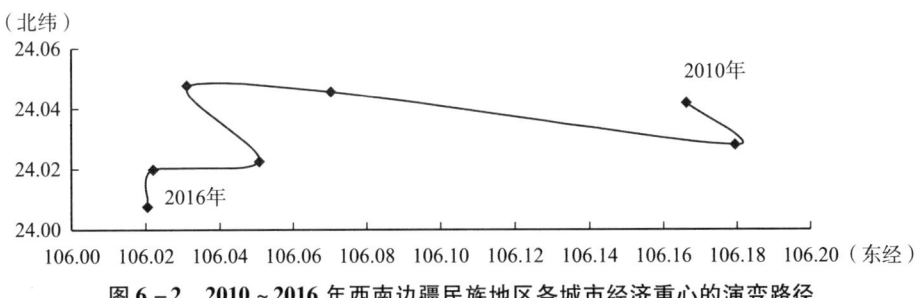

图 6-2　2010~2016 年西南边疆民族地区各城市经济重心的演变路径

第一阶段（2010~2011 年）：经济重心从 2010 年的坐标点（106.1662，24.0415）向南部方向偏移，并移动至坐标点（106.1794，24.0279），其中经度增加了 0.0132，而纬度减小了 0.0136。这期间主要受到广西南宁、云南昆明等地区的经济发展驱动的影响。其中，2011 年广西南宁、云南昆明的地区生产总值相比上年分别增加了 411.1787 亿元、389.2769 亿元，而其他地区的地区生产总值增加值都明显低于这两个城市的，表明广西南宁、云南昆明的经济拉动作用相对较突出。

第二阶段（2011~2013 年）：这期间经济重心主要向西北方向偏移，从 2011 年的重心坐标点（106.1794，24.0279）移动至 2013 年的坐标点（106.0311，24.0472），其中经度减小了 0.1483，而纬度增加了 0.0193。这期间经度的变化值较纬度的变化值要大，主要是由于云南昆明、曲靖以及广西南宁、桂林、柳州等地区经济得到了较快速发展，其中，2013 年云南昆明的地区生产总值较 2010 年增长了 905.73 亿元，在西南边疆民族地区位居首位；南宁、柳州、曲靖、桂林 4 个城市的地区生产总值也相对较高，这些城市在 2013 年的地区生产总值较 2010 年分别增长了 592.1 亿元、430.33 亿元、374.01 亿元和 330.33 亿元。

第三阶段（2013~2016 年）：经济重心主要向西部和南部方向偏移，先是由 2013 年的重心坐标点（106.0311，24.0472）向南部方向移动至 2014 年的坐标点（106.0507，24.0225），然后向西部方向移动至 2015 年的坐标点（106.0218，

24.0196），而后再向南部方向移动至 2016 年的重心坐标点（106.0205，24.0074）。2013~2016 年，经度减小了 0.0106，而纬度减小了 0.0398。纬度的减幅是经度减幅的 3.7680 倍。这期间云南昆明、红河以及广西南宁、柳州、桂林、玉林、百色等城市的经济得到了较快速发展。其中，2016 年广西南宁、云南昆明的地区生产总值分别较 2013 年增长了 899.79 亿元、884.77 亿元；云南红河以及广西柳州、桂林、玉林、百色等城市的地区生产总值增长量介于 300 亿~500 亿元之间；西南边疆民族地区的其他城市的地区生产总值增长量都小于 300 亿元。

（3）第一产业增加值重心的轨迹演变分析。

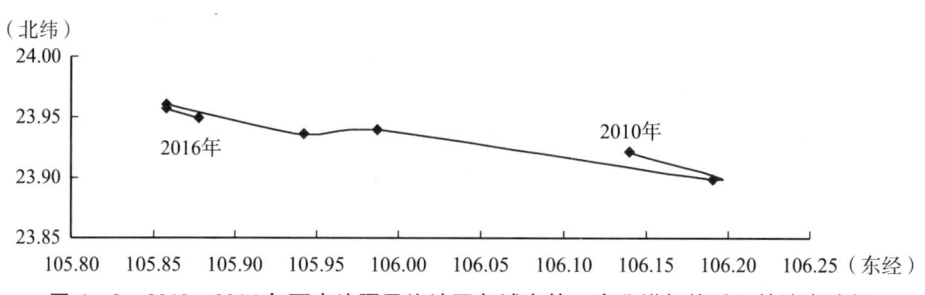

图 6-3 反映了 2010~2016 年西南边疆民族地区各城市第一产业增加值重心的演变路径。从表 6-7 和图 6-3 可以看到，2010~2016 年西南边疆民族地区各城市第一产业增加值重心除了在 2011 年和 2015~2016 年是向相反方向（即东南方向）偏移之外，第一产业增加值重心轨迹总体向西北方向偏移。

图 6-3 2010~2016 年西南边疆民族地区各城市第一产业增加值重心的演变路径

从重心轨迹的变动情况来看，2010~2016 年的第一产业增加值重心轨迹呈现近似线性分布的变化特点，反映了第一产业增加值重心的迁移主要受到东南方向和西北方向两个方向的拉力较明显，且受到特定地区拉力作用影响的特征也较突出。具体来说，第一产业增加值重心先从 2010 年的坐标点（106.1397，23.9208）向东南方向偏移至 2011 年的坐标点（106.1905，23.8989），然后又向西北方向偏移至 2014 年的坐标点（105.8581，23.9600），而后又向东南移动至 2016 年的坐标点（105.8780，23.9489）。

考察期内，重心坐标点在 2011~2014 年的波动幅度较大，其经度减小了 0.3324，而纬度仅减小了 0.0611，经度减幅是纬度减幅的 5.4447 倍。2014 年，第一产业增加值较 2011 年增长量较大的城市从大到小依次是：曲靖（79.72 亿元）、桂林（73.52 亿元）、红河（69.66 亿元）、大理（53.15 亿元）、文山

（49.75亿元）、南宁（49.14亿元）、临沧（52.06亿元）、普洱（48.21亿元）、昆明（47.73亿元）、昭通（44.17亿元）。可见，除了广西的南宁、桂林等城市对第一产业增加值重心偏移的影响和贡献较大以外，第一产业增加值重心的偏移主要是受到云南昆明及其周边城市及以南地区第一产业发展的影响。

（4）第二产业增加值重心的轨迹演变分析。

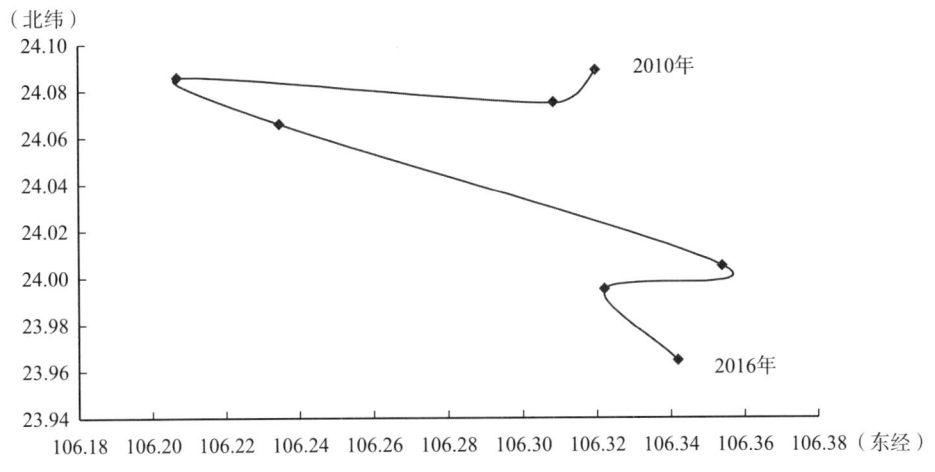

图6-4反映了2010~2016年西南边疆民族地区各城市第二产业增加值重心的演变路径。从表6-7和图6-4可以看到，2010~2016年西南边疆民族地区各城市第二产业增加值重心呈现先向西部地区方向偏移，然后再向东南方向偏移的变化特征。具体来看，第二产业增加值重心先从2010年的重心坐标点（106.3196，24.0884）向西部地区方向偏移至2012年的重心坐标点（106.2068，24.0857）。2010~2012年，经度减小了0.1128，而纬度仅减小了0.0027。这期间第二产业增加值的增长量超过150亿元的城市包括：云南的昆明（417.6196亿元）、曲靖（216.2538亿元）、玉溪（166.0673亿元），以及广西的南宁（308.8659亿元）、柳州（307.4028亿元）、桂林（205.1073亿元）和梧州（183.9897亿元），表明这些城市2010~2012年受第二产业增加值重心偏移的影响相对较大。

图6-4 2010~2016年西南边疆民族地区各城市第二产业增加值重心的演变路径

考察期内，第二产业增加值重心从2012年的重心坐标点（106.2068，24.0857）逐步向东南方向偏移至2016年的坐标点（106.3420，23.9643），经度增加了0.1351，而纬度减少了0.1213。这期间第二产业增加值重心的偏移主要受到广西宁、柳州、桂林、北海以及云南昆明等城市的影响，这些城市在此期间的第二产业增加值的增长量也相对较大，第二产业增加值的增长量均大于 200 亿元。

（5）第三产业增加值重心的轨迹演变分析。

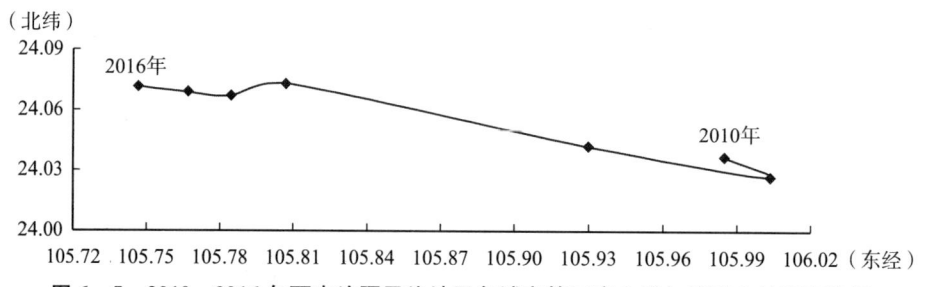

图 6-5 反映了 2010~2016 年西南边疆民族地区各城市第三产业增加值重心的演变路径。从表 6-7 和图 6-5 可以看到，2010~2016 年西南边疆民族地区各城市的第三产业增加值重心主要向西北方向偏移，且其变动呈现比较明显的线性特征。具体来看，第三产业增加值重心由 2010 年的重心点（105.9846，24.0370）向西北方向移动至 2016 年的重心点（105.7469，24.0717），这期间经度减小了0.2377，而纬度增加了 0.0348，经度的减小幅度是纬度增加幅度的 6.8371 倍。可见，西南边疆民族地区第三产业增加值重心受到来自西北方向的第三产业增加值的拉力作用相对较大，导致第三产业增加值重心主要向西北方向偏移。

图 6-5 2010~2016 年西南边疆民族地区各城市第三产业增加值重心的演变路径

考察期内，第三产业增加值的增长量超过 300 亿元的城市包括：广西的南宁（976.9577 亿元）、柳州（569.7962 亿元）、桂林（368.9178 亿元）、玉林（315.5139 亿元），以及云南的昆明（1400.3136 亿元）、曲靖（462.5831 亿元）、红河（317.2768 亿元）等。其中，昆明的第三产业增加值最大，其次是南宁，再次是柳州。但西南边疆民族地区内其他城市的第三产业增加值的增长量相对较小且均小于 500 亿元。

（6）社会消费品零售额重心的轨迹演变分析。

图 6-6 反映了 2010~2016 年西南边疆民族地区各城市社会消费品零售额重心的演变路径。从表 6-7 和图 6-6 可以看出，2010~2016 年西南边疆民族地区各城市社会消费品零售额重心主要向西部和西北方向偏移。具体来看，2013 年，社会消费品零售额重心大幅度向东部方向偏移，从 2012 年的重心坐标点（106.1603，24.0424）移动至 2013 年的坐标点（106.2342，24.0469），经度增加了 0.0739，而纬度仅增加了 0.0045。原因在于广西南宁、柳州、桂林和玉林等城市的社会消费品

零售额均实现了快速增长，而云南西双版纳、德宏等地区的社会消费品零售额出现负增长，导致2013年区域社会消费品零售额的重心发生较大的变动。

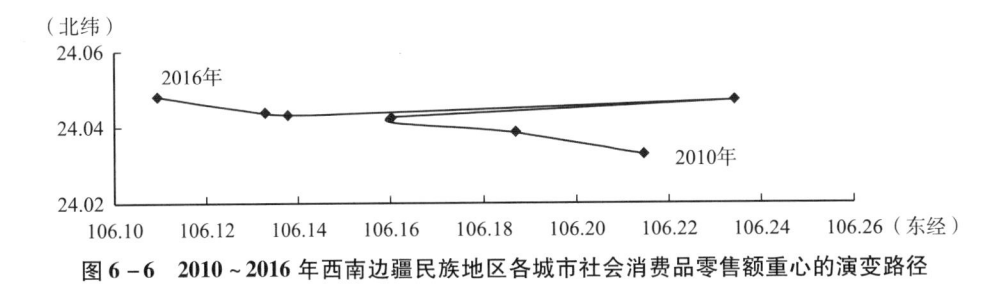

图6-6　2010~2016年西南边疆民族地区各城市社会消费品零售额重心的演变路径

2010~2016年，西南边疆民族地区各城市的社会消费品零售额重心整体向西部和西北方向偏移，由2010年的重心坐标点（106.2145，24.0327）移动至2016年的重心坐标点（106.1095，24.0480），经度减小了0.1051，而纬度仅增加了0.0152，经度减小的幅度是纬度增加幅度的6.8961倍。主要原因是部分地区的社会消费品零售额增长较大。考察期内，社会消费品零售额的增长量大于300亿元的城市包括：南宁（1074.4301亿元）、柳州（565.1288亿元）、桂林（444.9250亿元）、玉林（353.1932亿元）、昆明（1249.8978亿元）、曲靖（332.1676亿元），其中，昆明和南宁的社会消费品零售额相对较大。

（7）财政收入重心的轨迹演变分析。

图6-7反映了2010~2016年西南边疆民族地区各城市财政收入重心的演变路径。从表6-7和图6-7可以看出，2010~2016年西南边疆民族地区各城市财政收入重心整体向南部和东部地区方向偏移。具体来看，2013年，财政收入重心大幅度向西北地区方向偏移，由2012年的重心坐标点（104.5907，24.2570）偏移至2013年的重心坐标点（104.4847，24.2803），经度减小了0.1061，而纬度仅增加了0.0233。这是因为云南昆明的财政收入出现较大幅度的增长，其增长量达到72.35亿元，远大于排名第2的广西南宁的财政收入增长量25.7793亿元。同时，广西百色的财政收入增长量也较上一年度有较大幅度的增长，但2014年财政收入重心又偏移至2012年重心的附近。原因主要是广西来宾、梧州、南宁的财政收入相对较大导致重心发生较大偏移。云南普洱、曲靖以及广西百色等城市的财政收入出现负增长，也导致重心抵消了2013年的重心偏移引力并出现较大偏移。

（北纬）

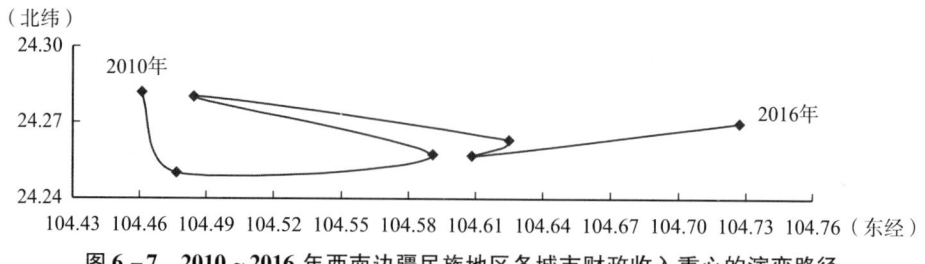

图6-7　2010~2016年西南边疆民族地区各城市财政收入重心的演变路径

总体来看，2010~2016年，西南边疆民族地区各城市的财政收入重心整体向南部和东部地区方向偏移，从2010年的重心坐标点（24.2817，105.5871）移动至2016年的重心坐标点（24.2701，106.1978）。这期间经度增加了0.2660，而纬度仅减小了0.0116，经度增加的幅度是纬度减小幅度的22.8675倍。主要原因是受到广西南宁、柳州、桂林以及云南昆明、曲靖、玉溪和红河等城市的合力作用影响。考察期内，西南边疆民族地区财政收入增长量大于50亿元的地区包括：南宁（145.0637亿元）、柳州（68.052亿元）、桂林（66.8167亿元）、昆明（276.17亿元）、曲靖（53.88亿元）、玉溪（66.33亿元）、红河（71.88亿元），其中，云南昆明和广西南宁的财政收入增长量相对较大。

（8）进出口总额重心的轨迹演变分析。

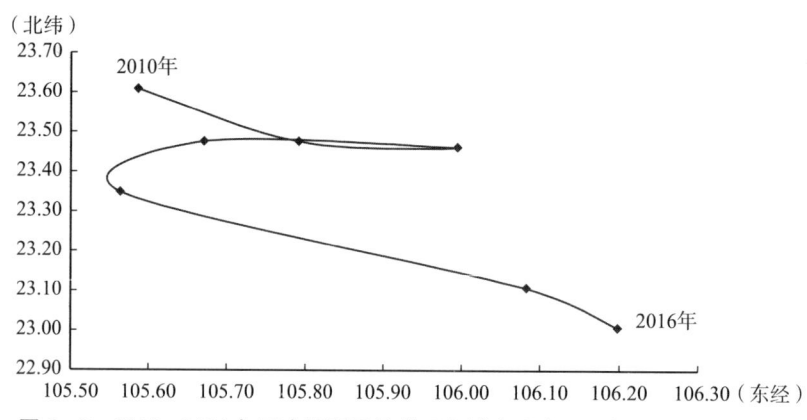

图6-8反映了2010~2016年西南边疆民族地区各城市进出口总额重心的演变路径。根据表6-7和图6-8可知，考察期内西南边疆民族地区的进出口总额重心整体呈现先向东南和东部方向偏移，然后向西部方向和西南方向偏移，再向东南方向偏移的变化特点。具体可以划分为三个变化阶段：

图6-8　2010~2016年西南边疆民族地区各城市进出口总额重心的演变路径

第一阶段（2010~2012年）：各城市进出口总额重心主要向东南和东部方向偏移，先由重心坐标点（105.5871，23.6074）向东南方向移动至2011年的坐标点（105.7912，23.4757），然后向东部地区方向移动至2012年的坐标点（105.9943，23.4619）。这期间各城市进出口总额重心的经度增加了0.4072，而纬度减小了0.1455，经度增加的幅度是纬度减小幅度的2.7987倍。主要是受到广西南宁、柳州、防城港、钦州、来宾、崇左以及云南昆明等城市进出口总额变化的影响，其中，广西对重心移动所产生的作用力相对较大。

第二阶段（2012~2014年）：进出口总额的重心由2012年的坐标点（105.9943，23.4619）向西部和西南地区方向偏移，移动至2014年的重心坐标点（105.5631，23.3493）。这期间进出口总额重心的经度减小了0.4311，而纬度减小了0.1126，经度减小的幅度是纬度减小幅度的3.8286倍。主要原因是广西崇左、云南昆明的进出口总额增长较大，其中，广西崇左的进出口总额增长75.5974亿美元，云南昆明的进出口总额增长33.77亿元，而其他城市的进出口总额增长量都较小。

第三阶段（2014~2016年）：进出口总额的重心坐标点由2014年的坐标点（105.5631，23.3493）向东南方向移动至2016年的坐标点（106.1978，23.0093）。这期间进出口总额重心的经度增加了0.6347，而纬度仅减小了0.3400，经度增加的幅度是纬度减小幅度的1.8667倍。主要原因在于，受到国际经济环境的影响，相较2014年，2016年西南边疆民族地区大部分城市的进出口总额都出现了负增长。其中，云南昆明的进出口总额下降最明显，其负增长值达到111.06亿美元。考察期内，进出口总额的增长量在10亿美元以上的城市包括：南宁（14.5232亿美元）、防城港（32.4688亿美元）、百色（13.5017亿美元）、崇左（38.3461亿美元）、玉溪（10.5000亿美元）、红河（11.2200亿美元）。由于进出口总额的增长态势发生较大变动，导致西南边疆民族地区各城市进出口总额重心向东南方向出现较大幅度偏移。

2. 西南边疆民族地区丝绸之路经济带建设中各城市指标重心的比较研究

根据表6-7可知，本研究分别对西南边疆民族地区各城市指标重心的经度、纬度进行比较分析。为了更好地掌握各城市空间结构变化的演变特征，探究各指标重心的经度和纬度的变化规律，在直角坐标系中采用滑线图标示出各指标重心的经度和纬度。

(1) 各指标重心的经度比较。

图 6-9 反映了 2010~2016 年西南边疆民族地区各城市指标重心的经度变化情况。从表 6-7 和图 6-9 可以看出：一是城镇人口重心的经度相对较高，介于东经 106.6166~106.7470 之间，总体呈现向经度减小的方向偏移的趋势；二是财政收入重心的经度相对较低，介于东经 104.4610~104.7271 之间，总体表现出向经度增加的方向偏移趋势；三是进出口总额重心的经度上下波动的幅度相对较大，但总体在波动中向经度增加的方向偏移；四是地区生产总值重心、第一产业增加值重心、第三产业增加值重心均有向经度减小的方向偏移的趋势。与地区生产总值重心相比，第一产业增加值重心和第三产业增加值重心向经度减小方向偏移的变化幅度更大，减小效果也更明显。同时，社会消费品零售额重心也有向经度减小的方向偏移的趋势，与地区生产总值增加值重心在经度上的变化趋势较接近，这反映出社会消费品零售额的变动与地区生产总值的变动之间存在着密切的联系。但是，社会消费品零售额重心在经度上减小的趋势和效果明显小于第一产业增加值重心和第三产业增加值重心。此外，第二产业增加值重心在经度上的变化趋势与地区生产总值重心、第一产业增加值重心和第三产业增加值重心的变化趋势存在较大不同，第二产业增加值重心呈现出向经度增加的方向偏移的变化趋势。由此可见，地区生产总值重心在经度上的变化趋势受到第一产业增加值与第三产业增加值的合力作用较第二产业增加值的影响更大。

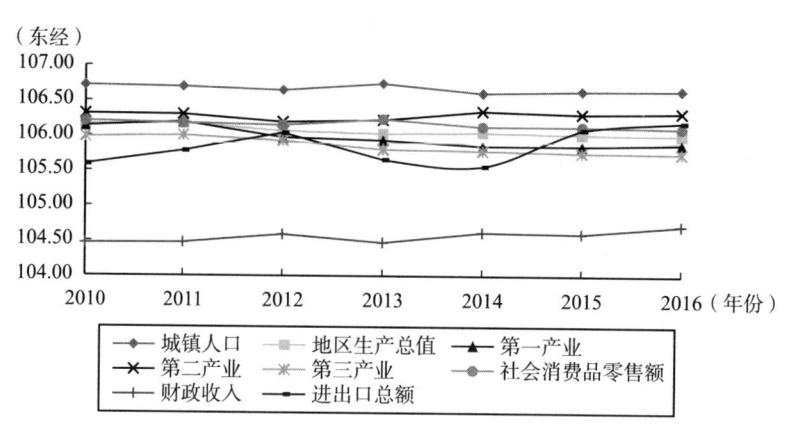

图 6-9 2010~2016 年西南边疆民族地区各城市指标重心的经度变化情况

(2) 各指标重心的纬度比较。

图 6-10 反映了 2010~2016 年西南边疆民族地区各城市指标重心的纬度变化情况。根据表 6-7 和图 6-10 可以得出：第一，财政收入重心的纬度相对较

高，财政收入重心纬度介于北纬 24.2501～24.2817 之间。虽然考察期内纬度有一定的波动，但总体上具有向纬度减小的方向偏移的趋势。第二，进出口总额重心的纬度相对较低，且总体上呈现不断向纬度减小的方向变化的趋势。纬度由 2010 年的 23.6074 减小至 2016 年的 23.0093，减幅相对较大。同时，进出口重心有向低纬度方向偏移的显著特征，这与城市进出口需要依赖沿海、沿边地区的地理位置有着密切的联系。第三，地区生产总值重心和第二产业增加值重心均具有向纬度减小的方向偏移的趋势，且第二产业增加值重心减小的幅度和趋势比地区生产总值重心减小的幅度和趋势更明显。而第一产业增加值重心和第三产业增加值重心呈现向纬度增加的方向偏移的趋势。可见，地区生产总值重心向纬度减小方向偏移受到第二产业增加值偏向低纬度地区发展的影响较大。第四，社会消费品零售额重心的变动相对较平稳，呈现向纬度增加的方向偏移的趋势。

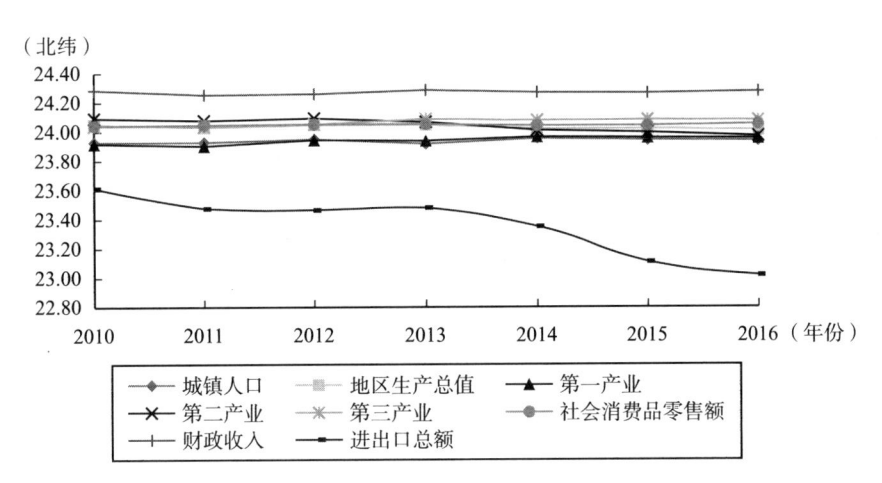

图 6-10　2010～2016 年西南边疆民族地区各城市指标重心的纬度变化情况

3. 西南边疆民族地区丝绸之路经济带建设中城市空间经济发展差异分析

本研究运用泰勒系数，测算得到西南边疆民族地区丝绸之路经济带建设中城市空间经济发展的总差异、区域间差异、区域内差异，以及各研究区域的区内差异、各差异对总差异的贡献率（结果见表 6-8），并在直角坐标系中用折线图标示其变化情况。

根据表 6-8、图 6-11 和图 6-12 可知，2010～2016 年西南边疆民族地区的区域内差异的贡献率相比其区域间差异的贡献率更大，表明考察期内区域内差异对西南边疆民族地区丝绸之路经济带建设中城市空间经济发展的总差异的贡献和影响要明显大于区域间差异的影响。由此可以认为，区域内差异是西南民族地区丝绸之路经济带建设中城市空间经济发展总差异的主要影响因素。值得注意的是，2013年的区域间差异和区域内差异相对较接近，说明 2010～2013 年两者的差异表现为收敛态势，但在 2013～2016 年又呈现出发散趋势，这反映了区域间差异和区域内差异对总差异的贡献率具有先收敛后发散的变化特征。具体分析如下：

表 6-8　　　　2010～2016 年西南边疆民族地区丝绸之路经济带建设
中城市空间经济发展的区域差异及贡献率情况

年份	总差异		区域间		区域内		广西、云南的区内差异及其贡献率			
							广西		云南	
	泰勒系数		差异	贡献率(%)	差异	贡献率(%)	区内差异	贡献率(%)	区内差异	贡献率(%)
2010	0.0162		0.0051	31.81	0.0110	68.19	0.0050	31.09	0.0060	37.10
2011	0.0150		0.0046	30.55	0.0104	69.45	0.0056	37.39	0.0048	32.06
2012	0.0178		0.0059	33.11	0.0119	66.89	0.0065	36.23	0.0055	30.66
2013	0.0217		0.0094	43.45	0.0122	56.55	0.0071	32.99	0.0051	23.56
2014	0.0182		0.0047	26.05	0.0135	73.95	0.0075	41.29	0.0060	32.66
2015	0.0201		0.0056	27.92	0.0145	72.08	0.0075	37.08	0.0070	34.99
2016	0.0195		0.0058	29.56	0.0138	70.44	0.0078	40.05	0.0059	30.39

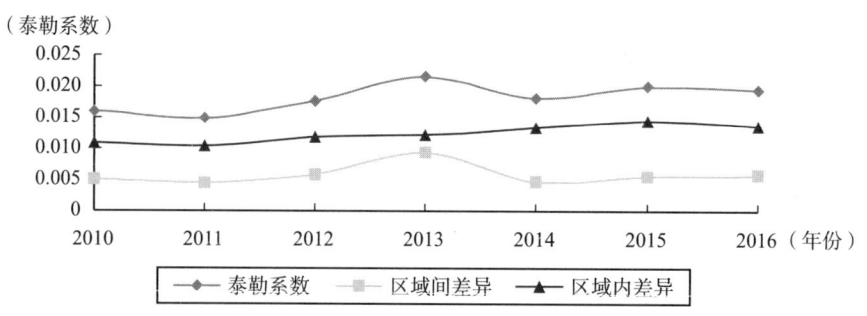

图 6-11　2010～2016 年西南边疆民族地区丝绸之路经济带建设中城市空间经济发展的
泰勒系数差异、区域间差异和区域内差异变化

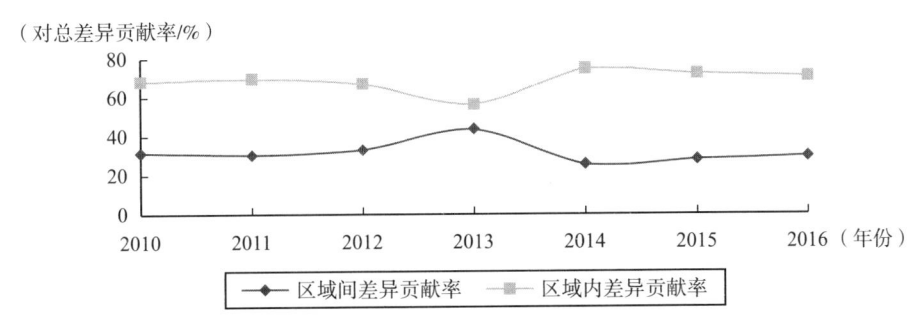

图 6-12　2010~2016 年西南边疆民族地区丝绸之路经济带建设中城市空间经济发展的
区域间差异和区域内差异的贡献率变化

第一，西南边疆民族地区丝绸之路经济带建设中城市空间经济发展的总差异（泰勒系数差异）整体呈现"M"形变化趋势，但总体上仍有所扩大。泰勒系数差异先由 2010 年的 0.0162 增加至 2013 年的 0.0217，而后减小至 2014 年的 0.0182，2015 年再回升至 0.0201，但在 2016 年再次减小至 0.0195。

第二，西南边疆民族地区丝绸之路经济带建设中城市空间经济发展的区域间差异总体上呈现"N"形变化态势。区域间差异值从 2010 年的 0.0051 增加至 2013 年的 0.0094，2014 年迅速减小至 0.0047，而后逐渐增加至 2016 年的 0.0058。

第三，西南边疆民族地区丝绸之路经济带建设中城市空间经济发展的区域内差异总体上呈现不断增加的变化趋势。区域内差异值由 2010 年的 0.0110 持续增加至 2016 年的 0.0138。

第四，从区域间差异、区域内差异的贡献率可以看出，区域间差异的贡献率表现出"N"形变化趋势，即从 2010 年的 31.81% 增加至 2013 年的 43.45%，2014 年减小至 26.05%，而后逐渐增加至 2016 年的 29.56%；区域内差异的贡献率变化和区域间差异的贡献率变化刚好相反，区域内差异的贡献率呈现倒"N"形变化趋势，即从 2010 年的 68.19% 减小至 2013 年的 56.55%，2014 年迅速增加至 73.95%，而后逐渐减小至 2016 年的 70.44%。

根据表 6-8、图 6-13 和图 6-14 可知，2010~2016 年，云南的区内差异贡献率呈现倒"N"形变化趋势，即从 2010 年的 37.10% 减小至 2013 年的 23.56%，然后增加至 2015 年的 34.99%，随后又减小至 2016 年的 30.39%。2010 年，云南的区内差异及其贡献率均大于广西。在 2011 年之后，两个省份的区内差异贡献率发生了较大变化。2011~2016 年，广西丝绸之路经济带建设中城市空间经济发展的区内差异及其贡献率明显大于云南。具体而言，第一，西南边疆民族地区丝绸之路经济带建设中广西城市空间经济发展的区内差异总体上呈现扩大之势，即广西的区内差异值从 2010 年的 0.0050 逐渐增加至 2016 年的 0.0078；第二，西南边疆民族地区丝绸之路经济带建设中云南城市空间经济发展的区内差异总体上呈现先缩小后扩大再缩小的变动趋势。云南的区内差异从 2010 年的 0.0060 缩小至 2011 年的 0.0048，然后逐步扩大至 2015 年的 0.0070，但在 2016 年再次缩小至 0.0059。第三，从区内差异的贡献率来看，广西的区内差异贡献率波动较频繁，并呈现"M"形变化趋势。广西的区内差异贡献率在 2010~2016 年整体有所扩大，即从 2010 年的 31.09% 扩大至 2016 年的 40.05%。广西的区内差异贡献率先从 2010 年的 31.09% 增加至 2011 年的 37.39%，然后减小至 2013 年的 32.99%，随后又迅速增加至 2014 年的 41.29%，2016 年再次减小至 40.05%。

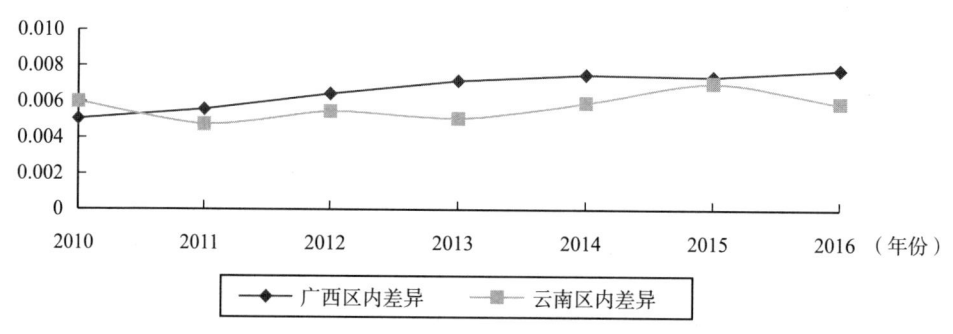

图 6-13　2010~2016 年西南边疆民族地区丝绸之路经济带建设中城市空间经济发展的广西、云南的区内差异变化

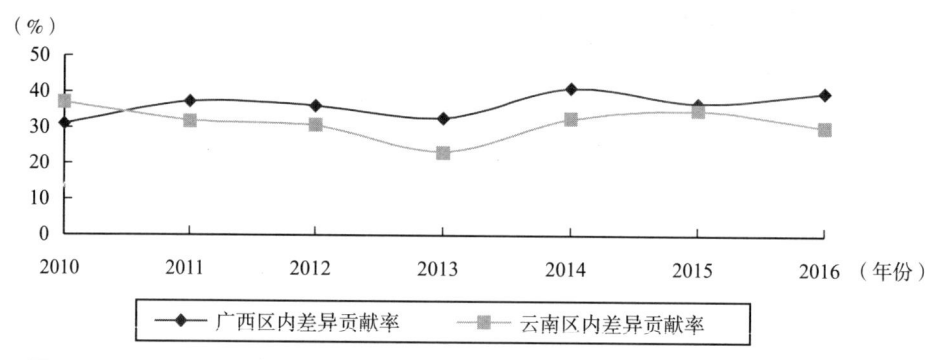

图 6-14　2010~2016 年西南边疆民族地区丝绸之路经济带建设中城市空间经济发展的广西、云南的区内差异贡献率变化

(三) 城市体系空间结构的时空演变特征分析

1. 城市空间结构呈分形结构，整体空间分布较均匀，但局部存在城市圈集中于某一城市或地理线的现象

通过对西南边疆民族地区丝绸之路经济带建设中城市空间结构的分维度分析可得，广西、云南和西南边疆民族地区的 lnr 与 ln N(r) 之间的回归分析均通过了1%的显著性检验，模型的回归拟合效果较好。广西、云南和西南边疆民族地区的分维度 D 分别为1.7389、1.8243、1.6802，表明广西、云南和西南边疆民族地区的空间结构属于分形结构，城市空间分布都相对比较均匀，但各地区、各城市之间的空间经济联系程度仍然较弱。西南边疆民族地区的城市集中度仍然不高，需要进一步增强其城市空间经济联系。

通过进一步选取珠江—西江经济带、广西北部湾经济区、滇中城市经济圈等西南边疆民族地区内主要国家级城市经济圈进行空间结构分布分析，结果显示：珠江—西江经济带、广西北部湾经济区的分维度 D 分别为1.7627、1.9976，表明这两个经济区的空间结构属于分形结构。分维度 D 值均大于1且接近2，说明珠江—西江经济带、广西北部湾经济区的城市空间分布都相对比较均匀，但这两个经济发展区域的城市集中度仍然不高，有待进一步增强其城市空间经济联系。滇中城市经济圈的分维度 D 为1.3623，表明滇中城市经济圈的空间结构属于分形结构，城市空间分布集中于某一城市或地理线。滇中城市经济圈呈现以云南昆明为中心以及曲靖、玉溪、楚雄呈外围分布的半椭圆形空间结构走向，又具有楚雄、昆明、曲靖之间呈现线性分布，且与玉溪之间呈现"T"形结构分布的特点。

2. 城市人口重心整体向西北方向或东南方向变动，呈现近似线性波动特点

通过对2010~2016年西南边疆民族地区各城市人口重心的演变轨迹进行分析可得，西南边疆民族地区各城市的变动趋势可以划分为四个阶段：第一阶段（即2010~2012年）西南边疆民族地区各城市的人口重心主要向西北方向移动，经度减小了0.0555，而纬度增加了0.0230；第二阶段（2012~2013年）人口重心主要向东南方向移动，经度增加了0.0864，而纬度减小了0.0262；第三阶段

(2013~2014年）人口重心主要向西北方向移动，经度减小了0.1304，而纬度增加了0.0343；第四阶段（2014~2016年）人口重心主要向东南方向移动，经度增加了0.0343，而纬度减小了0.0082。2010~2016年，西南边疆民族地区各城市人口重心整体向西北或东南方向偏移，且呈现近似线性的波动特点。主要是受到以云南昆明、红河等城市以及广西南宁、玉林、桂林、柳州等城市为中心的城市人口拉力的共同作用，表明这些城市的人口增速相对较快，对人口重心的牵引力作用相对较大。

3. 城市经济重心与第一、第三产业增加值重心的移动方向较一致，但与第二产业增加值重心的偏移差别较大

通过对2010~2016年西南边疆民族地区丝绸之路经济带建设中各城市经济重心、第一产业增加值重心、第二产业增加值重心和第三产业增加值重心的演变轨迹进行分析可得，各城市的经济重心、第一产业增加值重心和第三产业增加值重心主要向西部、西北或南部方向偏移，而第二产业增加值重心主要向西部或东南方向偏移。

在经济重心偏移方面，考察期内西南边疆民族地区各城市经济重心主要向西部、西北和南部方向偏移，可以将经济重心的变动特点划分为三个阶段：第一阶段（2010~2011年）经济重心整体向南部方向偏移，这期间主要受到广西南宁、云南昆明等地区的经济发展驱动的影响，广西南宁、云南昆明的经济拉动作用相对较突出；第二阶段（2011~2013年）经济重心整体向西北方向偏移，主要受到云南昆明、曲靖以及广西南宁、桂林、柳州等城市经济快速发展的影响；第三阶段（2013~2016年）经济重心整体向西部和南部方向偏移，原因在于云南昆明、红河以及广西南宁、柳州、桂林、玉林、百色等城市实现了经济快速发展。

在第一产业增加值重心偏移方面，考察期内西南边疆民族地区各城市的第一产业增加值重心除了在2011年和2015~2016年向东南方向偏移之外，其余年份中第一产业增加值重心轨迹总体向西北方向偏移。2010~2016年的第一产业增加值重心轨迹呈现近似线性分布的变化特点，反映了第一产业增加值重心的迁移主要受到东南和西北两个方向的拉力，以及特定区域拉力作用的影响。其中，第一产业增加值重心坐标点在2011~2014年的波动幅度较大，除了广西的南宁、桂林等地区对第一产业增加值重心偏移的影响和贡献较大以外，第一产业增加值重心的偏移主要受到云南的昆明和其周边城市以及其以南地区第一产业发展的影响。

在第二产业增加值重心偏移方面，考察期内西南边疆民族地区各城市第二产

业增加值重心呈现先向西部地区方向偏移,然后再向东南地区方向偏移的变化特征。2010~2012年,云南昆明、曲靖、玉溪以及广西南宁、柳州、桂林和梧州7个城市的第二产业增加值的增长量均超过150亿元,这些城市对该时期第二产业增加值重心偏移的影响相对较大。2012~2016年,第二产业增加值重心主要向东南方向偏移。这期间第二产业增加值重心的偏移主要受到广西南宁、柳州、桂林、北海以及云南昆明等城市的影响,这些城市的第二产业增加值的增长量均大于200亿元。

在第三产业增加值重心偏移方面,考察期内西南边疆民族地区各城市第三产业增加值重心主要向西北方向偏移,且其变动呈现比较明显的线性特征。第三产业增加值重心主要受到来自西北方向的第三产业增加值的拉力作用相对较大,使得第三产业增加值重心主要向西北方向偏移。2010~2016年,广西南宁、柳州、桂林、玉林以及云南昆明、曲靖、红河7个城市第三产业增加值的增长量均超过300亿元。其中,昆明的第三产业增加值最大,其次是南宁,第三是柳州。其他城市的第三产业增加值的增长量相对较小。

4. 城市经济重心在经度方向受到第一、第三产业发展的影响更大,在纬度方向上受到第二产业发展的影响更大

通过对2010~2016年西南边疆民族地区丝绸之路经济带建设中各城市经济重心以及三次产业增加值重心的经度和纬度进行分析可得:第一,在经度方向上,地区生产总值重心、第一产业增加值重心、第三产业增加值重心总体上均有向经度减小的方向偏移的趋势,其中第一和第三产业增加值重心向经度减小方向偏移的幅度相对更明显;第二产业增加值重心呈现出向经度增加的方向偏移的变化趋势。由此可见,地区生产总值重心在经度上的变化趋势受到第一产业增加值和第三产业增加值的合力作用较第二产业增加值的影响更大。第二,在纬度方向上,地区生产总值重心和第二产业增加值重心均具有向纬度减小的方向偏移的趋势,且第二产业增加值重心减小的幅度和趋势更明显。而第一和第三产业增加值重心呈现向纬度增加的方向偏移的趋势。由此可见,地区生产总值重心向纬度减小方向偏移受到第二产业增加值偏向低纬度地区的影响较大。

5. 城市社会消费品零售额重心与经济重心的变动较相似,但财政收入重心与经济重心的变动差异较大

通过对2010~2016年西南边疆民族地区各城市经济重心的演变轨迹进行分

析可得，考察期内西南边疆民族地区各城市经济重心整体向西部、西北和南部方向偏移。通过对 2010~2016 年西南边疆民族地区各城市社会消费品零售额重心的演变轨迹进行分析发现，2013 年社会消费品零售额的重心发生较大变动，原因是广西南宁、柳州、桂林和玉林等城市的社会消费品零售额的快速增长，以及云南西双版纳、德宏等城市的社会消费品零售额出现负增长。2010~2016 年，西南边疆民族地区各城市社会消费品零售额重心主要向西部和西北方向偏移，主要受到南宁、柳州、桂林、玉林、昆明、曲靖等城市的社会消费品零售额增长较大的影响。整体来看，社会消费品零售额重心具有向经度减小的方向偏移的趋势，与地区生产总值增加值重心在经度上的变化趋势较接近，表明社会消费品零售额的变动与地区生产总值的变动之间存在着密切的联系。可见，社会消费品零售额重心的变动与经济重心的变动总体上都向西部和西北方向偏移，两者重心的变动存在较相似之处。

通过对 2010~2016 年西南边疆民族地区各城市财政收入重心的演变轨迹进行分析发现，2013 年由于云南昆明和广西百色的财政收入都实现了较大幅度的增长，使得财政收入重心大幅度向西北地区方向偏移。2010~2016 年，西南边疆民族地区各城市财政收入重心主要向南部和东部地区方向偏移，这期间主要受到广西南宁、柳州、桂林以及云南昆明、曲靖、玉溪和红河等城市的合力作用影响。其中，云南昆明和广西南宁的财政收入增长量相对较大，其对财政收入重心变动的影响和贡献较大。可见，西南边疆民族地区的财政收入重心的变动情况与经济重心的变动情况存在较大差异。

6. 城市进出口总额重心整体向低纬度方向偏移

通过对 2010~2016 年西南边疆民族地区各城市进出口总额重心的演变轨迹进行分析可得，考察期内西南边疆民族地区进出口总额重心可以划分为三个变化阶段：第一阶段（2010~2012 年）各城市进出口总额重心整体向东南和东部方向偏移，主要原因是受到广西南宁、柳州、防城港、钦州、来宾、崇左以及云南昆明等城市的影响；第二阶段（2012~2014 年）进出口总额的重心整体向西部和西南地区方向偏移，主要原因是广西崇左、云南昆明的进出口总额增长较大；第三阶段（2014~2016 年）进出口总额的重心整体向东南方向移动，主要原因是受到国际经济环境的影响。相较 2014 年，2016 年西南边疆民族地区大部分城市的进出口总额出现了负增长。由于进出口总额的增长态势发生较大变动，导致 2014~2016 年西南边疆民族地区各城市进出口总额重心向东南方向出现较大幅度偏移。并且，进出口总额重心的纬度相对较低，具有向低纬度方向偏移的显著特征，原因可能是沿海沿边城市所处的地理位置更易于进出口发展。

7. 区域内差异是城市空间经济发展总差异的主要影响因素

通过对 2010～2016 年西南边疆民族地区丝绸之路经济带建设中城市空间经济发展的区域差异及其贡献率进行分析可得，考察期内西南边疆民族地区城市空间经济发展的泰勒系数差异总体有所扩大。泰勒系数差异在 2010～2013 年呈现增加趋势，但 2013～2016 年呈波动性减小态势。2010～2016 年，区域间差异和区域间差异贡献率均呈现"N"形变化趋势；区域内差异总体呈现不断增加的变化趋势，区域内差异贡献率则呈现倒"N"形变化趋势。考察期内，区域内差异的贡献率明显大于区域间差异，反映出区域内差异是西南边疆民族地区丝绸之路经济带建设中城市空间经济发展总差异的主要影响因素。此外，区域间差异和区域内差异在 2010～2013 年呈现收敛态势，但在 2013～2016 年又呈现发散趋势，具有先收敛后发散的波动性变化特征。

分省份来看，2010～2016 年西南边疆民族地区丝绸之路经济带建设中广西的城市空间经济发展的区域内差异及其贡献率总体呈现扩大态势，但其区域内差异贡献率波动较频繁，表现为"M"形变化趋势；云南城市空间经济发展的区域内差异及其贡献率总体呈现倒"N"形变动趋势。考察期内，广西的区域内差异及其贡献率均明显大于云南。可见，广西的区域内差异是影响西南边疆民族地区城市空间经济发展的区域内差异的重要因素。

三、研究发现与讨论

（一）研究发现

通过采用分形理论、重心模型、泰勒系数模型等，对西南边疆民族地区丝绸之路经济带建设中城市空间的结构分布、城市人口和经济重心的演变特点和规律进行深入分析，研究发现：第一，西南边疆民族地区丝绸之路经济带建设中城市空间结构呈分形结构，各城市的空间分布相对较均匀，但有局部城市经济圈的城市空间分布集中于某一城市或地理线；第二，西南边疆民族地区丝绸之路经济带建设中各城市人口重心整体向西北或东南方向变动，呈现近似线性波动的特点；第三，西南边疆民族地区丝绸之路经济带建设中城市经济重心与第一、第三产业增加值重心的移动方向较一致，但与第二产业增加值重心的偏移差别较大。各城市经济重心以及第一、第三产业增加值的重心在不同阶段整体向西部、西北或南部方向偏移，但第二产业增加值重心主要向西部或东南方向偏移；第四，西南边疆民族地区丝绸之路经济带建设中各城市经济重心在经度方向受到第一、第三产业发展的影响更大，在纬度方向上受到第二产业发展的影响更大；第五，城市社会消费品零售额重心与经济重心的变动较相似，但财政收入重心与经济重心的变动差异较大；第六，城市进出口总额重心整体向低纬度方向偏移。由于进出口总额的增长态势发生较大变动，导致2014~2016年西南边疆民族地区各城市进出口总额重心向东南方向出现较大幅度偏移；第七，区域内差异是城市空间经济发展总差异的主要影响因素。区域间差异和区域间差异贡献率均呈现"N"形变化趋势；区域内差异总体呈现不断增加的变化趋势，区域内差异贡献率则呈现倒"N"形变化趋势。相比区域间差异的贡献率，区域内差异的贡献率更大。

（二）讨论

西南边疆民族地区丝绸之路经济带建设中城市空间结构呈分形结构，各城市的空间分布相对较均匀，表明各城市之间的空间经济联系程度仍然较薄弱，各城市之间的经济独立性仍较高，相互之间在产业分工等方面仍缺乏深度的产业分工与经济合作，这不利于推进西南边疆民族地区丝绸之路经济带建设中的城市群的发展壮大，难以有效发挥城市群的协同作用及其集聚和扩散效应，也不能对周边城市发展起到明显的带动作用。珠江—西江经济带、广西北部湾经济区等国家级重点经济发展区域的城市集中度较低，城市经济联系仍然不强，亟须加大对这些区域城市空间经济联系方面的支持力度。滇中城市经济圈的城市空间分布集中于某一城市或地理线，其城市经济联系相对较强，需要进一步发挥其城市经济合作强度，加快推进滇中城市经济圈发展。总体而言，西南边疆民族地区丝绸之路经济带建设中城市空间结构仍然以分形结构为主，各城市的空间分布比较均匀，但其空间经济联系仍需进一步增强。

西南边疆民族地区的人口重心在西北或东南方向变动并呈现近似线性波动特点，这是受到来自以云南昆明、红河等城市以及广西南宁、玉林、桂林、柳州等城市为中心的城市人口拉力共同作用的结果。2010~2016年，西南边疆民族地区各城市经济重心在 2010~2011 年主要向南部方向偏移，受到广西南宁、云南昆明等城市经济发展驱动的影响；2011~2013 年主要向西北方向偏移，受到云南昆明、曲靖以及广西南宁、桂林、柳州等城市经济快速发展的影响；2013~2016 年主要向西部和南部方向偏移，受到云南昆明、红河以及广西南宁、柳州、桂林、玉林、百色等城市经济快速发展的影响。可以认为云南昆明、曲靖、红河以及广西南宁、桂林、柳州、玉林等城市是引起西南边疆民族地区经济重心和人口重心发生偏移的重要区域。

各城市的经济重心、第一和第三产业增加值重心在不同阶段主要向西部、西北或南部方向偏移，城市经济重心与第一、第三产业增加值重心的移动较一致，但第二产业增加值重心主要向西部或东南方向偏移。第一产业增加值重心出现偏移是受到广西的南宁、桂林等地区以及云南昆明及其周边城市及以南地区的第一产业发展影响较大所致。第二产业增加值重心出现偏移，其在不同时间段所受到的影响有所差异。2010~2012 年主要受到云南昆明、曲靖、玉溪以及广西南宁、柳州、桂林和梧州等城市的影响；2012~2016 年主要受到广西南宁、柳州、桂林、北海以及云南昆明等城市的影响。可见，第二产业增加值重心变动的城市区域更大、范围更广。第三产业增加值重心出现偏移是受到广西南宁、柳州、桂林、玉林以及云南昆明、曲靖、红河等城市的影响，其中，云南昆明和广西南宁、柳州的影响程度相对较大。

社会消费品零售额重心与经济重心的变动较相似，主要是由于社会消费品零售额重心也受到南宁、柳州、桂林、玉林、昆明、曲靖等城市的社会消费品零售额增长较大的影响，影响重心变动的作用力也较一致。但是，财政收入重心与经济重心的变动差异较大，主要是由于云南昆明和广西南宁的财政收入增长量相对较大，其对财政收入重心变动的影响和贡献较大，也表明财政收入重心的变动还受到行政干预等重要因素的共同影响。进出口总额重心的纬度相对较低，且总体上呈现不断向纬度减小的方向变化的趋势，进出口重心有向低纬度方向偏移的显著特征，这与城市进出口需要依赖沿海、沿边地区的地理位置有着密切的联系。

城市空间经济发展的泰勒系数差异 2010~2013 年呈现增加之势，而 2013~2016 年在波动中呈减小之势，但总体上仍有所扩大。区域间差异和区域内差异是影响泰勒系数差异的两个重要方面，但 2010~2016 年区域内差异的贡献率相对更大，表明区域内差异是影响城市空间经济发展总差异的主要因素。考察期内，广西的区内差异及其贡献率要大于云南的区内差异及其贡献率，表明广西的区内差异是区域城市空间经济发展区域内差异的重要影响因素。尽管西南边疆民族地区的地区总差异在不同阶段呈现不同的变化特点，但是其总体上仍有所扩大。区域内差异是影响总差异变动的重要因素，但是区域间差异也不能忽视。广西的区域内差异相对云南而言更为突出，其对地区总差异的变动和影响相对较大，但也不能忽略云南的区域内差异的影响，需要采取多元化措施协同应对地区差异问题。

第七章

西南边疆民族地区丝绸之路经济带建设中人口就近城镇化模拟仿真研究

　　加快推进人口就近城镇化是西南边疆民族地区城镇化多元格局形成中的路径选择。随着丝绸之路经济带效应的日渐凸显，西南边疆民族地区整体经济发展水平将持续提升，人口分布格局将发生显著变化，居民生活水平也将不断提高。西南边疆民族地区农业转移人口具有明显的链式移动特征，各地级市（自治州）将逐步发展成为人口就近城镇化的重要载体。本章通过构建西南边疆民族地区丝绸之路经济带建设中人口就近城镇化系统动力学仿真模型，对西南边疆民族地区内广西壮族自治区的14个地级市和云南省的16个地级市（自治州）丝绸之路经济带建设中的人口就近城镇化发展趋势进行动态模拟。

一、研究方法与数据来源

（一）研究方法

　　系统动力学通过分析变量之间的因果关系来确定系统的基本反馈结构框架，

将内部的反馈回路设定为闭合回路。系统的动态行为模式体现了各个部分之间的内在关系；系统边界反映了系统内部与外部之间的界限；反馈系统是指系统内部信息的传递和返回。系统动力学建模及分析包括4个步骤：一是系统辨识。明确建模的目的和模型的关键问题，划分系统边界；二是结构分析。即对变量进行定义并确定主要变量的反馈回路及其正负关系；三是建立因果关系图和流图，构建模型并检验模型，再修正无效的参数或回路；四是模型应用及政策实验。通过调控参数，模拟获得多种方案的仿真结果，再结合定性分析方法进行对比分析，进而实现决策优化（钟永光等，2013）。

本研究运用Vensim–PLE软件构建西南边疆民族地区丝绸之路经济带建设中人口就近城镇化系统模型，以此展开西南边疆民族地区丝绸之路经济带建设中人口就近城镇化动态模拟及预测。通过回归分析、计量经济学等相关方法，对构建的系统模型的参数进行处理，再利用2010~2016年的相关数据展开模型有效性检验，进而对西南边疆民族地区人口就近城镇化发展趋势进行仿真模拟。

（二）数据来源

本研究所使用的主要数据源自2011~2017年《中国城市统计年鉴》，以及2010~2016年各城市的国民经济和社会发展统计公报。研究区域涉及西南边疆民族地区内广西壮族自治区的14个地级市和云南省的16个地级市（自治州）。

二、系统动力学模型构建

（一）系统空间边界

本研究建立的西南边疆民族地区丝绸之路经济带建设中人口就近城镇化系统的空间边界为西南边疆民族地区，具体包括广西壮族自治区的14个地级市和云南省的16个地级市（自治州），共30个地级市（自治州）。时间界限以2010年为基准年，以2011~2016年的相关统计数据对系统仿真方程进行拟合，对2011~2025年总人口、经济规模、城镇化水平展开仿真模拟预测，并将模拟时间步长设定为1

年。其中，2016 年以后的时间是本研究所建立的模型系统的预测时间。

（二）系统建模指标与反馈关系

本研究基于对区域人口城镇化状况、社会经济发展水平等特征的分析，采用 Vensim PLE 系统动力学软件，构建西南边疆民族地区丝绸之路经济带建设中人口就近城镇化系统动力学仿真模型。西南边疆民族地区通过经济规模的提升促进集聚与扩散效应发挥，进而吸引周边地区的农村剩余劳动力就近转移至城镇。人口就近城镇化水平既受到城镇人口数量增加的影响，也受到城镇经济发展水平的影响。因此，本研究以西南边疆民族地区内广西壮族自治区的 14 个地级市和云南省的 16 个地级市（自治州）为研究样本，通过构建包含总人口、经济规模以及城镇化水平等变量的系统动力学模型，对西南边疆民族地区丝绸之路经济带建设中人口就近城镇化的变化趋势进行模拟仿真。研究内容涉及总人口与城镇化水平、经济与城镇化水平、城镇化水平与人均 GDP 增长等变量间的关系。

本研究基于确定的系统模型的状态变量、速率变量以及表函数变量，绘制出西南边疆民族地区丝绸之路经济带建设中人口就近城镇化系统流程（见图 7-1）。其中，状态变量由 GDP、总人口以及城镇人口组成；系统的速率变量由 GDP 增加量、总人口增加量以及城镇人口增加量组成；系统的表函数由 GDP 增长率、总人口增长率和城镇人口增长率组成。根据 2011~2016 年西南边疆民族地区内广西壮族自治区的 14 个地级市和云南省的 16 个地级市（自治州）的 GDP、总人口和城镇人口的增长率数据，本研究构建了关于时间序列的表函数变量模型。

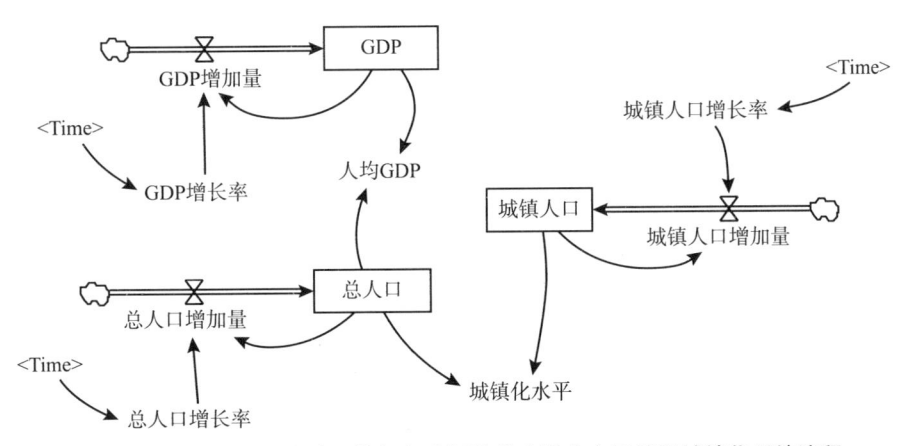

图 7-1 西南边疆民族地区丝绸之路经济带建设中人口就近城镇化系统流程

三、广西丝绸之路经济带建设中人口就近城镇化模拟仿真

（一）系统模型有效性检验

本研究选取广西14个地级市2011~2016年的GDP、总人口和城镇人口3个状态变量的实际历史数据，并对比相应年份的模拟仿真数据，计算得到各变量在考察期内的相对误差，以此验证广西丝绸之路经济带建设中人口就近城镇化系统动力学模型的有效性，各城市的相关变量的检验结果见表7-1至表7-42。

表7-1　2011~2016年南宁市GDP模拟结果有效性检验　　　单位：亿元

年份	GDP实际值	GDP模拟值	相对误差
2011	2211.44	2211.44	0.00
2012	2503.18	2522.55	0.01
2013	2803.54	2828.07	0.01
2014	3148.32	3201.67	0.02
2015	3410.08	3496.63	0.03
2016	3703.33	3772.85	0.02

表7-2　2011~2016年南宁市总人口模拟结果有效性检验　　　单位：万人

年份	总人口实际值	总人口模拟值	相对误差
2011	673.40	673.40	0.00
2012	679.08	680.67	0.00
2013	685.37	686.39	0.00
2014	691.38	692.71	0.00
2015	698.61	698.73	0.00
2016	706.22	705.93	0.00

表7-3 2011～2016年南宁市城镇人口模拟结果有效性检验   单位：万人

年份	城镇人口实际值	城镇人口模拟值	相对误差
2011	367.37	367.37	0.00
2012	382.21	385.04	0.01
2013	395.24	400.60	0.01
2014	403.7	414.26	0.03
2015	414.32	423.12	0.02
2016	425.34	434.25	0.02

表7-4 2011～2016年柳州市GDP模拟结果有效性检验   单位：亿元

年份	GDP实际值	GDP模拟值	相对误差
2011	1579.72	1579.72	0.00
2012	1820.61	1750.33	0.04
2013	2010.05	1951.62	0.03
2014	2208.51	2146.78	0.03
2015	2298.62	2329.26	0.01
2016	2476.94	2496.96	0.01

表7-5 2011～2016年柳州市总人口模拟结果有效性检验   单位：万人

年份	总人口实际值	总人口模拟值	相对误差
2011	379.39	379.39	0.00
2012	382.45	382.96	0.00
2013	385.60	386.06	0.00
2014	388.65	389.22	0.00
2015	392.27	392.30	0.00
2016	395.87	395.95	0.00

表7-6 2011～2016年柳州市城镇人口模拟结果有效性检验   单位：万人

年份	城镇人口实际值	城镇人口模拟值	相对误差
2011	214.71	214.71	0.00
2012	222.77	222.81	0.00

续表

年份	城镇人口实际值	城镇人口模拟值	相对误差
2013	229.53	231.16	0.01
2014	237.32	238.16	0.00
2015	243.64	246.24	0.01
2016	249.44	252.79	0.01

表7-7　2011~2016年桂林市GDP模拟结果有效性检验　　单位：亿元

年份	GDP实际值	GDP模拟值	相对误差
2011	1327.57	1327.57	0.00
2012	1485.02	1484.22	0.00
2013	1657.90	1678.66	0.01
2014	1826.27	1863.31	0.02
2015	1942.90	2002.37	0.03
2016	2054.82	2123.36	0.03

表7-8　2011~2016年桂林市总人口模拟结果有效性检验　　单位：万人

年份	总人口实际值	总人口模拟值	相对误差
2011	478.82	478.82	0.00
2012	483.94	482.89	0.00
2013	488.05	488.06	0.00
2014	491.91	492.21	0.00
2015	496.16	496.09	0.00
2016	500.94	500.36	0.00

表7-9　2011~2016年桂林市城镇人口模拟结果有效性检验　　单位：万人

年份	城镇人口实际值	城镇人口模拟值	相对误差
2011	193.87	193.87	0.00
2012	207.05	204.24	0.01

续表

年份	城镇人口实际值	城镇人口模拟值	相对误差
2013	215.46	218.13	0.01
2014	224.12	226.99	0.01
2015	231.29	236.11	0.02
2016	238.48	243.67	0.02

表 7-10　　2011~2016 年梧州市 GDP 模拟结果有效性检验　　单位：亿元

年份	GDP 实际值	GDP 模拟值	相对误差
2011	742.49	742.49	0.00
2012	832.58	838.67	0.01
2013	991.71	984.09	0.01
2014	1062.00	1091.34	0.03
2015	1078.65	1106.82	0.03
2016	1175.65	1212.84	0.03

表 7-11　　2011~2016 年梧州市总人口模拟结果有效性检验　　单位：万人

年份	总人口实际值	总人口模拟值	相对误差
2011	290.85	290.85	0.00
2012	292.94	293.50	0.00
2013	295.44	295.61	0.00
2014	297.55	298.12	0.00
2015	299.94	300.24	0.00
2016	301.84	302.64	0.00

表 7-12　　2011~2016 年梧州市城镇人口模拟结果有效性检验　　单位：万表

年份	城镇人口实际值	城镇人口模拟值	相对误差
2011	130.26	130.26	0.00
2012	137.21	136.98	0.00
2013	142.00	144.30	0.02

续表

年份	城镇人口实际值	城镇人口模拟值	相对误差
2014	145.57	149.33	0.03
2015	149.18	153.08	0.03
2016	152.71	156.88	0.03

表7-13　　2011~2016年北海市GDP模拟结果有效性检验　　单位：亿元

年份	GDP实际值	GDP模拟值	相对误差
2011	496.60	496.60	0.00
2012	630.09	626.98	0.00
2013	735.00	724.36	0.01
2014	856.54	849.37	0.01
2015	891.94	901.73	0.01
2016	1006.98	1013.44	0.01

表7-14　　2011~2016年北海市总人口模拟结果有效性检验　　单位：万人

年份	总人口实际值	总人口模拟值	相对误差
2011	155.44	155.44	0.00
2012	157.20	156.96	0.00
2013	159.02	158.74	0.00
2014	160.37	160.58	0.00
2015	162.57	161.94	0.00
2016	164.37	164.16	0.00

表7-15　　2011~2016年北海市城镇人口模拟结果有效性检验　　单位：万人

年份	城镇人口实际值	城镇人口模拟值	相对误差
2011	78.34	78.34	0.00
2012	81.76	82.02	0.00
2013	84.49	85.61	0.01
2014	87.33	88.47	0.01

续表

年份	城镇人口实际值	城镇人口模拟值	相对误差
2015	89.96	91.44	0.02
2016	92.52	94.19	0.02

表7-16　2011~2016年防城港市GDP模拟结果有效性检验　　单位：亿元

年份	GDP实际值	GDP模拟值	相对误差
2011	413.77	413.77	0.00
2012	443.99	447.08	0.01
2013	530.40	535.28	0.01
2014	588.89	601.66	0.02
2015	620.71	624.23	0.01
2016	676.04	686.98	0.02

表7-17　2011~2016年防城港市总人口模拟结果有效性检验　　单位：万人

年份	总人口实际值	总人口模拟值	相对误差
2011	87.84	87.84	0.00
2012	88.69	89.01	0.00
2013	89.90	89.87	0.00
2014	90.80	91.09	0.00
2015	91.84	92.00	0.00
2016	92.90	93.06	0.00

表7-18　2011~2016年防城港市城镇人口模拟结果有效性检验　　单位：万人

年份	城镇人口实际值	城镇人口模拟值	相对误差
2011	44.08	44.08	0.00
2012	46.05	46.43	0.01
2013	47.66	48.50	0.02
2014	49.09	50.20	0.02

续表

年份	城镇人口实际值	城镇人口模拟值	相对误差
2015	50.63	51.71	0.02
2016	52.36	53.33	0.02

表 7 - 19　　2011~2016 年钦州市 GDP 模拟结果有效性检验　　单位：亿元

年份	GDP 实际值	GDP 模拟值	相对误差
2011	646.65	646.65	0.00
2012	691.32	701.63	0.01
2013	753.74	760.27	0.01
2014	854.96	866.86	0.01
2015	944.42	950.67	0.01
2016	1102.05	1115.08	0.01

表 7 - 20　　2011~2016 年钦州市总人口模拟结果有效性检验　　单位：万人

年份	总人口实际值	总人口模拟值	相对误差
2011	310.96	310.96	0.00
2012	313.33	313.98	0.00
2013	315.92	316.36	0.00
2014	318.06	318.99	0.00
2015	320.93	321.16	0.00
2016	324.30	324.05	0.00

表 7 - 21　　2011~2016 年钦州市城镇人口模拟结果有效性检验　　单位：万人

年份	城镇人口实际值	城镇人口模拟值	相对误差
2011	101.08	101.08	0.00
2012	106.97	108.03	0.01
2013	111.66	113.33	0.01
2014	114.88	116.34	0.01
2015	118.84	122.78	0.03
2016	122.59	127.01	0.04

表 7-22   2011~2016 年贵港市 GDP 模拟结果有效性检验   单位：亿元

年份	GDP 实际值	GDP 模拟值	相对误差
2011	630.82	630.82	0.00
2012	679.18	669.30	0.01
2013	742.01	737.57	0.01
2014	805.40	798.05	0.01
2015	865.20	839.55	0.03
2016	958.76	922.51	0.04

表 7-23   2011~2016 年贵港市总人口模拟结果有效性检验   单位：万人

年份	总人口实际值	总人口模拟值	相对误差
2011	415.67	415.67	0.00
2012	418.68	419.49	0.00
2013	422.05	422.52	0.00
2014	425.56	425.90	0.00
2015	429.37	429.43	0.00
2016	433.20	433.29	0.00

表 7-24   2011~2016 年贵港市城镇人口模拟结果有效性检验   单位：万人

年份	城镇人口实际值	城镇人口模拟值	相对误差
2011	174.87	174.87	0.00
2012	183.08	184.61	0.01
2013	189.22	191.27	0.01
2014	194.18	195.74	0.01
2015	199.75	200.98	0.01
2016	207.78	210.86	0.01

表 7-25   2011~2016 年玉林市 GDP 模拟结果有效性检验   单位：亿元

年份	GDP 实际值	GDP 模拟值	相对误差
2011	1019.94	1019.94	0.00
2012	1102.08	1122.13	0.02

续表

年份	GDP 实际值	GDP 模拟值	相对误差
2013	1210.44	1235.54	0.02
2014	1314.52	1341.09	0.02
2015	1445.91	1477.10	0.02
2016	1553.83	1610.34	0.04

表 7-26　　　　2011~2016 年玉林市总人口模拟结果有效性检验　　　　单位：万人

年份	总人口实际值	总人口模拟值	相对误差
2011	553.84	553.84	0.00
2012	558.12	558.99	0.00
2013	562.25	563.30	0.00
2014	566.01	567.46	0.00
2015	570.72	571.27	0.00
2016	575.60	576.01	0.00

表 7-27　　　　2011~2016 年玉林市城镇人口模拟结果有效性检验　　　　单位：万人

年份	城镇人口实际值	城镇人口模拟值	相对误差
2011	229.71	229.71	0.00
2012	241.03	242.80	0.01
2013	249.66	254.77	0.02
2014	258.10	263.90	0.02
2015	265.45	272.81	0.03
2016	272.07	280.59	0.03

表 7-28　　　　2011~2016 年百色市 GDP 模拟结果有效性检验　　　　单位：亿元

年份	GDP 实际值	GDP 模拟值	相对误差
2011	656.71	656.71	0.00
2012	755.24	749.40	0.01

续表

年份	GDP 实际值	GDP 模拟值	相对误差
2013	803.58	793.74	0.01
2014	917.95	899.42	0.02
2015	980.42	959.09	0.02
2016	1114.31	1091.92	0.02

表 7-29　2011~2016 年百色市总人口模拟结果有效性检验　　单位：万人

年份	总人口实际值	总人口模拟值	相对误差
2011	349.46	349.46	0.00
2012	351.81	352.26	0.00
2013	354.52	354.62	0.00
2014	356.88	357.35	0.00
2015	359.67	359.74	0.00
2016	362.02	362.55	0.00

表 7-30　2011~2016 年百色市城镇人口模拟结果有效性检验　　单位：万人

年份	城镇人口实际值	城镇人口模拟值	相对误差
2011	99.25	99.25	0.00
2012	104.89	106.80	0.02
2013	110.26	112.87	0.02
2014	116.85	118.65	0.02
2015	122.66	125.74	0.03
2016	127.40	131.99	0.04

表 7-31　2011~2016 年贺州市 GDP 模拟结果有效性检验　　单位：亿元

年份	GDP 实际值	GDP 模拟值	相对误差
2011	356.40	356.40	0.00
2012	394.21	394.18	0.00
2013	423.85	429.65	0.01

续表

年份	GDP 实际值	GDP 模拟值	相对误差
2014	448.97	457.03	0.02
2015	468.11	475.52	0.02
2016	518.19	533.18	0.03

表 7-32　2011~2016 年贺州市总人口模拟结果有效性检验　　单位：万人

年份	总人口实际值	总人口模拟值	相对误差
2011	197.03	197.03	0.00
2012	198.73	198.67	0.00
2013	199.98	200.37	0.00
2014	201.34	201.64	0.00
2015	202.59	203.01	0.00
2016	203.87	204.27	0.00

表 7-33　2011~2016 年贺州市城镇人口模拟结果有效性检验　　单位：万人

年份	城镇人口实际值	城镇人口模拟值	相对误差
2011	72.98	72.98	0.00
2012	77.39	77.24	0.00
2013	80.51	81.91	0.02
2014	83.72	85.21	0.02
2015	86.36	88.61	0.03
2016	89.66	91.40	0.02

表 7-34　2011~2016 年河池市 GDP 模拟结果有效性检验　　单位：亿元

年份	GDP 实际值	GDP 模拟值	相对误差
2011	511.96	511.96	0.00
2012	497.52	502.95	0.01
2013	528.62	530.45	0.00
2014	601.17	592.27	0.01

续表

年份	GDP 实际值	GDP 模拟值	相对误差
2015	618.03	608.38	0.02
2016	657.18	645.76	0.02

表 7-35　2011~2016 年河池市总人口模拟结果有效性检验　　单位：万人

年份	总人口实际值	总人口模拟值	相对误差
2011	339.34	339.34	0.00
2012	341.55	341.78	0.00
2013	343.19	344.01	0.00
2014	345.14	345.66	0.00
2015	347.68	347.63	0.00
2016	349.90	350.20	0.00

表 7-36　2011~2016 年河池市城镇人口模拟结果有效性检验　　单位：万人

年份	城镇人口实际值	城镇人口模拟值	相对误差
2011	98.25	98.25	0.00
2012	103.70	104.76	0.01
2013	109.80	110.58	0.01
2014	115.12	117.08	0.02
2015	121.97	122.76	0.01
2016	126.16	130.06	0.03

表 7-37　2011~2016 年来宾市 GDP 模拟结果有效性检验　　单位：亿元

年份	GDP 实际值	GDP 模拟值	相对误差
2011	486.21	486.21	0.00
2012	514.29	519.42	0.01
2013	515.57	523.70	0.02
2014	551.12	561.54	0.02
2015	557.93	570.09	0.02
2016	589.11	605.29	0.03

表7-38　2011~2016年来宾市总人口模拟结果有效性检验　　　单位：万人

年份	总人口实际值	总人口模拟值	相对误差
2011	211.82	211.82	0.00
2012	213.51	213.90	0.00
2013	214.90	216.31	0.01
2014	216.37	218.82	0.01
2015	218.20	220.68	0.01
2016	220.05	223.71	0.02

表7-39　2011~2016年来宾市城镇人口模拟结果有效性检验　　　单位：万人

年份	城镇人口实际值	城镇人口模拟值	相对误差
2011	73.95	73.95	0.00
2012	77.71	78.51	0.01
2013	80.52	82.50	0.02
2014	85.47	85.49	0.00
2015	88.76	90.75	0.02
2016	92.83	94.24	0.02

表7-40　2011~2016年崇左市GDP模拟结果有效性检验　　　单位：亿元

年份	GDP实际值	GDP模拟值	相对误差
2011	491.85	491.85	0.00
2012	530.51	533.49	0.01
2013	584.63	587.63	0.01
2014	649.72	659.60	0.02
2015	682.82	698.18	0.02
2016	766.2	783.20	0.02

表7-41　2011~2016年崇左市总人口模拟结果有效性检验　　　单位：万人

年份	总人口实际值	总人口模拟值	相对误差
2011	201.14	201.14	0.00
2012	201.97	202.87	0.00

续表

年份	总人口实际值	总人口模拟值	相对误差
2013	202.81	203.70	0.00
2014	203.98	204.56	0.00
2015	205.45	205.74	0.00
2016	206.92	207.23	0.00

表7-42　　2011～2016年崇左市城镇人口模拟结果有效性检验　　单位：万人

年份	城镇人口实际值	城镇人口模拟值	相对误差
2011	63.29	63.29	0.00
2012	66.53	67.48	0.01
2013	68.96	70.93	0.03
2014	72.10	73.52	0.02
2015	74.54	76.87	0.03
2016	77.00	79.47	0.03

由表7-1至表7-42可知，本研究通过构建的系统动力学模型模拟仿真得到的广西14个地级市总人口的误差极低，所有变量的模拟仿真误差均低于10%，并且对城镇人口和GDP的模拟仿真误差均在5%以下。这表明研究构建的系统模型的模拟仿真结果有效，具有较好的实际参考价值。

（二）系统模型模拟仿真

通过对广西14个地级市的相关数据进行系统模型模拟仿真，得到各城市2011～2025年的GDP、总人口、城镇人口、城镇化水平以及人均GDP的模拟仿真结果，以此反映各变量在研究期内的演变过程。

由图7-2至图7-5可知，南宁市2011～2025年发展速度较快，GDP将由2011年的2211.44亿元增加至2025年的7690.40亿元，总人口由2011年的673.40万人增长至2025年的777.59万人，城镇人口由2011年的367.37万人增加至2025年的549.99万人，城镇化水平由2011年的0.5455提升至2025年的0.7073，人均GDP由2011年的3.28万元增长至2025年的9.89万元。这说明南宁市的经济总量将得到明显提升，城镇人口稳步增长，且具有较高的城镇化水平和较突出的人均 GDP 优势，整体处于广西领先地位。

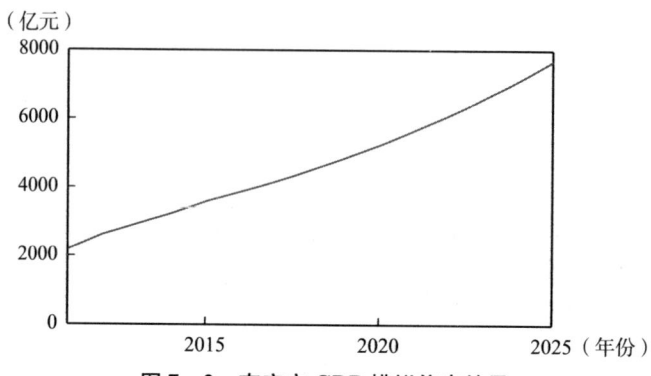

图 7-2 南宁市 GDP 模拟仿真结果

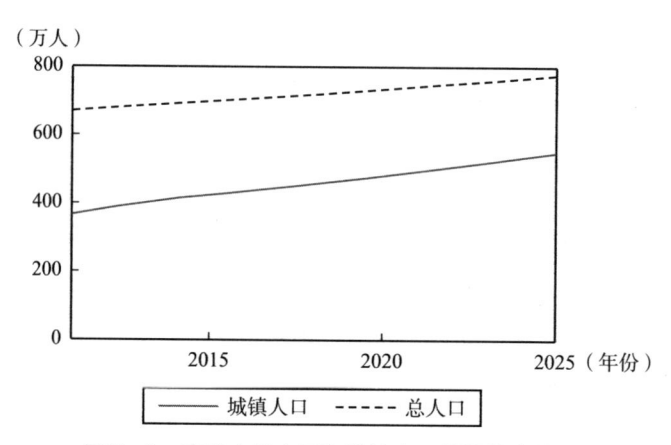

图 7-3 南宁市总人口和城镇人口模拟仿真结果

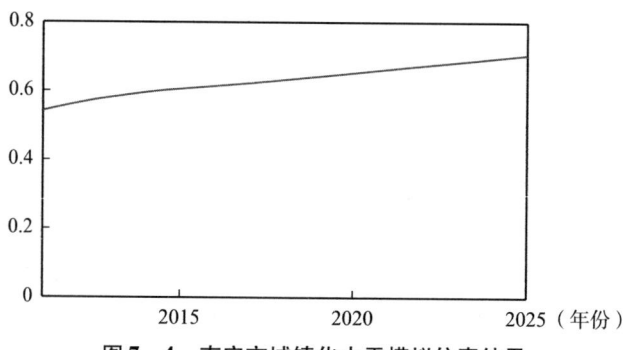

图 7-4 南宁市城镇化水平模拟仿真结果

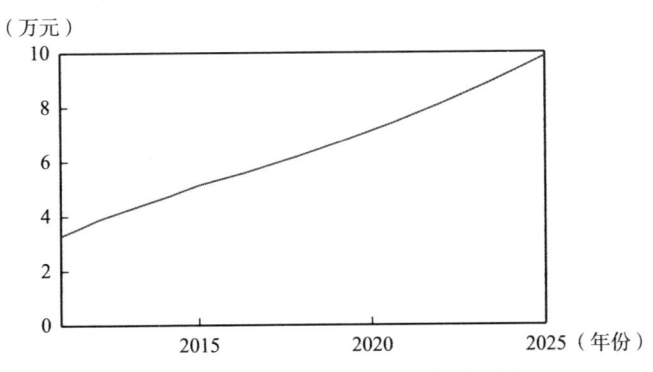

图 7-5 南宁市人均 GDP 模拟仿真结果

由图 7-6 至图 7-9 可知，柳州市 2011~2025 年发展速度较快，GDP 将由 2011 年的 1579.72 亿元增加至 2025 年的 4707.71 亿元，总人口由 2011 年的 379.39 万人增长至 2025 年的 429.96 万人，城镇人口由 2011 年的 214.71 万人增加至 2025 年的 312.39 万人，城镇化水平由 2011 年的 0.5659 提升至 2025 年的 0.7265，人均 GDP 由 2011 年的 4.16 万元增长至 2025 年的 10.95 万元。这说明柳州市的经济总量将得到迅速提升，尽管其总人口增长缓慢，但城镇人口逐步增长，城镇化水平较高，人均 GDP 优势突出，具备较强的区域竞争力。

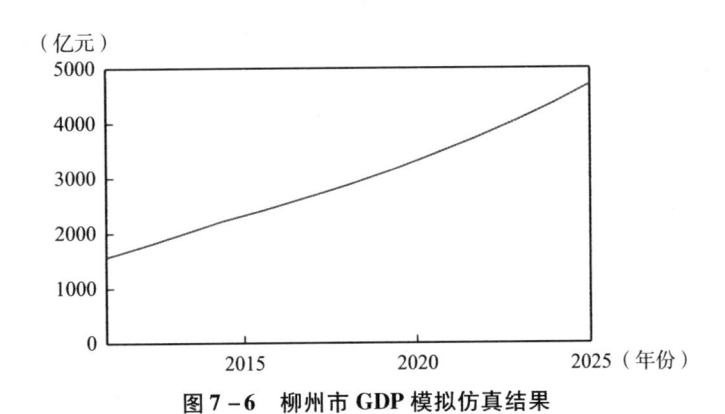

图 7-6 柳州市 GDP 模拟仿真结果

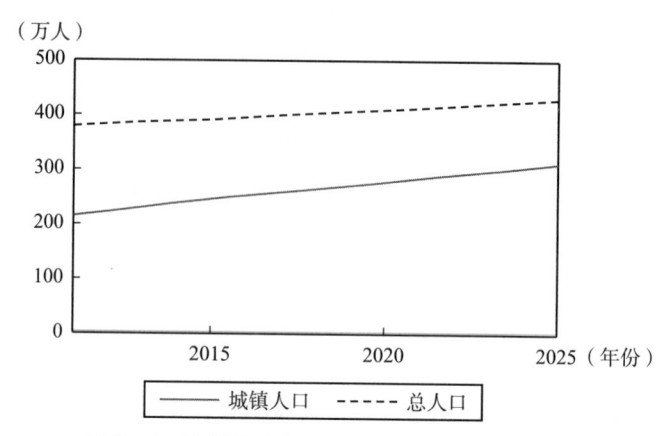

图 7-7　柳州市总人口和城镇人口模拟仿真结果

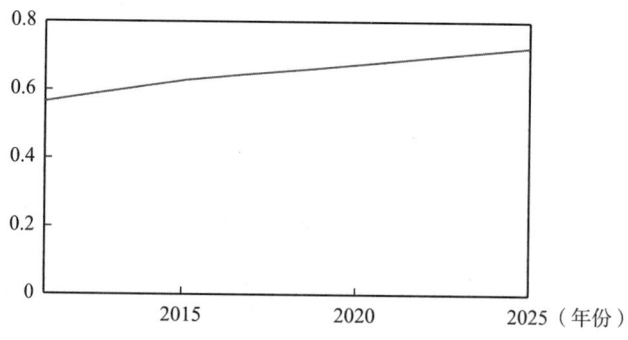

图 7-8　柳州市城镇化水平模拟仿真结果

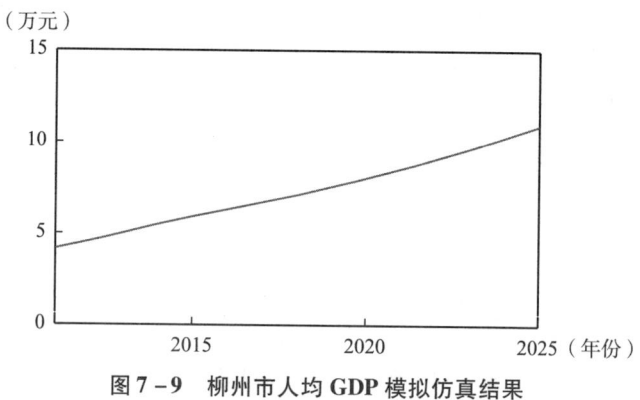

图 7-9　柳州市人均 GDP 模拟仿真结果

由图 7-10 至图 7-13 可知，桂林市 2011~2025 年发展速度较快，GDP 将由 2011 年的 1327.57 亿元增加至 2025 年的 3995.64 亿元，总人口由 2011 年的 478.82 万人增长至 2025 年的 545.29 万人，城镇人口由 2011 年的 193.87 万人增加至 2025 年的 321.00 万人，城镇化水平由 2011 年的 0.4049 提升至 2025 年的 0.5887，人均 GDP 由 2011 年的 2.77 万元增长至 2025 年的 7.33 万元。这说明桂林市的经济总量将不断提升，总人口平稳增长，但人均 GDP 优势并不明显。尽管该城市的城镇人口在逐步增长，但其城镇化水平整体偏低，亟须加快推进人口城镇化进程，通过政策引导农业转移人口尽快实现就近城镇化，以进一步提升其城镇化水平。

图 7-10 桂林市 GDP 模拟仿真结果

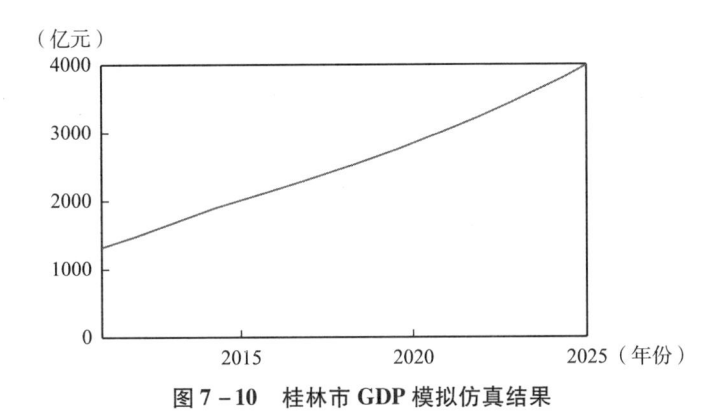

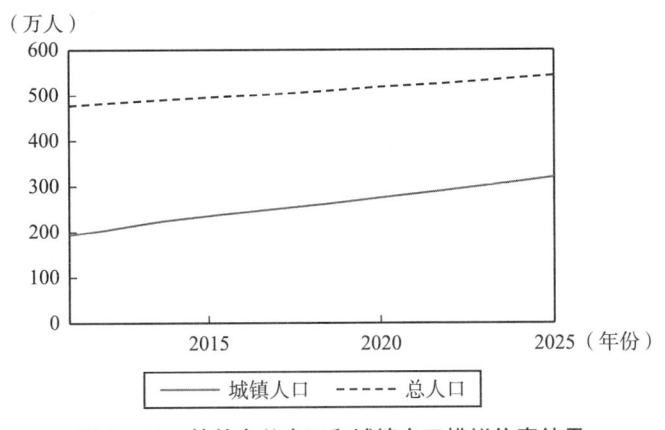

图 7-11 桂林市总人口和城镇人口模拟仿真结果

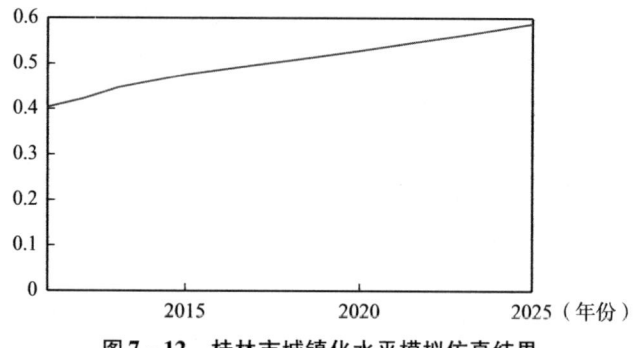

图7-12 桂林市城镇化水平模拟仿真结果

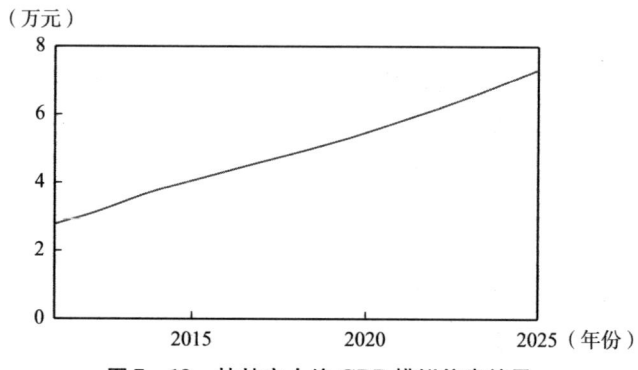

图7-13 桂林市人均GDP模拟仿真结果

由图7-14至图7-17可知，梧州市2011~2025年发展速度较快，GDP将由2011年的742.49亿元增加至2025年的2422.18亿元，总人口由2011年的290.85万人增长至2025年的320.24万人，城镇人口由2011年的130.26万人增加至2025年的193.69万人，城镇化水平由2011年的0.4479提升至2025年的0.6048，人均GDP由2011年的2.55万元增长至2025年的7.56万元。这说明梧州市的经济总量将增长较快，城镇人口在稳步增长，城镇化水平不断提升，但该城市的总人口增幅较小，且不具备明显的人均GDP优势。

由图7-18至图7-21可知，北海市2011~2025年发展速度较快，GDP将由2011年的496.60亿元增加至2025年的2129.44亿元，总人口由2011年的155.44万人增长至2025年的181.31万人，城镇人口由2011年的78.34万人增加至2025年的121.30万人，城镇化水平由2011年的0.5040提升至2025年的0.6690，人均GDP由2011年的3.19万元增长至2025年的11.74万元。这说明北海市的经济总量将增长迅速，并具有突出的人均GDP优势。尽管该城市的总人口增幅较小，但其城镇人口不断增加，城镇化水平逐步提升。

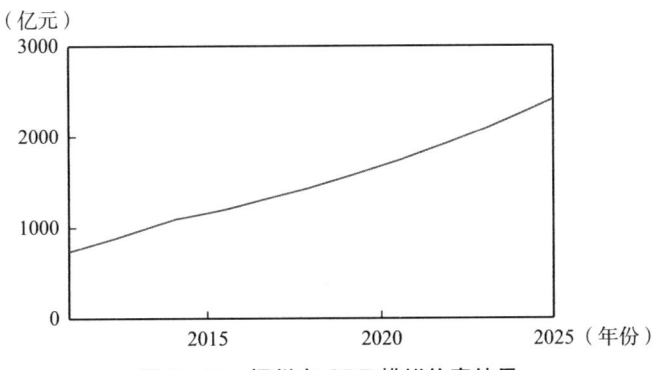

图 7-14　梧州市 GDP 模拟仿真结果

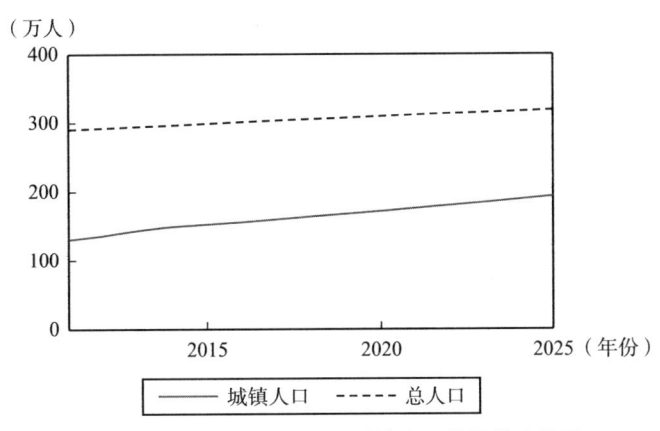

图 7-15　梧州市总人口和城镇人口模拟仿真结果

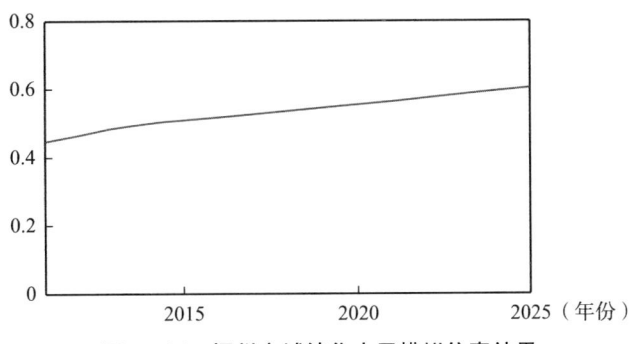

图 7-16　梧州市城镇化水平模拟仿真结果

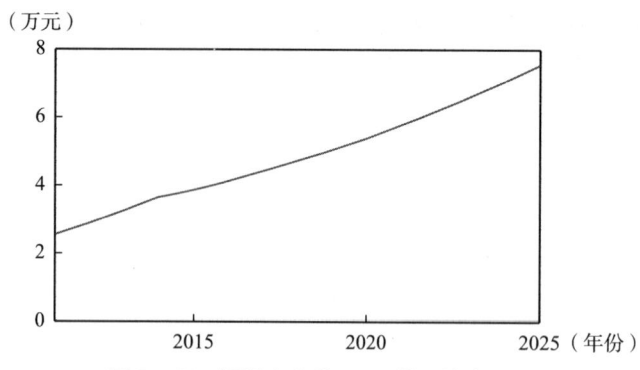

图7-17 梧州市人均GDP模拟仿真结果

图7-18 北海市GDP模拟仿真结果

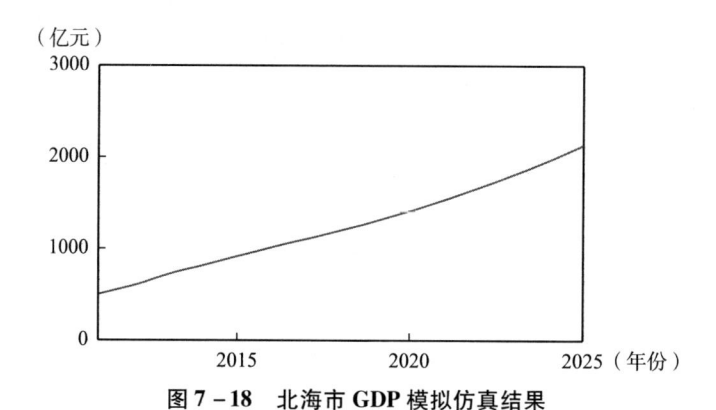

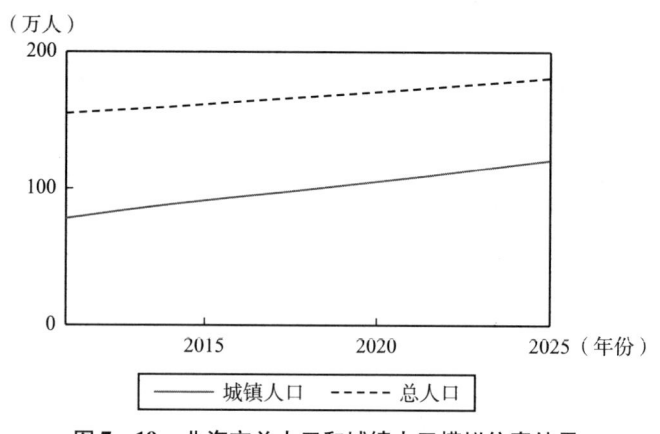

图7-19 北海市总人口和城镇人口模拟仿真结果

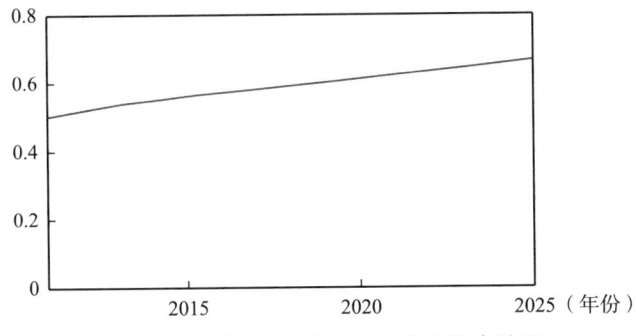

图 7-20 北海市城镇化水平模拟仿真结果

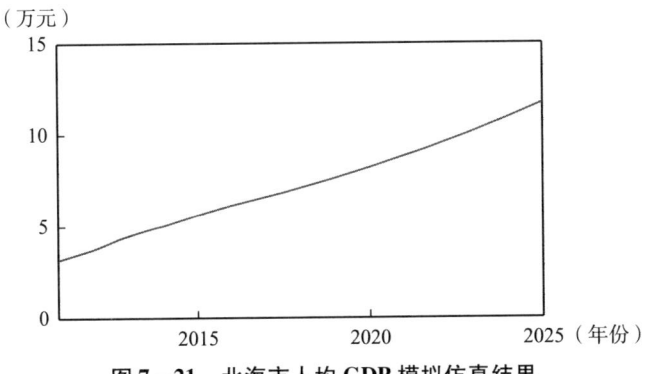

图 7-21 北海市人均 GDP 模拟仿真结果

由图 7-22 至图 7-25 可知,防城港市 2011~2025 年发展速度较快,GDP 将由 2011 年的 413.77 亿元增加至 2025 年的 1602.95 亿元,总人口由 2011 年的 87.84 万人增长至 2025 年的 103.15 万人,城镇人口由 2011 年的 44.08 万人增加至 2025 年的 72.18 万人,城镇化水平由 2011 年的 0.5018 提升至 2025 年的 0.6998,人均 GDP 由 2011 年的 4.71 万元增长至 2025 年的 15.54 万元。这说明防城港市的经济总量将不断提升,城镇人口增幅较大,城镇化水平逐步提升,人均 GDP 优势突出。

由图 7-26 至图 7-29 可知,钦州市 2011~2025 年发展速度较快,GDP 将由 2011 年的 646.65 亿元增加至 2025 年的 2421.84 亿元,总人口由 2011 年的 310.96 万人增长至 2025 年的 355.99 万人,城镇人口由 2011 年的 101.08 万人增加至 2025 年的 168.06 万人,城镇化水平由 2011 年的 0.3251 提升至 2025 年的 0.4721,人均 GDP 由 2011 年的 2.08 万元增长至 2025 年的 6.80 万元。这说明钦州市的经济总量将不断提升,城镇人口逐步增加,但其城镇化水平和人均 GDP

水平均较低。

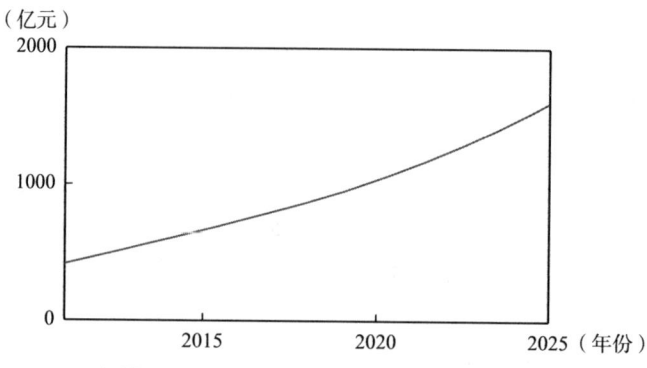

图 7-22 防城港市 GDP 模拟仿真结果

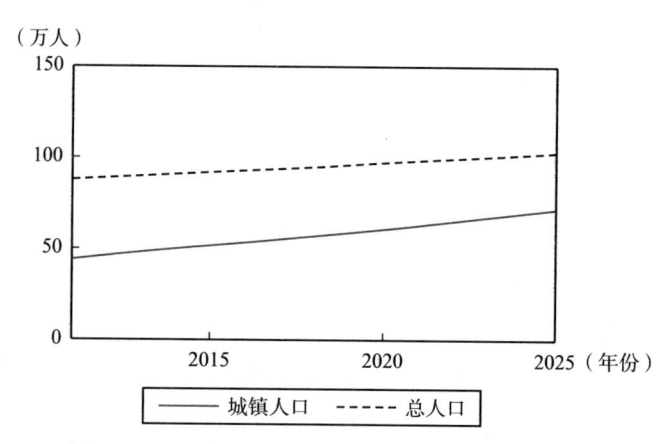

图 7-23 防城港市总人口和城镇人口模拟仿真结果

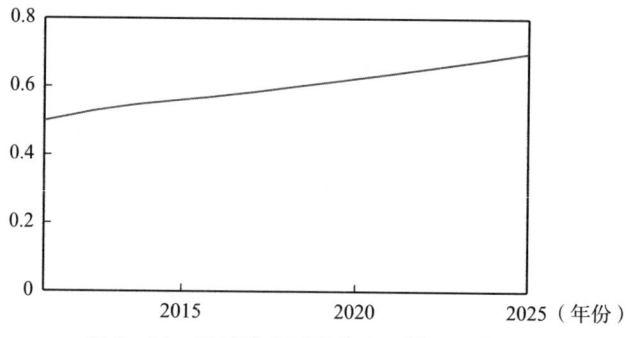

图 7-24 防城港市城镇化水平模拟仿真结果

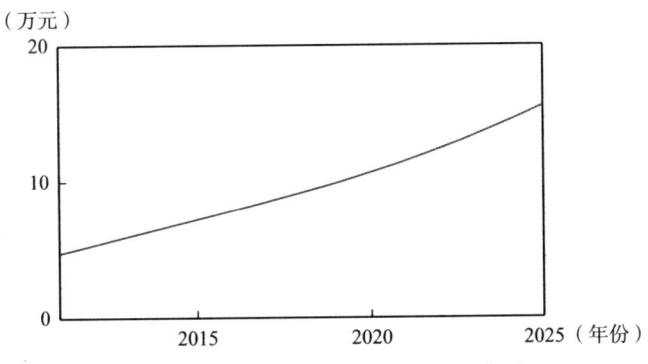

图 7-25 防城港市人均 GDP 模拟仿真结果

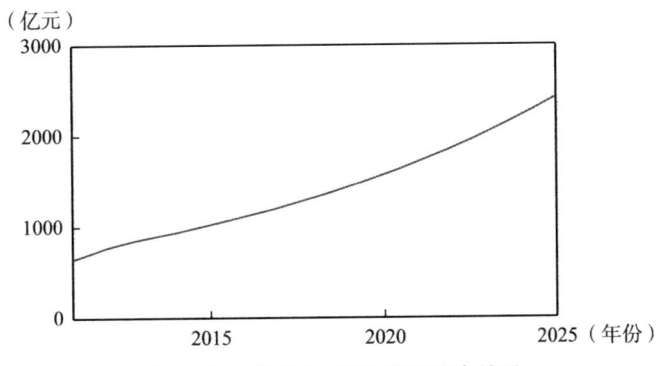

图 7-26 钦州市 GDP 模拟仿真结果

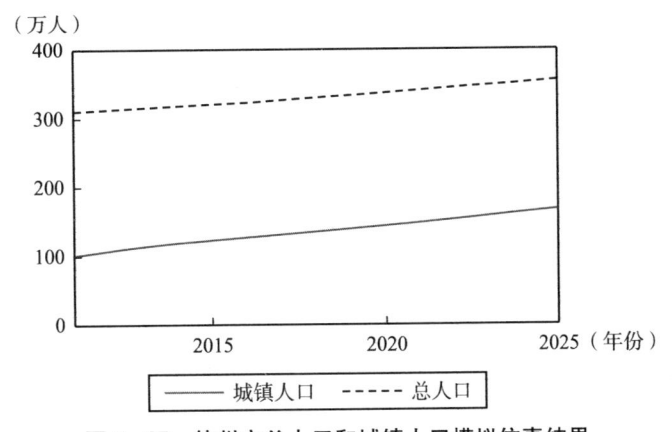

图 7-27 钦州市总人口和城镇人口模拟仿真结果

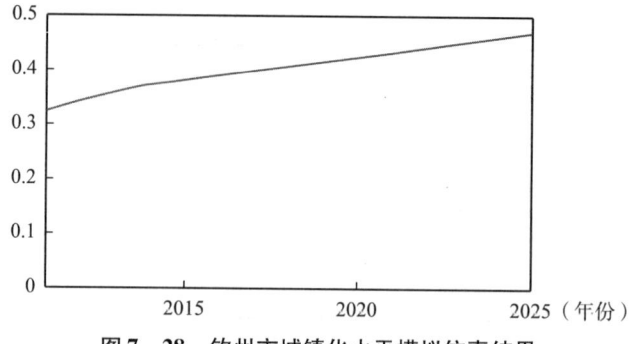

图 7-28 钦州市城镇化水平模拟仿真结果

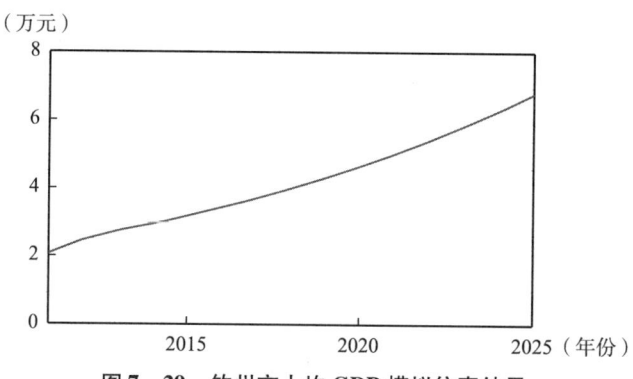

图 7-29 钦州市人均 GDP 模拟仿真结果

由图 7-30 至图 7-33 可知，贵港市 2011～2025 年发展速度较快，GDP 将由 2011 年的 630.82 亿元增加至 2025 年的 1789.15 亿元，总人口由 2011 年的 415.67 万人增长至 2025 年的 469.26 万人，城镇人口由 2011 年 174.87 万人增加至 2025 年的 300.64 万人，城镇化水平由 2011 年的 0.4207 提升至 2025 年的 0.6407，人均 GDP 由 2011 年的 1.52 万元增长至 2025 年的 3.81 万元。这说明贵港市的经济总量将增长较快，城镇人口在不断增加，城镇化水平逐渐提升，但其人均 GDP 水平偏低。

由图 7-34 至图 7-37 可知，玉林市 2011～2025 年发展速度较快，GDP 将由 2011 年的 1019.94 亿元增加至 2025 年的 3259.06 亿元，总人口由 2011 年的 553.84 万人增长至 2025 年的 622.16 万人，城镇人口由 2011 年的 229.71 万人增加至 2025 年的 350.11 万人，城镇化水平由 2011 年的 0.4148 提升至 2025 年的 0.5627，人均 GDP 由 2011 年的 1.84 万元增长至 2025 年的 5.24 万元。这说明玉林市的经济总量将处于较高水平，总人口和城镇人口平稳增长，但其城镇化水平和人均 GDP 水平都偏低。

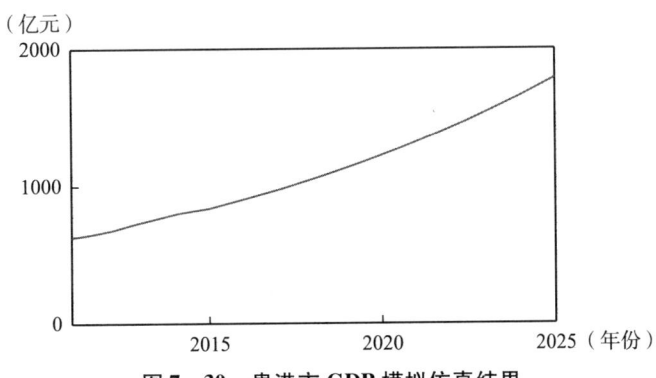

图 7-30 贵港市 GDP 模拟仿真结果

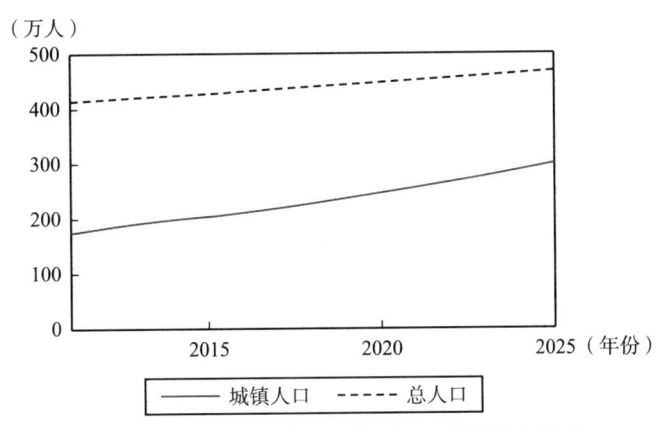

图 7-31 贵港市总人口和城镇人口模拟仿真结果

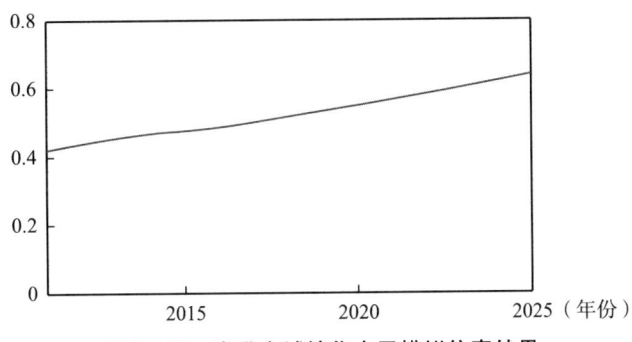

图 7-32 贵港市城镇化水平模拟仿真结果

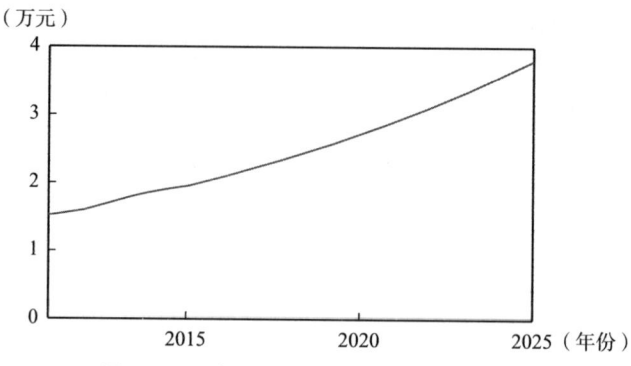

图 7-33 贵港市人均 GDP 模拟仿真结果

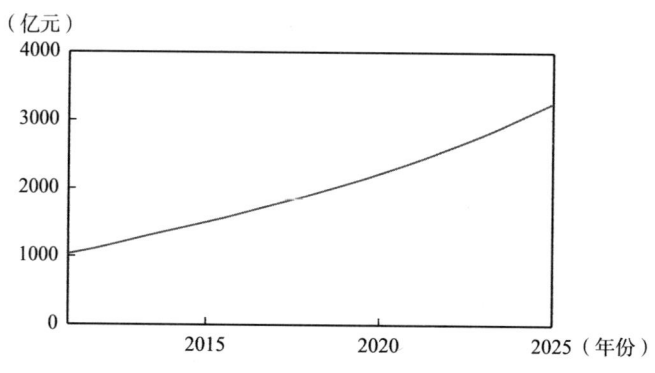

图 7-34 玉林市 GDP 模拟仿真结果

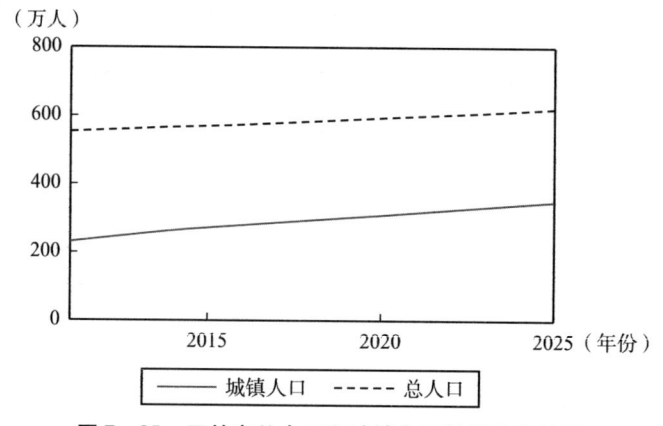

图 7-35 玉林市总人口和城镇人口模拟仿真结果

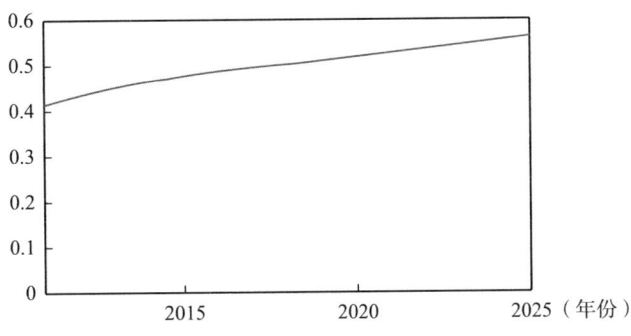

图 7-36　玉林市城镇化水平模拟仿真结果

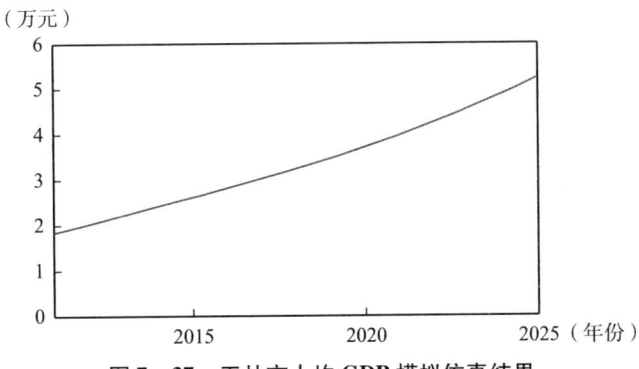

图 7-37　玉林市人均 GDP 模拟仿真结果

由图 7-38 至图 7-41 可知,百色市 2011~2025 年发展速度较快,GDP 将由 2011 年的 656.71 亿元增加至 2025 年的 2076.30 亿元,总人口由 2011 年的 349.46 万人增长至 2025 年的 384.32 万人,城镇人口由 2011 年的 99.25 万人增加至 2025 年的 185.60 万人,城镇化水平由 2011 年的 0.2840 提升至 2025 年的 0.4829,人均 GDP 由 2011 年的 1.88 万元增长至 2025 年的 5.40 万元。这说明百色市的经济总量将不断提升,总人口和城镇人口稳步增长,但其城镇化水平仍然较低,且人均 GDP 水平偏低。

由图 7-42 至图 7-45 可知,贺州市 2011~2025 年发展速度较快,GDP 将由 2011 年的 356.40 亿元增加至 2025 年的 1074.75 元,总人口由 2011 年的 197.03 万人增长至 2025 年的 216.14 万人,城镇人口由 2011 年 72.98 万人增加至 2025 年的 128.08 万人,城镇化水平由 2011 年的 0.3704 提升至 2025 年的 0.5926,人均 GDP 由 2011 年的 1.81 万元增长至 2025 年的 4.97 万元。这说明贺州市的经济总量将不断提升,城镇人口平稳增长,但其总人口增长缓慢,城镇化水平和人均 GDP 水平均偏低。

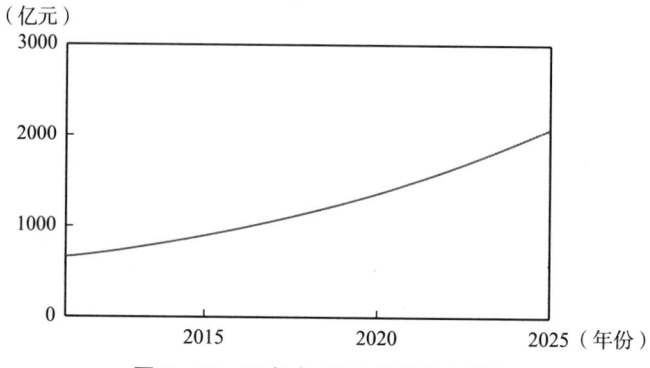

图 7-38　百色市 GDP 模拟仿真结果

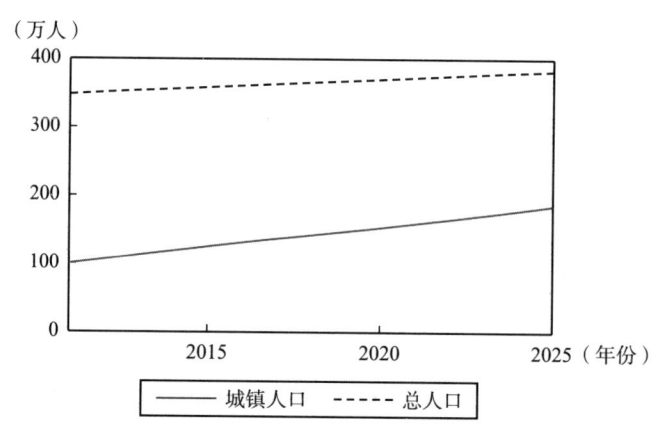

图 7-39　百色市总人口和城镇人口模拟仿真结果

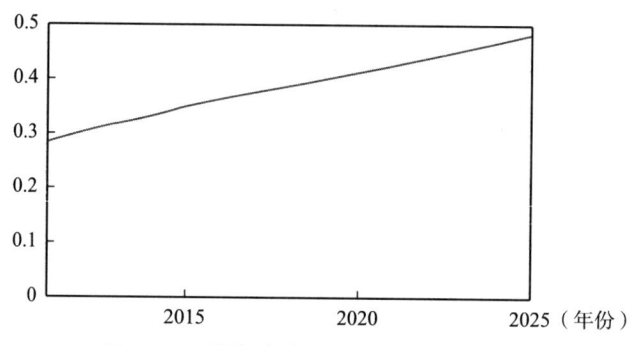

图 7-40　百色市城镇化水平模拟仿真结果

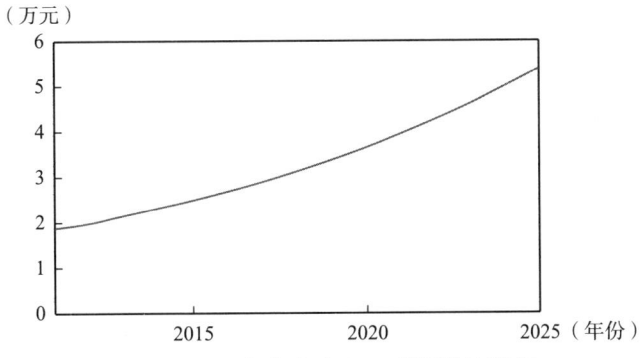

图7-41 百色市人均GDP模拟仿真结果

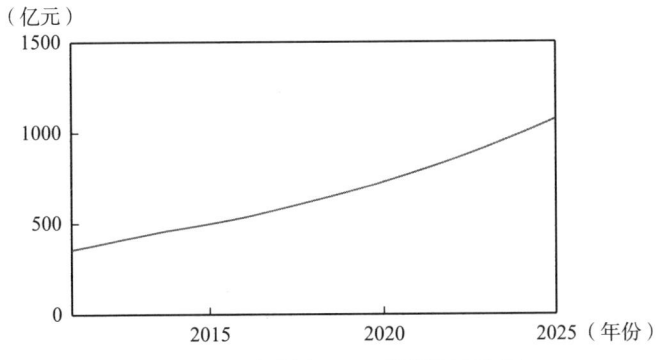

图7-42 贺州市GDP模拟仿真结果

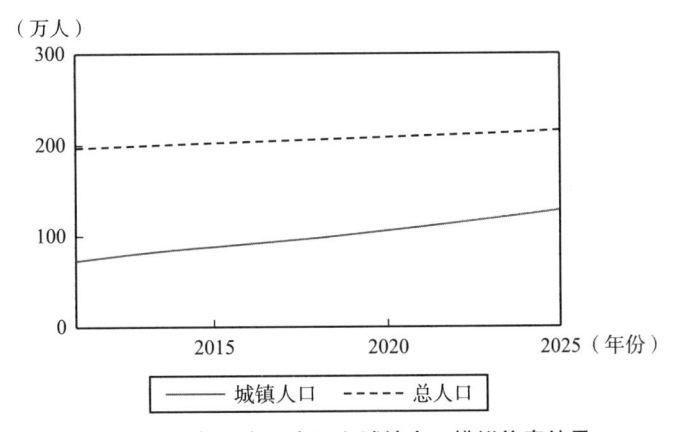

图7-43 贺州市总人口和城镇人口模拟仿真结果

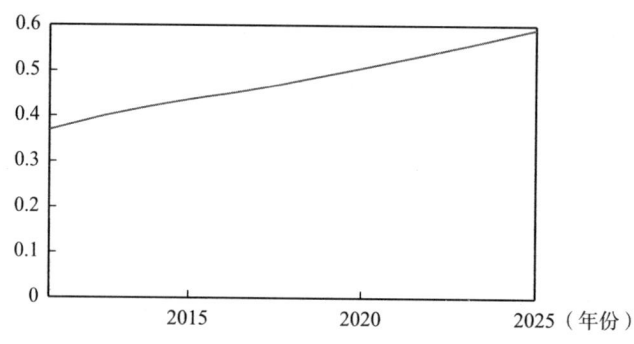

图 7-44 贺州市城镇化水平模拟仿真结果

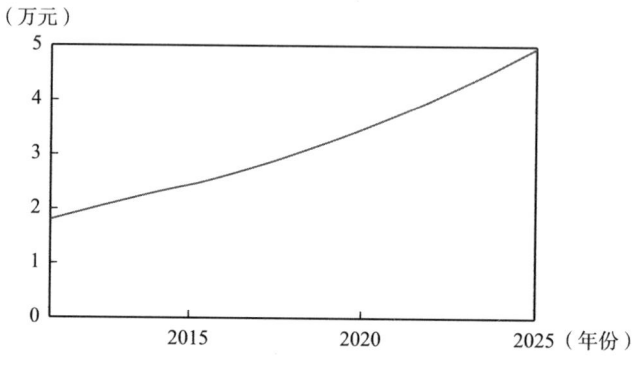

图 7-45 贺州市人均 GDP 模拟仿真结果

由图 7-46 至图 7-49 可知，河池市 2011~2025 年发展速度较快，GDP 将由 2011 年的 511.96 亿元增加至 2025 年的 977.84 元，总人口由 2011 年的 339.34 万人增长至 2025 年的 370.89 万人，城镇人口由 2011 年的 98.25 万人增加至 2025 年的 176.34 万人，城镇化水平由 2011 年的 0.2895 提升至 2025 年的 0.4754，人均 GDP 由 2011 年的 1.51 万元增长至 2025 年的 2.64 万元。这说明河池市的经济总量将不断提升，总人口和城镇人口得到平稳增长，但城镇化水平仍然较低，人均 GDP 水平处于劣势地位。

图 7-50 至图 7-53 可知，来宾市 2011~2025 年发展速度较快，GDP 将由 2011 年的 486.21 亿元增加至 2025 年的 978.52 元，总人口由 2011 年的 211.82 万人增长至 2025 年的 247.07 万人，城镇人口由 2011 年的 73.95 万人增加至 2025 年的 141.14 万人，城镇化水平由 2011 年的 0.3491 提升至 2025 年的 0.5712，人均 GDP 由 2011 年的 2.30 万元增长至 2025 年的 3.96 万元。这说明来宾市的经济总量将逐渐提升，总人口和城镇人口不断增长，但其经济发展水平、城镇化水平和人均 GDP 水平均较低。

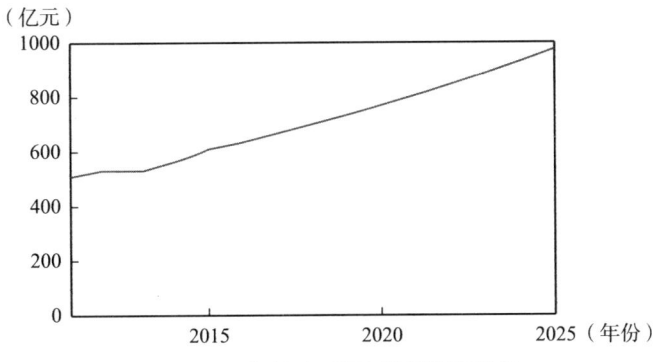

图 7-46 河池市 GDP 模拟仿真结果

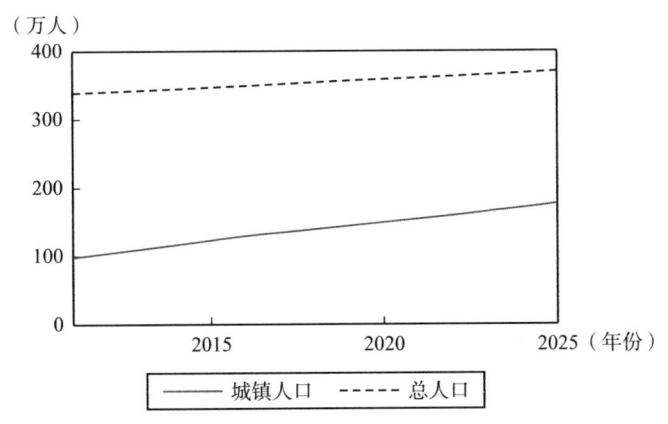

图 7-47 河池市总人口和城镇人口模拟仿真结果

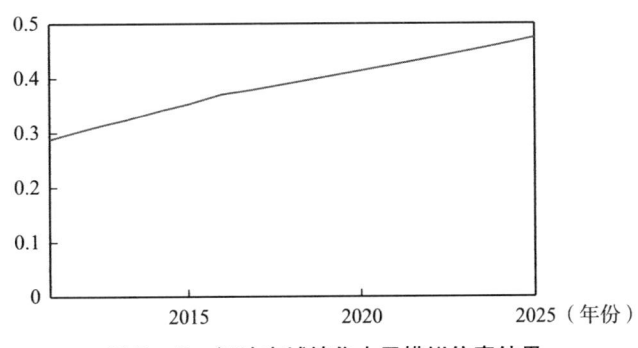

图 7-48 河池市城镇化水平模拟仿真结果

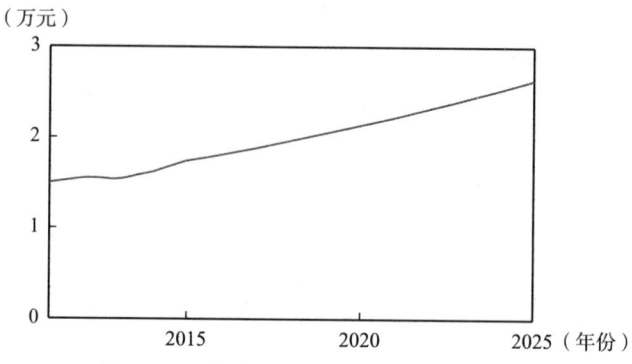

图7-49 河池市人均GDP模拟仿真结果

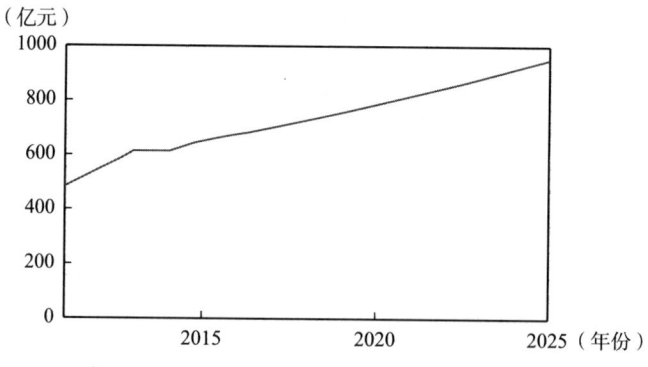

图7-50 来宾市GDP模拟仿真结果

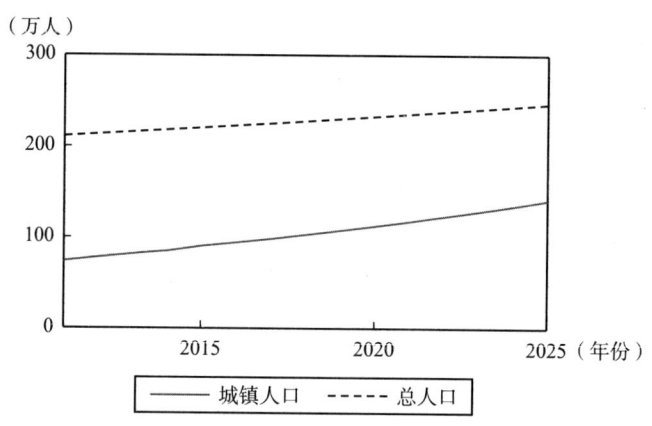

图7-51 来宾市总人口和城镇人口模拟仿真结果

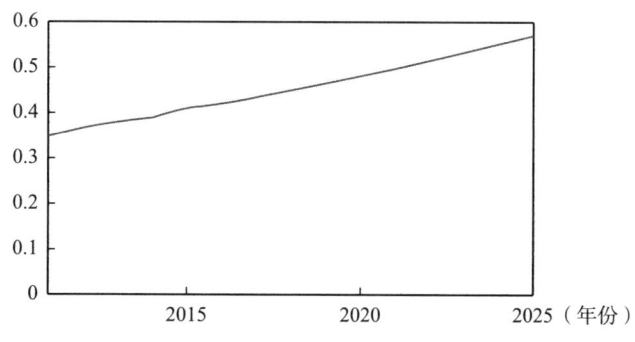

图 7-52 来宾市城镇化水平模拟仿真结果

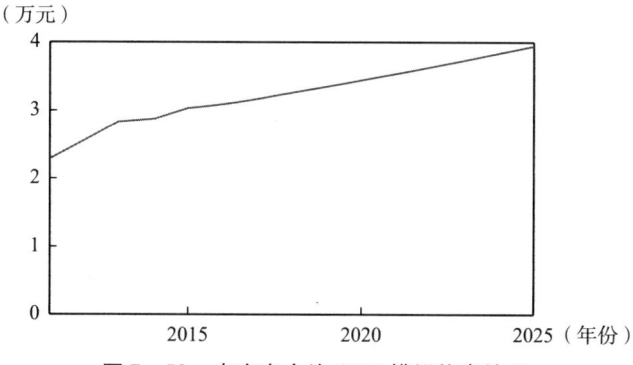

图 7-53 来宾市人均 GDP 模拟仿真结果

由图 7-54 至图 7-57 可知，崇左市 2011~2025 年发展速度较快，GDP 将由 2011 年的 491.85 亿元增加至 2025 年的 1591.90 元，总人口由 2011 年的 201.14 万人增长至 2025 年的 221.05 万人，城镇人口由 2011 年的 63.29 万人增加至 2025 年的 106.44 万人，城镇化水平由 2011 年的 0.3147 提升至 2025 年的 0.4815，人均 GDP 由 2011 年的 2.45 万元增长至 2025 年的 7.20 万元。这说明崇左市的经济总量将不断提升，城镇人口增长较快，但其总人口增幅较慢，城镇化水平偏低，且不具备人均 GDP 优势。

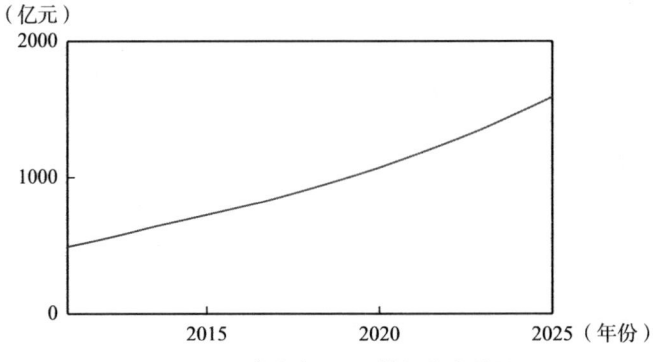

图 7-54　崇左市 GDP 模拟仿真结果

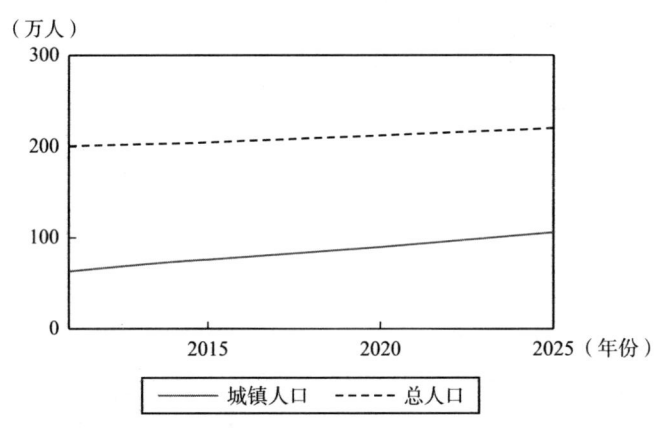

图 7-55　崇左市总人口和城镇人口模拟仿真结果

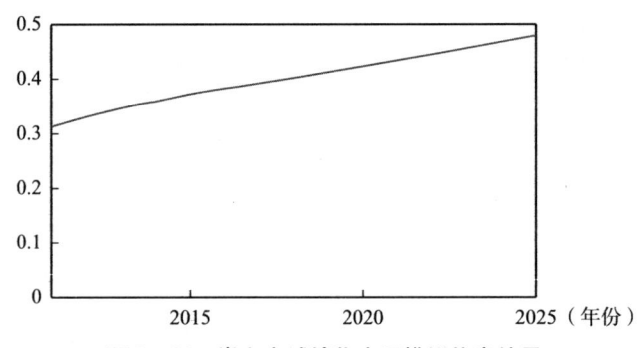

图 7-56　崇左市城镇化水平模拟仿真结果

图 7-57　崇左市人均 GDP 模拟仿真结果

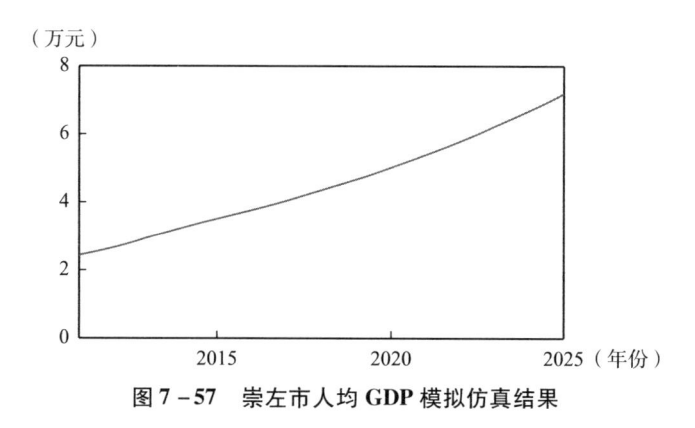

四、云南丝绸之路经济带建设中人口就近城镇化模拟仿真

(一) 系统模型有效性检验

本研究选取云南 16 个地级市（自治州）2011～2016 年的 GDP、总人口和城镇人口 3 个状态变量的实际历史数据，并对比相应年份的模拟仿真数据，进而计算得到各变量在考察期内的相对误差，以此验证云南丝绸之路经济带建设中人口就近城镇化系统动力学模型的有效性，各城市的相关变量的检验结果如表 7-43 至表 7-90 所示。

表 7-43　2011～2016 年昆明市 GDP 模拟结果有效性检验　　　单位：亿元

年份	GDP 实际值	GDP 模拟值	相对误差
2011	2509.58	2509.58	0.00
2012	3011.14	3008.82	0.00
2013	3415.31	3381.76	0.01
2014	3712.99	3761.82	0.01
2015	3968.01	4015.12	0.01
2016	4300.08	4347.80	0.01

表 7-44　　　　2011~2016 年昆明市总人口模拟结果有效性检验　　　　单位：万人

年份	总人口实际值	总人口模拟值	相对误差
2011	648.60	648.60	0.00
2012	653.30	655.67	0.00
2013	657.90	661.18	0.00
2014	662.60	667.33	0.01
2015	667.70	673.20	0.01
2016	672.80	680.27	0.01

表 7-45　　　　2011~2016 年昆明市城镇人口模拟结果有效性检验　　　　单位：万人

年份	城镇人口实际值	城镇人口模拟值	相对误差
2011	428.10	428.10	0.00
2012	438.10	447.54	0.02
2013	447.70	458.01	0.02
2014	457.50	468.04	0.02
2015	467.70	478.29	0.02
2016	478.00	488.95	0.02

表 7-46　　　　2011~2016 年曲靖市 GDP 模拟结果有效性检验　　　　单位：亿元

年份	GDP 实际值	GDP 模拟值	相对误差
2011	1209.93	1209.93	0.00
2012	1400.17	1414.29	0.01
2013	1583.94	1606.49	0.01
2014	1548.46	1612.84	0.04
2015	1630.26	1691.79	0.04
2016	1768.41	1839.73	0.04

表 7-47　　　　2011~2016 年曲靖市总人口模拟结果有效性检验　　　　单位：万人

年份	总人口实际值	总人口模拟值	相对误差
2011	589.90	589.90	0.00
2012	593.60	593.62	0.00

续表

年份	总人口实际值	总人口模拟值	相对误差
2013	597.40	597.30	0.00
2014	600.90	601.12	0.00
2015	604.70	604.61	0.00
2016	608.40	608.42	0.00

表7-48 2011~2016年曲靖市城镇人口模拟结果有效性检验   单位：万人

年份	城镇人口实际值	城镇人口模拟值	相对误差
2011	221.80	221.80	0.00
2012	239.60	236.75	0.01
2013	248.50	255.76	0.03
2014	257.70	265.25	0.03
2015	269.60	275.06	0.02
2016	277.30	287.77	0.04

表7-49 2011~2016年玉溪市GDP模拟结果有效性检验   单位：亿元

年份	GDP实际值	GDP模拟值	相对误差
2011	876.55	876.55	0.00
2012	1000.17	1016.62	0.02
2013	1102.47	1132.28	0.03
2014	1184.73	1218.28	0.03
2015	1244.52	1280.91	0.03
2016	1311.88	1348.99	0.03

表7-50 2011~2016年玉溪市总人口模拟结果有效性检验   单位：万人

年份	总人口实际值	总人口模拟值	相对误差
2011	231.80	231.80	0.00
2012	233.00	233.01	0.00

续表

年份	总人口实际值	总人口模拟值	相对误差
2013	234.00	234.22	0.00
2014	235.10	235.22	0.00
2015	236.20	236.33	0.00
2016	237.50	237.44	0.00

表7－51　　2011～2016年玉溪市城镇人口模拟结果有效性检验　　单位：万人

年份	城镇人口实际值	城镇人口模拟值	相对误差
2011	92.70	92.70	0.00
2012	99.90	98.66	0.01
2013	103.20	106.33	0.03
2014	106.70	109.84	0.03
2015	111.20	113.56	0.02
2016	116.20	118.35	0.02

表7－52　　2011～2016年保山市GDP模拟结果有效性检验　　单位：亿元

年份	GDP实际值	GDP模拟值	相对误差
2011	323.24	323.24	0.00
2012	389.96	388.59	0.00
2013	449.74	451.57	0.00
2014	503.09	501.58	0.00
2015	551.96	555.81	0.01
2016	612.39	615.88	0.01

表7－53　　2011～2016年保山市总人口模拟结果有效性检验　　单位：万人

年份	总人口实际值	总人口模拟值	相对误差
2011	252.50	252.50	0.00
2012	254.00	254.09	0.00
2013	255.40	255.59	0.00

续表

年份	总人口实际值	总人口模拟值	相对误差
2014	256.70	257.00	0.00
2015	258.10	258.31	0.00
2016	259.70	259.70	0.00

表7-54　2011~2016年保山市城镇人口模拟结果有效性检验　　单位：万人

年份	城镇人口实际值	城镇人口模拟值	相对误差
2011	63.40	63.40	0.00
2012	70.70	70.91	0.00
2013	74.10	75.18	0.01
2014	77.80	77.04	0.01
2015	82.60	84.24	0.02
2016	87.80	90.68	0.03

表7-55　2011~2016年昭通市GDP模拟结果有效性检验　　单位：亿元

年份	GDP实际值	GDP模拟值	相对误差
2011	465.03	465.03	0.00
2012	555.60	550.41	0.01
2013	634.70	640.13	0.01
2014	669.51	682.89	0.02
2015	708.38	737.32	0.04
2016	765.53	798.90	0.04

表7-56　2011~2016年昭通市总人口模拟结果有效性检验　　单位：万人

年份	总人口实际值	总人口模拟值	相对误差
2011	525.80	525.80	0.00
2012	529.60	529.69	0.00
2013	534.20	533.51	0.00
2014	538.70	538.09	0.00

续表

年份	总人口实际值	总人口模拟值	相对误差
2015	543.00	542.61	0.00
2016	547.50	546.90	0.00

表7-57　2011~2016年昭通市城镇人口模拟结果有效性检验　　单位：万人

年份	城镇人口实际值	城镇人口模拟值	相对误差
2011	118.80	118.8	0.00
2012	132.60	132.27	0.00
2013	140.00	141.64	0.01
2014	148.10	150.88	0.02
2015	158.50	161.91	0.02
2016	172.40	176.48	0.02

表7-58　2011~2016年丽江市GDP模拟结果有效性检验　　单位：亿元

年份	GDP实际值	GDP模拟值	相对误差
2011	178.50	178.50	0.00
2012	212.24	213.42	0.01
2013	248.81	247.35	0.01
2014	269.68	273.71	0.01
2015	289.61	295.67	0.02
2016	309.29	316.70	0.02

表7-59　2011~2016年丽江市总人口模拟结果有效性检验　　单位：万人

年份	总人口实际值	总人口模拟值	相对误差
2011	125.40	125.40	0.00
2012	126.20	126.10	0.00
2013	126.90	126.90	0.00
2014	127.50	127.60	0.00

续表

年份	总人口实际值	总人口模拟值	相对误差
2015	128.00	128.19	0.00
2016	128.50	128.69	0.00

表 7-60　2011~2016 年丽江市城镇人口模拟结果有效性检验　　单位：万人

年份	城镇人口实际值	城镇人口模拟值	相对误差
2011	35.40	35.40	0.00
2012	39.70	38.86	0.02
2013	41.40	41.34	0.00
2014	43.20	43.11	0.00
2015	45.60	44.98	0.01
2016	48.10	47.48	0.01

表 7-61　2011~2016 年普洱市 GDP 模拟结果有效性检验　　单位：亿元

年份	GDP 实际值	GDP 模拟值	相对误差
2011	301.19	301.19	0.00
2012	366.85	364.29	0.01
2013	425.39	427.71	0.01
2014	476.95	475.18	0.00
2015	514.01	516.55	0.00
2016	567.54	564.52	0.01

表 7-62　2011~2016 年普洱市总人口模拟结果有效性检验　　单位：万人

年份	总人口实际值	总人口模拟值	相对误差
2011	256.10	256.10	0.00
2012	257.50	257.61	0.00
2013	258.40	259.00	0.00
2014	259.40	259.91	0.00
2015	260.50	260.92	0.00
2016	261.70	262.02	0.00

表 7-63　　2011~2016 年普洱市城镇人口模拟结果有效性检验　　单位：万人

年份	城镇人口实际值	城镇人口模拟值	相对误差
2011	82.50	82.50	0.00
2012	89.40	88.39	0.01
2013	92.80	95.78	0.03
2014	96.40	99.42	0.03
2015	101.20	103.28	0.02
2016	106.40	108.42	0.02

表 7-64　　2011~2016 年临沧市 GDP 模拟结果有效性检验　　单位：亿元

年份	GDP 实际值	GDP 模拟值	相对误差
2011	272.43	272.43	0.00
2012	352.98	347.9	0.01
2013	416.10	412.72	0.01
2014	465.12	463.82	0.00
2015	502.12	502.7	0.00
2016	550.82	550.49	0.00

表 7-65　　2011~2016 年临沧市总人口模拟结果有效性检验　　单位：万人

年份	总人口实际值	总人口模拟值	相对误差
2011	244.80	244.80	0.00
2012	246.30	246.29	0.00
2013	247.90	247.80	0.00
2014	249.30	249.41	0.00
2015	250.90	250.80	0.00
2016	252.00	252.41	0.00

表 7-66　　2011~2016 年临沧市城镇人口模拟结果有效性检验　　单位：万人

年份	城镇人口实际值	城镇人口模拟值	相对误差
2011	74.90	74.90	0.00
2012	80.60	79.35	0.02

续表

年份	城镇人口实际值	城镇人口模拟值	相对误差
2013	84.00	85.39	0.02
2014	87.70	88.99	0.01
2015	92.50	92.91	0.00
2016	98.20	97.99	0.00

表7-67　　2011~2016年楚雄市GDP模拟结果有效性检验　　单位：亿元

年份	GDP实际值	GDP模拟值	相对误差
2011	482.50	482.50	0.00
2012	570.02	560.28	0.02
2013	632.50	646.28	0.02
2014	705.66	710.13	0.01
2015	762.97	783.78	0.03
2016	846.72	842.64	0.00

表7-68　　2011~2016年楚雄市总人口模拟结果有效性检验　　单位：万人

年份	总人口实际值	总人口模拟值	相对误差
2011	270.40	270.40	0.00
2012	271.90	272.10	0.00
2013	272.40	273.60	0.00
2014	272.80	274.09	0.00
2015	273.30	274.50	0.00
2016	273.90	275.00	0.00

表7-69　　2011~2016年楚雄市城镇人口模拟结果有效性检验　　单位：万人

年份	城镇人口实际值	城镇人口模拟值	相对误差
2011	91.10	91.10	0.00
2012	98.50	98.10	0.00

续表

年份	城镇人口实际值	城镇人口模拟值	相对误差
2013	102.00	106.06	0.04
2014	105.70	109.83	0.04
2015	110.50	113.81	0.03
2016	115.80	118.98	0.03

表 7-70　　2011~2016 年红河市 GDP 模拟结果有效性检验　　单位：亿元

年份	GDP 实际值	GDP 模拟值	相对误差
2011	780.64	780.64	0.00
2012	905.43	910.85	0.01
2013	1026.95	1036.37	0.01
2014	1127.09	1158.97	0.03
2015	1221.08	1261.88	0.03
2016	1333.79	1359.05	0.02

表 7-71　　2011~2016 年红河市总人口模拟结果有效性检验　　单位：万人

年份	总人口实际值	总人口模拟值	相对误差
2011	453.40	453.40	0.00
2012	456.10	456.30	0.00
2013	459.10	458.99	0.00
2014	462.00	461.98	0.00
2015	465.00	464.89	0.00
2016	468.10	467.91	0.00

表 7-72　　2011~2016 年红河市城镇人口模拟结果有效性检验　　单位：万人

年份	城镇人口实际值	城镇人口模拟值	相对误差
2011	163.20	163.20	0.00
2012	176.80	167.72	0.05
2013	183.50	181.69	0.01

续表

年份	城镇人口实际值	城镇人口模拟值	相对误差
2014	190.60	188.58	0.01
2015	199.80	195.88	0.02
2016	210.90	205.34	0.03

表7-73　2011~2016年文山市GDP模拟结果有效性检验　　单位：亿元

年份	GDP实际值	GDP模拟值	相对误差
2011	401.40	401.40	0.00
2012	478.02	472.97	0.01
2013	553.36	548.79	0.01
2014	615.87	623.53	0.01
2015	670.04	686.82	0.03
2016	735.88	742.32	0.01

表7-74　2011~2016年文山市总人口模拟结果有效性检验　　单位：万人

年份	总人口实际值	总人口模拟值	相对误差
2011	354.30	354.30	0.00
2012	356.10	356.39	0.00
2013	357.80	358.21	0.00
2014	359.30	359.93	0.00
2015	360.70	361.44	0.00
2016	362.10	362.85	0.00

表7-75　2011~2016年文山市城镇人口模拟结果有效性检验　　单位：万人

年份	城镇人口实际值	城镇人口模拟值	相对误差
2011	106.30	106.30	0.00
2012	117.70	116.49	0.01
2013	122.40	128.98	0.05
2014	127.50	134.13	0.05

续表

年份	城镇人口实际值	城镇人口模拟值	相对误差
2015	134.10	139.72	0.04
2016	141.10	146.96	0.04

表 7-76　2011～2016 年西双版纳市 GDP 模拟结果有效性检验　　单位：亿元

年份	GDP 实际值	GDP 模拟值	相对误差
2011	197.59	197.59	0.00
2012	232.64	234.86	0.01
2013	272.32	270.25	0.01
2014	306.02	309.62	0.01
2015	335.91	343.71	0.02
2016	366.03	374.30	0.02

表 7-77　2011～2016 年西双版纳市总人口模拟结果有效性检验　　单位：万人

年份	总人口实际值	总人口模拟值	相对误差
2011	114.20	114.20	0.00
2012	114.90	114.90	0.00
2013	115.20	115.60	0.00
2014	115.70	115.90	0.00
2015	116.40	116.40	0.00
2016	117.20	117.10	0.00

表 7-78　2011～2016 年西双版纳市城镇人口模拟结果有效性检验　　单位：万人

年份	城镇人口实际值	城镇人口模拟值	相对误差
2011	42.40	42.40	0.00
2012	45.10	44.28	0.02
2013	46.60	47.10	0.01
2014	48.30	48.67	0.01

续表

年份	城镇人口实际值	城镇人口模拟值	相对误差
2015	50.50	50.44	0.00
2016	53.00	52.74	0.00

表 7-79　　2011~2016 年大理市 GDP 模拟结果有效性检验　　单位：亿元

年份	GDP 实际值	GDP 模拟值	相对误差
2011	568.10	568.10	0.00
2012	672.09	662.06	0.01
2013	760.77	764.49	0.00
2014	832.33	853.62	0.03
2015	900.10	927.04	0.03
2016	972.20	996.84	0.03

表 7-80　　2011~2016 年大理市总人口模拟结果有效性检验　　单位：万人

年份	总人口实际值	总人口模拟值	相对误差
2011	347.80	347.80	0.00
2012	349.30	349.61	0.00
2013	351.00	351.11	0.00
2014	352.70	352.80	0.00
2015	354.40	354.49	0.00
2016	356.30	356.19	0.00

表 7-81　　2011~2016 年大理市城镇人口模拟结果有效性检验　　单位：万人

年份	城镇人口实际值	城镇人口模拟值	相对误差
2011	120.00	120.00	0.00
2012	132.80	130.67	0.02
2013	137.60	144.61	0.05
2014	142.90	149.83	0.05
2015	149.60	155.60	0.04
2016	156.90	162.90	0.04

表7-82　　　　2011~2016年德宏市GDP模拟结果有效性检验　　　　单位：亿元

年份	GDP实际值	GDP模拟值	相对误差
2011	172.32	172.32	0.00
2012	201.00	204.01	0.01
2013	230.90	233.12	0.01
2014	274.20	263.31	0.04
2015	292.32	304.89	0.04
2016	323.55	323.79	0.00

表7-83　　　　2011~2016年德宏市总人口模拟结果有效性检验　　　　单位：万人

年份	总人口实际值	总人口模拟值	相对误差
2011	122.00	122.00	0.00
2012	122.90	122.70	0.00
2013	124.50	123.59	0.01
2014	126.40	125.19	0.01
2015	127.90	127.06	0.01
2016	129.40	128.55	0.01

表7-84　　　　2011~2016年德宏市城镇人口模拟结果有效性检验　　　　单位：万人

年份	城镇人口实际值	城镇人口模拟值	相对误差
2011	43.20	43.20	0.00
2012	46.10	45.74	0.01
2013	48.20	48.81	0.01
2014	50.50	51.04	0.01
2015	53.30	53.47	0.00
2016	56.30	56.43	0.00

表7-85　　　　2011~2016年怒江市GDP模拟结果有效性检验　　　　单位：亿元

年份	GDP实际值	GDP模拟值	相对误差
2011	64.63	64.63	0.00
2012	74.94	74.50	0.01

续表

年份	GDP 实际值	GDP 模拟值	相对误差
2013	85.82	84.75	0.01
2014	100.12	98.50	0.02
2015	113.15	110.13	0.03
2016	126.46	124.71	0.01

表 7-86　　2011~2016 年怒江市总人口模拟结果有效性检验　　单位：万人

年份	总人口实际值	总人口模拟值	相对误差
2011	53.60	53.60	0.00
2012	53.80	53.70	0.00
2013	53.90	53.90	0.00
2014	54.10	54.00	0.00
2015	54.20	54.20	0.00
2016	54.40	54.30	0.00

表 7-87　　2011~2016 年怒江市城镇人口模拟结果有效性检验　　单位：万人

年份	城镇人口实际值	城镇人口模拟值	相对误差
2011	12.10	12.10	0.00
2012	13.00	12.73	0.02
2013	13.60	13.68	0.01
2014	14.40	14.31	0.01
2015	15.30	15.15	0.01
2016	16.40	16.10	0.02

表 7-88　　2011~2016 年迪庆市 GDP 模拟结果有效性检验　　单位：亿元

年份	GDP 实际值	GDP 模拟值	相对误差
2011	96.39	96.39	0.00
2012	113.63	115.68	0.02
2013	131.30	133.23	0.01

续表

年份	GDP 实际值	GDP 模拟值	相对误差
2014	147.21	151.16	0.03
2015	161.14	167.50	0.04
2016	176.88	181.97	0.03

表 7-89　　2011~2016 年迪庆市总人口模拟结果有效性检验　　单位：万人

年份	总人口实际值	总人口模拟值	相对误差
2011	40.30	40.30	0.00
2012	40.50	40.50	0.00
2013	40.60	40.70	0.00
2014	40.70	40.80	0.00
2015	40.80	40.90	0.00
2016	41.00	41.01	0.00

表 7-90　　2011~2016 年迪庆市城镇人口模拟结果有效性检验　　单位：万人

年份	城镇人口实际值	城镇人口模拟值	相对误差
2011	10.20	10.20	0.00
2012	10.90	10.62	0.03
2013	11.40	11.34	0.01
2014	12.00	11.87	0.01
2015	12.70	12.49	0.02
2016	13.50	13.22	0.02

由表 7-43 至表 7-90 可知，本研究构建的系统模型对云南 16 个地级市（自治州）总人口的模拟仿真误差极低，所有变量的模拟仿真误差均低于 10%，并且对城镇人口和 GDP 的模拟仿真误差均在 5% 以下。这表明研究构建的系统模型的模拟仿真结果有效，具有较好的实际参考价值。

（二）系统模型模拟仿真

通过对云南 16 个地级市（自治州）进行系统模型模拟仿真，可以得到各城市 2011~2025 年的 GDP、总人口、城镇人口、城镇化水平以及人均 GDP 的模拟仿真结果，以此反映各变量在研究期内的演变过程。

由图 7-58 至图 7-61 可知，昆明市 2011~2025 年发展速度较快，GDP 将由 2011 年的 2509.58 亿元增加至 2025 年的 8490.56 亿元，总人口由 2011 年的 648.60 万人增长至 2025 年的 749.99 万人，城镇人口由 2011 年的 428.10 万人增加至 2025 年的 594.74 万人，城镇化水平由 2011 年的 0.6600 提升至 2025 年的 0.7930，人均 GDP 由 2011 年的 3.87 万元增长至 2025 年的 11.32 万元。这说明昆明市的经济总量将增速明显，总人口和城镇人口平稳增长，城镇化水平较高，且具备突出的人均 GDP 优势，整体处于云南领先地位。

图 7-58　昆明市 GDP 模拟仿真结果

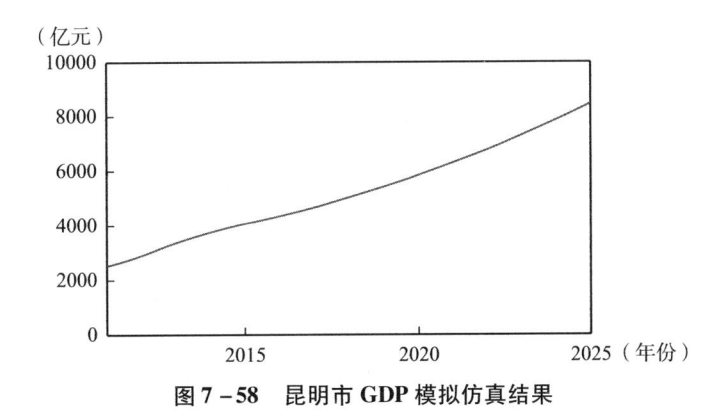

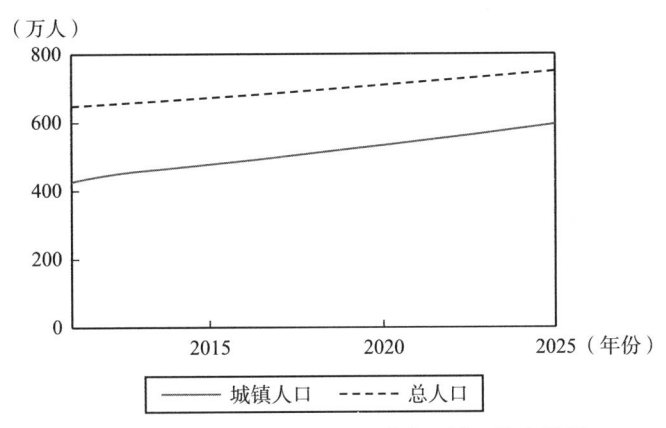

图 7-59　昆明市总人口和城镇人口模拟仿真结果

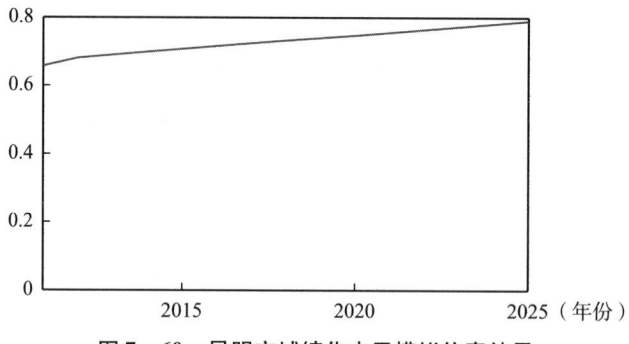

图7-60　昆明市城镇化水平模拟仿真结果

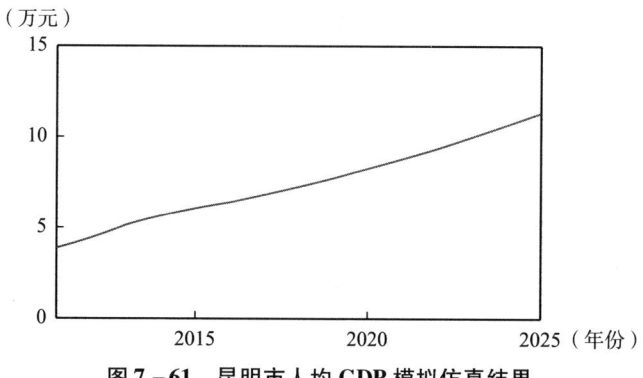

图7-61　昆明市人均GDP模拟仿真结果

由图7-62至图7-65可知，曲靖市2011~2025年发展速度较快，GDP将由2011年的1209.93亿元增加至2025年的3619.80亿元，总人口由2011年的589.90万人增长至2025年的642.64万人，城镇人口由2011年的221.80万人增加至2025年的370.91万人，城镇化水平由2011年的0.3760提升至2025年的0.5772，人均GDP由2011年的2.05万元增长至2025年的5.63万元。这说明曲靖市的经济总量将得到明显提升，城镇人口稳步增长，但总人口增幅较小，城镇化水平和人均GDP水平仍然较低。

由图7-66至图7-69可知，玉溪市2011~2025年发展速度较快，GDP将由2011年的876.55亿元增加至2025年的2194.59亿元，总人口由2011年的231.80万人增长至2025年的249.46万人，城镇人口由2011年92.70万人增加至2025年的175.88万人，城镇化水平由2011年的0.3999提升至2025年的0.7051，人均GDP由2011年的3.78万元增长至2025年的8.80万元。这说明玉溪市的经济总量增速明显，城镇人口逐步增长，城镇化水平提升较快，且具有较突出的人均 GDP 优势。

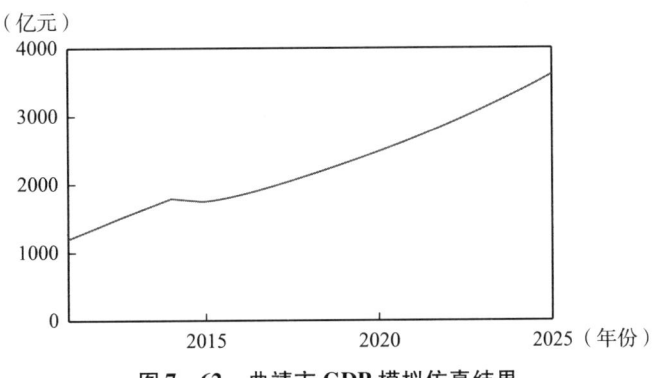

图 7-62　曲靖市 GDP 模拟仿真结果

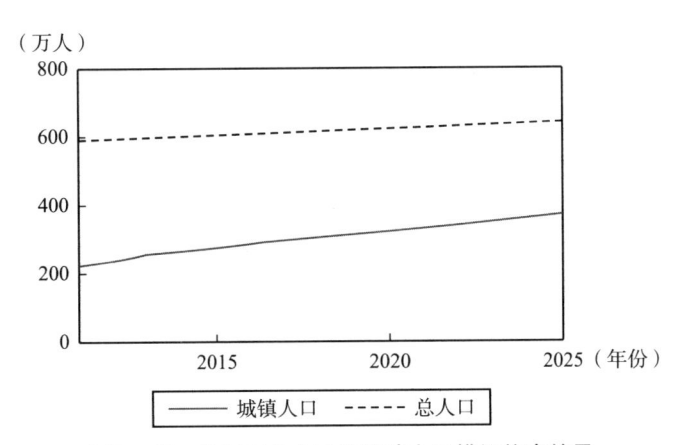

图 7-63　曲靖市总人口和城镇人口模拟仿真结果

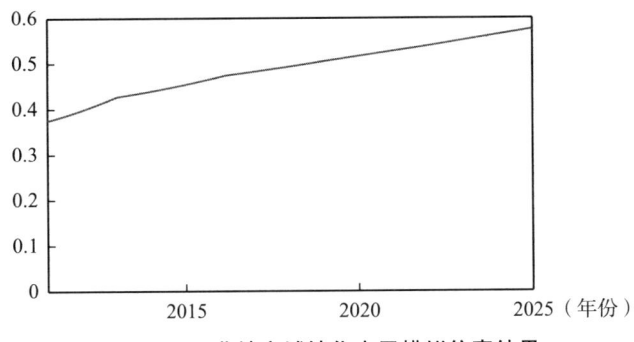

图 7-64　曲靖市城镇化水平模拟仿真结果

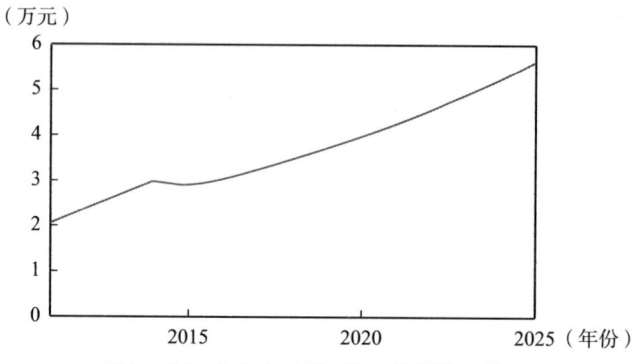

图 7-65 曲靖市人均 GDP 模拟仿真结果

图 7-66 玉溪市 GDP 模拟仿真结果

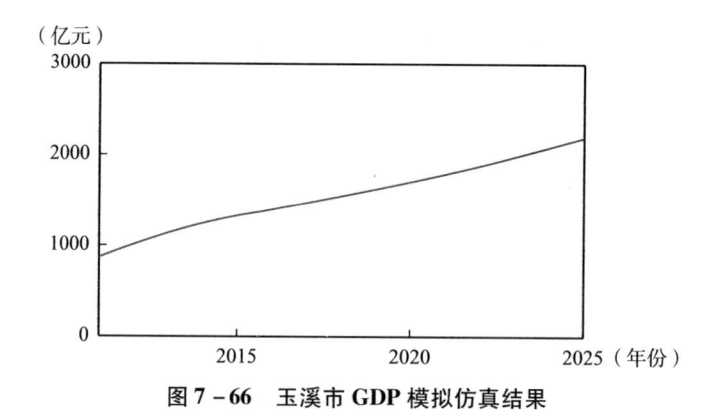

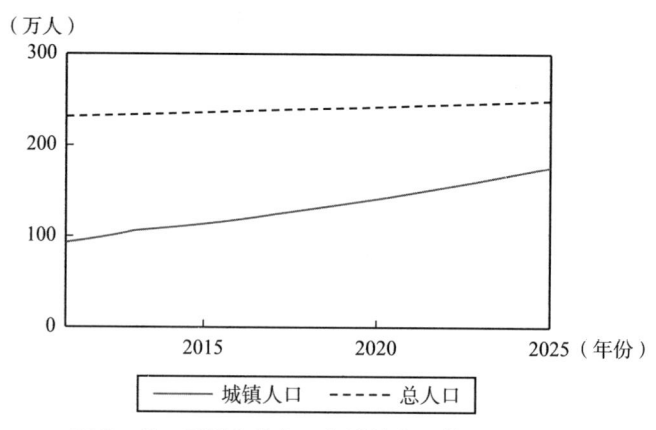

图 7-67 玉溪市总人口和城镇人口模拟仿真结果

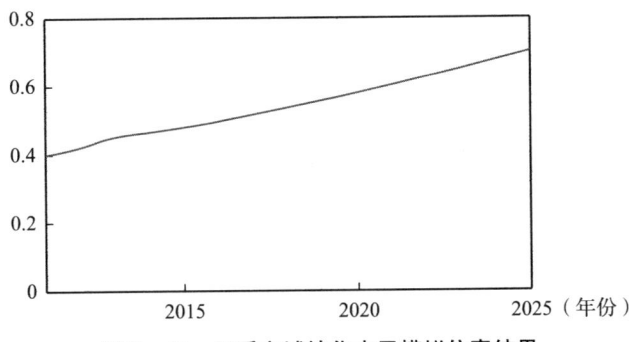

图 7-68 玉溪市城镇化水平模拟仿真结果

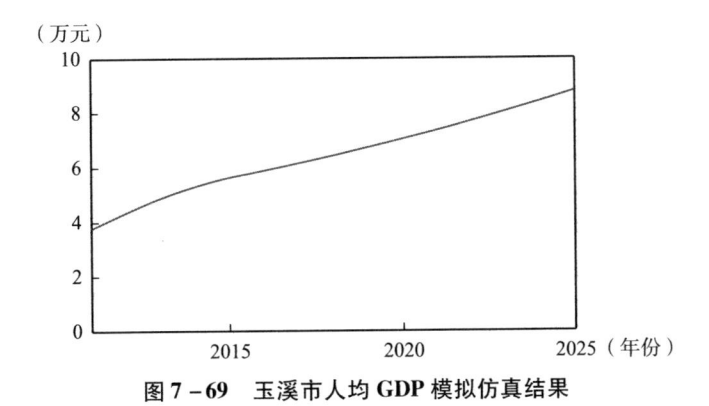

图 7-69 玉溪市人均 GDP 模拟仿真结果

由图 7-70 至图 7-73 可知，保山市 2011~2025 年发展速度较快，GDP 将由 2011 年的 323.24 亿元增加至 2025 年的 1436.85 亿元，总人口由 2011 年的 252.50 万人增长至 2025 年的 274.56 万人，城镇人口由 2011 年的 63.40 万人增加至 2025 年的 162.35 万人，城镇化水平由 2011 年的 0.2511 提升至 2025 年的 0.5913，人均 GDP 由 2011 年的 1.28 万元增长至 2025 年的 5.23 万元。这说明保山市的经济总量将不断提升，城镇人口增幅明显高于总人口增幅，但其城镇化水平和人均 GDP 水平均不高。

由图 7-74 至图 7-77 可知，昭通市 2011~2025 年发展速度较快，GDP 将由 2011 年的 465.03 亿元增加至 2025 年的 1527.83 亿元，总人口由 2011 年的 525.80 万人增长至 2025 年的 588.61 万人，城镇人口由 2011 年的 118.80 万人增加至 2025 年的 376.08 万人，城镇化水平由 2011 年的 0.2259 提升至 2025 年的 0.6389，人均 GDP 由 2011 年的 0.88 万元增长至 2025 年的 2.60 万元。这说明昭通市的经济总量将不断提升，城镇人口增长较快，但人口总量较小，城镇化水平仍然不高，人均 GDP 水平偏低。

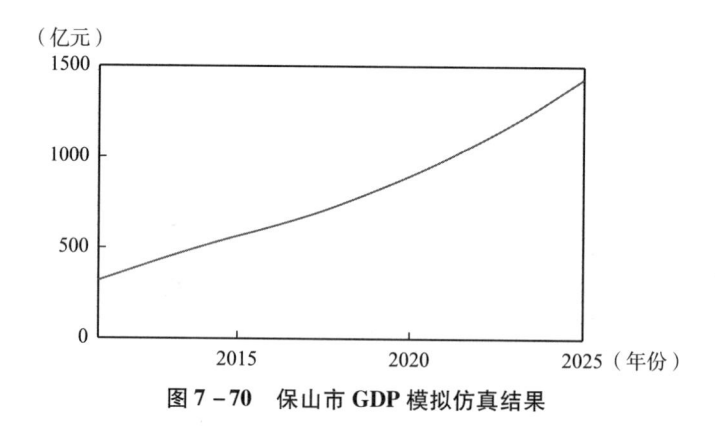

图 7-70 保山市 GDP 模拟仿真结果

图 7-71 保山市总人口和城镇人口模拟仿真结果

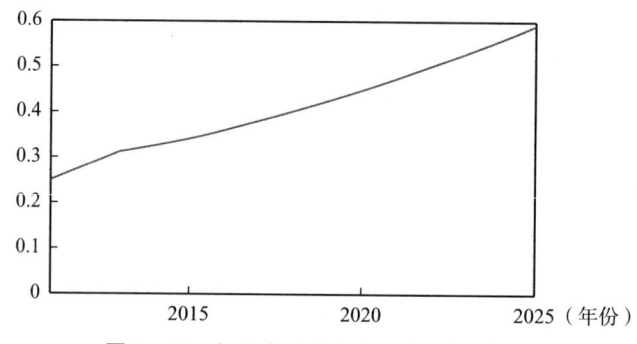

图 7-72 保山市城镇化水平模拟仿真结果

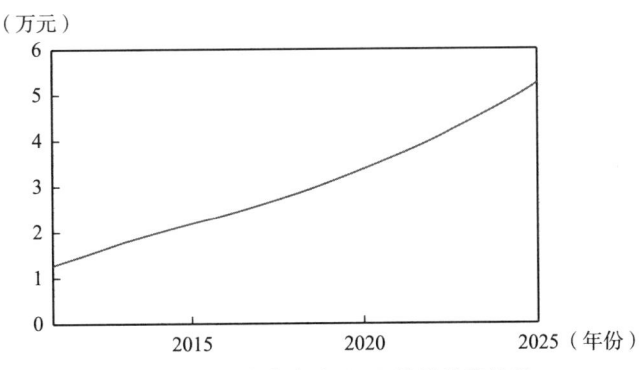

图 7-73 保山市人均 GDP 模拟仿真结果

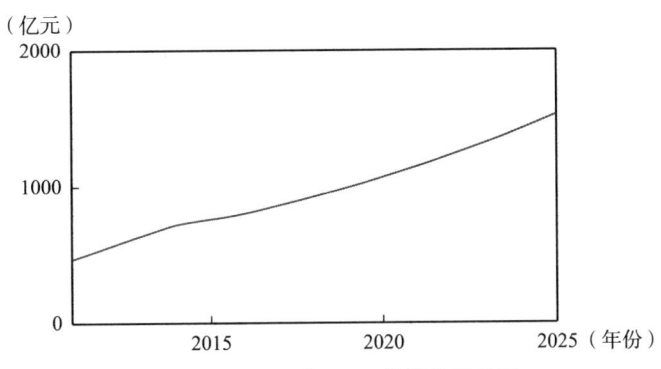

图 7-74 昭通市 GDP 模拟仿真结果

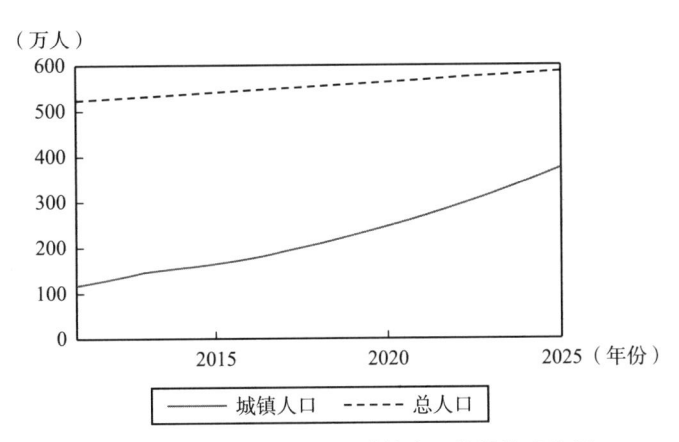

图 7-75 昭通市总人口和城镇人口模拟仿真结果

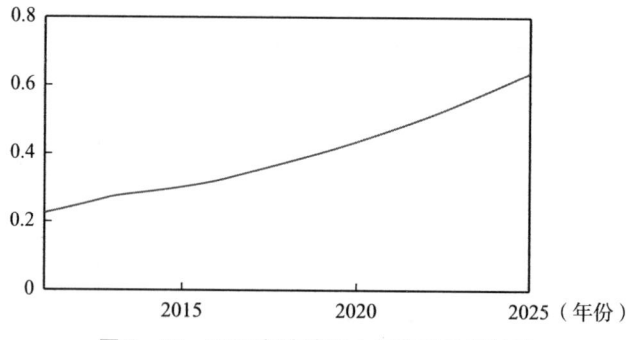

图 7-76 昭通市城镇化水平模拟仿真结果

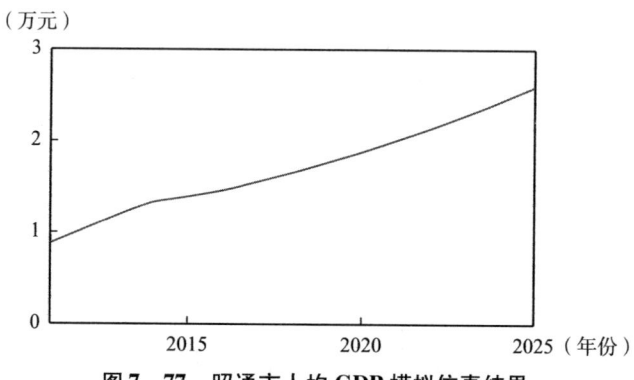

图 7-77 昭通市人均 GDP 模拟仿真结果

由图 7-78 至图 7-81 可知，丽江市 2011~2025 年发展速度较快，GDP 将由 2011 年的 178.50 亿元增加至 2025 年的 569.05 亿元，总人口由 2011 年的 125.40 万人增长至 2025 年的 133.28 万人，城镇人口由 2011 年的 35.40 万人增加至 2025 年的 76.75 万人，城镇化水平由 2011 年的 0.2823 提升至 2025 年的 0.5758，人均 GDP 由 2011 年的 1.42 万元增长至 2025 年的 4.27 万元。这说明丽江市的经济总量将提升较快，但整体经济发展水平仍然较低。该城市的总人口增长缓慢，城镇人口增速相对较快，但城镇化水平不高，不具备人均 GDP 优势。

由图 7-82 至图 7-85 可知，普洱市 2011~2025 年发展速度较快，GDP 将由 2011 年的 301.19 亿元增加至 2025 年的 1270.29 亿元，总人口由 2011 年的 256.10 万人增长至 2025 年的 273.07 万人，城镇人口由 2011 年的 82.50 万人增加至 2025 年的 170.23 万人，城镇化水平由 2011 年的 0.3221 提升至 2025 年的 0.6234，人均 GDP 由 2011 年的 1.18 万元增长至 2025 年的 4.65 万元。这说明普洱市的经济总量将明显提升，城镇人口逐渐增长，但总人口数量少，城镇化水平和人均 GDP 水平都不高。

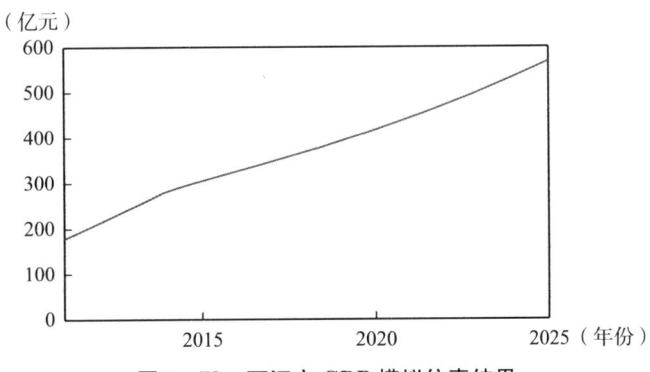

图 7-78　丽江市 GDP 模拟仿真结果

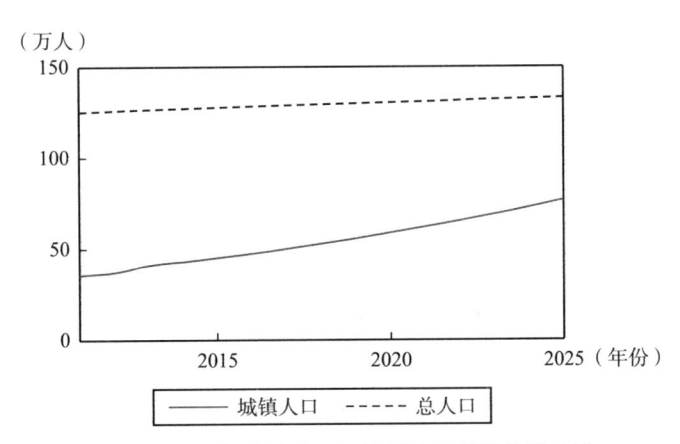

图 7-79　丽江市总人口和城镇人口模拟仿真结果

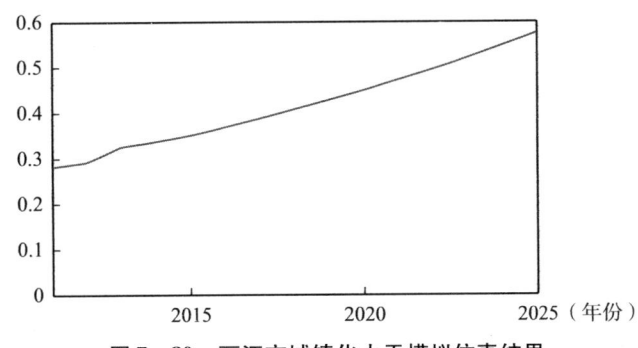

图 7-80　丽江市城镇化水平模拟仿真结果

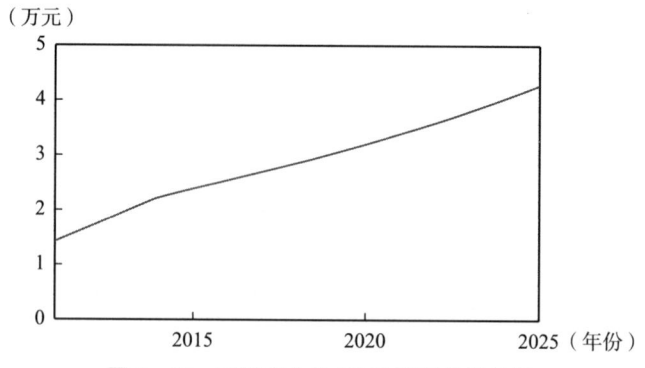

图 7-81　丽江市人均 GDP 模拟仿真结果

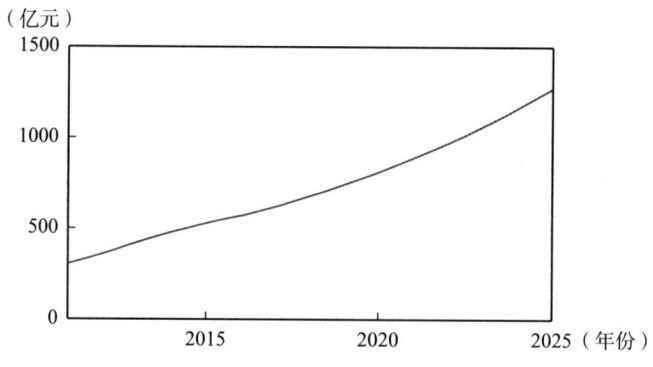

图 7-82　普洱市 GDP 模拟仿真结果

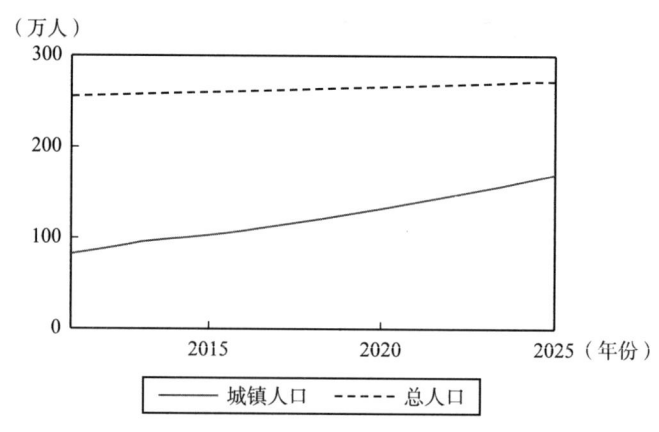

图 7-83　普洱市总人口和城镇人口模拟仿真结果

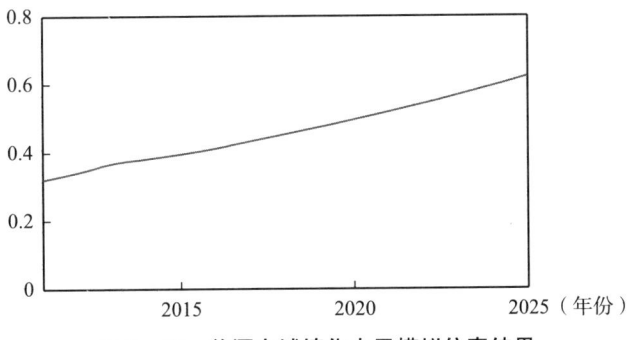

图 7-84 普洱市城镇化水平模拟仿真结果

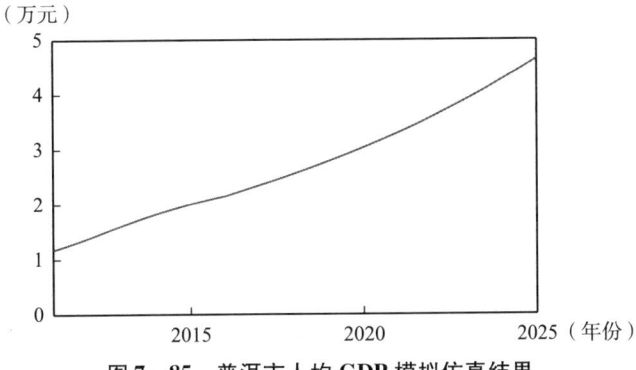

图 7-85 普洱市人均 GDP 模拟仿真结果

由图 7-86 至图 7-89 可知，临沧市 2011~2025 年发展速度较快，GDP 将由 2011 年的 272.43 亿元增加至 2025 年的 1179.90 亿元，总人口由 2011 年的 244.80 万人增长至 2025 年的 262.58 万人，城镇人口由 2011 年的 74.90 万人增加至 2025 年的 167.81 万人，城镇化水平由 2011 年的 0.3060 提升至 2025 年的 0.6391，人均 GDP 由 2011 年的 1.11 万元增长至 2025 年的 4.49 万元。这说明临沧市的经济总量将提升较快，总人口和城镇人口平稳增长，但城镇化水平不高。该城市的人均 GDP 增幅较大，但整体经济发展水平和人均 GDP 水平都偏低。

由图 7-90 至图 7-93 可知，楚雄市 2011~2025 年发展速度较快，GDP 将由 2011 年的 482.50 亿元增加至 2025 年的 1969.08 亿元，总人口由 2011 年的 270.40 万人增长至 2025 年的 280.49 万人，城镇人口由 2011 年的 91.10 万人增加至 2025 年的 181.44 万人，城镇化水平由 2011 年的 0.3369 提升至 2025 年的 0.6469，人均 GDP 由 2011 年的 1.78 万元增长至 2025 年的 7.02 万元。这说明楚雄市的经济总量将不断提升，城镇人口和人均 GDP 均实现了较快增长。但该城市的总人口增长缓慢,经济发展水平和城镇化水平仍然较低,人均 GDP 优势并不明显。

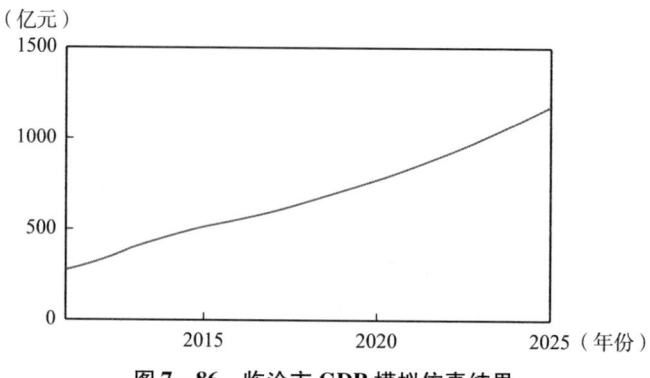

图 7-86 临沧市 GDP 模拟仿真结果

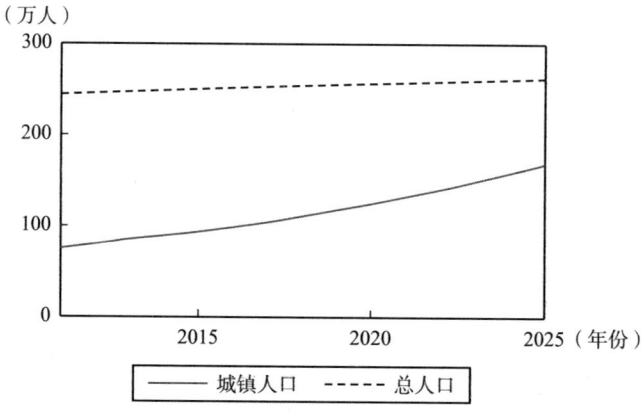

图 7-87 临沧市总人口和城镇人口模拟仿真结果

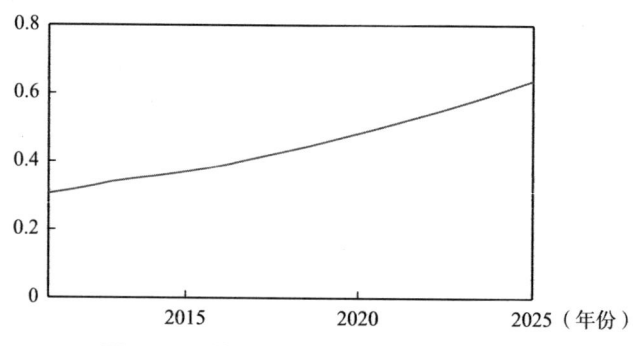

图 7-88 临沧市城镇化水平模拟仿真结果

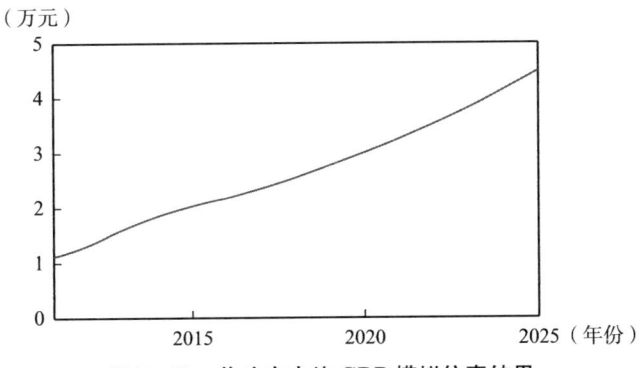

图 7-89 临沧市人均 GDP 模拟仿真结果

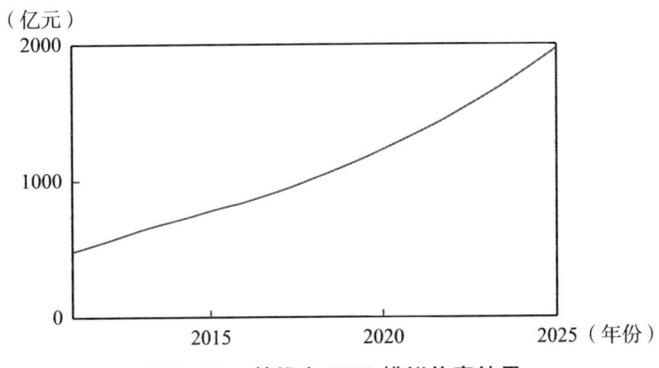

图 7-90 楚雄市 GDP 模拟仿真结果

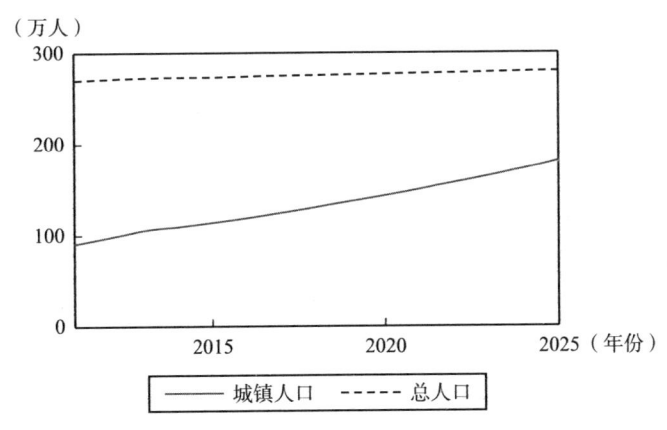

图 7-91 楚雄市总人口和城镇人口模拟仿真结果

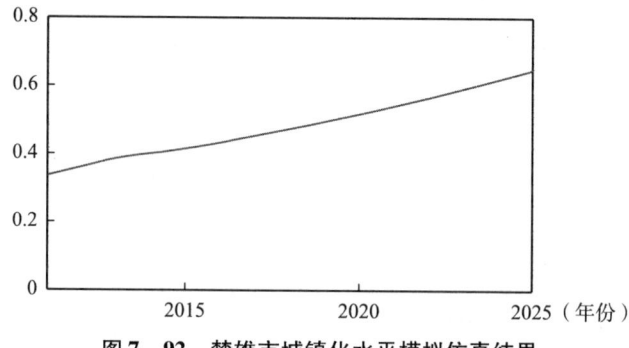

图 7-92　楚雄市城镇化水平模拟仿真结果

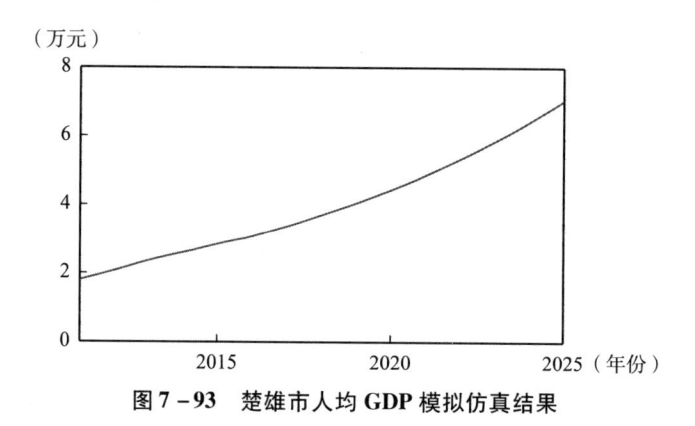

图 7-93　楚雄市人均 GDP 模拟仿真结果

由图 7-94 至图 7-97 可知，红河市 2011~2025 年发展速度较快，GDP 将由 2011 年的 780.64 亿元增加至 2025 年的 2820.34 亿元，总人口由 2011 年的 453.40 万人增长至 2025 年的 496.45 万人，城镇人口由 2011 年的 163.20 万人增加至 2025 年的 334.17 万人，城镇化水平由 2011 年的 0.3599 提升至 2025 年的 0.6731，人均 GDP 由 2011 年的 1.72 万元增长至 2025 年的 5.68 万元。这说明红河市的经济总量将明显提升，城镇人口增速较快，城镇化水平逐步提高，但总人口发展缓慢，经济发展水平和人均 GDP 水平都不高。

由图 7-98 至图 7-101 可知，文山市 2011~2025 年发展速度较快，GDP 将由 2011 年的 401.40 亿元增加至 2025 年的 1605.58 亿元，总人口由 2011 年的 354.30 万人增长至 2025 年的 375.79 万人，城镇人口由 2011 年的 106.30 万人增加至 2025 年的 232.32 万人，城镇化水平由 2011 年的 0.3000 提升至 2025 年的 0.6182，人均 GDP 由 2011 年的 1.13 万元增长至 2025 年的 4.27 万元。这说明文山市的经济总量将不断提升，但整体经济发展水平和人均 GDP 水平都较低。尽管该城市的总人口增幅较小，但其城镇人口增速明显，实现了城镇化水平稳步提升。

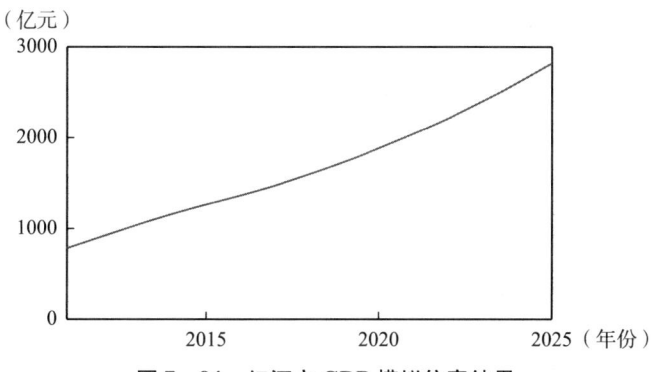

图 7-94 红河市 GDP 模拟仿真结果

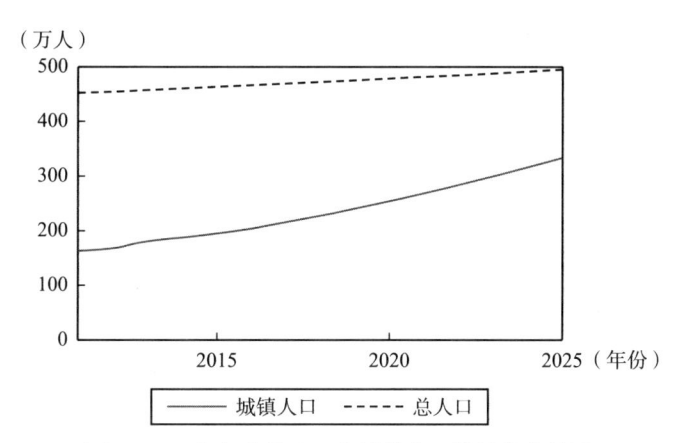

图 7-95 红河市总人口和城镇人口模拟仿真结果

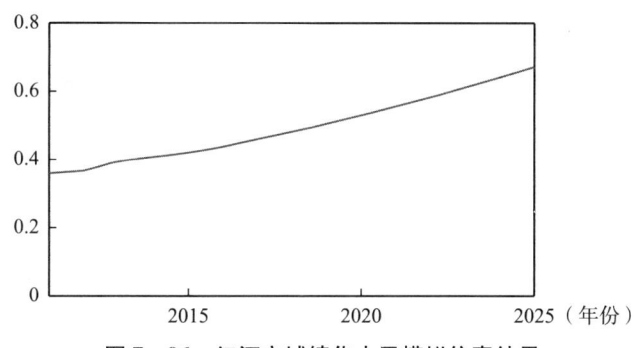

图 7-96 红河市城镇化水平模拟仿真结果

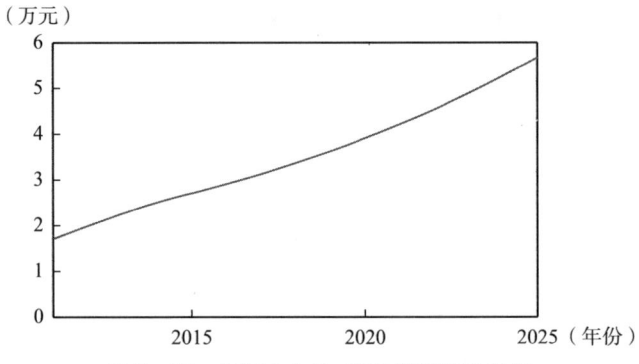

图 7-97 红河市人均 GDP 模拟仿真结果

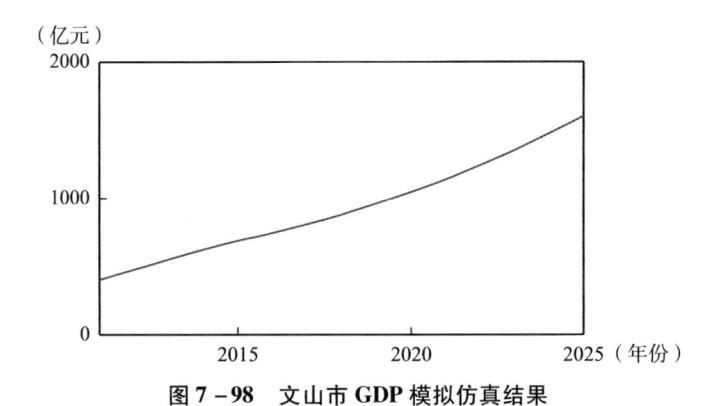

图 7-98 文山市 GDP 模拟仿真结果

图 7-99 文山市总人口和城镇人口模拟仿真结果

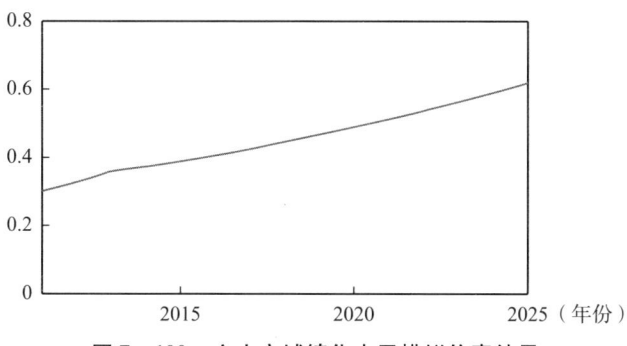

图 7-100　文山市城镇化水平模拟仿真结果

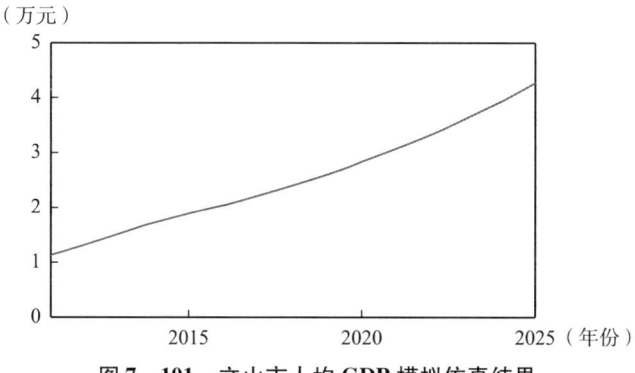

图 7-101　文山市人均 GDP 模拟仿真结果

由图 7-102 至图 7-105 可知，西双版纳市 2011~2025 年发展速度较快，GDP 将由 2011 年的 197.59 亿元增加至 2025 年的 762.70 亿元，总人口由 2011 年的 114.20 万人增长至 2025 年的 124.46 万人，城镇人口由 2011 年的 42.40 万人增加至 2025 年的 81.47 万人，城镇化水平由 2011 年的 0.3713 提升至 2025 年的 0.6546，人均 GDP 由 2011 年的 1.73 万元增长至 2025 年的 6.13 万元。这说明西双版纳市的经济总量将不断提升，总人口和城镇人口平稳增长，城镇化水平逐渐提高。但该城市的总人口和城镇人口数量偏少，总人口增幅较小，经济发展水平和人均 GDP 水平均偏低。

由图 7-106 至图 7-109 可知，大理市 2011~2025 年发展速度较快，GDP 将由 2011 年的 568.10 亿元增加至 2025 年的 1898.42 亿元，总人口由 2011 年的 347.80 万人增长至 2025 年的 373.55 万人，城镇人口由 2011 年 120.00 万人增加至 2025 年的 250.12 万人，城镇化水平由 2011 年的 0.3450 提升至 2025 年的 0.6696，人均 GDP 由 2011 年的 1.63 万元增长至 2025 年的 5.08 万元。这说明大理市的经济总量将不断提升，城镇人口增速也明显高于总人口增速，城镇化水平逐渐提高，但该城市的总人口增长缓慢，且人均 GDP 水平较低。

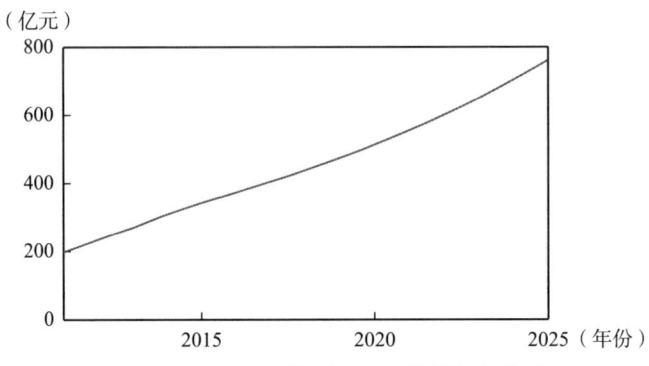

图 7-102　西双版纳市 GDP 模拟仿真结果

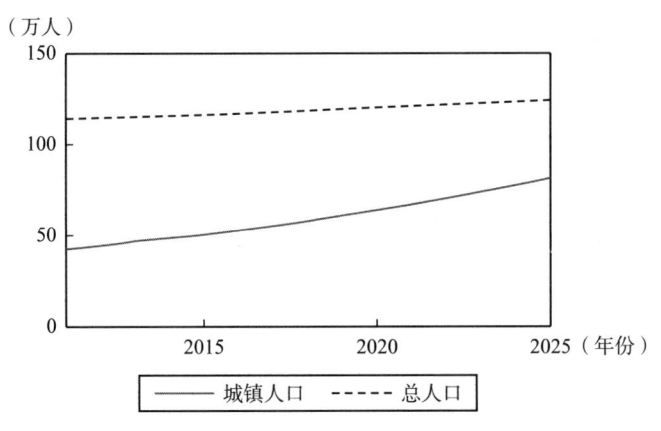

图 7-103　西双版纳市总人口和城镇人口模拟仿真结果

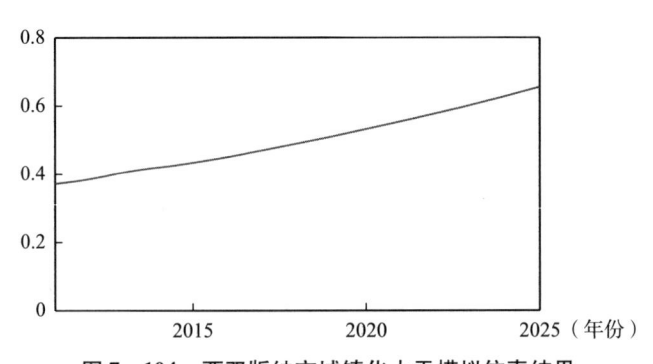

图 7-104　西双版纳市城镇化水平模拟仿真结果

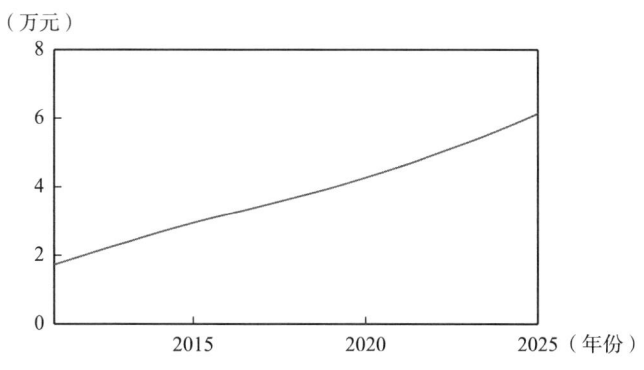

图 7-105 西双版纳市人均 GDP 模拟仿真结果

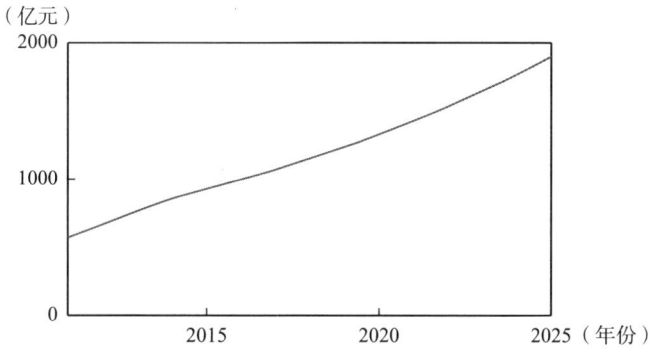

图 7-106 大理市 GDP 模拟仿真结果

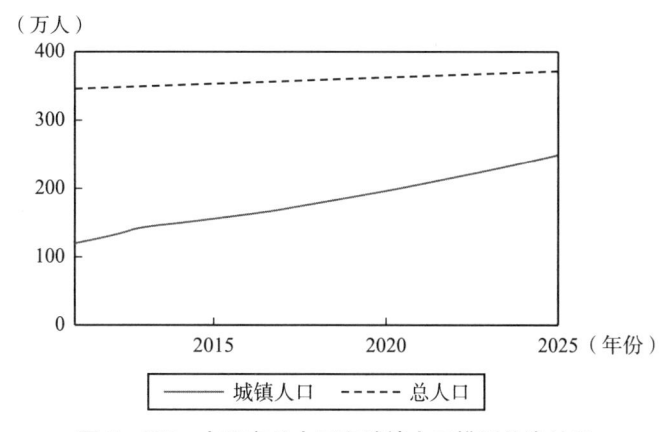

图 7-107 大理市总人口和城镇人口模拟仿真结果

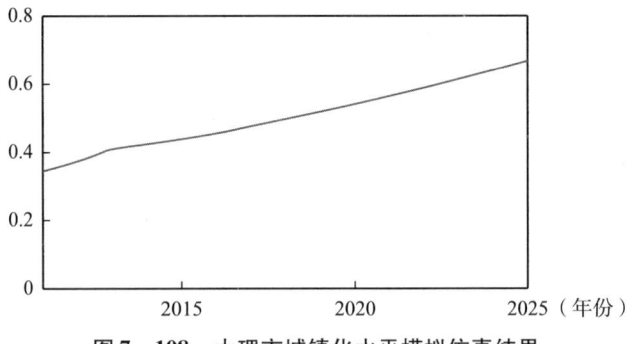

图 7-108　大理市城镇化水平模拟仿真结果

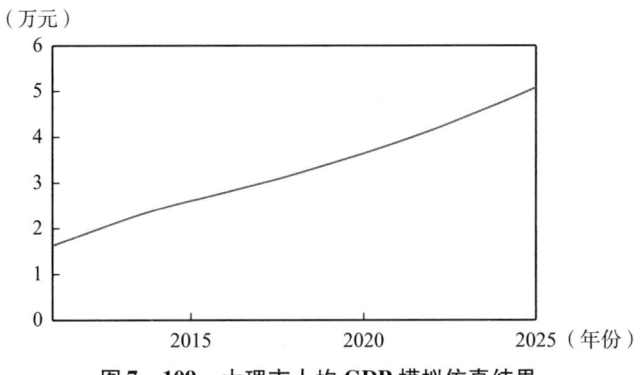

图 7-109　大理市人均 GDP 模拟仿真结果

由图 7-110 至图 7-113 可知，德宏市 2011~2025 年发展速度较快，GDP 将由 2011 年的 172.32 亿元增加至 2025 年的 741.90 亿元，总人口由 2011 年的 122.00 万人增长至 2025 年的 142.61 万人，城镇人口由 2011 年的 43.20 万人增加至 2025 年的 92.39 万人，城镇化水平由 2011 年的 0.3541 提升至 2025 年的 0.6478，人均 GDP 由 2011 年的 1.41 万元增长至 2025 年的 5.20 万元。这说明德宏市的经济总量将不断提升，总人口和城镇人口均稳步增长，城镇化水平和人均 GDP 水平均实现了快速提升，但该城市的人口总量较小，经济发展水平和人均 GDP 水平均较低。

由图 7-114 至图 7-117 可知，怒江市 2011~2025 年发展速度较快，GDP 将由 2011 年的 64.63 亿元增加至 2025 年的 299.66 亿元，总人口由 2011 年的 53.60 万人增长至 2025 年的 56.14 万人，城镇人口由 2011 年的 12.10 万人增加至 2025 年的 30.07 万人，城镇化水平由 2011 年的 0.2257 提升至 2025 年的 0.5357，人均 GDP 由 2011 年的 1.21 万元增长至 2025 年的 5.34 万元。这说明怒江市的经济总量将不断提升，总人口和城镇人口逐步增长，城镇化水平得到了较快提高，但该城市的总人口偏少，经济发展滞后，人均 GDP 水平和城镇化水平都较低。

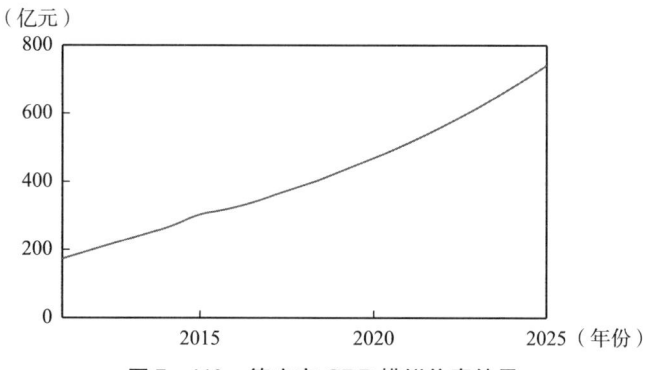

图 7-110　德宏市 GDP 模拟仿真结果

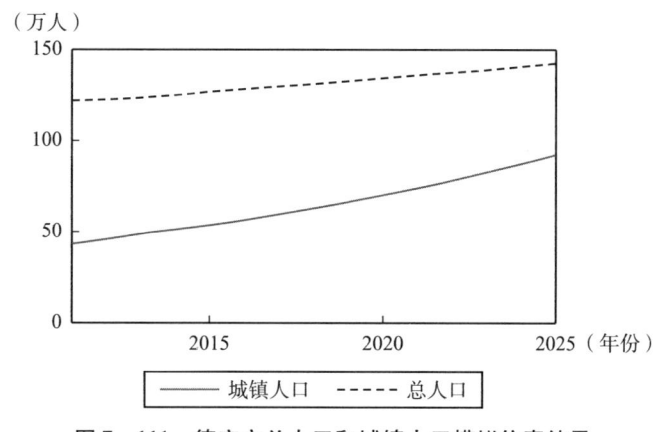

图 7-111　德宏市总人口和城镇人口模拟仿真结果

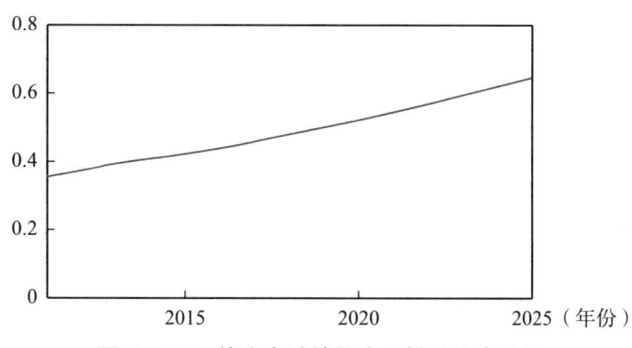

图 7-112　德宏市城镇化水平模拟仿真结果

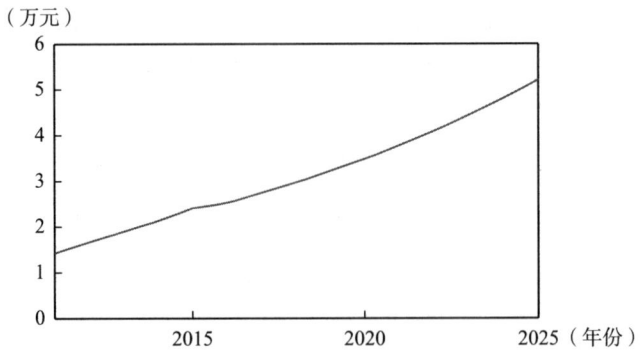

图 7-113　德宏市人均 GDP 模拟仿真结果

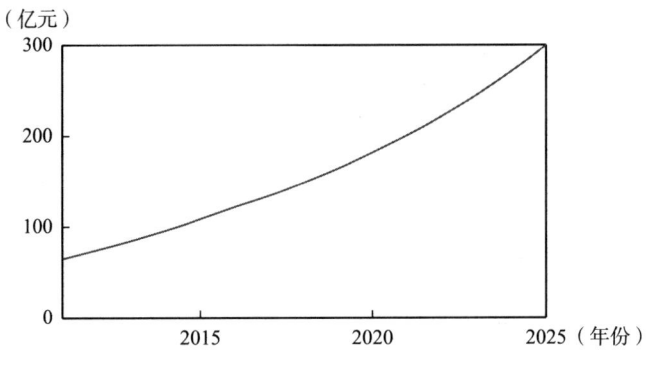

图 7-114　怒江市 GDP 模拟仿真结果

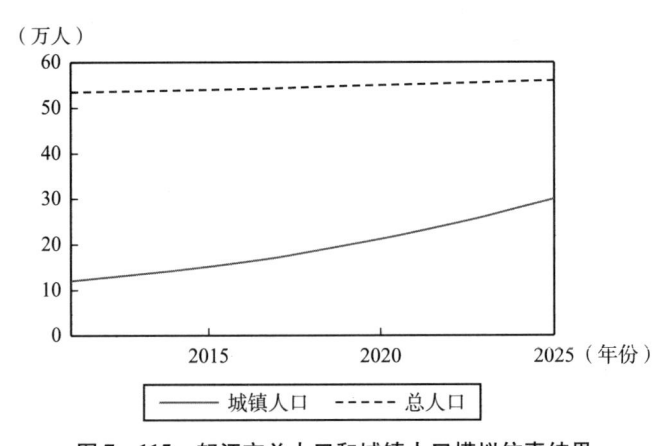

图 7-115　怒江市总人口和城镇人口模拟仿真结果

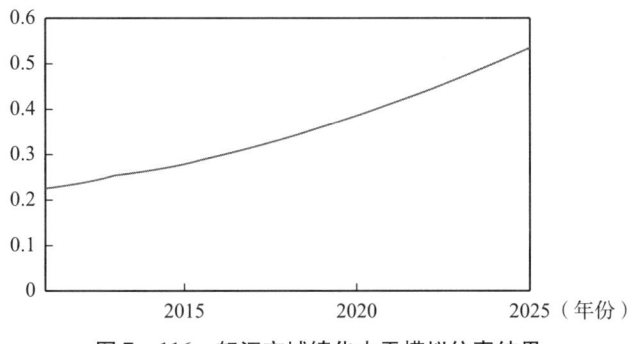

图 7-116　怒江市城镇化水平模拟仿真结果

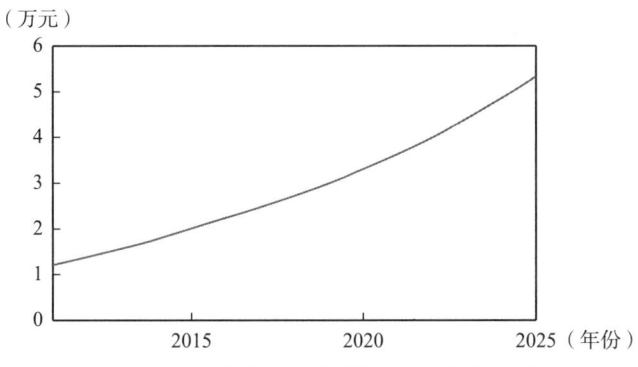

图 7-117　怒江市人均 GDP 模拟仿真结果

由图 7-118 至图 7-121 可知，迪庆市 2011~2025 年发展速度较快，GDP 将由 2011 年的 96.39 亿元增加至 2025 年的 391.97 亿元，总人口由 2011 年的 40.30 万人增长至 2025 年的 42.85 万人，城镇人口由 2011 年的 10.20 万人增加至 2025 年的 22.91 万人，城镇化水平由 2011 年的 0.2531 提升至 2025 年的 0.5346，人均 GDP 由 2011 年的 2.39 万元增长至 2025 年的 9.15 万元。这说明迪庆市的经济总量将不断提升，城镇人口增长较快，城镇化水平和人均 GDP 水平都逐步提高，但人口总量相当少，经济发展水平和城镇化水平低，人均 GDP 优势并不明显。

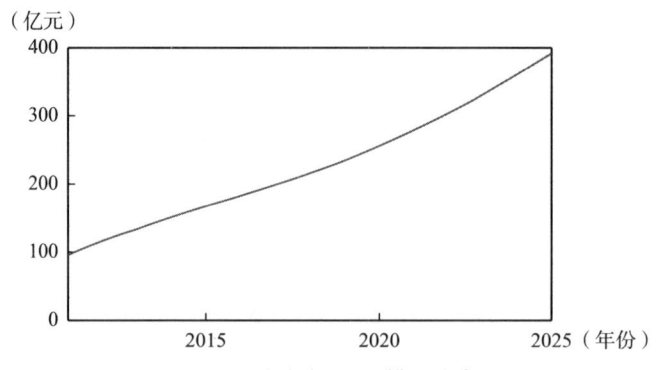

图 7-118 迪庆市 GDP 模拟仿真结果

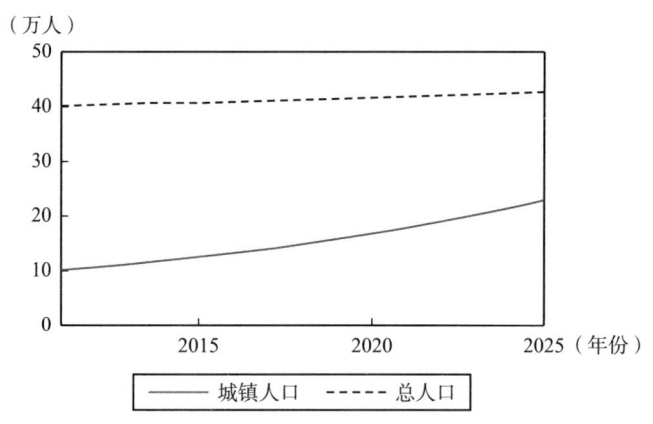

图 7-119 迪庆市总人口和城镇人口模拟仿真结果

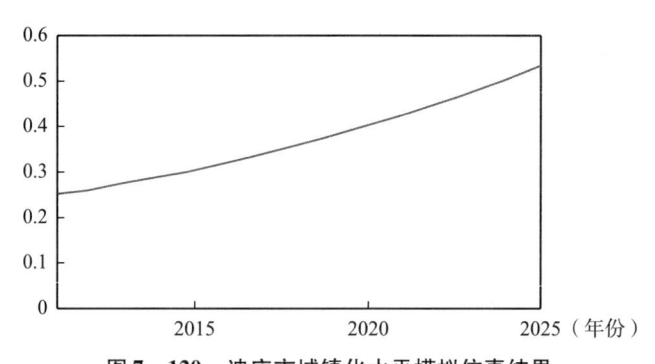

图 7-120 迪庆市城镇化水平模拟仿真结果

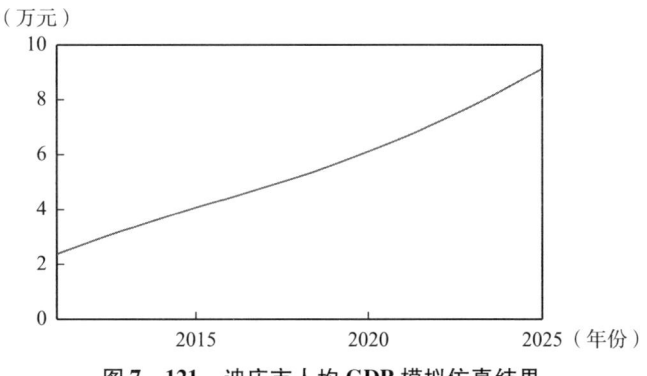

图 7-121　迪庆市人均 GDP 模拟仿真结果

五、研究发现与讨论

（一）研究发现

本章通过构建包含经济、人口规模和城镇人口 3 个子系统的人口就近城镇化系统模型，对 2011~2025 年西南边疆民族地区丝绸之路经济带建设中人口就近城镇化的发展趋势进行模拟，分别得到 2025 年西南边疆民族地区内广西和云南的各城市的城镇化水平和人均 GDP 的模拟结果（见图 7-122 至图 7-125）。得出如下研究发现：

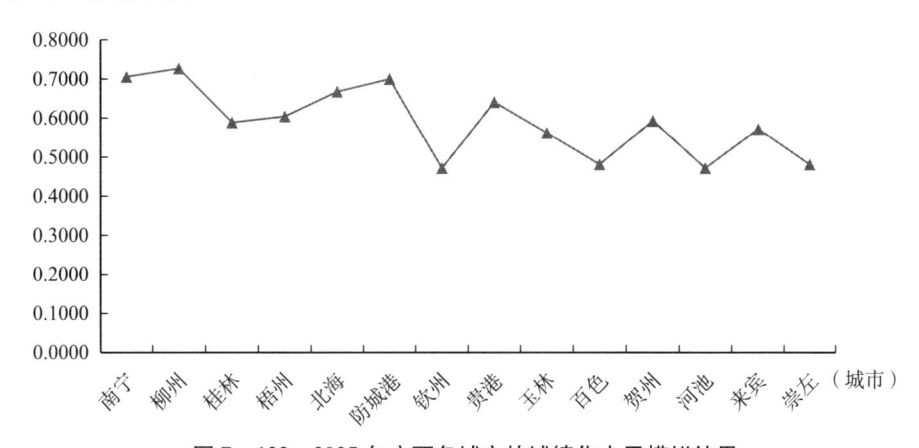

图 7-122　2025 年广西各城市的城镇化水平模拟结果

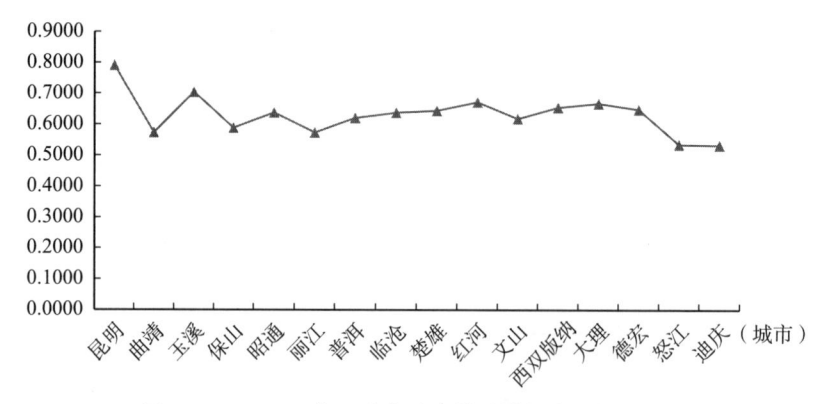

图 7-123　2025 年云南各城市的城镇化水平模拟结果

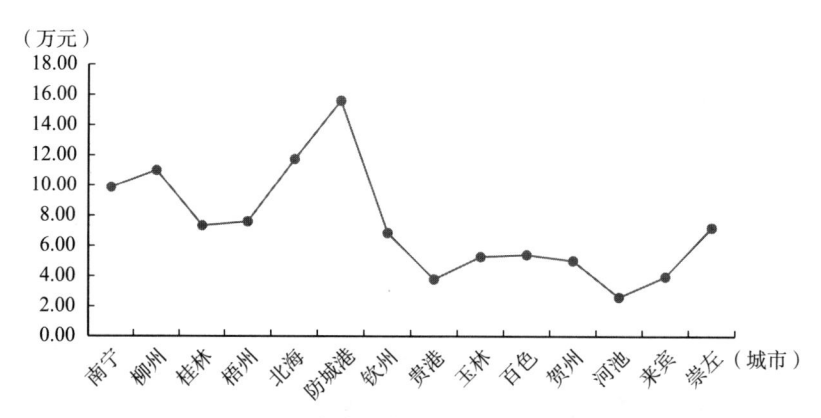

图 7-124　2025 年广西各城市的人均 GDP 模拟结果

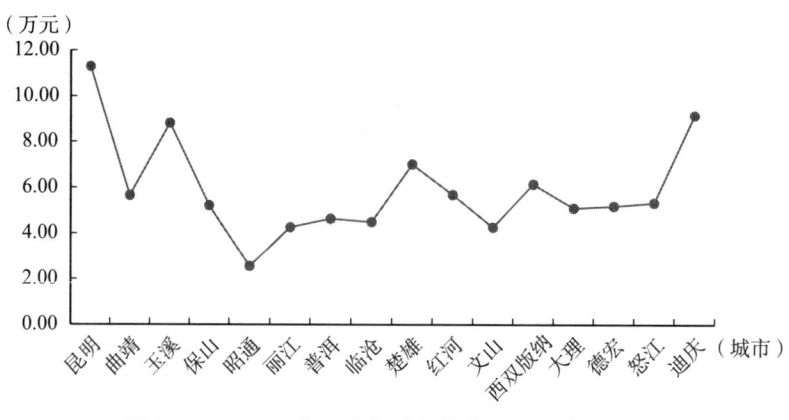

图 7-125　2025 年云南各城市的人均 GDP 模拟结果

第一，从 2025 年广西各城市的城镇化水平模拟结果来看，广西 14 个地级市在 2025 年的城镇化水平存在明显的非均衡差异。其中，柳州的城镇化水平最高，其城镇化水平值达到 0.7265；南宁的城镇化水平排名第 2 位，其城镇化水平值（0.7073）略高于第 3 位的防城港（0.6998）；北海、贵港和梧州分别位于第 4 位、第 5 位和第 6 位，城镇化水平值依次为：0.6690、0.6407、0.6048；桂林的城镇化水平值（0.5887）低于贺州（0.5926），但高于来宾（0.5712）；玉林的城镇化水平较低，其值为 0.5627，略高于百色（0.4829）；崇左、河池和钦州的城镇化水平均位于后三位之列，钦州的城镇化水平值最低，仅为 0.4721。

第二，从 2025 年云南各城市的城镇化水平模拟结果来看，云南 16 个地级市（自治州）在 2025 年的城镇化水平也存在明显的非均衡差异。其中，昆明的城镇化水平最高，其城镇化水平值达到 0.7930；玉溪的城镇化水平排名第 2 位，其城镇化水平值（0.7051）高于第 3 位的红河（0.6731）；大理、西双版纳和德宏分别位于第 4 位、第 5 位和第 6 位，城镇化水平值依次为：0.6696、0.6546、0.6478；排名第 7 位至第 11 位的楚雄、临沧、昭通、普洱和文山 5 个城市的城镇化水平均高于 0.6000；保山、曲靖、丽江、怒江和迪庆 5 个城市的城镇化水平值均在 0.5000 以上，但丽江、怒江和迪庆排名在后 3 位，迪庆的城镇化水平最低，其城镇化水平值（0.5346）低于怒江（0.5357）和丽江（0.5758）。

第三，从 2025 年广西各城市的人均 GDP 模拟结果来看，广西 14 个地级市在 2025 年的人均 GDP 表现出明显的差异性。防城港、北海和柳州 3 个城市的人均 GDP 均排名在前 3 位，其中，防城港的人均 GDP 值达到 15.54 万元，明显高于北海（11.74 万元）和柳州（10.95 万元）。南宁的人均 GDP 排名第 4 位，其人均 GDP 值为 9.89 万元，超过了梧州（7.56 万元）和桂林（7.33 万元）。崇左和钦州分别排名在第 7 位和第 8 位，人均 GDP 值分别为 7.20 万元和 6.80 万元。百色和玉林的人均 GDP 值在 5 万元以上，贺州的人均 GDP 值为 4.97 万元。来宾、贵港和河池的人均 GDP 均位于后 3 位之列。其中，河池的人均 GDP 值最低，仅为 2.64 万元；来宾和贵港的人均 GDP 值分别为 3.96 万元和 3.81 万元。

第四，从 2025 年云南各城市的人均 GDP 模拟结果来看，云南 16 个地级市（自治州）在 2025 年的人均 GDP 也表现出明显的差异性。昆明、迪庆和玉溪 3 个城市的人均 GDP 均排名在前 3 位，其中，昆明的人均 GDP 值达到 11.32 万元，明显高于迪庆（9.15 万元）和玉溪（8.80 万元）。楚雄的人均 GDP 排名第 4 位，其人均 GDP 值为 7.02 万元，超过了西双版纳（6.13 万元）和红河（5.68 万元）。曲靖、怒江、保山、德宏和大理的人均 GDP 值均在 5 万元以上，普洱、临沧、文山和丽江的人均 GDP 值均在 4 万元以上。文山、丽江和昭通的人均 GDP

均位于后 3 位之列。其中，昭通的人均 GDP 值最低，仅为 2.60 万元；文山和两江的人均 GDP 值均为 4.27 万元。

（二）讨论

通过对西南边疆民族地区丝绸之路经济带建设中人口就近城镇化的系统动力学模拟仿真可以看到，考察期内西南边疆民族地区的广西和云南各城市的城镇化水平得到不断提升。与此同时，这些城市的人均 GDP 也在不断增长。相较 GDP，人均 GDP 将人口因素考虑在内，因而能够对地区经济增长水平进行更准确地测量，且能够更直观地反映出该地区城市居民的生活水平高低程度。一般而言，人均 GDP 水平较高的城市可以更好地满足农业转移人口对于改善自身生活质量的需求，有利于吸引更多的农业转移人口向该城市聚集，从而助推其城镇化进程（秦佳、李建民，2013）。为确保城镇化的健康稳定发展，西南边疆民族地区不能仅着眼于吸引农业人口进入城市，而应该更多关注进入城市的这部分人口的就业、教育与社会公平等现实问题。应由粗放型城镇化发展模式逐渐转变为追求质量，追求人民幸福生活的城镇化发展模式。着眼于地区城镇化发展阶段，充分考虑地方实际，因地制宜的布局地区产业和人口，使得城镇化发展与经济发展相协调。要建立公共服务的支撑体系，以适应新的城市化形式，并强化城市集聚的能力。建立权利和义务的规范性体系，通过组织保障这些权利的实现，特别是保障弱势群体的合法权益；将教育作为代表性社会资源加以优化，并进行全面改革，通过教育的利益和发展增强社会的活力。在文化方面，应创造一个包容性强、民主和公平的社会环境，不断加强凝聚力。

作为国家经济中产业创新和增长的主要动力，城市对区域经济发展的辐射带动作用不容忽视。城市特别是中心城市是区域信息、知识、人才以及创业投资等要素资源的聚集地，在某种意义上也被视为涌现新理念、新产品和新工艺的创新中心。西南边疆民族地区各城市应根据自身在经济规模、资源禀赋等方面的差异，加快建立具有地区特色的现代产业体系，主动探索转型发展模式。应从政策引导、组织管理和地方政府绩效考核等方面建立协调机制，适应制造业转型升级的需要，推进重点区域的绿色发展，鼓励各类资源循环再利用，限制高能耗高排放产业发展，坚决调整和淘汰不利于绿色城市创建的地域空间与产业。特别是资源依赖型城市亟须向综合性与多元化转型升级，加快培育新的经济增长极，从而促进人口就近城镇化水平提升。

第八章

西南边疆民族地区人口就近城镇化意愿研究：广西例证

　　李克强提出的"引导约1亿人在中西部地区就近城镇化"，是党和国家区域社会经济发展的重大战略决策，并将成为我国在经济新常态下缓解刘易斯转折点和人口红利消失带来的增长瓶颈的重要突破口。加快农业转移人口就近城镇化进程，将有利于推动西南边疆民族地区以人的城镇化为核心的新型城镇化发展，进而促进该地区在2020年之前顺利实现全面建成小康社会的奋斗目标。西部地区农业转移人口就近城镇化需要充分尊重其就近城镇化意愿，坚决不能以"一刀切"的方式将农业转移人口赶上楼（周飞舟、王绍琛，2015）。因此，本章基于对广西壮族自治区的14个地级市农业转移人口的就近城镇化意愿的调研数据，从就业质量和社会认同度双重视角，实证考察了西南边疆民族地区人口就近城镇化意愿，研究内容主要包括三个方面：一是关于就业质量对农业转移人口就近城镇化意愿的影响研究；二是基于就业质量的农业转移人口就近城镇化意愿的代际差异研究；三是基于社会认同度的农业转移人口就近城镇化意愿的地区差异研究。

一、调查研究框架构建与问卷设计

（一）调查研究框架构建

本研究基于就业质量和社会认同度双重视角，探究西南边疆民族地区农业转移人口就近城镇化意愿。借鉴现有的研究成果，本研究将农业转移人口就近城镇化定义为：通过建立科学合理的城镇体系，将农业转移人口迁移至家乡所在地所属的地级市、县城或特色小镇，推动各类型城镇与新型农村社区协调发展，进而实现农业转移人口市民化和基本公共服务均等化的城镇化模式。由于西南边疆民族地区中的云南和西藏两省（区）内各地级市（自治州）的相关调研数据难以获取，本研究仅以广西壮族自治区的14个地级市的农业转移人口就近城镇化意愿为研究对象展开实地研究，构建如下调查研究框架：第一，就业质量对农业转移人口就近城镇化意愿的影响研究。首先提出研究假设，然后对研究涉及的主要变量进行描述性统计分析，再通过建立二元Logistic模型，对调研样本数据进行实证检验，最后根据实证分析结果进行比较研究；第二，基于就业质量的农业转移人口就近城镇化意愿的代际差异研究。首先提出研究假设，然后对研究涉及的主要变量进行描述性统计分析，再基于信度与效度检验结果构建基于就业质量的农业转移人口就近城镇化意愿的代际差异的结构方程模型，最后根据所构建的模型的相关路径的估计结果进行对比分析；第三，基于社会认同度的农业转移人口就近城镇化意愿的地区差异研究。首先提出研究假设，然后对研究涉及的主要变量进行描述性统计分析，再基于信度与效度检验结果构建基于社会认同度的农业转移人口就近城镇化意愿的地区差异的结构方程模型，最后根据所构建的模型的相关路径的估计结果进行比较研究。

（二）调查问卷设计

本研究使用的数据主要通过问卷调查形式获得。问卷调查内容共分为就业条件、就业层次、就业保障、城市工作成本、城市生活成本、职业认同度、社会关系认同度、身份认同度、城市工作幸福感、城市生活幸福感和基本信息11个方面。从农业转移人口就近城镇化意愿的影响因素来看，主要包括：个体因素、家庭因素、社会制度因素、城市社区环境及心理因素等多个方面。研究从就业条件、就业层次、就业保障、城市工作成本、城市生活成本、职业认同度、社会关系认同度、身份认同度、城市工作幸福感和城市生活幸福感10个方面对农业转移人口就近城镇化意愿进行研究。其中，就业条件、就业层次和就业保障表征就业质量；城市工作成本和城市生活成本表征城市生活质量感知；职业认同度、社会关系认同度和身份认同度表征社会认同度；城市工作幸福感和城市生活幸福感表征主观幸福感。

在进行正式问卷调查之前，通过试调查完成了观测变量的筛选，以提高观测变量的信度和效度。试调查于2015年7~8月和2017年7~8月分两次完成，第一次是基于就业质量的农业转移人口就近城镇化意愿的调查研究，第二次是基于社会认同度的农业转移人口就近城镇化意愿的调查研究。具体调查对象界定为：户籍所在地在广西，且在广西14个地级市内务工的外地农民工。两次试调查样本数均为200份。本研究最终确定调查问卷中的观测变量设计的依据如下：

第一，关于就业质量问题。国内外学者对就业质量的研究主要集中在就业质量的概念、内容、评价指标体系的构建和评价方法的选取等方面。在就业质量的概念上，1999年国际劳工组织提出了"体面劳动"，之后欧盟提出的"工作质量"和"高质量就业"等概念，进一步完善了就业质量的内涵，国内相关研究主要针对大学毕业生和农民工等群体展开（袁红清、李荔波，2013；明娟、王明亮，2015）。在就业质量的内容上，国外学者比较注重就业者自身的感受和就业价值的体现，其中国内学者认为就业质量应涵盖工资收入、工作时长、工作环境、职业技能培训、职业稳定性和社会保障6方面。在就业质量评价指标体系的构建上，国外较具代表性的是国际劳工组织构建的包含6个维度11个属性和40个指标的评价体系、欧盟委员会设计的包含11个基本维度和30个衡量指标的评价体系；我国学者刘素华最早建立了包括聘用条件、工作环境、劳动关系和社会保障等评价指标的就业质量指标体系（刘素华，2005），部分学者增加了专业对口程度、薪酬水平、个人幸福感、家庭满意度、社会满意度、用人单位满意等衡量指标（张抗私、李善乐，2015）。在就业质量评价方法的选取上，国外学者大多通过设计就业质量得分公式，并根据统计数据对比分析不同群组的异同点；国内学者则主要采用专家咨询、主成分分析、层次分析等评价方法，利用实地调查数据测算部分区域和研究群体的就业质量水平。本研究是从就业质量视角探讨农业转移人口的就近城镇化意愿问题，因此从个人特征因素、就业条件、就业层次和就业保障4个方面对农业转移人口就近城镇化意愿进行测量。其中，农业转移人口的就业条件使用工作场所舒适度、工作设施安全性和工作时长来测度；就业层次使用职业稳定性、工资收入水平和职业发展机会来测度；就业保障采用职业技能培训、劳动合同签订状况和社会保险健全程度来测度。

第二，关于城市生活质量感知问题。农业转移人口的城市生活质量感知程度也会对其就近城镇化意愿产生重要影响。学界对生活质量的研究始于20世纪五六十年代，加尔布雷斯最早提出了生活质量的概念（加尔布雷思，2009）。此后，国内外学者主要从主观生活质量和客观生活质量两个层面对城市生活质量进行评价。有关主观生活质量评价的研究集中于发达国家和地区，且大多基于居民的主观感受，并通过问卷调研或访谈等途径获取居民城市生活质量的感知水平（Mohammad et al.，2013；Luis et al.，2007）。中国经济实验研究院城市生活质量研究中心从2012年开始，以中国35个城市为研究样本，从主客观层面构建中国城市生活质量评价指标体系，进而测算出当年中国城市生活质量指数。其主观指标体系考察了城市居民对于其收入现状、收入预期、生活成本、生活改善、生活环境、生活便利以及生活节奏等方面的满意程度（中国经济实验研究院城市生活质量研究中心，2015）。本研究探讨基于就业质量的农业转移人口就近城镇化意愿的代际差异，从城市工作成本和城市生活环境两个方面测算农业转移人口的城市生活质量感知水平。其中，城市工作成本采用住房成本、子女受教育成本和日常生活开支来衡量；城市生活环境采用空气质量、治安状况、基本公共服务和社会关系网络来衡量。

第三，关于社会认同度问题。加快以人的城镇化为核心的新型城镇化进程，首先需要实现农业转移人口在城市由"工作人"向"生活人"的成功转变。人的城镇化体现为包容、权利平等以及成果共享，农业转移人口的社会认同是实现人的城镇化的内在要求（孙远太，2015）。社会认同包括归属性认同、文化性认同、疆域性认同、政治性认同、经济性认同以及社会性认同等，具有多元化关系。农业转移人口通过比较其职业认同、社会关系认同和身份认同等各种因素做出相对理性的判断。从实现路径上看，人口就近城镇化是一个农业转移人口对于城镇的"职业认同→社会关系认同→身份认同→心理认同"的复杂过程。在面对就近城镇化选择时，农业转移人口将根据自身对职业认同、社会关系认同以及身份认同的满意程度而做出相对理性的判断。本研究选取职业认同度、社会关系认同度和身份认同度作为农业转移人口就近城镇化的社会认同度的三个衡量指标。其中，职业认同度以职位升迁机会、职业技能水平来测度；社会关系认同度用与市民的关系、城市社会关系网络进行测度；身份认同度以户籍状况、子女教育状况和基本公共服务进行度量。

第四，关于主观幸福感问题。农业转移人口的主观幸福感水平是反映区域社会和谐程度的重要指标（吴静，2007）。迪勒尔（Diener）认为，主观幸福感具有四维结构。尽管农业转移人口的受教育水平普遍较低，但其对自身的职业期望值相对较高，并希望就近城镇化之后能够获得更高的物质和精神享受。在城镇化之前，大部分农业转移人口在农村都拥有一定数量的资产，如土地、宅基地、住房等。因而其非常关注城镇化之后的城市物价水平、居住条件，以及能否真正享受到与市民均等的基本公共服务，这些因素都将直接影响其主观幸福感，进而影响其就近城镇化意愿。本研究选取工资待遇水平、工作环境和工作时长作为农业转移人口城镇化城市工作幸福感的衡量指标，选取治安状况、居住状况和物价水平作为农业转移人口城镇化城市生活幸福感的衡量指标。为使得测量指标具有可比性，本研究通过采取李克特五级量表的形式，按照正向从大到小对原始代码进行了重新赋值（见表8-1）。

表8-1　　　　　　　　　　　相关变量设置及说明

变量			原始代码	重新赋值
就业质量	就业条件	工作场所舒适度	非常满意、比较满意、一般、不满意、很不满意	5、4、3、2、1
		工作设施安全性	非常满意、比较满意、一般、不满意、很不满意	5、4、3、2、1
		工作时长	非常满意、比较满意、一般、不满意、很不满意	5、4、3、2、1
	就业层次	职业稳定性	非常满意、比较满意、一般、不满意、很不满意	5、4、3、2、1
		工资收入水平	非常满意、比较满意、一般、不满意、很不满意	5、4、3、2、1
		职业发展机会	非常满意、比较满意、一般、不满意、很不满意	5、4、3、2、1
	就业保障	职业技能培训	非常满意、比较满意、一般、不满意、很不满意	5、4、3、2、1
		劳动合同签订状况	非常满意、比较满意、一般、不满意、很不满意	5、4、3、2、1

续表

变量			原始代码	重新赋值
就业质量	就业保障	社会保险健全程度	非常满意、比较满意、一般、不满意、很不满意	5、4、3、2、1
城市生活质量感知	城市工作成本	住房成本	非常高、比较高、一般、比较低、非常低	5、4、3、2、1
		子女受教育成本	非常高、比较高、一般、比较低、非常低	5、4、3、2、1
		日常生活开支	非常高、比较高、一般、比较低、非常低	5、4、3、2、1
	城市生活环境	空气质量	非常高、比较高、一般、比较低、非常低	5、4、3、2、1
		治安状况	非常高、比较高、一般、比较低、非常低	5、4、3、2、1
		基本公共服务	非常高、比较高、一般、比较低、非常低	5、4、3、2、1
		社会关系网络	非常高、比较高、一般、比较低、非常低	5、4、3、2、1
社会认同度	职业认同度	职位升迁机会	非常满意、比较满意、一般、不满意、很不满意	5、4、3、2、1
		职业技能水平	非常满意、比较满意、一般、不满意、很不满意	5、4、3、2、1
	社会关系认同度	与市民的关系	非常满意、比较满意、一般、不满意、很不满意	5、4、3、2、1
		城市社会关系网络	非常满意、比较满意、一般、不满意、很不满意	5、4、3、2、1
	身份认同度	户籍状况	非常满意、比较满意、一般、不满意、很不满意	5、4、3、2、1
		子女教育状况	非常满意、比较满意、一般、不满意、很不满意	5、4、3、2、1
		基本公共服务	非常满意、比较满意、一般、不满意、很不满意	5、4、3、2、1
主观幸福感	城市工作幸福感	工资待遇水平	非常满意、比较满意、一般、不满意、很不满意	5、4、3、2、1
		工作环境	非常满意、比较满意、一般、不满意、很不满意	5、4、3、2、1
		工作时长	非常满意、比较满意、一般、不满意、很不满意	5、4、3、2、1

续表

变量			原始代码	重新赋值
主观幸福感	城市生活幸福感	治安状况	非常满意、比较满意、一般、不满意、很不满意	5、4、3、2、1
		居住条件	非常满意、比较满意、一般、不满意、很不满意	5、4、3、2、1
		物价水平	非常满意、比较满意、一般、不满意、很不满意	5、4、3、2、1

二、就业质量对农业转移人口就近城镇化意愿的影响研究

（一）研究假设

假设1　农业转移人口的个人特征因素对其就近城镇化意愿影响显著。

农业转移人口的个人特征因素主要包括性别、年龄、婚姻状况、进城务工年限、受教育程度等。一般而言，受教育程度越高的新生代农业转移人口对就近城镇化的相关政策越了解，因而其往往更倾向于选择对其而言净收益最高的城镇化方式。已婚的农业转移人口出于家庭方面的考虑，会更倾向于就近城镇化。

假设2　农业转移人口的就业质量对其就近城镇化意愿影响显著。

就业质量对农业转移人口的就近城镇化意愿影响显著，且呈正相关关系，即：农业转移人口的就业质量越高，其就近城镇化的意愿也越强烈。因此，提升农业转移人口的就业质量，将在较大程度上增强其就近城镇化意愿。

（二）数据说明

本研究的数据来自课题组2015年10月至2016年1月进行的正式的问卷调研，具体调查对象中所指的农业转移人口界定为：户籍所在地在广西，并在广西

14个地级市务工的外地农民工。此次问卷调研内容主要包括7个部分：人口城镇化意愿、基本信息、就业条件、就业层次、就业保障、城市工作成本、城市生活成本。调查样本涉及南宁、柳州、桂林、梧州、北海、防城港、钦州、贵港、玉林、百色、贺州、河池、来宾和崇左等14个地级市。在各个地级市均发放调查问卷150份，共发放2100份，回收1981份，样本回收率为94.33%，剔除失效样本后获得有效样本为1779份，有效样本率为89.80%。本研究最终使用的样本为1779份有效样本，其中，具有就近城镇化意愿的农业转移人口样本为612份，占34.40%；不愿意就近城镇化的农业转移人口样本为1167份，占65.60%。可见，农业转移人口就近城镇化意愿整体偏低，主要变量的描述性统计结果如表8-2所示。

表8-2　　　　　　　　主要变量的描述性统计（N=1779）

变量名称		变量定义	频率	比例（%）
就近城镇化意愿	愿意	1	612	34.40
	不愿意	0	1167	65.60
性别	男	1	1041	58.50
	女	0	738	41.50
年龄	新生代	1	977	54.90
	第一代	0	802	45.10
婚姻状况	已婚	1	1299	73.00
	未婚	0	480	27.00
进城务工年限	1年以下	1	120	6.70
	1~3年	2	424	23.80
	4~6年	3	584	32.80
	7~10年	4	442	24.80
	10年以上	5	209	11.70
受教育程度	文盲	1	41	2.30
	小学	2	296	16.60
	初中、高中	3	659	37.00
	中专	4	437	24.60
	大专及以上	5	346	19.40

续表

变量名称		变量定义	频率	比例（%）
就业条件	工作场所舒适度	非常不满意为1，比较不满意为2，基本满意为3，比较满意为4，非常满意为5	均值2.89 (0.916)	
	工作设施安全性		均值2.75 (1.097)	
	工作时长		均值2.54 (1.126)	
就业层次	职业稳定性		均值2.62 (1.164)	
	工资收入水平		均值2.88 (1.085)	
	职业发展机会		均值2.83 (1.091)	
就业保障	职业技能培训		均值2.92 (1.103)	
	劳动合同签订状况		均值2.65 (0.906)	
	社会保险健全程度		均值2.56 (0.959)	

注：括号内数值为标准差。

从个人特征因素来看，男性农业转移人口的数量明显大于女性农业转移人口。在年龄构成上，新生代农业转移人口比第一代农业转移人口多出9.8个百分点。在婚姻状况上，已婚的农业转移人口占绝大多数，未婚的农业转移人口所占比例仅为27.0%。绝大多数农业转移人口进城务工年限在1~6年，11.7%的农业转移人口进城务工年限达到10年以上。在受教育程度方面，大部分农业转移人口的受教育程度不高，主要为初中、高中和中专学历，大专及以上学历的农业转移人口仅占19.4%。

从就业质量的各项指标来看，农业转移人口对工作时长的满意度明显低于其对工作场所舒适度和工作设施安全性的满意度。在就业层次方面，大多数农业转移人口的就业流动性较高，且能够获得的职业发展机会相当有限，致使农业转移人口对其自身工作稳定性和职业发展机会的满意程度均较低。相比之下，农业转移人口对其工资收入水平的满意度稍高。在就业保障方面，农业转移人口对职业技能培训的满意度最高，其次是劳动合同签订状况，最低是社会保险健全程度。

（三）模型构建

Logistic回归分析主要应用于因变量为二分变量的回归模型，以事件发生概率的形式提供统计分析结果。本研究采用SPSS20.0统计分析软件，对实地调查获取的1779份农业转移人口就近城镇化意愿数据进行二元Logistic模型回归分析。借鉴亨特和理查德（Hunt & Richard，2004）、张鹏等（2014）关于定居地选择影响因素分析的做法，本研究以农业转移人口就近城镇化意愿为因变量，分析农业转移人口的个人特征因素（性别、年龄、婚姻状况、进城务工年限、受教育程度）和就业质量（就业条件、就业层次和就业保障）对其就近城镇化意愿的影响。基于西南边疆民族地区农业转移人口就近城镇化意愿情况，可根据随机效用模型，从效用最大化的角度分析就业质量对农业转移人口就近城镇化意愿的影响，从而构建 Logistic 回归模型。

首先，构建农业转移人口 i 余生就近城镇化到 j 地的总效用模型。假设农业转移人口 i 愿意余生就近城镇化到 j 地的间接效用函数 V_{ij} 可以描述为：

$$V_{ij} = V(E_{ij}, \vec{\theta}_{ij}) \quad (8-1)$$

公式（8-1）中，E_{ij} 代表农业转移人口 i 就近城镇化到 j 地的就业质量。$\vec{\theta}_{ij}$ 是指影响农业转移人口 i 就近城镇化意愿的一些其他控制因素，如个体特征等。

根据理性人假定，农业转移人口 i 愿意就近城镇化到 j 地的前提条件是实现其就近城镇化后余生效用最大化。余生效用函数可以表述为：

$$YV_{ij} = \int_0^T V_{ij}(\cdot) e^{-\rho T} dT \quad (8-2)$$

公式（8-2）中，T 为表示农业转移人口 i 余生的时间变量，$T = T^\phi - t_i$，T^ϕ 为农业转移人口 i 的预期寿命，t_i 为农业转移人口 i 目前的实际年龄，ρ 为折现因子，且不随就近城镇化地域的变化而变化。

假设农业转移人口 i 愿意就近城镇化到 j 地后的间接效用函数的影响因素在其余生中保持不变，即折现因子和间接效用函数结构保持不变的情况下，农业转移人口 i 愿意就近城镇化后的余生效用函数为：

$$YV_{ij} = \frac{1}{\rho} V_{ij}(\cdot)[1 - \exp(-\rho T)] \quad (8-3)$$

再将 $T = T^\phi - t_i$ 代入公式（8-3），可得：

$$YV_{ij} = \frac{1}{\rho} V_{ij}(\cdot)\{1 - \exp[-\rho(T^\phi - t_i)]\} \quad (8-4)$$

由此得到农业转移人口 i 愿意就近城镇化到 j 地的总效用函数模型为：

$$YV_{ij} = YV(\rho, t_i, I_{ij}, \vec{\theta}_{ij}) \quad (8-5)$$

同理可得，农业转移人口 i 不愿意就近城镇化到 j 地的总效用函数模型为：

$$YV_{in} = YV(\rho, t_i, I_{in}, \vec{\theta}_{in}) \quad (8-6)$$

在随机设定的情况下，如果 $YV_{ij} > YV_{in}$，则表示农业转移人口 i 愿意就近城镇化到 j 地，可记为 y=1；反之，则表示农业转移人口 i 不愿意就近城镇化到 j 地，可记为 y=0。设 x 为影响农业转移人口 i 就近城镇化到 j 地意愿的影响因素，包括农业转移人口 i 就近城镇化到 j 地的就业质量等。那么农业转移人口 i 愿意就近城镇化到 j 地的概率可以描述为：

$$P\left(y=\frac{1}{0}\right)=F(x,\beta)=\frac{\exp(\beta'x)}{1+\exp(\beta'x)} \quad (8-7)$$

基于以上推导，最终构建本研究的理论模型如下：

$$U_i = \alpha_0 + \alpha_1 E_i + \beta \vec{X}_i + \varepsilon_i \quad (8-8)$$

公式（8-8）中，U_i 为农业转移人口 i 的就近城镇化意愿，E_i 为农业转移人口的就业质量，$\vec{X}_i$ 表示影响农业转移人口 i 就近城镇化意愿的其他控制因素，ε_i 为残差项。

（四）实证结果与分析

表 8-3 是就业质量对农业转移人口就近城镇化意愿影响的 Logistic 回归模型估计结果。可以看出，模型所选取的变量大多数在 10%、5% 和 1% 的水平上显著，R^2 在 0.5 左右，Hosmer 和 Lemeshow 检验结果为 sig. = 0.723 > 0.5，说明模型整体拟合度良好且解释力较强，回归结果可信度较高。因此，研究选取的变量均为影响人口就近城镇化意愿的重要因素，根据这些变量构建的回归模型能够解释农业转移人口就近城镇化意愿的影响因素是存在差异性的。以下分别从农业转移人口的个人特征因素和就业质量两方面进行分析。

表 8-3 就业质量对农业转移人口就近城镇化意愿影响的 Logistic 回归模型估计结果

自变量名称	系数（B）	标准误差（S.E）	显著性（Sig.）	发生比率 Exp（B）
性别	0.064	0.139	0.646	1.066
年龄	-1.899***	0.147	0.000	6.616
婚姻状况	0.782***	0.153	0.000	0.457
进城务工年限	0.097	0.063	0.127	1.102
受教育程度	-0.147**	0.065	0.023	1.158
就业条件				
工作场所舒适度	-0.032	0.079	0.686	1.032
工作设施安全性	0.216***	0.063	0.001	0.806
工作时长	-0.098	0.065	0.134	0.907
就业层次				
职业稳定性	0.106*	0.064	0.097	0.900

续表

自变量名称	系数（B）	标准误差（S.E）	显著性（Sig.）	发生比率 Exp（B）
工资收入水平	0.280 **	0.092	0.002	0.755
职业发展机会	0.477 ***	0.096	0.000	0.621
就业保障				
职业技能培训	0.670 ***	0.085	0.000	0.511
劳动合同签订状况	0.025	0.090	0.781	1.025
社会保险健全程度	0.445 ***	0.093	0.000	0.641
常量	3.815	0.523	0.000	45.356
-2 对数似然值	1479.247			
Cox & Snell R^2	0.366			
Nagelkerke R^2	0.506			
Hosmer 和 Lemeshow 检验（sig.）	0.723			

注：*、**、*** 分别表示在 10%、5%、1% 的水平上显著。

1. 个人特征因素分析

从表8-3的模型估计结果来看，农业转移人口的个人特征因素对其就近城镇化意愿存在一定影响，但是性别和进城务工年限对农业转移人口的就近城镇化意愿的影响均不明显。年龄和婚姻状况对农业转移人口的就近城镇化意愿的影响在1%水平下高度显著。年龄与农业转移人口就近城镇化意愿呈负相关，表明第一代农业转移人口的就近城镇化意愿更强。由于新生代农业转移人口的价值观和消费方式已与城市居民趋同，更向往在大城市就业并定居，且更容易融入城市生活，因而多数不愿意在家乡所在地附近的中小城市特别是县城和小城镇实现就近城镇化。婚姻状况与农业转移人口就近城镇化意愿呈正相关，说明已婚的农业转移人口具有更强的就近城镇化意愿。这是因为已婚的农业转移人口大多需要照顾家中的老人和子女，却又无力承担举家迁移到城市生活的各方面开支，留守老人和留守儿童问题是已婚的农业转移人口亟须解决的难题。受教育程度指标在5%水平下通过了显著性检验（0.023），但与农业转移人口就近城镇化意愿呈负相关，表明受教育程度越高的农业转移人口的就近城镇化意愿越低。一般来说，受教育程度越高的农业转移人口在大城市获得较为满意的工作机会的可能性越大，再加上多年的进城务工经验的积累，这部分农业转移人口往往更期望能够享受到与大城市市民同等的基本公共服务。

2. 就业质量分析

在就业条件方面，工作设施安全性对农业转移人口就近城镇化意愿的影响在1%水平下显著，系数为0.216。这就表明农业转移人口的工作设施安全性越高，其越愿意就近城镇化。农业转移人口的受教育程度普遍偏低，就业行业主要以制造业、建筑业、采矿业、交通运输仓储和邮政业、批发和零售业、住宿和餐饮业、居民服务和其他服务业等行业为主，这些行业的工作设施安全性较低，致使绝大部分农业转移人口的工作风险性较高。工作场所舒适度和工作时长对农业转移人口就近城镇化意愿的影响没有通过显著性检验，原因可能是长期以来大多数农业转移人口就业的岗位性质决定了其工作场所舒适度都不高，超时加班现象也相当普遍。特别是第一代农业转移人口受传统消费习惯和较为沉重的生活负担的双重影响，往往更愿意通过兼职等方式尽可能地延长工作时长，以换取更多的工资报酬。只有当农业转移人口在城市难以获得任何工作机会时，其才会考虑回到家乡所在地养老。因此，农业转移人口的就近城镇化意愿受工作场所舒适度和工作时长的影响不明显。

在就业层次方面，三项指标都通过了显著性检验，但对农业转移人口就近城镇化意愿的影响程度存在差异性。其中，职业发展机会对农业转移人口就近城镇化意愿影响系数为0.477，超过了工资收入水平对农业转移人口就近城镇化意愿的影响（0.280），职业稳定性对农业转移人口就近城镇化意愿的影响相对较小（0.106）。在就业质量的各项指标中，职业发展机会对农业转移人口就近城镇化意愿的影响程度排在第二位，说明农业转移人口通常希望就近城镇化之后，其就业的城市能够为其提供与其当前务工所在地相当或者更优的职业发展机会，否则将直接导致其就近城镇化意愿的降低。进城务工的农业转移人口大多就业于劳动密集型行业的低层次岗位，就业流动性大，工资收入水平普遍不高，且生活负担较重，多数农业转移人口会选择在城镇务工积攒一定资金之后回到家乡所在地自建住房或在城镇购房。如果农业转移人口就近城镇化后不能获得与当前务工所在地接近或更高的工资收入，其就近城镇化的意愿也将明显降低。

在就业保障方面，职业技能培训和社会保险健全程度对农业转移人口就近城镇化意愿的影响均在1%水平下显著，系数分别为0.670、0.445，且在就业质量的各项指标中位居第一位和第三位。劳动合同签订状况对农业转移人口就近城镇化意愿的影响未通过显著性检验。究其原因，主要在于农业转移人口大多只能在非正规部门实现就业，尽管其就职的企业具有对农业转移人口进行职业技能培训的意识,但考虑到相对较高的培训成本,大多数企业对员工的职业技能培训少之又少,且流于形式,缺乏针对性,并未达到预期的培训效果。如果农业转移人口不能通过职业技能培训进一步提升其职业技能水平,其就近城镇化后必将面临更多的就业难题。近年来农业转移人口的社会保险参保意识不断增强,但调研中获取的信息表明农业转移人口的实际社会保险参保率仍较低,特别是服务于小微企业的农业转移人口往往更难以享受其社会保险权益。因此,农业转移人口寄希望于通过就近城镇化实现更全面的就业保障。

三、基于就业质量的农业转移人口就近城镇化意愿的代际差异研究

(一)研究假设

假设1 不同代际的农业转移人口的个人特征差异性对其就近城镇化意愿影响显著。

农业转移人口的个人特征主要包括性别、婚姻状况、年龄、受教育程度等。根据学术界和政策上的通常做法,本研究将1980年及以后出生且在城镇从事非农劳动的农民工界定为新生代农民工,既包括承载着"乡—城流动"或"外出打工"代际传承特征的第二代农民工,又涵盖了非第二代农民工(梁宏,2011);并将在1980年之前出生且在城镇从事非农劳动的农民工定义为第一代农民工(杨雪锋、董晓晨,2015)。一般而言,受教育程度更高的新生代男性农业转移人口对人口就近城镇化的相关政策的把握更准确,因而其在面对就近城镇化选择时会优先考虑对其而言净收益最高的城镇化方式。

假设2 农业转移人口的社会认同度对其就近城镇化意愿具有显著的正向影响,且存在代际差异。

农业转移人口的就业质量与其就近城镇化意愿显著正相关,且存在代际差异。即:就业质量对不同代际的农业转移人口的就近城镇化意愿的影响显著,农业转移人口的就业质量越高,其就近城镇化的意愿也越强烈。但就业质量对不同代际的农业转移人口的就近城镇化意愿的影响存在差异性,就业质量对新生代农业转移人口的影响作用大于其对第一代农业转移人口的影响作用。

（二）数据说明

本研究的数据来自课题组 2015 年 10 月至 2016 年 1 月在广西壮族自治区 14 个地级市对农业转移人口进行的正式的问卷调研，主要内容包括人口城镇化意愿、基本信息、就业条件、就业层次、就业保障、城市工作成本、城市生活成本 7 个部分。在各地级市均发放调查问卷 150 份，共发放 2100 份，有效样本为 1779 份。本研究最终使用的是 612 份具有就近城镇化意愿的农业转移人口样本。其中，第一代农业转移人口样本为 354 份，所占比例为 57.84%；新生代农业转移人口样本为 258 份，所占比例为 42.16%。

从表 8-4 主要变量的描述性统计结果来看，两代农业转移人口都以男性农业转移人口居多，但新生代农业转移人口呈现出男女比例差距逐步缩小的趋势。两代农业转移人口在婚姻观念上的认知差异，使得已婚的第一代农业转移人口的比例（84.46%）要明显大于新生代农业转移人口（63.18%）。由于第一代农业转移人口通过进城务工积攒了一定资金，并具备一定的创业、就业能力和社会网络基础后，往往更倾向于返乡创业或就业。大多数农业转移人口进城务工年限在 4~10 年之间，进城务工年限在 7~10 年的第一代农业转移人口所占比重（31.07%）高于新生代农业转移人口（21.71%），但进城务工年限在 10 年以上农业转移人口中新生代所占比例更大（17.05%）。从受教育程度来看，该地区的高等教育发展仍然较为滞后，两代农业转移人口的受教育水平都不高，第一代农业转移人口以小学、初中和高中学历为主，新生代农业转移人口以初中、高中和中专学历居多，具有大专及以上学历的第一代农业转移人口所占比例（19.21%）低于新生代农业转移人口（23.26%）。

表 8-4　　　　　　　　主要变量的描述性统计（N = 612）

类别	变量名称	变量定义	第一代农业转移人口（N = 354）		新生代农业转移人口（N = 258）	
			频率	比例（%）	频率	比例（%）
性别	男	1	201	56.78	143	55.43
	女	0	153	43.22	115	44.57
婚姻状况	已婚	1	299	84.46	163	63.18
	未婚	0	55	15.54	95	36.82

续表

类别	变量名称	变量定义	第一代农业转移人口（N=354）		新生代农业转移人口（N=258）	
			频率	比例（%）	频率	比例（%）
进城务工年限	1年以下	1	40	11.3	31	12.02
	1~3年	2	77	21.75	61	23.64
	4~6年	3	101	28.53	66	25.58
	7~10年	4	110	31.07	56	21.71
	10年以上	5	26	7.35	44	17.05
受教育程度	文盲	1	7	1.98	2	0.78
	小学	2	93	26.27	44	17.05
	初中、高中	3	123	34.74	86	33.33
	中专	4	63	17.80	66	25.58
	大专及以上	5	68	19.21	60	23.26
就业质量	就业条件	工作场所舒适度	非常不满意为1，比较不满意为2，基本满意为3，比较满意为4，非常满意为5	均值3.61（0.714）		均值3.71（0.674）
		工作设施安全性		均值3.64（0.763）		均值3.72（0.700）
		工作时长		均值3.60（0.806）		均值3.70（0.728）
	就业层次	职业稳定性		均值3.56（0.809）		均值3.49（0.847）
		工资收入水平		均值3.53（0.835）		均值3.67（0.797）
		职业发展机会		均值3.47（0.821）		均值3.64（0.743）
	就业保障	职业技能培训		均值3.46（0.760）		均值3.63（0.712）
		劳动合同签订状况		均值3.53（0.865）		均值3.69（0.777）
		社会保险健全程度		均值3.51（0.790）		均值3.64（0.721）
城市生活质量感知	城市生活成本	住房成本		均值3.35（0.786）		均值3.46（0.811）
		子女受教育成本		均值3.21（0.680）		均值3.18（0.704）
		日常生活开支		均值3.21（0.717）		均值3.26（0.768）
	城市生活环境	空气质量		均值3.32（0.670）		均值3.27（0.692）
		治安状况		均值3.21（0.719）		均值3.28（0.726）
		基本公共服务		均值3.12（0.736）		均值3.14（0.686）
		社会关系网络		均值3.13（0.723）		均值3.16（0.662）

注：括号内数值为标准差。

(三) 模型构建

结构方程模型（SEM）是根据模型中观测变量、潜在变量与误差变量之间关系的检验结果，判定自变量对因变量的直接、间接及总体的作用效果的多元数据分析工具（Joreskog & Sorbom, 1989）。结构方程模型包含测量模型和结构模型两部分，前者体现了潜在变量与观察变量间的关系，而后者体现的是各潜在变量间的关系。

本研究主要通过李克特量表设计所需要的调查问卷，并收集相关一手数据。鉴于获取的样本数据的主观性较强，且存在的误差也较大，而各变量之间的因果关系相当复杂，也不能进行直观的度量；在传统的统计分析方法下开展的实证分析并不能很好地实现多重线性回归处理，最终会导致分析效果不理想；考虑到结构方程模型具有理论先验性的优点，能够同时进行多个因变量的测量和分析，并强调协方差和多重统计指标的运用，且对于大样本数据的统计分析同样适用；通过结构方程模型分析法对个别测量题项的误差进行检验并将其剔除，进而获得更高的精度；也可以根据前人的研究成果对个别测量题项同时分属的共同因素情况做预先设定，或是设定某些共同因素间相关性的大小和方向；能够通过检验得出构建的假设模型的适配度情况，因此，本研究采用结构方程模型，实证检验基于就业质量的农业转移人口就近城镇化意愿的代际差异。

结构方程建模的基本步骤如下：第一，根据已有的相关文献和经验法则，建立初始的研究假设与理论模型；第二，将收集得到的样本数据导入理论模型，得出模型初步拟合结果，以此判断初始研究假设和理论模型是否合理，并对估计结果进行评价分析；第三，根据评价结果对初始研究假设和理论模型进行修正并再次检验，最终得到更理想的模型。

本研究首先在 SPSS20.0 统计分析软件中建立包含 612 个样本数据的数据库，接着导入 AMOS20.0 软件进行数据分析，进而构建了基于就业质量的农业转移人口就近城镇化意愿的结构方程模型（见图 8-1）。

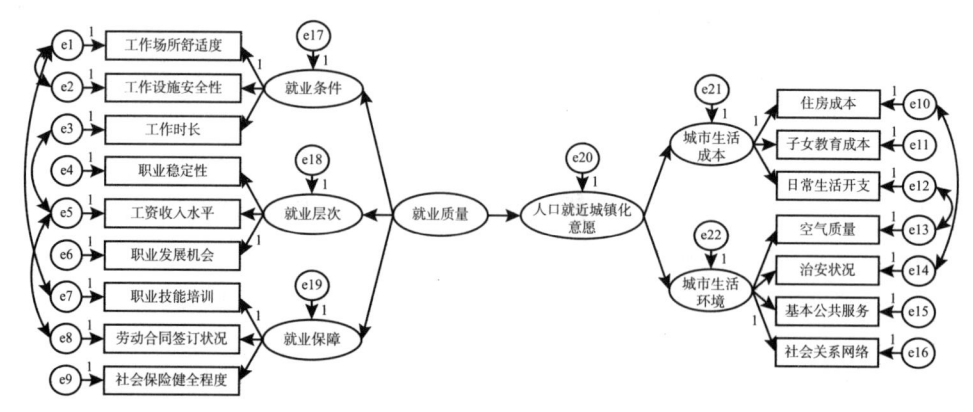

图 8-1　基于就业质量的农业转移人口就近城镇化意愿的结构方程模型

（四）实证结果与分析

1. 信度与效度检验

一是运用 Cronbach's α 系数对 612 份样本数据进行信度检验，得到具有就近城镇化意愿的第一代农业转移人口和新生代农业转移人口样本数据的信度系数值分别为 0.937、0.942，均大于标准值 0.7，表明本研究通过实地调研获取的样本数据信度较好，通过了内部一致性检验。二是采用因子分析法对多项指标的潜在变量进行结构效度检验。样本充分性 KMO 检验获得的具有就近城镇化意愿的第一代农业转移人口和新生代农业转移人口样本数据的 KMO 检验数值分别是 0.944、0.963。从 Bartlett 球形检验结果来看，卡方数值的显著性概率小于显著性水平。通过主成分分析提取标准为特征值大于 1 的因子，结果显示各个变量的因子负载量均大于 0.50，且累计解释方差大于 50%，说明效度检验值达到检验的要求，样本数据通过了结构效度检验。

2. 模型的拟合优度分析

第一，利用 AMOS20.0 软件对本研究构建的结构方程模型的 612 份样本数据进行适配度检验，得到基于就业质量的农业转移人口就近城镇化意愿的结构方程模型拟合程度的八项拟合指标数值，并根据参考值标准，判断样本数据的拟合情况。从表 8-5 的检验结果来看，八项拟合指标均在可以接受的范围内，表明构建的结构方程模型与样本数据拟合较好，实证分析结果是可接受的。

表8-5 基于就业质量的农业转移人口就近城镇化意愿的结构方程模型的适配度检验

	χ^2/df	AGFI	IFI	CFI	TLI	PNFI	RMR	RMSEA
显示值	1.924	0.891	0.975	0.975	0.972	0.839	0.032	0.039
参考值	<3.00	>0.80	>0.90	>0.90	>0.90	>0.50	<0.05	<0.08
拟合情况	理想	理想	理想	理想	理想	理想	理想	理想

第二，在拟合度检验基础上，测定就业质量视角下不同代际农业转移人口就近城镇化意愿对结构方程模型的路径系数，得到不同代际农业转移人口就近城镇化意愿的结构方程模型的标准化路径估计结果。表8-6的结果显示，在结构方程模型中，就业质量对第一代农业转移人口和新生代农业转移人口就近城镇化意愿的标准化路径系数分别为0.786、0.830，且均通过显著性检验，即：就业质量每提高1个单位，第一代农业转移人口的就近城镇化意愿提高0.786个单位，新生代农业转移人口的就近城镇化意愿提高0.830个单位。这就说明农业转移人口的就业质量越高，其就近城镇化的意愿也越强烈。并且，就业质量对不同代际的农业转移人口就近城镇化意愿的影响存在明显的差异性，新生代农业转移人口受到的影响作用更为显著。

表8-6 不同代际的农业转移人口就近城镇化意愿的结构方程模型的标准化路径估计结果

	结构方程模型路径	标准化路径系数
第一代农业转移人口	就业质量→人口就近城镇化意愿	0.786***
新生代农业转移人口	就业质量→人口就近城镇化意愿	0.830***

注：***表示P<0.001。

3. 模型参数值估计结果分析

表8-7是不同代际的农业转移人口就近城镇化意愿的测量模型中潜在变量与观测变量之间的标准化路径估计结果。可见，在测量模型中，两个群组的潜在变量对观测变量在0.001水平下均通过显著性检验，且各标准化路径系数都分布在0.523~0.940，说明测量模型中的观测变量都能够较好地解释潜在变量。并且，不同代际的农业转移人口就近城镇化意愿的关键性影响因素呈现出较为明显

的差异性。以下分别从就业质量、城市生活成本和城市生活环境三个方面对比分析不同代际的农业转移人口的就近城镇化意愿。

表8-7 不同代际的农业转移人口就近城镇化意愿的测量模型的标准化路径估计结果

测量模型路径	第一代农业转移人口 标准化路径系数	新生代农业转移人口 标准化路径系数
工作场所舒适度←就业条件	0.896***	0.927***
工作设施安全性←就业条件	0.903***	0.940***
工作时长←就业条件	0.933***	0.883***
职业稳定性←就业层次	0.551***	0.523***
工资收入水平←就业层次	0.858***	0.857***
职业发展机会←就业层次	0.834***	0.896***
社会保险健全程度←就业保障	0.925***	0.935***
劳动合同签订状况←就业保障	0.910***	0.854***
职业技能培训←就业保障	0.898***	0.895***
住房成本←城市生活成本	0.733***	0.708***
子女受教育成本←城市生活成本	0.660***	0.680***
日常生活开支←城市生活成本	0.663***	0.607***
空气质量←城市生活环境	0.681***	0.731***
治安状况←城市生活环境	0.723***	0.715***
基本公共服务←城市生活环境	0.862***	0.759***
社会关系网络←城市生活环境	0.740***	0.739***

注：*** 表示 $P<0.001$。

在就业条件方面，两代农业转移人口就近城镇化意愿受工作场所舒适度、工作设施安全性和工作时长的影响作用都非常明显，但第一代农业转移人口受工作时长的影响更直接，而新生代农业转移人口受工作场所舒适度、工作设施安全性的影响作用更大。这是因为农业转移人口就业集聚的七大行业中超时加班现象普遍存在。占相当比例的新生代农业转移人口对于建筑业等行业的体力工作和个体商贩等非正规职业的就业意愿均较弱。而第一代农业转移人口往往更能吃苦耐劳，且生活节俭，其更愿意通过延长工作时长以获取更高的工资报酬。

在就业层次方面，就业稳定性对两代农业转移人口的就近城镇化意愿的影响相对较小。短工化现象的长期存在，致使两代农业转移人口的就业稳定性都较差，尤其是在小微型企业、建筑业和服务业最为明显。一般来说，农业转移人口短工化的主要原因既包括年龄、受教育程度、职业技能水平等个体特征因素，又包括家中有需要照顾的老人和小孩等家庭因素。大多数第一代农业转移人口由于进城务工时间较长，并积累了一定的工作经验，因此更易受到工资收入水平影响。而新生代农业转移人口在面临城镇化路径选择时，往往更注重长远利益，受职业发展机会影响更大。

在就业保障方面，两代农业转移人口的就近城镇化意愿均受社会保险健全程度的影响非常明显，且新生代农业转移人口受到的影响更为显著，第一代农业转移人口更注重职业技能培训和劳动合同签订状况。调查中发现，两代农业转移人口的社会保险参保意识均有所增强，但实际参保率仍偏低，主要原因在于大多数农业转移人口就业于非正规部门，其就业企业的性质和规模在很大程度上决定着农业转移人口是否能够真正获得社会保险权益。新生代农业转移人口搜寻信息渠道的多元化，使其往往更希望获取健全的社会保险福利，也致使其为了获得更满意的工作机会，与企业签订长期合同的意愿较低。实际上，多数企业尽可能节约生产经营成本，能够为农业转移人口切实提供的职业技能培训也少之又少，且流于形式。第一代农业转移人口的受教育程度较低，职业技能水平普遍不高，其更希望享受到免费且实用性强的职业技能培训，以更好地在城市实现稳定就业。

从城市生活成本的三项指标来看，两代农业转移人口的就近城镇化意愿受住房成本的影响都最显著，且第一代农业转移人口受到住房成本和日常生活开支的影响更明显。受长期以来形成的消费习惯影响，两代农业转移人口普遍认为城市生活成本偏高。尤其是近年来持续上升的城市房价，使得大多数农业转移人口在城市购买住房的愿望难以真正实现，不得不选择居住在条件相当差的单位集体宿舍或在城乡接合部租房，而其留在农村的宅基地和住房又长期处于闲置状态，"两头占地"现象普遍存在。尽管绝大多数进城务工的农业转移人口对城镇持"过客心理"，但在城市居民示范性消费影响下，新生代农业转移人口的价值观及消费方式已经发生较大转变，其对租住的房屋质量、内外部设施的要求都更高，并希望能够在务工所在地长期稳定生活，而较低的工资收入又使得其需要面临很大的住房成本压力。这就说明要提升农业转移人口就近城镇化意愿，首先需要解决的问题是在降低其住房成本的同时又能改善其在城市的居住条件。在日常生活开支方面，第一代农业转移人口在城市的生活消费支出主要用于伙食费、人际往来相关费用、电话费及交通费，而新生代农业转移人口在服装费和娱乐费上的支出呈明显上升趋势。此外，多数新生代农业转移人口对其子女教育状况都比较重视，更希望就近城镇化后其子女能够接受较好的教育，因此其更注重子女受教育成本。而大部分第一代农业转移人口对子女教育的要求较低，其子女一般在完成义务教育之后进入城镇务工，陷入了仍然难以在城市落户定居的恶性循环。

在城市生活环境方面，空气质量和治安状况对两代农业转移人口就近城镇化意愿的影响较为明显，且第一代农业转移人口比较重视治安状况，新生代农业转移人口更关注空气质量。这与农业转移人口就业的城市的规模有很大关联，一般来说，城市规模越大，城市治理的难度也越大，并且，工业化程度越高的城市，空气质量相对更差。基本公共服务对两代农业转移人口就近城镇化意愿的影响最直接，且第一代农业转移人口所受影响更明显，其更期望能够享受到与城市市民同等的基本公共服务。社会关系网络也在很大程度上影响两代农业转移人口的就近城镇化意愿，且对两代农业转移人口的影响程度大体相同。进城务工的农业转移人口在心理上融入城市的过程，实质上表现为原有的农村社会关系网络的断裂和城市社会关系网络的构建。第一代农业转移人口与市民沟通交流的机会相对较少，在创建和维护城市社会关系网络时可利用的优势资源也相当有限，一般以基于乡土网络的血缘、亲缘、地缘等强关系型为主。新生代农业转移人口更愿意接受新生事物，并更积极地融入城市生活，其社会关系网络逐步转变为以友缘、业缘为主的弱关系型。

四、基于社会认同度的农业转移人口就近城镇化意愿的地区差异研究

（一）研究假设

假设1 不同地区的农业转移人口的个人特征差异性对其就近城镇化意愿影响显著。

农业转移人口的个人特征主要包括性别、婚姻状况、年龄、受教育程度等。一般而言，受教育程度越高的农业转移人口对就近城镇化的相关政策的把握越准确，因而其在面对就近城镇化的选择时会优先考虑对其而言净收益最高的城镇化方式。

假设2 农业转移人口的社会认同度对其就近城镇化意愿具有显著的正向影

响，且存在地区差异。

具有较高社会认同度的农业转移人口更愿意就近城镇化，社会认同度对农业转移人口就近城镇化意愿的影响程度还可能表现出明显的地区异质性特征。综合发展水平较低地区的农业转移人口最容易受到社会认同度的影响，但社会认同度对综合发展水平较高地区的农业转移人口的影响相对较小。

（二）数据说明

本研究所使用的数据来自课题组2017年12月至2018年2月进行的第二次正式的问卷调查。具体调查对象为：户籍所在地在广西壮族自治区，并在广西区内14个地级市务工的外地农民工。调研样本涉及广西壮族自治区14个地级市，主要内容包括人口城镇化意愿、基本信息、职业认同度、社会关系认同度、身份认同度、城市工作幸福感以及城市生活幸福感等七部分。在各个地级市均发放调查问卷150份，共发放2100份，回收1996份，样本回收率为95.05%，剔除失效样本后获得有效样本为1804份，有效样本率为90.38%。其中，具有就近城镇化意愿的有效样本为729份，占40.41%；不愿意就近城镇化的有效样本为1075份，占59.59%。整体来看，调研区域的农业转移人口的就近城镇化意愿仍然偏低。表8-8反映了总体调查样本的基本情况。

表8-8　　　　　　主要变量的描述性统计（N=729）

类别	变量名称	Ⅰ类地区（N=63）		Ⅱ类地区（N=118）		Ⅲ类地区（N=255）		Ⅳ类地区（N=293）	
		均值	标准差	均值	标准差	均值	标准差	均值	标准差
职业认同度	职业升迁机会	3.81	0.573	3.78	0.590	3.70	0.651	3.71	0.650
	职业技能水平	3.84	0.543	3.77	0.605	3.71	0.707	3.70	0.716
社会关系认同度	与市民的关系	3.79	0.714	3.72	0.677	3.62	0.761	3.63	0.773
	城市社会关系网络	3.87	0.701	3.76	0.694	3.64	0.793	3.67	0.744
身份认同度	户籍状况	3.69	0.648	3.67	0.692	3.56	0.738	3.59	0.727
	子女教育状况	3.78	0.643	3.74	0.681	3.65	0.801	3.66	0.780
	基本公共服务	3.77	0.665	3.68	0.672	3.61	0.768	3.63	0.745

续表

类别	变量名称	Ⅰ类地区（N=63）		Ⅱ类地区（N=118）		Ⅲ类地区（N=255）		Ⅳ类地区（N=293）	
		均值	标准差	均值	标准差	均值	标准差	均值	标准差
城市工作幸福感	工资待遇水平	3.34	0.656	3.24	0.702	3.27	0.710	3.31	0.711
	工作环境	3.36	0.662	3.21	0.741	3.21	0.764	3.24	0.732
	工作时长	3.31	0.602	3.20	0.704	3.17	0.713	3.20	0.693
城市生活幸福感	治安状况	3.17	0.744	3.08	0.741	3.06	0.747	3.08	0.741
	居住条件	3.09	0.678	3.13	0.696	3.17	0.701	3.17	0.671
	物价水平	2.99	0.513	2.98	0.657	2.99	0.684	3.01	0.715

为比较农业转移人口就近城镇化意愿的地区差异，本研究最终使用的是729份愿意就近城镇化的农业转移人口样本。并以地区综合发展水平作为分类标准，将广西壮族自治区的14个地级市划分为四类地区：综合发展水平最高的南宁市属于Ⅰ类地区；柳州市和桂林市属于Ⅱ类地区；北部湾城市群范围内的北海市、钦州市、防城港市、玉林市和崇左市属于Ⅲ类地区；Ⅳ类地区包括梧州市、贵港市、百色市、贺州市、河池市和来宾市。

在729份具有就近城镇化意愿的有效样本中，来自Ⅰ类地区的样本为63份，愿意就近城镇化的农业转移人口占比41.72%；来自Ⅱ类地区的样本为118份，愿意就近城镇化的农业转移人口占比38.79%；来自Ⅲ类地区的样本为255份，愿意就近城镇化的农业转移人口占比34.21%；来自Ⅳ类地区的样本为293份，愿意就近城镇化的农业转移人口占比33.29%。可见，Ⅰ类地区农业转移人口就近城镇化的意愿最强，其次是Ⅱ类地区，Ⅳ类地区的农业转移人口就近城镇化的意愿最低。

从个人特征因素来看，四类地区的男性农业转移人口所占比例都要大于女性农业转移人口，其中，Ⅰ类地区的男性农业转移人口所占比例最大，女性农业转移人口所占比例最大的是Ⅳ类地区。从婚姻状况来看，综合发展水平越高的地区中未婚者占比越大。Ⅳ类地区中已婚者占比高达84.91%，而Ⅰ类地区的农业转移人口中已婚者仅占66.48%，未婚的农业转移人口的比例达到33.52%。四类地区的农业转移人口都以第一代农业转移人口为主，但Ⅰ类地区的农业转移人口中新生代农业转移人口所占比例最大，为46.02%，第一代农业转移人口占53.98%。此外，研究样本中大部分农业转移人口进城务工年限都在 4~10 年，但Ⅰ类地区已进城务工 7~10 年的农业转移人口占比和大专及以上学历的农业转移人口占比均明显高于其他三类地区。主要变量的描述性统计结果见表 8-8。

（三）模型构建

本研究将最终使用的 729 份农业转移人口样本数据导入 SPSS20.0 统计分析软件形成数据库，并采用 AMOS20.0 软件构建基于社会认同度的农业转移人口就近城镇化意愿的结构方程模型（见图 8-2）。

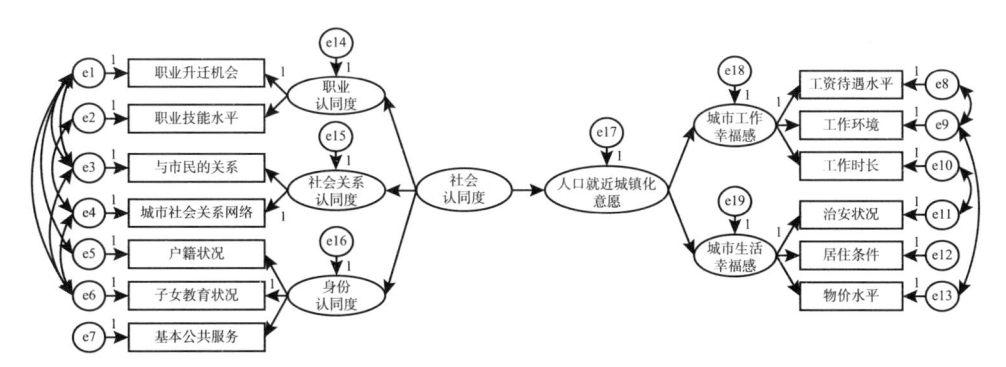

图 8-2 基于社会认同度的农业转移人口就近城镇化意愿的结构方程模型

（四）实证结果与分析

1. 信度检验与效度检验

信度检验方面，本研究采用的方法是 Cronbach's α 系数，对四类地区的样本数据进行信度检验。结果表明，各类地区样本数据的信度系数值依次是 0.925、0.933、0.933、0.937，可以认为所有地区的样本数据均通过了信度检验。

效度检验方面，本研究首先采用 KMO 检验对四类地区的样本数据进行检验，得到各类地区样本数据的 KMO 检验数值分别是 0.907、0.940、0.940、0.950，均大于 0.900。可以认为所有地区的样本数据均通过了 KMO 检验。其次，采用 Bartlett 球形检验法对四类地区的样本数据进行检验，得到各类地区样本数据的卡方数值的显著性概率均低于显著性水平。可以认为所有地区的样本数据均通过了

Bartlett 球形检验。最后，采用因子分析法对四类地区的样本数据进行检验，并提取特征值大于 1 的公因子，再运用极大方差法进行因子旋转，得到各类地区样本数据的指标项因子负载量。结果表明，所有地区的样本数据的指标项因子负载量均大于 0.50，且累计解释方差都超过 50%。可以认为所有地区的样本数据均通过了效度检验。

2. 模型的拟合优度分析

本研究首先采用八种重要的拟合指标检验构建的结构方程模型的拟合指标参数，以此判断各项拟合指标的输出值与拟合的最低要求是否相符，检验结果见表 8-9。与参考值相比，检验的八项拟合指标的拟合结果均较理想。其次，本研究通过测定各类地区的样本数据的结构方程模型路径系数，得出不同地区农业转移人口就近城镇化意愿的结构方程模型的路径估计结果，如表 8-10 所示。

表 8-9 基于就业质量的农业转移人口就近城镇化意愿的结构方程模型的适配度检验

	χ^2/df	AGFI	IFI	CFI	TLI	PNFI	RMR	RMSEA
显示值	2.170	0.944	0.989	0.989	0.982	0.615	0.013	0.024
参考值	<3.00	>0.80	>0.90	>0.90	>0.90	>0.50	<0.05	<0.08
拟合情况	理想	理想	理想	理想	理想	理想	理想	理想

表 8-10 不同地区农业转移人口就近城镇化意愿的结构方程模型的路径估计结果

地区类别	结构方程模型路径	标准化路径系数
Ⅰ类地区	社会认同度→人口就近城镇化意愿	0.781***
Ⅱ类地区	社会认同度→人口就近城镇化意愿	0.747***
Ⅲ类地区	社会认同度→人口就近城镇化意愿	0.742***
Ⅳ类地区	社会认同度→人口就近城镇化意愿	0.801***

注：*** 表示 P<0.001。

由表 8-10 可知，社会认同度对各类地区人口就近城镇化意愿的标准化路径系数依次是 0.781、0.747、0.742、0.801，并且都在 0.001 水平上通过了显著性检验。这说明社会认同度能够显著作用于各类地区的农业转移人口就近城镇化意愿。其中，Ⅳ类地区受到的影响作用最大，Ⅰ类地区次之，Ⅲ类地区受到的影响最小。由此可以认为研究构建的结构方程模型无须再作调整，研究提出的假设得到验证。

3. 模型参数值估计结果分析

根据图 8-2，采用 AMOS20.0 软件对四类地区共 729 份样本数据分别进行计算，进一步得出各类地区农业转移人口就近城镇化意愿的非标准化参数值估计模型图，如图 8-3 至图 8-6 所示。在研究构建的多群组结构方程模型中，潜在变量社会认同度是通过职业认同度、社会关系认同度以及身份认同度 3 个观测变量进行测度。由图 8-3 至图 8-6 的模型估计结果可知，社会认同度能够显著正向作用于所有地区的农业转移人口就近城镇化意愿。

图 8-3 Ⅰ类地区农业转移人口就近城镇化意愿的非标准化参数估计模型图

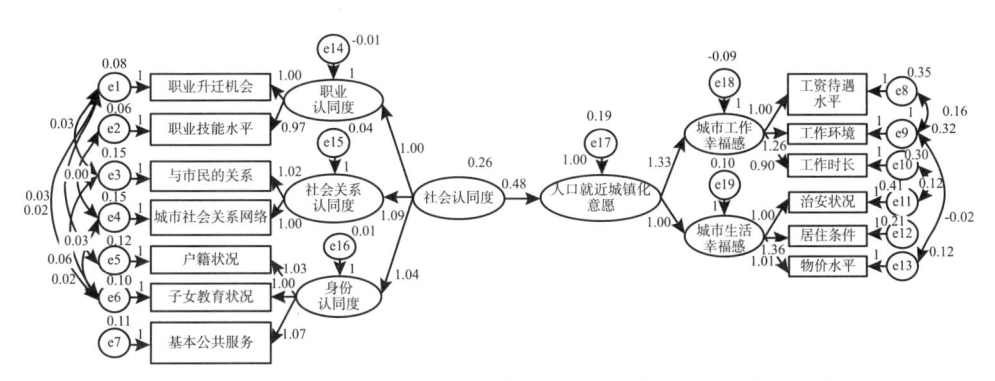

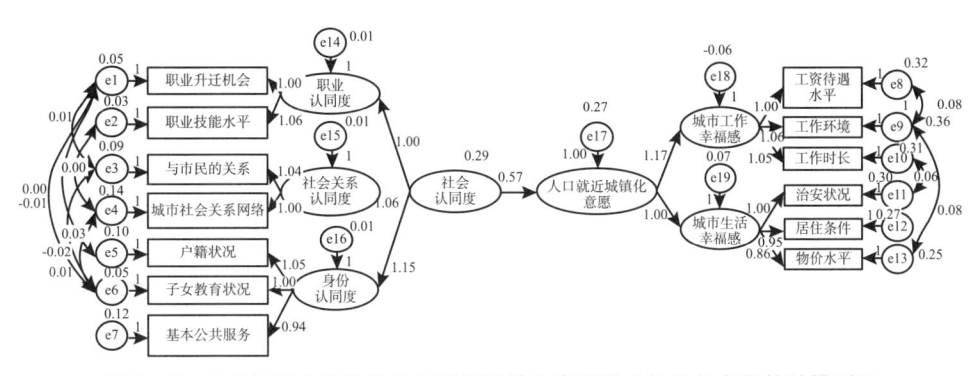

图 8-4 Ⅱ类地区农业转移人口就近城镇化意愿的非标准化参数估计模型图

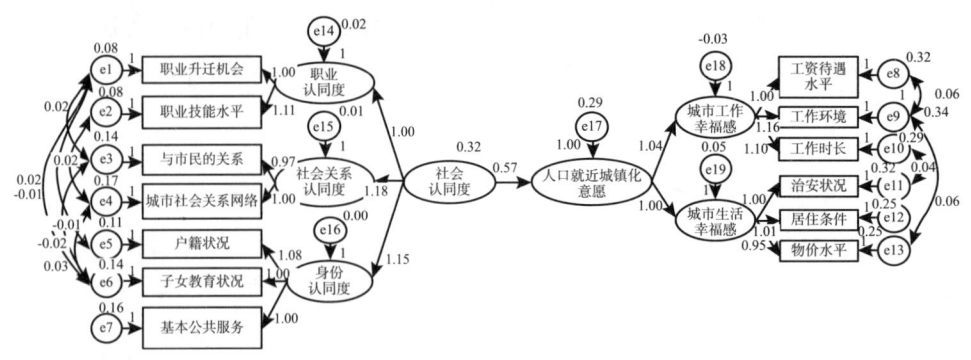

图 8-5　Ⅲ类地区农业转移人口就近城镇化意愿的非标准化参数估计模型图

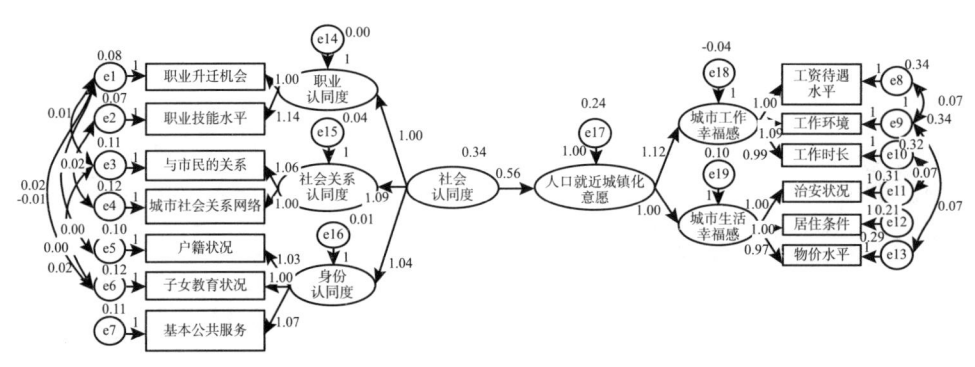

图 8-6　Ⅳ类地区农业转移人口就近城镇化意愿的非标准化参数估计模型图

路径 e1↔e3 的估计结果显示，所有群组均通过了显著性检验，且各群组的协方差依次是 0.03、0.01、0.02、0.01。表明所有地区的农业转移人口的职业升迁机会满意度、其与市民的关系满意度二者之间均具有正向共变关系，即农业转移人口的职业升迁机会满意度越高，则其与市民之间的关系越融洽。在四类地区中，Ⅰ类地区的协方差值最大，反映出Ⅰ类地区的农业转移人口的职业升迁机会满意度最容易受到其与市民的关系满意度的影响。

路径 e1↔e5 的估计结果显示，所有群组均达到显著性水平，且各群组的协方差依次是 0.03、0.00、0.02、0.02。表明所有地区的农业转移人口的职业升迁机会满意度和户籍状况满意度之间均具有正向共变关系，即农业转移人口的职业升迁机会满意度越高，则其对自身户籍状况也越满意。在四类地区中，Ⅰ类地区的协方差值最大，反映出Ⅰ类地区的农业转移人口的职业升迁机会满意度受到其户籍状况满意度的影响最显著。

路径 e1↔e6 的估计结果显示，所有群组均达到显著性水平，且各群组的协方差分别是 0.02、-0.01、-0.01、-0.01。表明 I 类地区的农业转移人口的职业升迁机会满意度与子女教育状况满意度之间具有正向共变关系，即农业转移人口对职业升迁机会的满意度越高，则其对子女教育状况也越满意；其他三类地区的农业转移人口的职业升迁机会满意度与子女教育状况满意度之间存在负向共变关系，即农业转移人口对职业升迁机会满意度越高，则其对子女教育状况的满意度越低。究其原因，可能在于具有较多职业升迁机会的农业转移人口大多拥有相对较好的工作环境、工资待遇，以及相对较高的学历水平，也能够依托工作单位落户城市。这部分农业转移人口对子女教育问题更为重视，因此他们更倾向于让子女接受更好的教育，并尽可能地为子女创造更好的学习条件。

路径 e2↔e4 的估计结果显示，所有群组均达到显著性水平，且各群组的协方差分别是 0.00、0.00、0.02、0.02。表明所有地区的农业转移人口的职业技能水平满意度与城市社会关系网络满意度之间均具有正向共变关系，即农业转移人口的职业技能水平满意度越高，则其对城市社会关系网络也越满意。在四类地区中，III 类地区和IV 类地区的协方差值均较大，反映出这两类地区的农业转移人口的职业技能水平满意度受到其城市社会关系网络满意度的影响更显著。

路径 e3↔e6 的估计结果显示，所有群组均达到显著性水平，且各群组的协方差分别是 0.03、0.03、-0.01、0.00。表明 I 类、II 类和IV 类地区的农业转移人口与市民的关系满意度、子女教育状况满意度二者之间具有正向共变关系，即农业转移人口与市民的关系满意度越高，则其对子女教育状况也越满意；III 类地区的农业转移人口与市民的关系满意度、子女教育状况满意度二者之间存在负向共变关系，即农业转移人口与市民的关系满意度越高，则其对子女教育状况的满意度越低。原因可能是III 类地区的农业转移人口与市民交流越多，越能够发现其子女教育状况与市民子女教育状况之间存在的差距，从而降低了其对子女教育状况的满意度。

路径 e4↔e6 的估计结果显示，所有群组均达到显著性水平。I 类和IV 类地区的协方差为正值，表明这两类地区的农业转移人口的社会关系网络状况满意度与子女教育状况满意度之间具有正向共变关系，即农业转移人口社会关系网络状况满意度越高，则其子女教育状况满意度也越高；II 类和III 类地区的协方差为负值，表明这两类地区的农业转移人口的社会关系网络状况满意度与子女教育状况满意度之间存在负向共变关系，即农业转移人口社会关系的网络状况满意度越高，则其子女教育状况满意度越低。

通过图 8-3 至图 8-6 的参数估计结果还发现，所有地区的农业转移人口就近城镇化意愿与其城市工作幸福感和城市生活幸福感之间存在显著的正相关关系。表明增强农业转移人口的城市工作幸福感与城市生活幸福感,有助于提升其就近城镇化意愿。由路径 e8↔e9 的估计结果可得,所有群组均达到显著性水平,且各群组的协方差均为正值,说明所有地区的农业转移人口的工资待遇水平满意度与工作环境满意度之间均存在正向共变关系,即农业转移人口的工资待遇水平满意度越高,则其工作环境满意度也越高。由路径 e9↔e13 的估计结果可得,Ⅰ类地区的协方差为负值,表明该地区的农业转移人口的工作环境满意度与物价水平满意度之间存在负向共变关系,即农业转移人口的工作环境满意度越高,则其物价水平越不满意,而其他三类地区的农业转移人口的工作环境满意度与其物价水平满意度之间是正向共变关系,即农业转移人口的工作环境满意度越高,则其物价水平满意度也越高。由路径 e10↔e11 的估计结果可知,所有地区的农业转移人口的城市治安状况满意度与工作时长满意度之间存在显著的正相关关系,即农业转移人口的城市治安状况满意度越高,则其对工作时长的满意度也越高。

表8-11 反映的是基于社会认同度的农业转移人口就近城镇化意愿测量模型中潜在变量与观测变量之间的标准化路径估计结果。可以看出,不同地区各潜在变量对观测变量的标准化路径系数介于 0.416~0.961 之间,且显著性检验 P 值均在 0.001 水平。表明测量模型中的潜在变量均可以采用相应的观测变量进行解释。

表8-11 基于社会认同度的不同地区农业转移人口就近城镇化意愿测量模型的标准化路径估计结果

测量模型路径	Ⅰ类地区 标准化路径系数	Ⅱ类地区 标准化路径系数	Ⅲ类地区 标准化路径系数	Ⅳ类地区 标准化路径系数
职业升迁机会←职业认同度	0.874 ***	0.931 ***	0.897 ***	0.898 ***
职业技能水平←职业认同度	0.897 ***	0.961 ***	0.917 ***	0.924 ***
与市民的关系←社会关系认同度	0.837 ***	0.896 ***	0.873 ***	0.901 ***
城市社会关系网络←社会关系认同度	0.837 ***	0.843 ***	0.859 ***	0.893 ***
户籍状况←身份认同度	0.837 ***	0.884 ***	0.889 ***	0.903 ***
子女教育状况←身份认同度	0.870 ***	0.939 ***	0.886 ***	0.899 ***
基本公共服务←身份认同度	0.870 ***	0.855 ***	0.854 ***	0.893 ***
工资待遇水平←城市工作幸福感	0.424 ***	0.588 ***	0.599 ***	0.577 ***
工作环境←城市工作幸福感	0.527 ***	0.590 ***	0.643 ***	0.610 ***

续表

测量模型路径	Ⅰ类地区	Ⅱ类地区	Ⅲ类地区	Ⅳ类地区
	标准化路径系数	标准化路径系数	标准化路径系数	标准化路径系数
工作时长←城市工作幸福感	0.416***	0.617***	0.655***	0.584***
治安状况←城市生活幸福感	0.497***	0.665***	0.654***	0.657***
居住条件←城市生活幸福感	0.739***	0.670***	0.703***	0.726***
物价水平←城市生活幸福感	0.730***	0.644***	0.680***	0.664***

注：*** 表示 $P<0.001$。

在职业认同度方面，Ⅱ类地区农业转移人口的职业升迁机会和职业技能水平满意度对其职业认同度的影响系数分别为0.931、0.961，表明该地区的农业转移人口的职业认同度最容易受到其职业升迁机会和职业技能水平满意度的影响。

在社会关系认同度方面，Ⅳ类地区农业转移人口与市民的关系满意度、城市社会关系网络满意度对其社会关系认同度的影响系数分别为0.901、0.893，表明该地区的农业转移人口与市民的关系满意度、城市社会关系网络满意度对其社会关系认同度的影响都最显著。

在身份认同度方面，Ⅳ类地区农业转移人口的户籍状况满意度、基本公共服务满意度对其身份认同度的影响系数分别为0.903、0.893，表明该地区的农业转移人口的户籍状况满意度、基本公共服务满意度对其身份认同度的影响均最显著；Ⅱ类地区农业转移人口的子女教育状况满意度对其身份认同度的影响系数为0.939，表明该地区的农业转移人口的身份认同度最容易受到其子女教育状况满意度的影响。

在城市工作幸福感方面，Ⅲ类地区农业转移人口的工资待遇水平、工作环境以及工作时长的满意度对其城市工作幸福感的影响系数分别为0.599、0.643、0.655，表明该地区的农业转移人口的工资待遇水平、工作环境以及工作时长的满意度对其城市工作幸福感的影响均最显著。

在城市生活幸福感方面，Ⅱ类地区农业转移人口的治安状况满意度对其城市生活幸福感的影响系数为0.665，表明该地区的农业转移人口的城市生活幸福感最容易受到其治安状况满意度的影响；Ⅰ类地区农业转移人口的居住条件和物价水平满意度对其城市工作幸福感的影响系数分别为0.739、0.730，表明该地区的农业转移人口的居住条件和物价水平满意度对其城市工作幸福感的影响最显著。

五、研究发现与讨论

（一）研究发现

本章基于对广西 14 个地级市的农业转移人口就近城镇化意愿的调研数据，从就业质量和社会认同度双重视角，对西南边疆民族地区农业转移人口就近城镇化意愿进行实证研究。得出如下研究发现：

第一，从就业质量对农业转移人口就近城镇化意愿影响的实证分析结果来看，西南边疆民族地区农业转移人口的就近城镇化意愿整体偏低。农业转移人口的个人特征因素中年龄、婚姻状况和受教育程度对农业转移人口就近城镇化意愿影响显著，性别、进城务工年限对农业转移人口的就近城镇化意愿影响并不明显；就业质量对农业转移人口就近城镇化意愿的影响显著。农业转移人口受职业技能培训、职业发展机会、社会保险健全程度满意度的影响尤为突出，同时注重工资收入水平、工作设施安全性和职业稳定性满意度的提升。

第二，从基于就业质量的农业转移人口就近城镇化意愿的代际差异的实证分析结果来看，就业质量对西南边疆民族地区农业转移人口就近城镇化意愿影响显著，且存在明显的代际差异。农业转移人口的就业质量越高，其就近城镇化意愿越强烈。并且，就业质量对新生代农业转移人口就近城镇化意愿的影响作用要明显大于第一代农业转移人口。具体而言，两代农业转移人口的就近城镇化意愿均受到就业条件和就业保障的各项指标影响更大，受就业层次中的职业稳定性影响相对较小。城市住房成本、基本公共服务和社会关系网络也是两代农业转移人口就近城镇化时关注的重点。在代际差异上，第一代农业转移人口更容易受到工作时长、工资收入水平、职业技能培训的影响，新生代农业转移人口更关心职业发展机会和社会保险健全程度。

第三，从基于社会认同度的农业转移人口就近城镇化意愿的地区差异的实证分析结果来看，西南边疆民族地区农业转移人口的就近城镇化意愿存在明显的地区差异。其中，Ⅰ类地区农业转移人口的就近城镇化意愿最强烈，其次是Ⅱ类地区，Ⅳ类地区排名最后；社会认同度显著正向作用于农业转移人口就近城镇化意愿，且Ⅳ类地区受到的社会认同度的影响最大，其次是Ⅰ类地区，Ⅲ类地区受到的影响相对较小。具体来看，Ⅰ类地区受到职业技能水平、子女教育水平、基本公共服务、工作环境和居住条件等因素的影响更明显；Ⅱ类地区受到职业技能水平、与市民的关系、子女教育状况、工作时长和居住条件等因素的影响更大；Ⅲ类地区和Ⅳ类地区都更容易受到职业技能水平、与市民的关系、子女教育状况、户籍状况和居住条件等因素的影响。

（二）讨论

从就业质量上看，新生代农业转移人口在工作场所舒适度、工作设施安全性和工作时长等就业条件的满意度均高于第一代农业转移人口，这与新生代农业转移人口就业时的行业选择有关。并且，两代农业转移人口对工作时长的满意度在就业条件的三项衡量指标中是最低的，这与农业转移人口需要通过经常加班来换取更多的工资报酬的现实情况是相符的。农业转移人口就业是一个农业转移人口和用工单位双向选择的过程。与第一代农业转移人口相比，新生代农业转移人口往往会利用更多的渠道进行就业信息的收集和甄别，且追求更高的工资收入、更多的职业发展机会和就业保障。因此，从就业层次来看，第一代农业转移人口的职业稳定性更好，新生代农业转移人口对其工资收入水平和职业发展机会更为满意。在就业保障上，第一代农业转移人口在职业技能培训、劳动合同签订状况和社会保险健全程度方面的满意度均显著低于新生代农业转移人口，且两代农业转移人口的职业技能培训满意度都最低。

在就近城镇化意愿方面，新生代农业转移人口的住房成本和日常生活开支满意度都要高于第一代农业转移人口，但在子女受教育成本上，第一代农业转移人口的满意度更高。原因在于第一代农业转移人口大多生活节俭且生活负担较重，为尽可能地节约在城市的生活开成本，该群体对其自身在城市的居住条件及其子女受教育水平的要求都较低。从城市生活环境的各项指标来看，两代农业转移人口对城市空气质量和治安状况的满意度都要明显高于其对城市基本公共服务和社会关系网络的满意度。并且，第一代农业转移人口更希望享受到与城市居民同等的基本公共服务和构建良好的城市社会关系网络。这可能是因为样本区域内以中小型规模城市居多，产业基础相对薄弱，对农业转移人口的吸引力有限，使得这些地区的空气质量和治安状况相对较好。由于第一代农业转移人口的城市融入能力较弱，其原有的社会关系网络又大多建立在血缘、亲缘和地缘等强关系型基础上，要将其社会关系网络转变为以友缘、业缘为主的弱关系型，需要通过户籍制度改革、基本公共服务均等化等方式，以实现其与城市市民身份上及权益上的真正平等，进而强化其就近城镇化意愿。

西南边疆民族地区内的广西壮族自治区目前仍位于城镇化中期阶段，区域内呈现出大中小城市非均衡发展态势，作为省会城市的南宁"一市独大"的特征较为突出，柳州和桂林两个城市尚未对周边城市起到明显的辐射带动作用，位于Ⅳ类地区的绝大部分城市在新型城镇化进程中缺乏强劲的产业支撑，且与城镇化发展配套的相关体制机制缺失。广西是典型的少数民族聚集地，基础设施建设水平较低，产业发展相对滞后。该区域需要加快推进人口就近城镇化，以此助推新型城镇化发展。广西农业转移人口的受教育程度普遍偏低且居住较为分散，在传统思想观念和生活方式的影响下，大多数农业转移人口对城镇仍持"过客心理"，"两头占地"现象相当普遍，"三头占地"的现象也开始出现。受区域间财税体制和转移支付限制，绝大多数在城镇务工的农业转移人口实际上并不能真正享受到与市民同等的社会保障、子女教育等公共服务权利。因此，地方政府在推进农业转移人口就近城镇化的过程中，应切实保证城镇中有充足的基本公共服务可供农业转移人口分享，而并非只是简单地改变其户籍。

实地调查中还发现，民族县域社区居民整体具有较强烈的参与旅游经营意愿。居民个人特征因素在一定程度上影响社区居民参与旅游经营意愿，年龄、受教育程度及家庭月均收入对其参与旅游经营意愿影响显著；居民感知对民族县域社区居民参与旅游经营意愿影响显著正相关，其中，旅游经营的政策扶持力度指标对社区居民参与旅游经营意愿的影响高度显著，旅游经营收入对社区居民参与旅游经营意愿的影响系数最大，居民与旅游公司的关系、外来投资状况、社区基础设施完善程度、居民旅游经营培训状况、旅游收益分配合理性等因素，是民族县域社区居民面对是否参与旅游经营选择时的关注点。民族县域社区居民往往出于生计方面的考虑而参与旅游经营，但由于其自身参与旅游经营的能力不足，一般只能就业于当地的低端住宿餐饮业、交通运输业，部分社区居民主要从事旅游小商品经营，仅有极少数社区居民能够真正参与旅游景区规划、项目运营管理、环境保护等工作。实际上，社区政府并未将社区管理权限下放，仍采取自上而下的管理模式。在社区政府、旅游企业与居民之间的利益分配上，社区居民长期处于劣势，致使部分社区居民与企业之间的矛盾激化。社区基础设施建设的滞后发展，制约了民族县域旅游业发展，也削弱了社区居民参与旅游经营的积极性。

此外，受教育水平是农业转移人口就业能力和收入水平的重要影响因素。进城务工的农业转移人口的受教育状况明显高于农村劳动力的整体水平，但与城市市民相比仍有较大差距。一般来说，农业转移人口的受教育水平越高，获得较好的就业机会的可能性越大，其学习能力和城市适应能力也相对更强，也就越可能在更短的时间内积累更多的工作经验,从而获得更多的职业升迁机会和经济收入。由于农业转移人口难以突破分割严重的二元劳动力市场限制,在不太注重农业转移人口受教育程度且无法供给高等级职位的次属劳动力市场,农业转移人口的学历越高,"匹配"的概率自然就越小。受教育程度提高的农业转移人口更期望获得工资更高、工作条件更好的工作,对传统农业转移人口通常从事的"粗、脏、重"工作不屑一顾。即便是在初次进城务工时由于客观因素而被迫选择薪酬较低的简单体力工作,他们主动放弃、另寻工作的概率也较大。另外,接受了更多的教育培训的农业转移人口的信息嗅觉更为敏锐,其搜寻、发现、掌握和利用职业信息的能力明显增强,寻求好工作的主动性也更强。由于受教育程度较高,新生代农业转移人口大多具有更强烈的危机意识感、前瞻性,消费方面也更显理性化。可见,通过加大对农业转移人口尤其是新生代农业转移人口的教育投资,可以有效提升农业转移人口的城市适应能力、融合能力及相应的职业技能水平,进而促进农业转移人口经济收入的增长,以此推进西南边疆民族地区人口就近城镇化进程。

第九章

西南边疆民族地区丝绸之路经济带建设中城镇化多元格局的实现路径

在前面的章节中，本研究首先构建了西南边疆民族地区丝绸之路经济带建设中城镇化多元格局实现路径的理论框架。其次，分别从西南边疆民族地区丝绸之路经济带建设中城市体系综合发展水平、城市职能结构、城市等级规模结构、城市体系空间结构等方面展开实证研究。再次，构建系统动力学仿真模型，对西南边疆民族地区丝绸之路经济带建设中人口就近城镇化进行动态模拟。最后，从就业质量和社会认同度双重视角，实证考察了西南边疆民族地区内广西农业转移人口的就近城镇化意愿。根据前文的实证研究结果，本章从城市体系综合发展水平、城市职能结构、城市等级规模结构、城市体系空间结构以及人口就近城镇化5个方面，提出西南边疆民族地区丝绸之路经济带建设中城镇化多元格局的实现路径。

一、西南边疆民族地区丝绸之路经济带建设中城市体系综合发展水平优化路径

城市体系综合发展水平的提高，是城市体系协调发展的主要表现，也是促进

地区城镇化多元格局发展的重要途径（张绍稳、徐光远，2019）。前文的研究结果表明，环境、资源、社会生活、经济结构和经济规模对提高西南边疆民族地区城市系统总体发展水平具有重要影响。促进西南边疆民族地区丝绸之路经济带建设中城市体系综合发展水平提升，需要从以下几个方面着手。

（一）加快城镇化进程，推动地区经济发展

西南边疆民族地区在2010~2016年的城市体系经济发展水平总体呈上升趋势。但总体而言，西南边疆民族地区是我国最重要的少数民族聚居区之一，受历史发展影响，地区经济发展总体水平长期滞后于国内其他地区（吕俊彪，2012）。西南边疆民族地区特殊的地理环境与较低的经济发展水平，是阻碍该区域城市化进程的重要原因。城镇化对于改善城乡居民的生活条件，解决农村富余劳动力就业问题，促进农村产业结构调整，加快城市基础设施建设均具有重大意义。城镇化过程是人口向中心城市聚集、要素向中心城市流入的过程，能够为城市发展带来充足的劳动力，同时资本的流入也会带动地区相关产业发展。因此，西南边疆民族地区应加快城镇化发展，注重发挥城镇化对经济发展的带动与辐射作用，以此助推地区经济发展（钟海燕，2012）。具体而言，西南边疆民族地区应通过建立合理的城镇体系，逐步减少并消除城乡二元结构的影响；通过成立专项资金，建立高新技术研发机构，吸引高层次人才落户，逐步提升产业的科技创新能力；合理布局城市人口、产业，为城市进一步发展壮大提供充足的空间；改善投资融资环境，吸引资金流入，助力城镇化发展。

（二）以市场需求为导向，促进产业结构优化

区域产业结构优化直接影响区域经济发展速度。合理的产业结构促进了区域经济的发展，而不均衡的产业结构减缓了区域经济的发展速度（石鹏娟、冉永春，2014）。为解决城市之间的断层问题，大城市作为首位城市的后备力量，需要扩大规模，提高人口竞争力；中小城市有赖于优惠政策的支持，转变经济发展方式，尽快实施产业结构优化和现代化（王振坡等，2018）。近年来，西南边疆民族地区产业发展取得了一定成效，但整体产业结构层次仍然不高（胡阳全，2009）。西南边疆民族地区应结合产业结构的实际情况，加快调整优化产业结构。这就需要以市场为导向，以利益为纽带，生态建设为中心，稳定巩固第一产业，

调整优化第二产业，积极发展第三产业。在这个过程中，要更加重视竞争力培育，特别是要加强企业的国际竞争力和抵御国际风险的能力；以提高集聚程度为指导，优化西南边疆民族地区产业空间布局，支持产业链向高端扩张；加强与周边省份的协调，明确城市功能定位和产业特点，促进城市间产业体系互联互通；建立现代产业体系，进一步增强西南边疆少数民族地区的综合实力、自主创新能力和国际竞争力，并参与世界一流的产业竞争（张冀新，2012）。

西南边疆民族地区应加快工业结构升级，大力发展先进制造业和战略性新兴产业。广西应规划建设各类专业工业园，加快推动先进制造业落地，激发产业链的乘数效应；加快培育大型工业企业，并注重发挥龙头企业的带动作用。进一步扶持传统产业转型升级，促使其采用技术改造等手段推进产品升级换代，并通过工业化与信息化有机融合提高其工业产品智能化水平。在产业发展方向上，应重点向智能装备制造、新材料、新能源汽车、机器人等新兴制造业发展，不断壮大新兴产业规模。云南应加快技术进步，推动冶金、化工等传统企业更新设备，开展关键制造工艺的技术革新，提高产业链中各环节的技术水平。要推进企业生产各环节向智能化方向提升，向绿色环保型方向转型。应重点向现代生物、新能源、新材料、先进装备制造、电子信息和新一代信息技术等战略性新兴产业发展。只有当西南边疆民族地区的产业结构得以优化，才能进一步促进城市的交通通信职能、工业职能的提升，城市职能结构将日益完善。

西南边疆民族地区还需要充分发挥区域内外高校的知识溢出效应，促进高技术企业与高校协同创新，从而提升区域整体创新效率。高技术企业是运用高知识、高智力的创新来引领科技发展的时代潮流，亟须通过其学习、运用以及创新技术能力的螺旋式上升来实现自主创新。只有当高技术企业能够对前沿理论和新兴技术进行自主分析、研究和运用，并实现技术化、产品化以及市场化，进而研制专利类产品且拥有自主知识产权，其才能上升到最高级的技术自主创新阶段。高技术产业和高校在配置相对有限的创新资源时呈现明显的排他性特征，创新资源过度集聚于高技术产业或是高校，均不利于区域整体创新能力的提升。目前高校的创新成果向企业生产转化率低下已经成为西南边疆民族地区创新驱动发展战略实施过程中的瓶颈问题。高技术企业和高校之间的知识转移和知识协同，有助于将高校的知识用于高技术产业技术创新，进而将更多的原始性创新成果转化为现实的生产力。

一是加快高技术企业与高校战略协同创新。战略协同创新是高技术企业与高校进行深度合作的基础。在产学协同创新过程中，双方会基于对合作中自身利益的评价结果来做出合作范围和合作模式选择。高技术企业通常注重产学协同创新是否能够为其带来更多的经济利益，而高校特别是研究型高校则主要考虑学术研究工作能否顺利开展。但双方的价值观分歧可能会导致高校难以为高技术企业提供适应市场需要的科技成果，而如果高技术企业为了确保自身经济利益不受损害而过多地干预高校研发工作也会引发一系列问题。因此，首先要增强双方在价值观和文化上的认同感。高校应充分利用其学科的综合优势，加大科技成果转化力度，并注重培养适应高技术企业发展需求的应用型创新人才。除了提出更为准确的知识需求外，高技术企业还应在资金和物力上为高校参与创新提供强有力支持。对于合作研发中涉及的知识产权归属和项目收益分配等问题，双方应进行友好沟通。其次，通过建立信任机制实现高校和高技术企业愿景协同。在双方合作之前，应对合作方的文化背景、合作信誉、产学协同创新经历、知识转移水平和吸收能力等情况进行全面考察，并建立信任评审体系。再次，应设计合理的利益分配机制。合理的利益分配是产学协同创新的重中之重，为此需要建立产学战略同盟，促进双方之间形成长期、互利互惠和共生的合作关系。

二是推动高技术企业与高校知识协同创新。高技术企业与高校之间实现深度合作的核心条件是知识协同创新。这就需要高技术企业与高校进行知识互动和知识转移，尤其是隐性知识的转移。为减少显性知识交流的不对称性，可以采用计划书、操作手册、工作说明书及产品设计图等书面形式对显性知识进行说明。对于隐性知识的表达，则需要借助相应的实物工具进行演示，甚至需要借助人际交流网络和深度会谈平台等，通过"干中学"使隐性知识显性化。知识协同创新的具体形式包括专利许可、联合研发、共同参会以及学术创业等。在知识协同创新中，要充分发挥高校研发优势，借助高校科学园区和创新共享平台，助推高校科技成果产业化。建立健全知识协同创新机制，以尽可能地降低衍生成本。政府应当为高技术企业和高校协同创新营造良好的制度环境并提供相应的政策支持，并将对创新主体的激励政策落实到位。

三是促进高技术企业与高校组织协同创新。由于利益目标上的差异，高技术企业与高校之间的协同关系属于混合型的跨组织关系，任何一方都无法获取合作的全部控制权。因此，高技术企业需要与学科优势突出的高校协同开展相关产业的共性技术和关键技术研发工作，建立以高技术企业为主导的产学技术创新联盟显得十分必要。高技术企业与高校的组织协同创新，首先要求合作双方高度重视组织的结构及过程协同。合作双方的合作资源优劣、协议时间长短以及协同关系的类型等，均在一定程度上决定了高技术企业与高校对于组织协同的重视程度。其次，应设立协同创新委员会等专门机构，对产学协同创新过程进行规范化管理。协同创新委员会应以高技术企业与高校为核心，政府相关部门、中介组织及金融机构等作为主要参与方组建而成，共同致力于高技术企业与高校之间的知识跨界流动。再次，要加强产学协同创新组织的网络化运作。高技术企业与高校应根据自身实际发展情况，主动嵌入到协同创新网络，找准节点位置以及节点链接路径，进而实现产学协同创新效应最大化。此外，高技术企业与高校协同创新还需要外部各类支持性组织的共同参与。可通过对社会创新服务资源的有效整合，在地方政府引导下，由地区技术交易促进中心、技术转移服务机构，以及科技资源机构共同组建协同创新服务联盟，以更全面地掌握高技术企业的创新需求特点，从而为其提供更深层次和更专业化的创新服务。

（三）改善城市居民生活质量，促进城镇化质量提升

城镇化水平的提高能够吸引大量人口向城市集聚，为城市发展提供丰富的劳动力。但与此同时，人口的大量涌入也会增加城市的承载压力，导致城市居民维持生计的成本逐渐增加（王婷等，2018）。在对西南边疆民族地区居民生活质量水平进行评价时发现，在丝绸之路经济带建设过程中，相对于广西，云南的城市体系建设和发展取得的进步更大，其居民生活质量取得的进步更为明显。人居环境是居民赖以生存的空间场所，良好的城市人居环境是一种基于人与自然、社会系统和谐相处的稀缺性的可利用资源。由于各省份在经济环境、社会环境、人文环境和生态环境等方面均存在不同程度的异质性，各省份之间的城市人居环境差异也将长期存在。提升城市居民生活质量，应优先发展城市公共交通。同时持续优化人均消费结构，并根据不断变化的消费模式提供高质量的消费品和服务。信息消费的不断变化，既对人口的消费模式具有重要影响，也将导致工业结构的重大调整，在优化国家经济结构方面发挥积极作用。人均过剩消费份额的增加是人口消费向高水平转变和生活质量提高的一个重要标志（李月，2010）。因此，应继续拓展消费领域，促进医疗保障、文化教育等高质量人均消费水平提升。

（四）合理运用经济手段，增强环境治理能力

我国传统的粗放型经济增长机制对区域资源环境存在明显的负面影响，阻碍了区域经济增长（张小刚，2015）。西南边疆民族地区的资源消耗和污染较少，但该区域的经济和社会效益也相对较低，弱化了区域可持续发展能力。因此，应合理地运用经济手段，不断增强区域环境治理能力。一是完善市场竞争机制、供

求机制以及价格机制。政府通过对经济的直接干预，能够发挥"杠杆效应"的作用，如财政、金融和国家资本，将高质量的生产要素引向环境管理领域的聚集，改善环境治理（王金胜，2015）。二是建立健全环境治理奖励机制。政府应灵活运用环境税、排污费、税收返还等市场激励型环境规制手段，建立以市场激励为主的环境规制体系，发挥市场的资源优化配置作用，充分调动企业开展绿色技术创新活动的积极性和主动性。对于在绿色技术研发上投入较大的企业，政府应给予其一定额度的财政补贴，并对已经实现技术绿色化和商业化的企业予以奖励或税收减免，引导企业通过绿色产品创新和绿色工艺创新实现产业转型升级，进而提升企业国际竞争力。通过设置绿色 GDP 的考核模式，避免不计资源环境成本的发展模式。各级政府应根据财权、行政权和公共物品范围相协调的原则，明确其责任，帮助解决跨区域公共产品供给问题（曹飞，2015）。此外，各级政府需要充分了解城市发展规律，改变经济发展方式，重视城市文化建设。可采取适当的管理措施，加快淘汰落后产能，引导企业积极向资源节约和环境友好的可持续发展方向转变；城市规划、建设和管理应当统筹规划，利用大数据和互联网实现城市治理信息共享和多部门治理协调，提高城市资源配置效率；应建立城市间密切合作治理网络，有效解决跨境行政问题；要加强历史文化保护，注重城市特色的保护和发展（王丽艳等，2016）。

（五）加强交流与合作，缩小区域发展差距

2010~2016 年，西南边疆民族地区城市体系综合发展水平有升有降。但从截面上来看，各省份之间的城市体系综合发展水平差异较大。在新时期，特别要注意推动西南边疆少数民族地区的区域协调发展。广西和云南是丝绸之路经济带的重要战略腹地。西南边疆民族地区各省份之间城市体系综合发展水平存在差异，因此实现区域协同发展具有很强的现实意义。应通过主要运输线路，加强东部、中部和西部地区在人流、物流和信息等方面的交流与合作。还应通过发挥区域自身优势，逐渐缩小城市体系综合发展水平差异。发展先进制造业和现代服务业，打造核心增长板块，形成支撑西南边疆民族地区发展的重要区域；发挥地区的传统农区优势，建设地区的工业化走廊，消除区域间障碍，实现产业结构整合，加快城市经济一体化进程；推动西南边疆民族地区城镇密集区提升发展，形成具有较强竞争力的城镇体系。

近年来，越来越多的企业倾向于通过服务外包来加速实现自身业务流程升级，并对服务外包企业提供的解决方案提出了更高的要求。我国西南边疆民族地

区产业基础相对薄弱，经济发展水平较低，服务外包产业发展尚处在起步阶段，知识产权制度环境相对滞后，使国内外发包方对西南边疆民族地区服务外包市场和企业的信任缺失，服务外包企业的集聚效应难以有效发挥。良好的知识产权保护有利于缓解西南边疆民族地区服务外包企业融资难的问题，并有助于服务外包企业由核心技术的市场追随者转变为市场领导者。西南边疆民族地区服务外包企业应尽快转变服务理念，将发展重心转移到拥有自主知识产权的产品上，加快企业自主创新和转型升级，才能为国内外发包方提供个性化解决方案。应不断加强与国外发包商的合作交流，尽快与国际接轨，并加大知识产权侵权行为的打击力度，建立安全有序的市场竞争环境，增强发包方对我国服务外包市场和企业的信心。确保服务外包领域知识产权保护质量和各项政策措施的公正性和透明度，以赢得国内外发包方的信任。对于服务外包企业在知识产权维权时普遍存在的维权成本高、执行难度大等问题，地方政府应基于国家法律来制定与区域服务外包产业发展实际情况相适应的知识产权制度，才能使区域知识产权制度在落实过程中真正具备可操作性。地方政府可以打造区域知识产权保护联动平台，发布服务外包企业知识产权维权的渠道、方式以及有关企业维权的处理进度等信息，以尽可能性的为外包企业维权创造便利条件。有关政府职能部门也能够通过平台迅速掌握外包企业的维权需求，并及时调整相应的政策措施。

二、西南边疆民族地区丝绸之路经济带建设中城市职能结构优化路径

（一）加大基础设施投入力度，营造良好发展环境

西南边疆民族地区大部分区域位于我国的第二阶梯上，又是众多大江大河的发源地，是我国重要的生态屏障区域。通过对 2010~2016 年西南边疆民族地区各城市财政收入重心的演变轨迹进行分析，可以发现：财政收入重心的变动与经济重心的变动存在着较大不同。因此，应该加大对西南边疆地区政策和财政的支持力度，创造良好的环境。加大社会财政投入，提高居民生产生活水平和社会保障能力。目前西南边疆民族地区在综合交通通信体系等基础设施方面仍然较薄弱，参与丝绸之路经济带发展的制约因素依然存在，工业产业发育程度不高、结

构不合理状况仍有待解决。根据本地比较优势和"一带一路"模式的发展方向，西南边疆地区应着眼于本地融入"一带一路"的全局考虑，完善基础设施建设，提高对外开放水平。

在交通、物流等基础设施建设方面，广西应加快建设北部湾区域性国际航运中心，推进向东盟各国及港澳台等航线的拓展工作，打通南北陆路国际新通道，加强海上的互联互通，建成打通陆路东盟、海上东盟、连接西南中南、对接粤港澳的综合交通枢纽体系。云南应重点以铁路、高速公路为重点，打通通往缅甸、印度、老挝、越南等东盟国家的出境通道，加快与上海、广州、北京等高速运输网接连的建设，开辟东南亚国际航线，构建辐射南亚、东南亚的综合交通运输体系。

（二）加快产业集群建设，推动城市职能结构升级

城镇化是促进城市职能结构转变的重要动力，而产业集群是有效助推城镇化的主要动力。产业集群初期，伴随着劳动力的集聚，吸引农业人口转为非农业人口，推动相关配套设施和服务业的发展，从而促使城市功能的完善。随着产业集群的不断扩展及深入，更合理化的分工协作必然形成，产业结构更趋完善，产业竞争力不断增强，相应的城市各项综合职能也将得到进一步提升。因此，产业集群建设有助于城市职能结构的提升。西南边疆民族地区应依托当地的资源优势、产业优势和区位优势，通过延伸产业链、优化产业结构，不断加强区域合作，建设有竞争力的产业集群，助推城市职能结构的优化升级。

广西应重点建设的产业集群主要包括：一是广西北部湾港口物流产业集群。该集群主要依托防城港、钦州、北海的港口和物流资源，共同整合资源、协调发展，打造以运输矿石、石油、煤炭等大宗型货物为主且具备现代物流、商贸服务的现代化港口群；二是桂西资源富集型产业集群。该集群应充分发挥百色、崇左、河池在铝、锡、锌、锰等有色金属资源的优势，在上、下游各环节延伸产业链，打造以循环经济为核心，实现资源开发向精深加工方向转变的生态环保型资源产业集群；三是新一代信息技术、通信设备、智能家居、智能终端产业集群，该集群将依托南宁、北海、桂林、柳州电子信息产业优势，围绕新一代信息技术，重点打造南宁网络通信及新型中高端电子产品产业集群、北海智能终端及新型显示产业集群、桂林光通信微波通信及智能终端集群、柳州汽车电子产业集群。

云南应重点建设的产业集群主要包括：一是滇中生物医药产业集群。该集群

充分利用昆明、文山等地方的生物医药资源，重点发展现代中药与民族药、生物技术药的研发水平，加快国家生物产业基地、现代中药与民族药、新型疫苗等产业集聚区建设；二是旅游文化产业集群。该集群依托丽江、大理、西双版纳的旅游资源，推进旅游与文化的深入融合，培育发展高端精品旅游。并借助中国－东盟自贸区及丝绸之路经济带建设的发展机遇，积极开展与东南亚、南亚国家的旅游合作，形成云南与东盟国家的旅游产业集群；三是烟草产业集群。该集群主要借助昆明、玉溪、曲靖的烟草产业资源，在加大品牌整合力度的同时，大力推进烟草机械等配套产业的发展。

（三）强化首位城市地位，发挥引领辐射带动作用

首位城市是指在一个地域范围内人口规模最大的城市，该城市往往在人才、资源、要素上形成集聚效应，因此在区域的政治、经济、文化等方面均占据明显优势。一个地区要实现高质量发展，不能没有首位城市的引领辐射带动作用。西南边疆民族地区的省会城市（首府）无论在城市规模还是经济实力上都担负着首位城市的核心作用，这些城市应立足西南门户，将先进的生产力和科学技术向中小城市转移，促进区域内经济的协调发展，真正发挥地区经济增长极的作用。另外，这些城市集中了区域的人才、资本、技术优势，具有一定的经济实力，能够增强周边城市的经济活力。丝绸之路经济带作为横贯亚欧大陆的新型经济合作构想，对加强区域经济合作、优化中国经济布局具有重要意义。西南边疆民族地区应紧抓丝绸之路经济带建设这一千载难逢的发展机遇，既完成国家战略，又实现自身经济发展和社会进步。要强化首位城市担当，有效发挥其引领辐射带动作用，将省会城市（首府）逐步建设成为区域性国际中心城市。

首先，应推进陆路、航空、航运等综合交通运输体系建设，促进丝绸之路经济带的设施联通。南宁应重点建设通往丝绸之路经济带北上通道和南下通道，推动丝绸之路经济带南北陆路贯通。加强与北部湾港口的交通联通，构建面向东盟的海上通道。昆明应加强与东盟10国、南亚7国的交通覆盖，成为面向南亚和东南亚的重要交通枢纽城市。其次，应建设区域性国际金融中心，促进丝绸之路经济带的资金融通。2013年11月，南宁、昆明被列入沿边金融综合改革试验区建设的范围，这两个城市应依托这个良好契机，加快建立面向东南亚且具有较强竞争力的区域性融资中心、结算中心、人民币金融服务中心及国际票据交易中心。再次，应构建开放合作的贸易平台，促进丝绸之路经济带的贸易畅通。南宁应加快推进中国—东盟物流基地、信息港、综合保税区等贸易基础设施的建设，

推进海关监管、检验检疫等制度改革,加强与丝绸之路经济带沿线国家之间的产业合作,吸引东盟国家更多企业落户南宁。昆明应营造良好的投资环境吸引外商投资,重点向先进制造业、科技服务业、生产性服务业倾斜。鼓励本土企业向外发展,形成跨国企业集团。支持优势产品扩大出口规模,加大资源型物资和与群众生活相关的消费品进口。并扩大服务贸易的范围,加快服务贸易的发展。最后,应强化高端服务职能,引领区域协同发展。南宁、昆明应继续发挥自身在服务业方面的竞争优势,推动服务业产业结构再升级,应依托互联网、大数据等技术,重点向研究开发、科技金融、知识产权、科技咨询等科技服务发展,向现代物流、现代金融、服务贸易、会展商务、文化创业等产业发展,并扩大服务功能的辐射范围,引领带动周边区域城市服务业的协同发展。

(四)充分挖掘优势职能,凸显城市特色

在全球经济一体化背景下,城市竞争力和吸引力的提升离不开自身的比较优势。这些比较优势与城市的区位、资源等自然因素和劳动力素质、工业化水平、信息技术、政策等社会经济因素密切相关。随着城市的比较优势不断发展,将会形成优势产业和部门,进而城市的突出职能或强势职能得以逐步形成。城市发展需要根据自身的特色和优势,不断强化优势职能,形成有别于其他城市的竞争力。若一味的追求城市职能的大而全,则很可能陷入城市特色危机之中。

柳州是广西最大的工业中心,应进一步提升该城市工业的核心竞争力,力争成为中国—东盟自贸区的汽车重镇、北部湾及大西南区域的先进制造业基地。并在汽车、机械、钢铁等优势产业方面不断升级,在新能源汽车、高端装备制造、电子信息产业等新兴产业方面不断培育壮大。百色铝土矿资源丰富,应借助于这一资源优势,将百色打造成全国重要的铝工业基地。但资源型城市也要着力进行转型,百色可依托其丰富的红色旅游资源,重点打造成全国重要的红色旅游目的地。河池应利用巴马世界长寿之乡的品牌效应,大力发展长寿养生旅游,开发红水河旅游资源,打造世界级红水河流域长寿休闲度假旅游品牌。云南的丽江应充分利用自身的旅游资源,将文化旅游产业向国际化、高端化、特色化方向发展,做大做强丽江文化旅游这个品牌;玉溪应依托烟草产业的优势力量,大力推动以制造业为重点的产业集群发展。

另外,一些优势职能尚不突出的城市应努力挖掘城市的潜在优势,少数民族聚集地区的城市可重点从制度、民族文化资源等软实力着手,逐步提升城市竞争力。如楚雄,旅游资源在云南并不算丰富,城市也缺乏优势职能,但其有丰富的

彝族文化，该城市重点打造的彝人古镇成为首批国家级文化产业示范基地，楚雄可不断挖掘彝族文化内涵，努力打造成民族文化旅游产业基地，从而逐渐将旅游产业优势转化成城市的优势职能。崇左可利用其与越南接壤的独特区位优势重点打造沿边特色产业基地，如利用糖业、矿业、红木业的优势发展跨国制造产业，打造集跨境旅游、跨境现代物流、跨境金融为一体的特色跨国服务产业。

（五）科学调整城市职能，提升城市职能体系

城市职能调整是根据经济发展的趋势、国家或区域对经济发展的战略部署，从宏观上对城市若干职能进行加强。西南边疆民族地区应根据各城市自身经济发展基础，并结合城市总体规划或"十三五"发展规划，对各城市职能进行科学调整。一是城市职能已达到突出或强势职能的，说明其发展基础较好，应进一步巩固；二是具有区位优势、资源优势等发展前景的城市职能，应进一步提升。如百色拥有丰富的铝土矿资源，是全国生态铝产业示范基地，但该城市的采掘、工业职能强度都较低；三是与城市发展规划中城市职能定位相比，该项城市职能仍较弱的，应进一步加强。如来宾的城市职能定位为新兴现代化工业城市、区域性商贸物流基地、西江黄金水道上的内河枢纽港，但其工业、交通通信、商业职能强度较低。

三、西南边疆民族地区丝绸之路经济带建设中城市等级规模结构优化路径

（一）西南边疆民族地区丝绸之路经济带建设中城市人口规模结构的优化路径

第一，加强特大城市培育，凸显辐射带动作用。特大城市作为一个区域的经济、政治、文化发展中心，基础设施完备，资源丰富，交通便捷，对于区域内周边城市的辐射带动作用强大。从西南边疆民族地区 2010~2016 年城市人口等级划分情况来看，2010 年仅有南宁市、昆明市两个人口规模为 100 万~300 万的 Ⅱ 型大城市；2016 年新增一个 Ⅱ 型大城市柳州，昆明由 Ⅱ 型大城市升级为人口

规模为300万~500万的Ⅰ型大城市。但是，该区域目前仍然没有超大城市和特大城市。因此，加强特大城市培育，对于西南边疆民族地区丝绸之路经济带建设中城市人口规模结构优化尤为重要。

第二，强化大城市之间的交流与合作，提高大城市数量、质量和规模。南宁和昆明是西南边疆民族地区的两个拳头城市，是西南边疆民族地区的两大经济中心，这两大城市的发展对于西南边疆民族地区的发展影响深远。但目前南宁和昆明的发展水平与东部沿海发达地区仍差距甚远。为更好地发挥这两个城市对西南边疆民族地区其他城市的带动作用，应加强城市之间在经济、文化和社会等方面的交流与合作，提升城市经济社会发展水平和竞争力。此外，大城市数量少且规模小也是西南民族边疆地区面临的一大问题。2016年，西南边疆民族地区内的大城市仅有南宁、柳州和昆明3个城市。大城市是连接特大城市、中等城市与中小城市的纽带。因此，在西南边疆民族地区丝绸之路经济带建设中，应尽快提高区域内大城市的数量、质量和规模。

第三，注重中等城市培育，强化中等城市的连接作用。西南边疆民族地区中等城市缺位，城市的人口规模结构不够完整。2010~2016年，西南边疆民族地区内的中等城市仅为6个，难以有效发挥其连接作用，不利于大城市辐射带动其他城市的发展，也无法实现各种资源要素从中、小城市向大城市的集聚，进而限制了南宁和昆明两大城市的发展。西南边疆民族地区的中等城市包括了桂林、贵港、梧州等城市，这些城市在西南边疆民族地区丝绸之路经济带建设中具有十分重要的战略地位，能够对西南边疆民族地区其他城市起到较强的辐射带动作用。因此，需要培育有发展潜力的小城市，使其升级为中等城市，弥补中等城市缺位这一弱点，不断完善西南边疆民族地区城市人口规模结构。

第四，加快扩大小城市规模。2010年，西南边疆民族地区内小城市数量为20个，占比高达71.43%。其中，人口规模为20万~50万的Ⅰ型小城市11个，人口规模小于20万的Ⅱ型小城市9个。2016年，小城市有21个，占比仍高达70%。其中，人口规模为20万~50万的Ⅰ型小城市13个，人口规模小于20万的Ⅱ型小城市8个。一方面，小城市难以与大城市产生经济上的联系，既不能支持大城市的发展，也不能借助大城市实现自身发展；另一方面，小城市数量过多也会阻碍区域城市化的发展进程。因而，西南边疆民族地区的小城市应充分发挥自身产业、区位优势，加快扩大城市规模，进一步增强其在区域经济发展和城市化进程中的作用。

（二）西南边疆民族地区丝绸之路经济带建设中城市经济规模结构的优化路径

第一，促进城市经济规模结构规划，构建现代城市网络。西南边疆民族地区丝绸之路经济带建设中对于城市经济规模结构的优化，应坚持系统论原则，做好沿交通干线和区域支线的规划。应着眼于区域内部实际情况，具备适度超前的思维。要充分注意西南边疆民族地区是跨省域的区域，因此在规划城市经济规模结构时，尤其需要将城市边缘、跨河城市形态设计等问题进行充分考虑。要加快推进桂林、梧州、贵港、玉林、曲靖、红河哈尼族彝族自治州等二线城市发展，使其发展为西南边疆民族地区的区域性大城市。同时，大力发展南宁、昆明两大区域性中心大城市，提升其城市等级。还应打好城市经济规模结构金字塔的"塔基"，推动中小城市建设。

第二，突破行政区划界限，促进城际交流协作。西南边疆民族地区因其独特的地理位置和其在西部地区的经济地位，决定了其对于我国经济社会发展的重要意义。西南边疆民族地区要充分发挥"看得见的手"和"看不见的手"的相互配合作用，既要注重政府在其中的宏观调控作用，又要注重市场在其中的资源配置效用，二者需要相互促进配合。要遵循市场经济规律，突破行政区划界限，促进城际交流协作，以此实现区域内部资源的有效流通整合，才能最终实现资源配置的效率最大化。要推动区域内部主要的交通干线、支线发展，形成多条辐射力强、密切联系的经济带。应对城市经济规模结构的空间结构布局进行优化，尤其是在西南边疆民族地区腹地城市的发展上，应加强大城市间的交流合作，突破行政区划界限带来的发展障碍，进行资源的有效整合，实现区域内资源的自由流动和合理配置。

第三，优化城市产业布局，完善城市等级体系。产业结构的优化升级，不仅影响城市在产业链上所处的位置，更与城市的区域带动力和核心竞争力息息相关。因此，为优化西南边疆民族地区的城市经济规模结构和产业空间布局，推动区域内产业结构优化升级显得至关重要。昆明是Ⅰ型大城市，南宁和柳州均为Ⅱ型大城市，这些城市应重点发展高端制造业、商贸物流、高技术产业以及现代服务业，加快推进产业现代化、高端化以及国际化。桂林、梧州、贵港、玉林、曲靖、红河哈尼族彝族自治州等为中等城市，应明确自身发展特色，抓住自身特色优势，因势利导的发展主导产业，推进产业基础设施建设，为当地产业发展提供有利平台，以产业发展带动经济发展。在现代化的城市网络体系中，三级中心小城市的发展对于促进区域基础设施建设，推动公共服务向农村地区延伸具有关键作用。

（三）西南边疆民族地区丝绸之路经济带建设中城市用地规模结构的优化路径

第一，合理规划土地利用，盘活城市存量土地。土地集约利用的关键在于合理规划土地利用。对城市土地资源进行有效分配，提高土地的利用效率，是实现土地优化配置的必要条件。西南边疆民族地区高层次城市用地规模扩张绝对数较大，低层次城市用地规模扩张幅度较快，但城市用地规模与经济规模之间的关系仍不够协调。这就需要科学合理的编制土地利用规划，使其与区域经济发展和产业布局相适应。区域内各市、区应严格按照相应的土地利用规划准则，进行城市规划建设布局，提高土地利用效率和产出率。对城市土地资产进行有效盘活，对旧城区进行改造、土地置换，将城区内的土地适度出让给服务业、商业、金融业以及高新技术业等行业，从而将城市土地的效用发挥到最大。

第二，优化配置土地资源，提高土地利用效率。西南边疆民族地区丝绸之路经济带建设中城市用地规模的城市集聚程度有待增强，城市用地规模的扩大对西南边疆民族地区丝绸之路经济带的经济影响及贡献率仍有待进一步提升。明确区域内土地利用存在的问题和特点，是制定相关的政策措施，实现土地优化利用的基础。为此，应对区域内土地资源进行系统的调查研究，准确把握区域内各类土地的结构、面积、分布区域、使用率、产出率和闲置状况。将级差地租原理运用到土地利用中，提高区域内土地利用效率，按照功能类别的不同，对区域内的土地进行调整集中，实现低效利用、闲置土地的优化利用配置。

第三，加强土地用途管制，优化城乡土地利用结构。土地资源具有特殊性，市场普遍存在对土地的过度竞争，土地资源配置的公正性体现不足。为实现社会效益的最大化，应运用土地用途管制来保护和合理利用土地资源。西南边疆民族地区在丝绸之路经济带建设过程中，各省份对建设用地的需求量势必会增加。在经济利益驱动下，各地会加快非农化速度，将导致城乡用地结构陷入混乱的局面，从而使得土地利用率低下。因此，需要加强土地用途管制，按照相应的土地利用标准，调整城乡土地利用结构，增加城乡土地使用率，引导区域内城乡发展空间模式创新，将空间发展政策与用途管制相结合进行调控，才能在调整土地利用结构的同时实现土地利用结构的优化。

四、西南边疆民族地区丝绸之路经济带建设中城市体系空间结构优化路径

(一) 坚持市场主导、政府引导，激活市场发展潜力

近年来，西南边疆民族地区已进入产业升级和快速城镇化的轨道。然而，由于地理环境、政策体系和经济基础的影响，无论是产业结构还是城市化水平，西南边疆民族地区都呈现出以各个经济带、经济圈为主体向周边地区辐射减弱的态势，经济重心偏移的拉力主要来源于南宁、柳州、桂林等地。优化西南边疆民族地区丝绸之路经济带建设中的城市体系空间结构，需要坚持政府引导和市场主导。由于西南边疆民族地区市场经济发展时间相对较短，市场经济体制有待完善，坚持政府引导能够弥补市场经济的不足，有助于区域经济发展。西南边疆民族地区城镇化是一项涉及人、地、利的系统工程，很难单单依靠市场经济的自发调整。这就要求各级政府合理区分和处理各种矛盾，设计合理的城镇化发展方案，最大限度地提高人民的福利。政府宏观调控应当以内生宏观调控为主，外生宏观调控为辅，尽量减少对市场经济的不必要干预，综合运用政策工具组合，实现经济平稳运行。政府的最终目标是实现长期稳定的经济增长。西南边疆民族地区市场参与者利用信息资源进行理性决策的能力不强，存在很大的改进空间。政府应以此为出发点，引导其不断提高理性决策水平，进而减少市场波动，从而促进西南边疆民族地区经济的稳定发展。

(二) 消除人口跨区域流动壁垒，促进人口空间分布合理化

西南边疆民族地区的经济发展，不仅关系到西部地区未来的经济社会发展水平，而且关系到全面建设小康社会、进入中等发达国家收入水平的目标的实现。人口流动及重心移动、城市体系空间密度等是影响西南边疆地区丝绸之路经济带

中城镇化建设的重要因素。城镇化道路的选择是为了支持地方城镇体系的建设，实现长期稳定可持续的发展。这就需要建立城镇化路径选择的支撑体系，才能确保西南边疆民族地区的城镇化发展高效化、长期化和制度化。西南边疆地区人口聚集重心变动主要是由于受到分别来自以云南昆明、红河等城市以及广西南宁、玉林、桂林、柳州等城市为中心的城市人口拉力的共同作用的结果，表明这些地区的人口增速相对较大，对人口重心的牵引力作用相对较大。但相对于经济聚集重心转移来说，人口空间分布的协调发展对实现区域经济社会可持续发展的影响更明显。西南边疆民族地区人口分布及流动的路径依赖性将依旧存在，中心城市对于人口的吸引力将会持续增强，农业转移人口流入中心城市的趋势难以改变。因此，西南边疆民族地区政府需要正视区域人口流动的现实情况，灵活运用政策措施，消除人口跨区域流动壁垒，并制定相应的扶持政策，加大对区域内有发展潜力的新兴城市的培育力度，以此稳步推进人口空间分布合理化。

（三）发挥产业优势，促进产业结构与就业结构协调发展

一是推进工业转型升级，提升第二产业就业吸纳能力。坚持市场导向和需求导向的基本原则，强化传统产业转型升级的意识，加大落后产能淘汰力度，将节能减排、企业兼并重组等工作落到实处，加强科技创新、产品创新、组织创新，积极打造行业知名名牌。加强统筹规划，充分调动各方面的积极性，实现重大技术突破，建立先导性、支柱性产业，切实发挥战略性新兴产业和先进制造业对地区产业结构优化调整的促进作用，以利于进一步提升产业核心竞争力。加快推进电子信息制造业与软件业创新发展，合理布局信息网络，使信息产业与制造业、服务业协同发展。积极引导节能环保型产业和废物再资源化产业发展，并在产业政策、技术政策、消费政策等方面给予相应扶持。建立企业技术改造长效发展机制，充分利用绿色技术和新工艺，对高排放、高污染和低效率的传统产业实施技术改造，有利于产业链延伸，进而提升第二产业就业吸纳能力。

二是大力发展新型服务业，拓宽农业转移人口就业领域。积极引进发达地区的先进技术、资本和现代经营管理理念，推动产品研发、信息咨询、生产管理、金融保险、证券服务、商务和旅游等新兴服务业和生产性服务业发展，为农业转移人口实现就近就业提供更具选择性的就业岗位。加快商贸服务业发展，为中小企业和社区服务业发展创造有利条件。同时，对于愿意吸纳农业转移人口、市场急需但发展滞后的第三产业，各级政府应在财税政策、信贷政策等方面给予政策倾斜，并将预算外资金适当投入发展第三产业，尤其是投资少、效益好、就业吸

纳能力强的第三产业。完善政府采购制度，采取公开招投标等方式，逐步将新兴服务业纳入政府采购范围。借助信贷政策的适度倾斜，积极引导社区服务业发展。突破体制性壁垒限制，进一步降低服务业进入门槛和成本，切实改变部门行业垄断性经营现象，建立规范、合理的市场准入制度，提高非国有经济参与发展服务业的积极性。建立一批服务业集聚区，提升服务业产业集聚水平，促进地区产业结构与就业结构协调发展。

西南边疆民族地区旅游文化资源丰富，拥有优美的自然风光、深厚的文化积淀和独特的民族风情。该区域的全国历史文化名城、国家重点文物保护单位和世界文化自然遗产数量非常丰富，具有突出的文化优势。西南边疆民族地区要充分发挥地方旅游文化优势，依托沿线国家的历史文化记忆，开展沿线多层次的文化交流合作活动，加强旅游合作，积极推进"一带一路"旅游景区的建设与发展，共同开发创新型旅游产品。优化景区旅游线路，培育国内外知名度高的旅游目的地，推动区域经济结构调整和产业升级进程。区域主导产业是在要素供给、市场需求、技术条件等因素影响下的产业发展的结果。主导产业是区域经济利益的主要来源，在一定程度上决定着区域经济发展规模和水平。政府要为主导产业发展提供充足的资金，并有效降低失业率和人口流失率。西南边疆部分地区已经形成了区域特色明显的块状经济，多数地区都有其区位优势明显的支柱产业。因此，在进行发展规划时，要注意依据主导产业，结合当地实际改变调控重点，实现产域融合发展。

五、西南边疆民族地区丝绸之路经济带建设中人口就近城镇化实现路径

（一）加快促进符合条件的农业转移人口就近落户城镇

第一，在尊重农业转移人口就近城镇化意愿的前提下，规范有序的推进户籍制度改革力度，建立城乡统一的户口登记制度。推进符合条件的农业转移人口就近落户城镇，改变的并不单单是其户籍所在地，更多的是要保障和改善民生。一方面，要使农村生产生活条件能够大力改善，推进人居环境整治、危房改造、农村公路建设、电网升级改造、实施饮水安全巩固提升；另一方面，要促进农村和

城市地区义务教育的综合发展，并加强养老服务设施建设。

第二，完善城市常住人口管理系统，由户籍管理转向常住人口管理。在全国各地建立不以户籍制度为依托的常住人口管理系统。加快城市布局优化，缩小区域差异，进而解决大城市和特大城市农业转移人口过于集中的问题。应根据是否有合法稳定的就业及居住地点，对流动农村人口及其家属提供就业服务及义务教育等方面的支持，使其能够在城市基本公共服务权益上得到同享机会。建立城市常住人口基本公共服务全面覆盖的公共服务和社会保障体系，提高农业转移人口对城市生活质量的期望，引导农村人口的合理流动。

（二）保障农业转移人口享有城镇基本公共服务

第一，确保农业转移人口随迁子女享有平等的受教育权。各级政府应将农业转移人口子女的义务教育纳入发展计划，并提供充足的财力支持，并运用政府购买等政策性手段，确保农业转移人口随迁子女能够就近接受义务教育。同时，各级政府的公共财政保障范围应包含其他常住人口和农业转移人口随迁子女的义务教育，不断增强其就业能力，使其能够尽快融入城市生活。要实施包容性的学前教育政策，促进普及农业转移人口子女的学前教育。鼓励地方政府制定细则，在农业转移人口的随迁子女接受义务教育后的务工地点进行升学考试。另外，义务教育和职业教育的转移支付是中央和省级财政当局根据入学人数和相关标准批准的，应完善在城市和农村地区之间的义务教育经费保障机制，使中等职业教育国家助学政策落实到位。

第二，强化农业转移人口职业技能培训。在培训资金投入上，应建立以政府部门、用人单位为主导，培训结构和农业转移人口主动参与的培训经费分担机制，确保稳定的农业转移人口职业技能培训资金投入。在培训内容的选择上，应严格以市场需求为导向，采取岗前培训与岗中培训相结合的方式，充分利用劳动力培训市场信息网络，不断改进培训方式和培训内容，对农业转移人口实行针对性和实用性强的职业技能培训，以激发农业转移人口主动参与职业技能培训的热情。在培训效果的评价上，应加快分类型制度化绩效评价机制的构建，督促相关企业及机构保质保量地完成农业转移人口职业技能培训。针对政府主导型培训，应建立科学合理的绩效评价指标体系，采取以常规性评价为主、临时性评价为辅的方式，赋予农业转移人口选择评价权，并将评价结果作为政府发放补贴和考核相关部门工作绩效的重要依据。针对社会培训结构举办的针对农业转移人口的各类职业技能培训，应给予肯定和客观评价，并根据评价结果对贡献突出的培训给予一定的资金和政策上的扶持。在职业技能鉴定方面，应定期对符合条件的农业转移人口进行鉴定并及时颁发资格等级证书，通过实施职业资格证书制度和就业准入制度，提升农业转移人口的就业竞争力。

第三，完善农业转移人口社会保险制度与住房保障。政府应该从制度层面上不断完善和创新农业转移人口社会保险体制机制，将农业转移人口纳入城镇社会保障体系。要根据农业转移人口的工作风险及其危害程度，结合对农业转移人口社会保险需求的实际情况和参保能力，按照分类别、分阶段推进的原则，采取立法等手段，加快推进与农业转移人口生命健康安全息息相关的工伤保险和医疗保险制度的落实，尽早实现农业转移人口工伤保险和医疗保险全覆盖。创新农业转移人口社会保险的参保方式，积极探索个人缴费、单位配套、国家补贴相结合的新型参保方式，提升农业转移人口参保能力。同时，针对农业转移人口流动性较强的显著特点，加快农业转移人口社会保险信息化管理平台建设，逐步简化社会保险关系的转移和接续流程，促进城乡社会保障体系在不同区域和部门之间的有效对接，进一步提高社会保险统筹层次，确保农业转移人口流动就业过程中能够正常享受相应的社会保险权益。此外，还需要明确中央、地方政府、相关部门和机构的社会保险责任，对于自觉为农业转移人口购买社会保险的中小型企业，可以通过财政补贴、税收减免等方式给予一定的奖励，充分调动中小企业为农业转移人口购买社会保险的积极性。以租赁型保障为主、产权式保障为辅的保障方式，加快廉租房、公租房等保障性住房覆盖进程，采取租赁补贴、购房贷款利息减免等多项政策，切实改善农业转移人口居住条件。

第四，建立农业转移人口工资增长的长效机制。通过建立城乡一体化的劳动力市场，逐步消除对农业转移人口的就业歧视，有效发挥政府部门的协调作用和企业工会组织的监督作用，可根据企业经营状况、物价水平、行业平均工资等指标就农业转移人口的工资水平进行集体协商，形成规范合理的工资支付保障和正常增长机制，提高农民工的话语权，使农业转移人口能够平等分享新型城镇化的成果。在引导企业贯彻落实最低工资标准和工资指导线的同时，逐步摆脱企业对最低工资制度的依赖，转变为以劳动力市场供求状况为基础，及时调整农业转移人口工资水平，为农业转移人口提供公平合法的薪酬福利，尽快建立农业转移人口工资增长的长效机制，进而形成共赢、协调、稳定的新型劳资关系。此外，还需要加大劳动监察执法力度，严厉查处违反劳动法律法规、侵害农业转移人口合法工资权益的行为，缩减农业转移人口工资纠纷调解和仲裁的程序，从制度的顶层设计方面为农业转移人口提供政策保障。

（三）构建农业转移人口市民化推进机制

第一，构建合理的农业转移人口就近城镇化成本分担机制。要以农业转移人口、企业和各级政府的共同参与为基础，确定成本支出责任者和承担主体。各级政府都应担负相应的财政支出责任和监管引导职责。作为直接受益者，企业应当继续提高工作人员对培训的认识，筹集资金增加对职业技能培训的投资，要根据法律规定向工人支付相应的社会保险费。农业转移人口也应积极购买市政社会保险，并参加职业培训，提升自身的城市融入能力，从而提升在城市工作和生活的幸福感。

第二，促进建立农业转移人口与城市市民间的和谐关系。在市民化进程中，农业转移人口和城市市民之间的矛盾和冲突不可避免。城市市民往往会认为农业转移人口会分割原本属于他们的公共服务"蛋糕"。政府在向农业转移人口提供公共服务的同时，应不降低甚至提高城市市民的公共服务水平，这是构建农业转移人口和城市市民和谐关系的基本前提。以社区为依托，通过创办"新市民学校"等方式，帮助农业转移人口了解城市基本政策，促进其快速融入城市生活。通过对市民进行宣传教育，让其充分认识到农业转移人口就近城镇化的意义，逐步消除其对农业转移人口的歧视。加快和谐社区建设步伐，鼓励农业转移人口参与社区事务管理，培育新型和谐的社区人际关系，建设包容性城市。

第三，建立农业转移人口市民化激励机制。一是推进财政体制改革。按照《国务院关于实施支持农业转移人口市民化若干财政政策的通知》的文件精神，城镇化建设的资金筹集及供应方式通过中央政府进行统筹改革，创新财政体制，逐步摆脱土地财政依赖。二是建立健全财政制度体系。建立的财政制度体系应结合城乡区域协调发展实际，服务城镇格局。在基本设施建设方面，加大对农业转移人口转入地城市的经费支持，有效降低农业转移人口平等享受城市基本公共服务的成本，增强农业转移人口市民化信心。三是采取"人地钱"挂钩的方式缓解农业转移人口转入地政府公共财政支出压力，提高农业转移人口市民化奖励额度，为资源型地区推动经济转型发展提供有力支持。四是完善土地财政体制。通过债权融资方式，充分利用民间资本，完善土地财政体制，有序推动符合条件的农业转移人口市民化（许明月、段浩，2017）。

第四，稳步推进农业转移人口土地流转机制创新。一是不断完善农村土地承包经营权流转政策法规，优化配置农村土地资源；二是充分利用国家"城乡建设用地增减挂钩"政策，强化农村土地综合整治，创新农村承包地和宅基地的流转机制，通过在部分地区先行试点，稳步推进农业转移人口土地财产权的抵押、转让；三是加强公众参与，完善土地征用和补偿机制，深化征地制度改革，保障农业转移人口土地合理收益和基本权益，为其就近就业和落户定居提供必要的物质保障。

（四）完善城乡发展一体化体制机制

城乡发展一体化是一种新型城乡关系，本质上是要在城乡市场经济发展上实现一体化，进而通过城乡互动发展，进一步缩小城乡差距。西南边疆民族地区人口城镇化发展过程中，需要不断完善城乡发展一体化体制机制。一是推进城乡规划和基础设施一体化建设。统筹制定区域经济社会发展规划、土地利用规划和城乡一体化建设规划，优化市县域城镇建设、农田保护、村落分布等空间布局，提升产业集聚水平。加快推进农村基础设施建设，拓宽农村公共服务覆盖面，完善公共就业服务网络建设，并延伸至县级以下区域，健全涵盖城乡居民的社会保障体系。二是落实城乡基本公共服务均等化。建立健全城乡居民共享改革发展成果的体制机制，构建多元化基本公共服务供给体制及社会管理体制。三是促进城乡生态网络体系一体化。构建城乡一体的循环经济体系，通过集散交易中心和社区回收点，对城市再生资源进行有效利用。加大城乡环境治理力度，应用环境友好型技术推动农业可持续发展。

（五）着力激发乡村发展活力，助推人口就近城镇化

第一，推进农业现代化进程。一是加强基本农田保护，守住耕地红线，在税收等方面采取优惠政策建立耕地保护激励机制，鼓励有机肥料的研发、生产和使用，并投入专项资金重点改造中低产田和建设高标准农田，提升耕地质量和粮食产量。二是完善粮食生产利益补偿机制，加大对种粮大户和种粮合作社的财政补贴和配套政策扶持力度，重点发展粮食精深加工产业，稳步延伸粮食产业链，增加粮食产品附加值。三是积极发展产量高、效益好的生态农业，完善现代农业产业体系。

第二，推动乡村旅游业可持续发展。政府应充分发挥其协调、监管和服务功能，有效解决农村居民与旅游企业之间的利益冲突，强化社区居民公平感知，提升农村居民参与旅游发展的主人翁意识，增强其参与旅游经营的意愿。要探索建

立公平合理的利益分配机制，鼓励农村居民发展集体经济，创办乡村企业，大胆尝试以股份制形式参与旅游经营，并给予资金、场地、税收等方面的政策扶持和制度保障。可采取定期举办培训班、不定期邀请行业专家开展旅游服务技能讲座等形式，根据农村居民的不同特点实施分类培训，切实提高其参与旅游经营的基础性技能和技术性技能水平。推进旅游信息平台建设，实现政府旅游政策、旅游企业信息的共建共享，确保政府、旅游企业与居民之间沟通顺畅，建立信息反馈机制，并妥善处理居民反馈的问题。政府还应不断优化旅游社区投资环境，加大投资力度，进一步完善交通道路、停车场、环保卫生设施、旅游服务中心等基础设施和旅游服务设施建设，为居民参与旅游经营创造有利条件。

第三，构建农民工返乡创业的政府引导机制。在宏观层面上，地方政府可将当地农民工返乡创业实施情况纳入地方政府业绩考核范畴，各级政府部门应通过组织农民工返乡创业成功典型的宣讲活动，大力宣传返乡创业的优惠政策等方式，在思想上正确引导农民工返乡创业。另外，在财税政策、审批手续办理等方面加强与返乡创业农民工之间的信息沟通，从政策上给予农民工返乡创业一定的倾斜和支持，充分调动农民工返乡创业积极性，为农民工返乡创业营造宽松的创业环境。在微观层面上，加强与专业培训机构、高校、金融机构等合作，聘请行业专家以开班授课、专人指导、咨询服务等方式，为返乡农民工提供技术、营销管理、融资知识等方面的培训，提升其返乡创业所需的专业技术知识、现代企业管理知识、沟通能力、信息获取能力、农产品营销能力以及融资能力。搭建返乡农民工创业信息收集和交流平台，定期将收集到的各类市场信息，通过村级组织、报纸、宣传材料、手机短信或网络等途径传递给急需的返乡农民工，为农民工返乡创业提供便利。并简化返乡农民工创业手续的办理程序，通过构建一站式服务体系或上门服务、在各乡村设置相关的审批点，方便返乡农民工办理创业手续。

第四，加强特色农产品品牌培育。一是特色农产品品牌形象的塑造。特色农产品品牌应以物质为载体，以文化为存在方式。塑造特色农产品品牌形象则是建立特色农产品品牌文化的有效方式。新型农业经营主体可以通过特色农产品品牌创建过程中的品牌定位、品牌命名与形象设计、品牌传播等营销方式的差异化，赋予特色农产品品牌独一无二的品牌形象，进而建立消费者所认同的特色农产品品牌文化。二是特色农产品品牌的传播与推广。实践证明，特色农产品品牌的传播与推广是传递特色农产品品牌信息，塑造特色农产品品牌个性，提升特色农产品品牌知名度及附加值的重要手段。各级政府部门及现有新型农业经营主体应重视对当地特色农产品的宣传推广，要善于借助各类媒体广告以及会展营销、网络营销等方式，进行特色农产品品牌的整合营销传播，获取消费者对特色农产品品牌整体形象的认同，从而将特色农产品品牌做大做强。三是特色农产品品牌的延伸。延伸特色农产品品牌首先要从区域新型农业经营主体自身资源条件、区域资源优势以及消费者需求出发，注意影响品牌延伸三大因素，即产品关联度、品牌核心价值与定位、市场竞争的激烈程度，以免特色农产品品牌过度延伸。

第五，加快新型农业经营主体组织化建设。由于单个的、分散的、小规模的新型农业经营主体缺乏谈判能力和竞争优势，致使其在现代农产品营销体系中难以立足。作为农产品营销体系中的营销主体之一，新型农业经营主体走向完善和成熟的标志就是规模化、组织化、企业化、一体化，这是其为节约交易费用，增强交易竞争优势的必然选择。而建立高效、安全、有序的农产品营销体系，首先要求新型农业经营主体实现组织化和规模化。具体而言，可以采取以下两种路径：一是横向一体化，即新型农业经营主体中各个环节参与主体的横向组织化。具体体现为：专业种养大户的联合、家庭农场的联合、农民专业合作社的联合及农业龙头企业的联合。按照产业组织理论的观点，单个新型农业经营主体面对较大的市场时天然处于弱势地位，不对称的市场弱势和境况类似的同行业者，就构成了新型农业经营主体进行横向一体化发展的动力和取向。二是纵向一体化，又分为完全纵向一体化和契约式纵向一体化。完全纵向一体化最典型的形式是建立大型农工商综合体，实行特色农产品的生产、加工、销售一体化经营，将有利于提升交易效率，降低交易费用，达到企业效益最大化。但完全纵向一体化形式要求新型农业经营主体必须具备雄厚的人财物力资源优势。从西南边疆民族地区新型农业经营主体发展现状来看，选择契约式纵向一体化方式更具备可行性。可积极探索"专业种养大户（或家庭农场）+农民专业合作社（或农业龙头企业）""专业种养大户（或家庭农场、农民专业合作社、农业龙头企业）+超市"等合作模式，通过契约形式将新型农业经营主体与农产品营销的诸多环节紧密相连，以最终实现互利多赢的目标。

第十章

结论与展望

本研究以西南边疆民族地区丝绸之路经济带建设中城镇化多元格局为研究对象，通过对国内外相关文献的梳理和总结，构建西南边疆民族地区丝绸之路经济带建设中城镇化多元格局实现路径的理论框架，得出丝绸之路经济带与西南边疆民族地区城镇化多元格局之间的内在关系及其作用机理。研究进一步建立多元实证分析框架，首先对西南边疆民族地区丝绸之路经济带建设中的城市体系综合发展水平展开测算分析，接着从城市职能结构、城市等级规模结构、城市体系空间结构三个层面对西南边疆民族地区丝绸之路经济带建设中的城市体系结构特征进行实证检验，而后对西南边疆民族地区丝绸之路经济带建设中人口就近城镇化进行模拟仿真，最后以广西为例考察了西南边疆民族地区人口就近城镇化意愿。基于实证分析结果，提出西南边疆民族地区丝绸之路经济带建设中城镇化多元格局实现路径的政策建议。本研究的创新之处与主要结论如下：

第一，通过建立丝绸之路经济带与西南边疆民族地区城镇化多元格局之间的关系模型，揭示了丝绸之路经济带对西南边疆民族地区城镇化多元格局的作用机理，是对边疆民族地区城镇化问题的理论研究的有益补充。研究基于对西南边疆民族地区城镇化多元格局的内涵的界定，明确了西南边疆民族地区城镇化多元格局的特征、维度、可行性及发展趋势。通过剖析丝绸之路经济带效应及其在西南边疆民族地区城镇化多元格局中的表现，探寻西南边疆民族地区丝绸之路经济带建设中城镇化多元格局的动力机制。再结合对丝绸之路经济带对西南边疆民族地区城镇化多元格局作用机理的理论依据的分析，按照"丝绸之路经济带效应的发挥→西南边疆民族地区的城市体系综合发展水平提升→西南边疆民族地区的城市职能结构出现变化→西南边疆民族地区的城市等级规模结构出现变化→西南边疆民族地区的城市体系空间结构出现变化→西南边疆民族地区人口就近城镇化水平出现变化"的作用过程，构建了丝绸之路经济带对西南边疆民族地区城镇化多元格局作用机理的分析框架。

第二，通过构建西南边疆民族地区丝绸之路经济带建设中城镇化多元格局的实证分析框架，对西南边疆民族地区丝绸之路经济带建设中城市体系的综合发展水平、职能结构、等级规模结构以及空间结构进行测算分析，对西南边疆民族地区丝绸之路经济带建设中人口就近城镇化进行模拟仿真，并从就业质量和社会认同度双重视角实证考察了西南边疆民族地区人口就近城镇化意愿。研究较全面地分析了西南边疆民族地区丝绸之路经济带建设中城镇化多元格局的发展状况、存在的问题及主要影响因素，相对于以往仅从单一层面分析边疆民族地区城镇体系结构特征或是仅从单一视角分析边疆民族地区人口就近城镇化问题的研究成果而言也具有一定的创新性。研究通过对西南边疆民族地区丝绸之路经济带建设中城市体系综合发展水平的实证分析发现，西南边疆民族地区的城市体系综合发展水平总体在不断提高。相比居民生活质量水平，经济发展水平对于城市体系综合发展水平的贡献更大。通过对西南边疆民族地区丝绸之路经济带建设中城市职能结构的实证分析发现，西南边疆民族地区城市职能具有潜在互补性，但职能趋同性较高，且具有非均衡发展特征，职能结构专业化变化趋势存在地区差异。通过对西南边疆民族地区丝绸之路经济带建设中城市等级规模结构的实证分析发现，西南边疆民族地区城市等级规模结构整体呈现"两头小、中间大"的分布特点，城市经济规模不断扩大，城市用地规模持续扩张，且城市间经济差距和用地规模差距都在不断拉大。通过对西南边疆民族地区丝绸之路经济带建设中城市空间结构的实证分析发现，西南边疆民族地区城市空间结构呈分形结构，各城市人口重心具有近似线性波动的特点；各城市社会消费品零售额重心与经济重心的变动较相似，但财政收入重心与经济重心的变动差异较大；城市进出口总额重心整体向低纬度方向偏移。通过西南边疆民族地区丝绸之路经济带建设中人口就近城镇化模拟仿真分析发现，西南边疆民族地区各城市在 2025 年的城镇化水平和人均 GDP 将存在明显的非均衡差异。通过对西南边疆民族地区农业转移人口就近城镇化意愿的实证分析发现，西南边疆民族地区人口就近城镇化意愿整体偏低。就业质量对西南边疆民族地区人口就近城镇化意愿影响显著，且存在明显的代际差异；社会认同度对西南边疆民族地区人口就近城镇化意愿具有显著的正向影响，且具有明显的地区异质性特征。该研究发现有助于学界更深入地认识丝绸之路经济带在西南边疆民族地区城镇化多元格局形成中的重要作用，并有助于后续研究更深入地理解城市体系结构和人口就近城镇化对于西南边疆民族地区城镇化多元格局发展的重要影响。

第三，通过构建西南边疆民族地区丝绸之路经济带建设中城镇化多元格局的制度顶层设计分析，提出西南边疆民族地区丝绸之路经济带建设中城镇化多元格局实现路径的政策建议。从城市体系综合发展水平优化路径角度，加快城镇化进程，推动地区经济发展；以市场需求为导向，促进产业结构优化；改善城市居民生活质量，促进城镇化质量提升；合理运用经济手段，增强环境治理能力；加强交流与合作，缩小区域发展差距。从城市职能结构优化路径角度，加大基础设施投入力度，加快产业集群建设，强化首位城市地位，充分挖掘优势职能，科学调整城市职能。从城市等级规模结构优化路径角度，加强特大城市培育，提高大城市数量、质量和规模，强化中等城市的连接作用，加快扩大小城市规模；构建现代城市网络，促进城际交流协作，优化城市产业布局；合理规划土地利用，提高土地利用效率，加强土地用途管制，调整城乡土地利用结构。从城市体系空间结构优化路径角度，坚持市场主导、政府引导，激活市场发展潜力；消除人口跨区域流动壁垒，促进人口空间分布合理化；发挥产业优势，推动产业结构与就业结构协调发展。从人口就近城镇化实现路径角度，加快促进符合条件的农业转移人口就近落户城镇，保障农业转移人口享有城镇基本公共服务，构建农业转移人口市民化推进机制，完善城乡发展一体化体制机制，着力激发乡村发展活力，助推人口就近城镇化。

本研究为学界从丝绸之路经济带建设角度探究西南边疆民族地区城镇化多元格局的实现路径提供了一个新的综合分析框架，研究成果有助于学界深入地认识丝绸之路经济带对西南边疆民族地区城镇化多元格局的作用机理及作用效应，是对边疆民族地区城镇化理论研究与实证研究的丰富与完善。但本研究仍然存在一定的研究局限性，主要体现在两个方面：第一，受客观数据的限制，研究对西南边疆民族地区丝绸之路经济带建设中城市体系的综合发展水平、城市体系结构水平的测算，以及人口就近城镇化的模拟仿真，仅选取了西南边疆民族地区内广西的14个地级市和云南的16个地级市（自治州）为研究样本，并以丝绸之路经济带战略构想提出的前后三年为研究区间。后续研究可以进一步收集西南边疆民族地区县域的相关数据，以便于更全面地开展省—市—县城镇化多元格局的分析工作。第二，由于云南和西藏两省（区）内各地级市（自治州）的相关调研数据的获取较为困难，研究对西南边疆民族地区人口就近城镇化意愿的实证研究，仅完成了西南边疆民族地区内广西所有地级市的人口就近城镇化意愿的实地调研工作。后续研究可以进一步扩大调研范围，以便于更准确地掌握西南边疆民族地区人口就近城镇化意愿的关键性影响因素。

附录一：基于就业质量的农业转移人口就近城镇化意愿调查问卷

尊敬的女士/先生：

您好！我们现在正在进行的这项工作是关于农业转移人口就近城镇化意愿的问卷调查，请您协助我们填写这张问卷调查表。我们希望能够了解您的真实看法，并会为您的回答严格保密。请您根据自己的真实看法，在合适的唯一选项上打"√"或根据提示填写相关内容。

对您的支持与合作，我们表示衷心的感谢！

一、农业转移人口城镇化意愿

  A. 就近城镇化   B. 就地城镇化   C. 异地城镇化

二、基本信息

1. 务工所在地：_____（请填写）
2. 性别：   A. 男   B. 女
3. 婚姻状况： A. 已婚   B. 未婚
4. 您的出生年份：A. 1980 年以前生 B. 1980 年以后生
5. 您进城务工的年限：A. 1 年以下 B. 1~3 年 C. 4~6 年
         D. 7~10 年   E. 10 年以上
6. 您的受教育程度：A. 小学及以下 B. 初中 C. 高中（中专）
        D. 大专及以上

三、就业质量状况

　　　　　　　　　　　　　　　　　　　　非常满意──→非常不满意

7. 就业条件
（1）您对工作场所舒适度的满意程度　　　5　　4　　3　　2　　1
（2）您对工作设施安全性的满意程度　　　5　　4　　3　　2　　1
（3）您对工作时长的满意程度　　　　　　5　　4　　3　　2　　1

8. 就业层次
（1）您对职业稳定性的满意程度　　　　　5　　4　　3　　2　　1
（2）您对工资收入水平的满意程度　　　　5　　4　　3　　2　　1
（3）您对职业发展机会的满意程度　　　　5　　4　　3　　2　　1

9. 就业保障
（1）您对职业技能培训的满意程度　　　　5　　4　　3　　2　　1
（2）您对劳动合同签订状况的满意程度　　5　　4　　3　　2　　1
（3）您对社会保险健全程度的满意程度　　5　　4　　3　　2　　1

四、城市生活质量感知

　　　　　　　　　　　　　　　　　　　　非常低──→非常高

10. 城市工作成本
（1）您对城市居民住房成本的感知程度　　5　　4　　3　　2　　1
（2）您对城市居民子女受教育成本的感知程度　5　　4　　3　　2　　1
（3）您对城市居民日常生活开支的感知程度　5　　4　　3　　2　　1

　　　　　　　　　　　　　　　　　　　　非常满意──→非常不满意

11. 城市生活环境
（1）您对城市空气质量的感知程度　　　　5　　4　　3　　2　　1
（2）您对城市治安状况的感知程度　　　　5　　4　　3　　2　　1
（3）您对城市居民享受到的基本公共服务的感知程度　5　　4　　3　　2　　1

　　　　　　　　衷心感谢您的配合！

附录二：基于社会认同度的农业转移人口就近城镇化意愿调查问卷

尊敬的女士/先生：

您好！我们现在正在进行的这项工作是关于农业转移人口就近城镇化意愿的问卷调查，请您协助我们填写这张问卷调查表。我们希望能够了解您的真实看法，并会为您的回答严格保密。请您根据自己的真实看法，在合适的唯一选项上打"√"或根据提示填写相关内容。

对您的支持与合作，我们表示衷心的感谢！

一、农业转移人口城镇化意愿

A. 就近城镇化　　　　B. 就地城镇化　　　　C. 异地城镇化

二、基本信息

1. 务工所在地：_____（请填写）
2. 性别：　A. 男　　B. 女
3. 婚姻状况：A. 已婚　　B. 未婚
4. 您的年龄：A. 1980年以前生　B. 1980年以后生
5. 您进城务工的年限：A. 1年以下　　B. 1~3年　　C. 4~6年
　　　　　　　　　　　D. 7~10年　　E. 10年以上
6. 您的受教育程度：A. 小学及以下　　B. 初中　　C. 高中（中专）
　　　　　　　　　　D. 大专及以上

三、社会认同度状况

　　　　　　　　　　　　　　　　　　　　非常满意——→非常不满意

7. 职业认同度
（1）您对目前职位升迁机会的满意程度　　5　4　3　2　1
（2）您对自身职业技能水平的满意程度　　5　4　3　2　1
8. 社会关系认同度
（1）您对您与市民的人际关系的满意程度　5　4　3　2　1
（2）您对在城市的社会关系网络状况的满　5　4　3　2　1
意程度
9. 身份认同度
（1）您对目前的户籍状况的满意程度　　　5　4　3　2　1
（2）您对子女受教育现状的满意程度　　　5　4　3　2　1
（3）您对在城市已享受到的基本公共服务　5　4　3　2　1
的满意程度

四、主观幸福感状况

　　　　　　　　　　　　　　　　　　　　非常满意——→非常不满意

10. 城市工作幸福感
（1）您对目前的工资待遇水平的满意程度　5　4　3　2　1
（2）您对目前的工作环境的满意程度　　　5　4　3　2　1
（3）您对目前的工作时长的满意程度　　　5　4　3　2　1
11. 城市生活幸福感
（1）您对目前工作所在城市治安状况的满　5　4　3　2　1
意程度
（2）您对目前在城市的居住条件的满意　　5　4　3　2　1
程度
（3）您对目前工作所在城市物价水平的满　5　4　3　2　1
意程度

衷心感谢您的大力合作！

参考文献

[1] 安公平."丝绸之路经济带"中国段(西部)城镇化进程中的生态选择[J].天水行政学院学报,2019(2):17-20.

[2] 安树伟,孙文迁.都市圈内中小城市功能及其提升策略[J].改革,2019(5):48-59.

[3] 安学斌,李金发.边疆民族地区城镇化论坛综述[J].民族研究,2014(3):121-122.

[4] 白国强.城镇化需要多元均衡协调发展[N].南方日报,2014-02-08(F02).

[5] 白凯,马耀峰,李天顺,等.西安入境旅游者认知和感知价值与行为意图[J].地理学报,2010(2):244-255.

[6] 白洋,瓦哈甫·哈力克,艾麦提江·阿布都哈力克,等.交通基础设施对区域旅游经济增长的空间效应——基于丝绸之路经济带2001~2014年省际面板数据的分析[J].陕西师范大学学报(自然科学版),2017(6):108-114.

[7] 鲍超,陈小杰.中国城市体系的空间格局研究评述与展望[J].地理科学进展,2014(10):1300-1311.

[8] 边雪,陈昊宇,曹广忠.基于人口、产业和用地结构关系的城镇化模式类型及演进特征——以长三角地区为例[J].地理研究,2013(12):2281-2291.

[9] 蔡昉.二元经济作为一个发展阶段的形成过程[J].经济研究,2015(7):4-15.

[10] 蔡洁,夏显力.农业转移人口就近城镇化:个体响应与政策意蕴——基于陕西省2055个调查样本的实证分析[J].农业技术经济,2016(10):29-37.

[11] 蔡宁,丛雅静,吴婧文.中国绿色发展与新型城镇化——基于SBM-DDF模型的双维度研究[J].北京师范大学学报(社会科学版),2014(5):130-

139.

[12] 曹传新, 徐效坡. 哈尔滨大都市圈支撑体系和圈层化结构评析 [J]. 经济地理, 2004 (5): 711-714.

[13] 曹飞. 丝绸之路经济带城市可持续发展能力测度、预警与提升对策 [J]. 西安财经学院学报, 2015 (1): 83-88.

[14] 曹飞, 张云河. 中国省域就业结构与城镇化水平的关联剖析 [J]. 财会月刊, 2015 (32): 66-70.

[15] 曹广忠, 马嘉文. 中国城镇化与非农化的空间分异、相互关系和形成机制 [J]. 地理研究, 2016 (12): 2249-2260.

[16] 曹广忠, 王纯洁, 齐元静. 我国东部沿海省区城镇化水平影响因素的空间差异 [J]. 地理研究, 2008 (6): 1399-1406.

[17] 曹洪华, 武友德, 李江苏. 西南边疆民族地区小城镇产业的路径选择与培育 [J]. 乡镇经济, 2008 (5): 77-81.

[18] 曹华林, 李爱国. 新型城镇化进程中"人的城市化"的动力机制研究——基于居民感知视角的实证分析 [J]. 宏观经济研究, 2014 (10): 113-121.

[19] 曹俊杰, 刘丽娟. 新型城镇化与农业现代化协调发展问题及对策研究 [J]. 经济纵横, 2014 (10): 71-75.

[20] 曹祺文, 鲍超, 顾朝林, 等. 基于水资源约束的中国城镇化 SD 模型与模拟 [J]. 地理研究, 2019 (1): 167-180.

[21] 曹尤. 边疆民族地区城镇化进程中农民进城动力的比较研究——以西藏自治区达孜县尊木采村和萨迦县陈村为例 [J]. 中共乐山市委党校学报, 2014 (2): 85-89.

[22] 茶洪旺. 论新型城镇化发展中的政府有限主导 [J]. 中州学刊, 2013 (11): 26-29.

[23] 常静, 赵凌云. 中部地区承接产业转移的环境效应的实证检验 [J]. 统计与决策, 2015 (18): 139-141.

[24] 车蕾, 杜海峰. 就地就近城镇化进程中"农转非"居民的收入获得——基于陕西汉中的经验研究 [J]. 当代经济科学, 2018 (5): 36-46.

[25] 陈春林. 地理学视角下的我国城市化理论构架与实证探究 [D]. 长春: 东北师范大学, 2011.

[26] 陈春林, 梅林, 刘继生, 等. 国外城市化研究脉络评析 [J]. 世界地理研究, 2011 (1): 70-78.

[27] 陈凤桂, 张虹鸥, 吴旗韬, 等. 我国人口城镇化与土地城镇化协调发展研究 [J]. 人文地理, 2010 (5): 53-58.

[28] 陈浩宇, 刘园. 城镇化、第三产业和房价的关系研究 [J]. 工业技术经济, 2019 (3): 104-109.

[29] 陈娟, 秦传熙, 杨俊林. 成渝都市圈城市体系规模结构分析 [J]. 商场现代化, 2008 (26): 231.

[30] 陈明星. 城市化领域的研究进展和科学问题 [J]. 地理研究, 2015 (4): 614-630.

[31] 陈明星, 龚颖华, 隋昱文. 新型城镇化背景下中部地区的人口就近城镇化模式研究 [J]. 苏州大学学报（哲学社会科学版）, 2016 (6): 7-14.

[32] 陈田. 广西沿边民族地区新型城镇化模式研究 [D]. 南宁: 广西民族大学, 2017.

[33] 陈锡文. 工业化、城镇化要为解决"三农"问题做出更大贡献 [J]. 经济研究, 2011 (10): 8-10.

[34] 陈小鼎, 马茹. 上合组织在丝绸之路经济带中的作用与路径选择 [J]. 当代亚太, 2015 (6): 63-81.

[35] 陈彦光, 刘继生. 基于引力模型的城市空间互相关和功率谱分析——引力模型的理论证明、函数推广及应用实例 [J]. 地理研究, 2002 (6): 742-752.

[36] 陈仲常, 丁加栋, 郭雅. 中国工业布局变动趋势及其主要影响因素研究——基于省际面板数据的实证分析 [J]. 上海财经大学学报, 2010 (10): 50-56.

[37] "城镇化进程中农村劳动力转移问题研究"课题组. 城镇化进程中农村劳动力转移: 战略抉择和政策思路 [J]. 中国农村经济, 2011 (6): 4-14, 25.

[38] 程贵, 王琪, 胡海峰. 我国对中亚国家直接投资的母国产业升级效应研究 [J]. 经济纵横, 2017 (6): 68-74.

[39] 崔建鑫, 赵海霞. 长江三角洲地区污染密集型产业转移及驱动机理 [J]. 地理研究, 2015 (3): 504-512.

[40] 崔许锋. 民族地区的人口城镇化与土地城镇化: 非均衡性与空间异质性 [J]. 中国人口·资源与环境, 2014 (8): 63-72.

[41] 代合治. 中国城市规模分布类型及其形成机制研究 [J]. 人文地理, 2001 (5): 40-43.

[42] 党建伟. 丝绸之路经济带建设对沿线重要节点城市未来发展的影响 [J]. 大陆桥视野, 2014 (3): 49-51.

[43] 邓丽. 基于生态文明视角的承接产业转移模式探索 [J]. 吉林大学社会科学学报, 2012 (5): 106-111.

[44] 邓沛勇, 刘毅华. 中国县域单元城镇人口收缩的空间格局及其影响因素分析 [J]. 现代城市研究, 2018 (3): 31-38.

[45] 邓羽, 刘盛和, 蔡建明, 等. 中国省际人口空间格局演化的分析方法与实证 [J]. 地理学报, 2014 (10): 1473-1486.

[46] 刁莉, 罗培, 史欣欣. 我国对中亚五国的直接投资效率与对策 [J]. 经济纵横, 2016 (3): 69-75.

[47] 丁红军. 阜宁: "三集中"推进就近城镇化 [J]. 中国土地, 2014 (12): 54-55.

[48] 丁睿, 顾朝林, 庞海峰. 2020年中国城市等级规模结构预测 [J]. 经济地理, 2006 (S1): 215-218.

[49] 丁志伟, 黄䢽茗, 谢慧钰, 等. 中原城市群镇域经济空间格局及其影响因素 [J]. 经济地理, 2019 (11): 60-68.

[50] 董青, 刘海珍, 刘加珍, 等. 基于空间相互作用的中国城市群体系空间结构研究 [J]. 经济地理, 2010 (6): 926-932.

[51] 董晓峰, 杨春志, 刘星光. 中国新型城镇化理论探讨 [J]. 城市发展研究, 2017 (1): 26-34.

[52] 董艳华. 以"定制区域经济多元体模式"促进新型城镇化发展 [J]. 产业与科技论坛, 2013 (9): 22-23.

[53] 杜国庆. 发展中国家的城市体系空间结构研究——以中国为例 (英文) [J]. 南京大学学报 (自然科学版), 2006 (3): 225-241.

[54] 段进军. 基于区域视角下对中国城镇化空间转型的思考 [J]. 苏州大学学报 (哲学社会科学版), 2011 (4): 101-105.

[55] 段瑞君. 聚集经济、市场拥挤效应与城市规模 [J]. 财经科学, 2014 (8): 120-128.

[56] 段小薇, 李璐璐, 苗长虹, 等. 中部六大城市群产业转移综合承接能力评价研究 [J]. 地理科学, 2016 (3): 681-690.

[57] 樊杰. 人地系统可持续过程、格局的前沿探索 [J]. 地理学报, 2014 (8): 1060-1068.

[58] 范冬英, 王玉华, 李保明. 基于自然生态的海南省小城镇绿地系统规

划策略研究 [J]. 小城镇建设, 2007 (10): 98-101.

[59] 范进, 赵定涛. 土地城镇化与人口城镇化协调性测定及其影响因素 [J]. 经济学家, 2012 (5): 61-67.

[60] 范晓非, 王千, 高铁梅. 预期城乡收入差距及其对我国农村劳动力转移的影响 [J]. 数量经济技术经济研究, 2013 (7): 20-35.

[61] 方创琳. 改革开放40年来中国城镇化与城市群取得的重要进展与展望 [J]. 经济地理, 2018 (9): 1-9.

[62] 方创琳. 改革开放年来中国的城市化与城镇发展 [J]. 经济地理, 2009 (1): 19-25.

[63] 方创琳, 刘晓丽, 蔺雪芹. 中国城市化发展阶段的修正及规律性分析 [J]. 干旱区地理, 2008 (4): 512-523.

[64] 方创琳, 毛汉英, 鲍超. "丝绸之路经济带"中亚能源合作开发对我国能源安全的保障风险及防控建议 [J]. 中国科学院院刊, 2018 (6): 554-562.

[65] 方创琳. 中国城市发展方针的演变调整与城市规模新格局 [J]. 地理研究, 2014 (4): 674-686.

[66] 方茜, 盛毅, 魏良益. 城市新区主导产业选择的理论分析框架与实际应用——以天府新区成都片区为例 [J]. 经济体制改革, 2017 (1): 38-43.

[67] 封志明, 杨玲, 杨艳昭, 等. 京津冀都市圈人口集疏过程与空间格局分析 [J]. 地球信息科学学报, 2013 (1): 11-18.

[68] 冯维江. 丝绸之路经济带战略的国际政治经济学分析 [J]. 当代亚太, 2014 (6): 73-98.

[69] 付春香. 西部地区推进新型城镇化的支撑环境研究 [J]. 生态经济, 2015 (4): 184-187.

[70] 付大军, 朱相宇. 京津冀都市圈城市体系与经济发展等级规模结构研究 [J]. 企业经济, 2015 (8): 136-140.

[71] 傅贻忙, 周建军, 孙倩倩, 等. 多元城镇化、门槛效应与房地产库存: 理论解释与实证检验 [J]. 财经理论与实践, 2018 (3): 127-133.

[72] 高楠, 马耀峰, 李天顺, 等. 基于耦合模型的旅游产业与城市化协调发展研究——以西安市为例 [J]. 旅游学刊, 2013 (1): 62-68.

[73] 高楠, 马耀峰, 张春晖. 中国丝绸之路经济带旅游产业与区域经济的时空耦合分异——基于九省区市1993~2012年面板数据 [J]. 经济管理, 2015 (9): 111-120.

[74] 高倩, 方创琳, 张小雷, 等. 丝绸之路经济带核心区新疆城镇建设用地扩展的时空演变特征及影响机理 [J]. 生态学报, 2019 (4): 1263-1277.

[75] 高卫星. 论新型城镇化进程中的政府治理转型 [J]. 中州学刊, 2015 (6): 7-11.

[76] 高云虹, 王美昌. 中西部地区产业承接的重点行业选择 [J]. 经济问题探索, 2012 (5): 131-136.

[77] 龚新蜀, 马骏. "丝绸之路"经济带交通基础设施建设对区域贸易的影响 [J]. 企业经济, 2014 (3): 156-159.

[78] 辜胜阻, 李华, 易善策. 城镇化是扩大内需实现经济可持续发展的引擎 [J]. 中国人口科学, 2010 (3): 2-10.

[79] 辜胜阻, 李华, 易善策. 均衡城镇化: 大都市与中小城市协调共进 [J]. 人口研究, 2010 (5): 3-11.

[80] 辜胜阻. 农村城镇化是西部重大战略性工程 [J]. 经济界, 2000 (12): 29-31.

[81] 辜胜阻, 王建润. 深化丝绸之路经济带能源合作的战略构想 [J]. 安徽大学学报 (哲学社会科学版), 2016 (5): 142-148.

[82] 辜胜阻, 杨威. 反思当前城镇化发展中的五种偏向 [J]. 中国人口科学, 2012 (3): 2-8.

[83] 辜胜阻, 朱农. 中国城镇化的区域差异及其区域发展模式 [J]. 中国人口科学, 1993 (1): 7-16.

[84] 顾朝林, 管卫华, 刘合林. 中国城镇化2050: SD模型与过程模拟 [J]. 中国科学: 地球科学, 2017 (7): 818-832.

[85] 顾朝林, 庞海峰. 基于重力模型的中国城市体系空间联系与层域划分 [J]. 地理研究, 2008 (1): 1-12.

[86] 顾朝林, 甄峰, 张京祥. 集聚与扩散——城市空间结构新论 [M]. 南京: 东南大学出版社, 2000.

[87] 顾朝林. 中国城市地理 [M]. 北京: 商务印书馆, 1999.

[88] 顾朝林. 中国城市经济区划分的初步研究 [J]. 地理学报, 1991 (2): 129-141.

[89] 顾朝林. 中国城镇体系 [M]. 北京: 商务印书馆, 1992.

[90] 顾东东, 杜海峰, 王琦. 就地就近城镇化背景下农民工市民化的成本测算与发现——基于河南省三个县市的比较 [J]. 管理评论, 2018 (3): 240-247.

[91] 官锡强. 南北钦防城市群城市化动力机制的培育与重构 [J]. 城市发展研究, 2008 (1): 29-35.

[92] 郭爱君, 毛锦凰. 丝绸之路经济带: 优势产业空间差异与产业空间布局研究 [J]. 兰州大学学报, 2014 (1): 40-49.

[93] 郭贯成, 韩冰. 城市近郊农户非农就业和宅基地流转意愿作用研究——基于南京市栖霞区的问卷调查 [J]. 山西农业大学学报 (社会科学版), 2018 (4): 1-8.

[94] 郭凯峰. 我国面向西南开放桥头堡建设进程中的滇中经济区发展问题研究 [J]. 小城镇建设, 2010 (5): 80-84.

[95] 郭丽峰, 陈小丽, 张吉林. 基于灰色关联理论的阿拉尔市城镇化水平评价及预测 [J]. 数学的实践与认识, 2017 (6): 279-286.

[96] 郭鹏, 董锁成, 李泽红. 丝绸之路经济带旅游业格局与国际旅游合作模式研究 [J]. 资源科学, 2014 (12): 2459-2467.

[97] 郭小燕. 统筹城乡视角下中部地区多元城镇化模式研究 [J]. 城市发展研究, 2009 (7): 23-27.

[98] 郭晓鸣, 廖祖君. 西部农业大省人口城镇化的挑战与选择——以四川省为例 [J]. 天府新论, 2013 (2): 68-72.

[99] 国务院发展研究中心和世界银行联合课题组. 中国: 推进高效、包容、可持续的城镇化 [J]. 管理世界, 2014 (4): 5-41.

[100] 韩长赋. 加快推进农业现代化努力实现"三化"同步发展 [J]. 农业经济问题, 2011 (11): 4-7.

[101] 韩瑞波, 曹沪华, 刘紫葳. 基于综合引力模型的中国城镇体系再探索 [J]. 中国科学: 地球科学, 2018 (12): 1670-1684.

[102] 韩秀丽, 冯蛟, 李鸣骥. 农业转移人口就近城镇化个体响应的影响因素 [J]. 城市问题, 2018 (8): 87-94.

[103] 韩叙, 石宝峰, 夏显力. 基于循环修正模型的陕西省现代农业发展综合评价 [J]. 华中农业大学学报 (社会科学版), 2017 (1): 64-71.

[104] 何帆, 朱鹤, 张骞. 21世纪海上丝绸之路建设: 现状、机遇、问题与应对 [J]. 国际经济评论, 2017 (5): 116-133.

[105] 何芳, 张晓君. 丝绸之路经济带贸易与投资便利化法律问题研究 [J]. 人文杂志, 2015 (7): 32-41.

[106] 贺璇. 区域协调视角下我国城市群发展的制约因素及突破路径 [J]. 改革与战略, 2019, 35 (4): 91-98.

[107] 侯为民，李林鹏. 新常态下我国城镇化的发展动力与路径选择 [J]. 经济纵横，2015 (4)：11-16.

[108] 胡俊. 中国城市空间结构模式的发展研究 [D]. 南京：南京大学，1993.

[109] 胡小武. 人口"就近城镇化"：人口迁移新方向 [J]. 西北人口，2011 (1)：1-5.

[110] 胡阳全. 西南边疆可持续发展制约因素研究 [J]. 云南民族大学学报（哲学社会科学版），2009 (4)：106-110.

[111] 黄朝明，董友琴. 中国特色城镇化的多元选择 [J]. 山西建筑，2013 (5)：6-7.

[112] 黄鹏进. "半城半乡"与农民的就近城镇化模式 [J]. 治理研究，2019 (5)：105-113.

[113] 黄太宏，周海赟. 丝绸之路经济带视野下中国对中亚五国直接投资的动因研究 [J]. 经济问题探索，2018 (3)：96-107.

[114] 黄文忠. 上海卫星城市与中国城市化道路 [M]. 上海：上海人民出版社，2003.

[115] 黄亚平，陈瞻，谢来荣. 新型城镇化背景下异地城镇化的特征及趋势 [J]. 城市发展研究，2011 (8)：11-16.

[116] 黄毅，马耀峰，薛华菊. 中国入境旅游服务质量时空态势演变与区域影响因素 [J]. 地理学报，2013 (12)：1689-1701.

[117] 黄瑛，张伟. 大都市地区县域城乡空间融合发展的理论框架 [J]. 现代城市研究，2010 (10)：74-79.

[118] 霍华德. 明日的田园城市 [M]. 金经元译. 北京：商务印书馆，2002.

[119] 戢晓峰，姜莉，陈方. 云南省县域城镇化与交通优势度的时空协同性演化分析 [J]. 地理科学，2017 (12)：1875-1884.

[120] 纪晓岚，赵维良. 中国城市化动力机制评价指标体系的构建 [J]. 统计与决策，2007 (5)：70-72.

[121] 季小妹，陈田，陈忠暖. 中国省会城市职能结构特征的比较研究 [J]. 经济地理，2009 (7)：1092-1107.

[122] 加尔布雷思. 富裕社会 [M]. 南京：江苏人民出版社，2009.

[123] 江凤香，周芳. 丝绸之路经济带背景下中国与中亚各国合作模式的构建 [J]. 经济研究导刊，2017 (32)：156-157.

[124] 焦晓云. 新型城镇化进程中农村就地城镇化的困境、重点与对策探析——"城市病"治理的另一种思路 [J]. 城市发展研究, 2015 (1): 108-115.

[125] 靳诚, 陆玉麒. 1978 年来长江三角洲经济格局空间演变研究 [J]. 人文地理, 2012 (2): 113-118.

[126] 景普秋, 张复明. 资源型城镇组群人口城镇化动力机制研究——以山西省介孝汾城镇组群为例 [J]. 城市发展研究, 2010 (4): 78-85.

[127] 凯文·林奇. 城市形态 [M]. 林庆怡, 陈朝晖, 邓华译. 北京: 华夏出版社, 2001.

[128] 康舍. 旅游型小城镇建设复杂系统的系统动力学模型研究 [D]. 北京: 北京林业大学, 2015.

[129] 柯炳生. 关于加快推进现代农业建设的若干思考 [J]. 农业经济问题, 2007 (2): 18-23.

[130] 孔静静, 张超, 韩传峰. 基础设施系统与自然生态互动增长策略研究 [J]. 中国人口·资源与环境, 2018 (1): 44-53.

[131] 匡远配, 王一清. 非农就业、农地流转与城镇化 [J]. 广西社会科学, 2018 (11): 69-74.

[132] 赖扬恩. 论新常态下城镇化发展动力机制的转型与重塑 [J]. 发展研究, 2017 (10): 63-72.

[133] 蓝庆新, 郑学党, 韩雨来. 我国人口城镇化质量发展的空间差异研究 [J]. 社会科学, 2013 (9): 50-61.

[134] 劳昕, 张远, 沈体雁, 等. 长江中游城市群城市职能结构特征研究 [J]. 城市发展研究, 2017 (11): 111-117.

[135] 雷潇雨, 龚六堂. 基于土地出让的工业化与城镇化 [J]. 管理世界, 2014 (9): 29-41.

[136] 李柏文, 曾博伟, 宋红梅. 特色小城镇的形成动因及其发展规律 [J]. 北京联合大学学报 (人文社会科学版), 2017 (2): 36-40, 47.

[137] 李宝礼, 胡雪萍. 金融发展会造成人口城镇化滞后于土地城镇化吗——基于安徽省 16 个地级市面板数据的研究 [J]. 华东经济管理, 2014 (12): 18-23.

[138] 李斌, 陈超凡, 万大艳. 低梯度地区承接产业转移影响因素及预测研究: 以湖南省为例 [J]. 湖南师范大学社会科学学报, 2011 (2): 93-96.

[139] 李斌. 中西部地区承接产业转移的环境风险及防控对策 [J]. 中州学

刊，2015（10）：38-42.

［140］李波，张吉献. 基于 ESDA 的中原经济区城镇化空间关联研究［J］. 现代城市研究，2013（4）：96-99，104.

［141］李丹丹，汪涛，魏也华，等. 中国城市尺度科学知识网络与技术知识网络结构的时空复杂性［J］. 地理研究，2015（3）：525-540.

［142］李稻葵，程浩. 丝绸之路经济带的合作基础与投资策略［J］. 改革，2015（8）：29-38.

［143］李菲菲，耿修林，袁少茹. 高质量发展背景下新丝绸之路经济带省域旅游产业竞争力生态位演化研究［J］. 经济问题探索，2019（9）：30-40.

［144］李国平. 质量优先规模适度：新型城镇化的内涵［J］. 探索与争鸣，2013（11）：19-21.

［145］李晖，王莎莎. 基于 TOPSIS 模型评价承接产业转移的实证研究［J］. 系统工程，2010（8）：64-69.

［146］李继云. 边疆民族地区城镇化水平测算与分析［J］. 农业考古，2008（6）：257-259.

［147］李佳洺，孙铁山，李国平. 中国三大都市圈核心城市职能分工及互补性的比较研究［J］. 地理科学，2010（4）：503-509.

［148］李嘉岩. 北京卫星城发展的问题与对策研究［J］. 北京行政学院学报，2003（6）：43-45.

［149］李建民. 丝绸之路经济带合作模式研究［J］. 青海社会科学，2014（5）：56-60.

［150］李建荣，韩隽. 中亚地区安全新态势与丝绸之路经济带建设：互动与前景［J］. 新疆师范大学学报（哲学社会科学版），2018（6）：124-134.

［151］李晶，孙根年. 河北城市入境旅游极化与国内旅游扁平化［J］. 资源开发与市场，2017（9）：1109-1113.

［152］李军，吕庆海. 中部地区城乡一体化路径探析：就地城镇化［J］. 贵州社会科学，2018（8）：121-127.

［153］李坤，殷朝华，龚新蜀. 边疆多民族地区城镇化发展模式的构建［J］. 生态经济，2010（11）：98-100.

［154］李佩，朱翊. 区域旅游经济等级规模结构及其演化研究［J］. 地理空间信息，2017（8）：116-119.

［155］李琪. "丝绸之路"的新使命：能源战略通道——我国西北与中亚国家的能源合作与安全［J］. 西安交通大学学报（社会科学版），2007（2）：77-83.

[156] 李强, 陈宇琳, 刘精明. 中国城镇化"推进模式"研究 [J]. 中国社会科学, 2012 (7): 82-100, 204-205.

[157] 李强, 陈振华, 张莹. 就近城镇化与就地城镇化 [J]. 广东社会科学, 2015 (1): 186-199.

[158] 李强. 主动城镇化与被动城镇化 [J]. 西北师大学报 (社会科学版), 2013 (6): 1-8.

[159] 李文兵, 南宇. 论丝绸之路沿线旅游合作机制 [J]. 干旱区资源与环境, 2010 (1): 196-200.

[160] 李文宇, 刘洪铎. 多维距离视角下的"一带一路"构建——空间、经济、文化与制度 [J]. 国际经贸探索, 2016 (6): 99-112.

[161] 李文忠. 城镇化背景下农民工就业问题研究 [M]. 北京: 化学工业出版社, 2015.

[162] 李晓江, 郑德高. 人口城镇化特征与国家城镇体系构建 [J]. 城市规划学刊, 2017 (1): 19-29.

[163] 李晓玲, 刘慈航, 刘大平, 等. 改革开放以来东北地区城市体系等级规模结构演变特征及动力机制 [J]. 东北师大学报 (自然科学版), 2014 (3): 132-138.

[164] 李耀华, 姚慧琴, 王会战. 新时代丝绸之路经济带跨国文化遗产旅游合作机制研究——基于中亚五国居民调研视角 [J]. 西北大学学报 (哲学社会科学版), 2018 (2): 14-22.

[165] 李勇. 基于系统动力学的哈尔滨市城镇化进程中农村劳动力转移研究 [D]. 哈尔滨: 哈尔滨工程大学, 2014.

[166] 李月. 有效经济增长与居民生活质量的提高 [J]. 数量经济技术经济研究, 2010 (8): 47-60.

[167] 李忠斌, 郑甘甜. 民族地区新型城镇化发展的现实困境与模式选择 [J]. 民族研究, 2017 (5): 27-41, 124.

[168] 李忠民, 刘育红, 张强. "新丝绸之路"交通基础设施、空间溢出与经济增长——基于多维要素空间面板数据模型 [J]. 财经问题研究, 2011 (4): 116-121.

[169] 李忠民, 刘育红, 张强. "新丝绸之路"交通经济带经济增长的实证研究 [J]. 经济问题, 2011 (1): 77-80.

[170] 李忠民, 夏德水, 姚宇. 我国新丝绸之路经济带交通基础设施效率分析——基于 DEA 模型的 Malmqusit 指数方法 [J]. 求索, 2014 (2): 97-102.

[171] 李子联. 人口城镇化滞后于土地城镇化之谜——来自中国省际面板数据的解释 [J]. 中国人口·资源与环境, 2013 (11): 94-101.

[172] 梁宏. 生命历程视角下的"流动"与"留守"——第二代农民工特征的对比分析 [J]. 人口研究, 2011 (7): 18-29.

[173] 廖永伦. 就地就近城镇化: 新型城镇化的现实路径选择 [J]. 贵州社会科学, 2015 (11): 123-127.

[174] 林爱文, 樊星. 湖北省人口城镇化与土地城镇化协调发展分析 [J]. 地域研究与开发, 2015 (6): 14-18.

[175] 林锦耀, 黎夏. 基于空间自相关的东莞市主体功能区划分 [J]. 地理研究, 2014 (2): 349-357.

[176] 刘爱梅, 王波. 城镇化对经济结构转型升级的影响及实现路径——以山东省城镇化发展为例 [J]. 山东社会科学, 2015 (11): 181-187.

[177] 刘爱梅. 我国城市规模两极分化的现状与原因 [J]. 城市问题, 2011 (4): 2-7.

[178] 刘超, 林晓乐. 城镇化与生态环境交互协调行为研究——以黄河三角洲为例 [J]. 华东经济管理, 2015 (7): 49-58.

[179] 刘春, 陈春梅, 刘苏衡. 武汉城市圈城市体系等级规模结构特征研究 [J]. 科技信息, 2011 (10): 3-4.

[180] 刘尔思, 张菁菁, 周伟. 我国城镇化群体性冲突事件的动力学仿真及其化解机制研究 [J]. 管理评论, 2017 (6): 242-251.

[181] 刘国斌, 陆健. 新时代就地就近城镇化产业培育研究 [J]. 东北农业科学, 2019 (1): 63-69.

[182] 刘国斌, 朱先声. 新型城镇化背景下大中小城市和小城镇协调发展研究 [J]. 黑龙江社会科学, 2018 (4): 46-51.

[183] 刘海滨, 刘振灵. 辽宁中部城市群城市职能结构及其转换研究 [J]. 经济地理, 2009 (8): 1293-1297.

[184] 刘红光, 王云平, 季璐. 中国区域间产业转移特征、机理与模式研究 [J]. 经济地理, 2014 (1): 102-107.

[185] 刘洪银. 稳步城镇化三步走战略及实现机制 [J]. 兰州学刊, 2014 (5): 117-121, 77.

[186] 刘欢, 邓宏兵, 谢伟伟. 长江经济带市域人口城镇化的时空特征及影响因素 [J]. 经济地理, 2017 (3): 55-62.

[187] 刘纪学，李娜．我国城乡人口模型动力学分析与预测［J］．数学的实践与认识，2013（18）：68-77．

[188] 刘健．区域·城市·郊区——北京城市空间发展的重新审视［J］．北京规划建设，2004（2）：64-67．

[189] 刘金凤，魏后凯．城市公共服务对流动人口永久迁移意愿的影响［J］．经济管理，2019（11）：20-37．

[190] 刘晶，何伦志．丝绸之路经济带核心区新型城镇化驱动因素量化分析与对策——基于 LASSO 的变量筛选［J］．干旱区地理，2019（6）：1478-1485．

[191] 刘静玉，刘玉振，邵宁宁，等．河南省新型城镇化的空间格局演变研究［J］．地域研究与开发，2012（5）：143-147．

[192] 刘宁，龚新蜀．中国对丝绸之路经济带重点国家 OFDI 环境及效应研究——基于我国对上合组织国家的投资分析［J］．经济问题探索，2015（8）：111-117．

[193] 刘琼，杜晓航，盛业旭．基于阶段对比的中国人口城镇化与土地城镇化协调关系［J］．中国人口·资源与环境，2018（1）：26-34．

[194] 刘圣欢，杨砚池．现代农业与旅游业协同发展机制研究——以大理市银桥镇为例［J］．华中师范大学学报（人文社会科学版），2015（3）：44-52．

[195] 刘淑茹，魏晓晓．基于改进 CRITIC 法的西部地区新型城镇化水平测度［J］．生态经济，2019（7）：98-102．

[196] 刘素华．建立我国就业质量量化评价体系的步骤与方法［J］．人口与经济，2005（6）：34-38．

[197] 刘涛，齐元静，曹广忠．中国流动人口空间格局演变机制及城镇化效应——基于 2000 年和 2010 年人口普查分县数据的分析［J］．地理学报，2015（4）：567-581．

[198] 刘田喜，方亚飞．农村城镇化的现实选择：就地就近城镇化［J］．农村工作通讯，2013（17）：34-36．

[199] 刘文勇，杨光．以城乡互动推进就地就近城镇化发展分析［J］．经济理论与经济管理，2013（8）：17-23．

[200] 刘晓．连片特困地区空间优化与协调发展战略研究——以湘西城市带为例［J］．经济体制改革，2015（5）：72-77．

[201] 刘修岩，李松林，秦蒙．城市空间结构与地区经济效率——兼论中国城镇化发展道路的模式选择［J］．管理世界，2017（1）：51-64．

[202] 刘彦随，杨忍．中国县域城镇化的空间特征与形成机理［J］．地理学

报，2012（8）：1011-1020.

[203] 刘彦随. 中国新时代城乡融合与乡村振兴 [J]. 地理学报，2018（4）：637-650.

[204] 刘易斯·芒德福. 城市发展史——起源、演变与前景 [M]. 倪文彦，宋俊岭译. 北京：中国建筑工业出版社，1989.

[205] 刘易斯·芒福德. 城市发展史——起源、演变和前景 [M]. 宋俊岭等译. 北京：中国建筑工业出版社，2005.

[206] 刘红红，王曦. "新丝绸之路"经济带交通基础设施与区域经济一体化——基于引力模型的实证研究 [J]. 西安交通大学学报（社会科学版），2014（2）：43-48.

[207] 刘育红. "新丝绸之路"经济带交通基础设施投资与经济增长的动态关系分析 [J]. 统计与信息论坛，2012（10）：64-70.

[208] 刘云刚. 中国资源型城市的职能分类与演化特征 [J]. 地理研究，2009（1）：153-160.

[209] 柳建文. 西部民族地区新型城镇化与"一带一路"的协同推进 [J]. 人文杂志，2017（5）：77-83.

[210] 隆雁翔. 长江经济带中部人口与土地城镇化协调发展研究 [J]. 金融经济，2014（18）：23-25.

[211] 娄钰华，张松林. 工业化、城镇化与农业现代化协调发展路径——基于系统动力学仿真研究 [J]. 学习与实践，2019（11）：65-72.

[212] 卢飞，刘明辉. 中国中部地区经济空间格局演变及驱动机制——基于ESDA和空间计量方法的实证分析 [J]. 现代财经（天津财经大学学报），2017（8）：33-45.

[213] 卢志平，汪艳梅，王亮亮. 柳州市可持续发展系统动力学仿真 [J]. 城市问题，2016（6）：39-46.

[214] 陆大道. 关于"点—轴"空间结构系统的形成机理分析 [J]. 地理科学，2002（1）：1-6.

[215] 陆大道. 论区域的最佳结构与最佳发展——提出"点—轴系统"和"T"形结构以来的回顾与再分析 [J]. 地理学报，2001（3）：127-135.

[216] 陆枭麟. 超越道路之争——基于人的需求视角的西部山地贫困地区城镇化模式探析 [J]. 城市规划，2015（10）：75-82.

[217] 陆艺，姚莉. 新型城镇化视角下民族地区城镇体系优化对策研究——以黔东南苗族侗族自治州为例 [J]. 贵州民族研究，2017（11）：51-54.

[218] 陆益龙. 多元城镇化道路与中国农村发展 [J]. 创新, 2010 (1): 5-10.

[219] 吕承超, 徐倩. 新丝绸之路经济带交通基础设施空间非均衡及互联互通政策研究 [J]. 上海财经大学学报, 2015 (2): 44-53.

[220] 吕俊彪. 城市化与西南边疆少数民族地区的经济发展 [J]. 思想战线, 2012 (5): 18-22.

[221] 吕园, 李建伟. 区域城镇化空间演化驱动要素及其机理探析 [J]. 北京规划建设, 2014 (6): 52-56.

[222] 吕园, 邢磊. 区域城镇化空间格局与组织过程研究综述 [J]. 安徽农业科学, 2016 (26): 216-218, 220.

[223] 罗波阳. 城市群区域城镇协调发展：内涵、特征与路径 [J]. 求索, 2014 (8): 52-56.

[224] 罗淳, 梁双陆. 边贸经济与口岸城镇：西南边疆民族地区小城镇建设的一个依托 [J]. 经济问题探索, 2008 (10): 59-63.

[225] 罗淳, 潘启云. 论边疆民族地区小城镇建设的特点、模式与路径 [J]. 中央民族大学学报（哲学社会科学版）, 2011 (3): 18-23.

[226] 罗应光. 特色小镇建设：西南边疆地区推进城镇化的主要载体 [J]. 中国党政干部论坛, 2010 (11): 43-44.

[227] 马海韵, 李梦楠. 人口就地就近城镇化：理论述评与实践进路 [J]. 江海学刊, 2018 (6): 105-111.

[228] 马琳琳, 房胜飞. 新型城镇化、科技创新对产业结构升级的影响研究——以"丝绸之路经济带"沿线九省市为例 [J]. 新疆农垦经济, 2017 (9): 33-41.

[229] 马卫, 曹小曙, 黄晓燕, 等. 丝绸之路沿线交通基础设施空间经济溢出效应测度 [J]. 经济地理, 2018 (3): 21-29, 71.

[230] 毛晟栋, 范小艳. 城镇化进程中水资源供需关系的系统动力学仿真研究 [J]. 湖北农业科学, 2016 (17): 4555-4559.

[231] 梅琳, 黄柏石, 敖荣军, 等. 长江中游城市群城市职能结构演变及其动力因子研究 [J]. 长江流域资源与环境, 2017 (4): 481-489.

[232] 孟斌, 王劲峰, 张文忠, 等. 基于空间分析方法的中国区域差异研究 [J]. 地理科学, 2005 (4): 11-18.

[233] 明娟, 王明亮. 工作转换能否提升农民工就业质量？[J]. 中国软科学, 2015 (12): 49-62.

[234] 穆光宗, 茆长宝. 人口主体论——可持续发展的人口观 [J]. 华中师范大学学报 (人文社会科学版), 2015 (2): 34-42.

[235] 倪方钰, 段进军. 基于区域视角下对江苏城镇化模式创新的思考 [J]. 南通大学学报 (社会科学版), 2012 (5): 11-15.

[236] 倪建伟. 如何消解"两区同建"后的新问题——山东省德州市新型城镇化跟踪调查 [J]. 农业经济问题, 2015 (1): 38-42.

[237] 倪金星, 杨剑, 徐冬冬, 等. 基于DMSP/OLS夜间灯光数据的中国经济空间格局 [J]. 华中师范大学学报 (自然科学版), 2016 (6): 930-936.

[238] 倪鹏飞. 新型城镇化的基本模式、具体路径与推进对策 [J]. 江海学刊, 2013 (1): 87-94.

[239] 牛凤瑞. 我国的多元城镇化道路 [J]. 中国经济快讯, 2001 (9): 22-23.

[240] 潘海生, 曹小锋. 就地城镇化: 一条新型城镇化道路——浙江小城镇建设的调查 [J]. 政策瞭望, 2010 (9): 29-32.

[241] 庞瑞秋, 腾飞, 魏冶. 基于地理加权回归的吉林省人口城镇化动力机制分析 [J]. 地理科学, 2014 (10): 1210-1217.

[242] 庞永师, 蒋雨含, 刘景矿, 等. 基于系统动力学的"城中村"改造策略 [J]. 系统工程, 2016 (1): 54-63.

[243] 彭代彦, 彭旭辉. 财政分权对人口城镇化与土地城镇化的影响——基于1981~2013年数据的分析 [J]. 城市问题, 2016 (8): 58-66.

[244] 彭荣胜. 传统农区就地就近城镇化的农民意愿与路径选择研究 [J]. 学习与实践, 2016 (4): 59-67.

[245] 戚伟. 青藏高原城镇化格局的时空分异特征及影响因素 [J]. 地球信息科学, 2019 (8): 196-1206.

[246] 齐红倩, 王志涛, 赫永达. 污染密集型产业承接增加居民健康成本支出了吗: 基于中西部省际面板数据的空间计量分析 [J]. 山西财经大学学报, 2015 (9): 15-26.

[247] 祁新华, 朱宇, 周燕萍. 乡村劳动力迁移的"双拉力"模型及其就地城镇化效应——基于中国东南沿海三个地区的实证研究 [J]. 地理科学, 2012 (1): 25-30.

[248] 钱宏胜, 吴殿廷, 李瑞. 中原经济区城市职能分类与职能优化研究 [J]. 西北师范大学 (自然科学版), 2015 (2): 105-111.

[245] 乔家军, 李小健. 近50年来中国经济重心移动路径分析 [J]. 地域

研究与开发，2005（1）：12-16.

[250] 秦佳，李建民. 中国人口城镇化的空间差异与影响因素 [J]. 人口研究，2013（2）：25-40.

[251] 仇保兴. 我国城镇化的特征、动力与规划调控（续）[J]. 城市发展研究，2003（2）：28-36，22.

[252] 沙里宁. 城市：它的发展、衰败与未来 [M]. 顾启源译. 北京：中国建筑工业出版社，1986.

[253] 上庆. "一带一路"背景下西部地区产业集群与新型城镇化互动发展研究 [D]. 西安：西北大学，2018.

[254] 师博，王勤. 丝绸之路经济带能源产业链一体化合作研究 [J]. 经济问题，2016（1）：20-25.

[255] 师守祥. 丝绸之路旅游：多面挑战与突破口 [J]. 旅游学刊，2017（6）：7-9.

[256] 石敏俊，美丽古丽，黄文，等. 丝绸之路经济带背景下上海合作组织国家贸易自由化的经济效应——基于GTAP模型的政策模拟分析 [J]. 管理评论，2018（2）：3-12.

[257] 石鹏娟，冉永春. 西部少数民族地区县域经济协调发展研究——以青海省为例 [J]. 贵州民族研究，2014（5）：103-106.

[258] 石忆邵，王云才. 异地城镇化：新时期中国城镇化的主旋律 [J]. 同济大学学报（社会科学版），2006（4）：29-35.

[259] 石英华，孙家希. 中部地区就近城镇化的基础、挑战与对策——关于湖北省十堰市就近城镇化的调研 [J]. 财政科学，2016（2）：122-130.

[260] 石莹，何爱平. 丝绸之路经济带的能源合作与环境风险应对 [J]. 改革，2015（2）：115-123.

[261] 时朋飞，熊元斌，李星明，等. 基于2003年～2014年的广西入境旅游等级规模结构演化特征动态研究 [J]. 华中师范大学学报（自然科学版），2016（5）：791-798.

[262] 史育龙，周一星. 关于大都市带（都市连绵区）研究的论争及近今进展述评 [J]. 国际城市规划，2009（S1）：160-166.

[263] 史云峰. 西藏新型城镇化：现状、特征与路径 [J]. 西藏民族大学学报（哲学社会科学版），2016（4）：51-56.

[264] 苏飞，张平宇. 辽中南城市群城市规模分布演变特征 [J]. 地理科学，2010（3）：343-349.

[265] 孙斌栋, 金晓溪, 林杰. 走向大中小城市协调发展的中国新型城镇化格局——1952年以来中国城市规模分布演化与影响因素 [J]. 地理研究, 2019 (1): 78-84.

[266] 孙华民, 王磊. 人口城镇化与土地城镇化协调性研究——基于产业支撑视角 [J]. 财经问题研究, 2017 (12): 31-36.

[267] 孙丽萍, 杨筠. 中国西部人口城镇化与土地城镇化协调性的时空分析 [J]. 地域研究与开发, 2017 (3): 55-65.

[268] 孙敏. 欠发达地区承接产业转移的风险研究: 基于宏观政治经济环境的视角 [J]. 经济问题探索, 2013 (10): 45-49.

[269] 孙盘寿, 杨廷秀. 西南三省城镇的职能分类 [J]. 地理研究, 1984 (3): 17-28.

[270] 孙淑琴. 城镇化中的城市污染、失业与经济发展政策的效应 [J]. 中国人口·资源与环境, 2014 (7): 59-64.

[271] 孙铁山, 刘霄泉, 李国平. 中国经济空间格局演化与区域产业变迁——基于1952~2010年省区经济份额变动的实证分析 [J]. 地理科学, 2015 (1): 56-65.

[272] 孙玉玲, 王明亮. 就近就地城镇化问题研究 [J]. 城市观察, 2014 (10): 144-149.

[273] 孙远太. 城市农民工福利获得及对幸福感的影响——基于河南省875份问卷的分析 [J]. 调研世界, 2015 (2): 46-49.

[274] 谭建华, 涂建军, 杨宏玉, 等. 四川省城市体系等级规模结构分形研究 [J]. 西南大学学报 (自然科学版), 2010 (10): 142-147.

[275] 谭晶荣, 华曦. 贸易便利化对中国农产品出口的影响研究——基于丝绸之路沿线国家的实证分析 [J]. 国际贸易问题, 2016 (5): 39-49.

[276] 唐蜜, 肖磊. 欠发达地区人口大县城镇化动力机制分析 [J]. 农业经济问题, 2014 (8): 100-109.

[277] 陶良虎. 国内外产业转移与中部地区产业承接问题研究 [J]. 理论月刊, 2010 (1): 5-11.

[278] 田光进, 贾淑英. 中国城市职能结构的特征研究 [J]. 人文地理, 2004 (8): 59-63.

[279] 田文祝, 周一星. 中国城市体系的工业职能结构 [J]. 地理研究, 1991 (1): 12-23.

[280] 佟贺丰, 杨岩. 中国城镇化的生态足迹影响——基于系统动力学模型

的模拟仿真分析［J］．情报工程，2017（6）：22-33．

［281］童玉芬，马艳林．城市人口空间分布格局影响因素研究——以北京为例［J］．北京社会科学，2016（1）：89-97．

［282］童玉芬，王莹莹．北京市人口动态模拟与政策分析［J］．中国人口·资源与环境，2016（2）：170-176．

［283］涂正革，叶航，谌仁俊．中国城镇化的动力机制及其发展模式［J］．华中师范大学学报（人文社会科学版），2016（5）：44-54．

［284］汪威．丝绸之路中国段旅游中心城市体系构建研究［J］．宁夏大学学报（自然科学版），2007（4）：380-383．

［285］汪增洋，费金金．人口迁移的空间抉择：本地城镇化抑或异地城镇化［J］．财贸研究，2014（6）：61-67．

［286］汪增洋，李刚．中部地区县域城镇化动力机制研究——基于中介效应模型的分析［J］．财贸研究，2017（4）：25-32．

［287］王爱华，张珍．农民工"回流式"城镇化：理论逻辑、现实困境与改进路径［J］．当代经济研究，2019（12）：60-67．

［288］王保忠，何炼成，李忠民．"新丝绸之路经济带"一体化战略路径与实施对策［J］．经济纵横，2013（11）：60-65．

［289］王枫云，陈嘉俊．以新型城镇化助推"丝绸之路经济带"延伸［J］．上海城市管理，2015（4）：34-36．

［290］王冠孝，黄解宇．旅游经济等级规模结构演变规律实证研究——以山西省为例［J］．干旱区资源与环境，2014（6）：195-201．

［291］王国霞，秦志琴，程丽琳．20世纪末中国迁移人口空间分布格局——基于城市的视角［J］．地理科学，2012（3）：273-281．

［292］王海燕．上海合作组织框架下的中亚区域经济合作［J］．新疆师范大学学报（哲学社会科学版），2008（2）：76-83．

［293］王建康，谷国锋，姚丽，等．中国新型城镇化的空间格局演变及影响因素分析——基于285个地级市的面板数据［J］．地理科学，2016（1）：63-71．

［294］王建英，李江风，邹利林，等．中国城市空间影响势力范围研究［J］．城市发展研究，2012（9）：27-31．

［295］王金胜．经济"新常态"下以经济手段提升环境治理能力的探讨［J］．环境保护，2015（23）：59-62．

［296］王景全．中西部欠发达地区就近城镇化研究——以河南省民权县为例

[J]. 中州学刊, 2014 (11): 63-66.

[297] 王景新. "两区同建"破解中国新型城镇化难题——山东德州农村产业园区和新社区同步建设调查报告 [J]. 西北农林科技大学学报（社会科学版）, 2014 (1): 6-12.

[298] 王景新, 庞波. 就近城镇化研究 [M]. 北京: 中国社会科学出版社, 2015.

[299] 王景新. 温州"强镇扩权"：探索现代小城市发展的新途径 [J]. 现代经济探讨, 2010 (12): 5-8.

[300] 王俊亚. 安阳市县域经济发展模式研究 [D]. 咸阳：西北农林科技大学, 2008.

[301] 王莉莉, 肖雯雯. "丝绸之路经济带"（中国段）城市群旅游空间网络结构研究 [J]. 经济问题, 2018 (2): 113-117.

[302] 王莉, 杨雪. 构筑有利于城乡统筹发展的制度支持系统 [J]. 西北人口, 2006 (2): 11-14.

[303] 王丽艳, 杨楠, 张颖, 等. 幸福感视域下我国新型城镇化质量提升路径探讨 [J]. 城市发展研究, 2016 (8): 14-21.

[304] 王丽艳, 郑丹, 王振坡. 我国人口城镇化与土地城镇化协调发展的区域差异测度——来自东中西部省际面板数据 [J]. 学习与实践, 2015 (4): 12-22.

[305] 王璐, 刘曙光, 段佩利, 等. 丝绸之路经济带沿线国家农产品贸易网络结构特征研究 [J]. 经济地理, 2019 (9): 1-4.

[306] 王树春, 王俊. 论新常态下提高城镇化质量的动力机制 [J]. 贵州社会科学, 2016 (1): 117-121.

[307] 王颂吉, 白永秀. 丝绸之路经济带建设与西部城镇化发展升级 [J]. 宁夏社会科学, 2015 (1): 51-59.

[308] 王婷, 缪小林, 赵一心. 中国城镇化：数量是否推动质量？[J]. 宏观质量研究, 2018 (1): 15-30.

[309] 王伟进, 陆杰华. 城市化水平的空间依赖研究 [J]. 中国人口科学, 2012 (5): 66-74, 112.

[310] 王习农, 陈涛. "丝绸之路经济带"内涵拓展与共建 [J]. 国际商务（对外经济贸易大学学报）, 2014 (5): 23-30.

[311] 王兴杰. 中国土地城镇化和人口城镇化相对效率评价 [J]. 生态经济, 2016 (4): 14-17, 23.

[312] 王业强,魏后凯.大城市效率锁定与中国城镇化路径选择[J].中国人口科学,2018(2):24-38,126.

[313] 王雨飞,倪鹏飞,王光辉.中国城市群体系空间结构及多中心演变研究[J].江淮论坛,2019(3):47-53.

[314] 王振波,罗奎,宋洁,等.2000年以来长江经济带城市职能结构演变特征及战略思考[J].地理科学进展,2015(11):1409-1418.

[315] 王振坡,朱丹,王丽艳.成渝城市群城市规模分布及演进特征研究[J].西北人口,2018(1):8-14.

[316] 王震国.中国:亟待从城市化到城镇化的多元可持续转型[J].上海城市管理,2013(3):2-3.

[317] 王之泰.丝绸之路经济带:丝绸之路的升华[J].中国流通经济,2014(5):11-15.

[318] 韦佳培,吴洋滨,张俊飚.西南边疆民族地区城镇化发展与非农就业关系的实证研究——以广西壮族自治区为例[J].学术论坛,2013(2):137-143.

[319] 卫玲,戴江伟.丝绸之路经济带:超越地理空间的内涵识别及其当代解读[J].兰州大学学报(社会科学版),2014(1):31-39.

[320] 尉华,李娟文.山东半岛城市群等级规模结构的分形研究[J].资源开发与市场,2008(1):40-42.

[321] 魏昊星.拒绝"空心"的城镇化——就近城镇化的恩施龙凤样本[J].世纪行,2015(2):11-13.

[322] 魏后凯,苏红键.中国农业转移人口市民化进程研究[J].中国人口科学,2013(5):21-29.

[323] 魏后凯.新时期中国城镇化转型的方向[J].中国发展观察,2014(7):4-7.

[324] 魏后凯.中国城镇化进程中两极化倾向与规模格局重构[J].中国工业经济,2014(3):18-30.

[325] 魏兰叶,陈晓.中国在中亚直接投资对双边贸易的影响——基于丝绸之路经济带的研究视角[J].现代经济探讨,2017(12):41-48.

[326] 魏敏.中国与中东国际产能合作的理论与政策分析[J].阿拉伯世界研究,2016(6):3-20,116.

[327] 魏冶,修春亮,孙平军.21世纪以来中国城镇化动力机制分析[J].地理研究,2013(9):1679-1687.

[328] 翁钢民, 潘越, 李凌雁. 基于改进 DPSIR-DS 模型的旅游生态安全等级测度及时空演变分析——以"丝绸之路"沿线五省区为例 [J]. 旅游科学, 2018 (6): 17-32.

[329] 巫德富, 罗显克, 谭雪燕. 边疆民族地区城镇化建设的难点、模式及路径研究——以广西为例 [J]. 改革与战略, 2015 (5): 128-132.

[330] 吴静. 浙江农民工幸福感调查研究 [J]. 财经论丛, 2007 (11): 15-20.

[331] 吴莉娅. 全球化视角下城市化动力机制研究进展初探 [J]. 苏州大学学报 (哲学社会科学版), 2008 (3): 6-10.

[332] 吴连霞, 吴开亚, 赵媛. 江苏省县域人口城镇化空间格局及其机制研究 [J]. 现代城市研究, 2018 (12): 103-110.

[333] 吴满财, 黄慧微, 张文秀. 新型城镇化的动力发展机制及基本路径 [J]. 农业经济, 2016 (09): 37-38.

[334] 武勇杰. 新型城镇化背景下中小城市发展的关键问题研究 [D]. 北京: 北京交通大学, 2018.

[335] 武友德, 王源昌. 边疆少数民族地区特色城镇化发展道路研究——以云南为例的分析 [J]. 云南师范大学学报 (哲学社会科学版), 2010 (2): 58-64.

[336] 夏为丽, 魏亚蕊, 李雪玲. 中原城市群的城市规模结构分析 [J]. 安阳师范学院学报, 2008 (5): 106-110.

[337] 夏禹龙, 刘吉, 冯之浚, 等. 梯度理论和区域经济 [J]. 科学学与科学技术管理, 1983 (2): 5-6.

[338] 夏柱智, 贺雪峰. 半工半耕与中国渐进城镇化模式 [J]. 中国社会科学, 2017 (12): 117-137.

[339] 肖金成. 以城市群为主体实现大中小城市和小城镇协调发展 [J]. 国家治理, 2018 (19): 3-11.

[340] 肖应明. 时代化视角下少数民族地区城镇化探析 [J]. 经济问题探索, 2014 (6): 38-43.

[341] 谢霞. 丝绸之路经济带核心区旅游经济系统脆弱性评价 [J]. 新疆大学学报 (哲学·人文社会科学版), 2019 (5): 9-16.

[342] 谢学兴, 秦红增. 中越边境口岸城镇化: 模式演进、原始动力与推进策略——以凭祥市为例 [J]. 广西大学学报 (哲学社会科学版), 2019 (2): 115-121.

[343] 熊理然. 中国西部城市群落空间重构及其核心支撑研究 [D]. 成都: 西南财经大学, 2009.

[344] 熊湘辉, 徐璋勇. 中国新型城镇化水平及动力因素测度研究 [J]. 2018 (2): 44-62.

[345] 熊鹰, 李静芝, 蒋丁玲. 基于仿真模拟的长株潭城市群水资源供需系统决策优化 [J]. 地理学报, 2013 (9): 1225-1239.

[346] 徐红宇, 陈忠暖, 李志勇. 中国城市职能分类研究综述 [J]. 云南地理环境研究, 2005 (2): 33-36.

[347] 徐建华. 现代地理学中的数学方法 [M]. 北京: 高等教育出版社, 2002.

[348] 徐晓军, 张楠楠. 从"单线推进"到"空间协同": 改革开放以来中国城镇化的实践历程与发展进路 [J]. 河南社会科学, 2019 (12): 108-114.

[349] 徐晓望. 论丝绸之路与科技的创造、传播 [J]. 中共福建省委党校学报, 2018 (10): 110-113.

[350] 许抄军, 罗能生, 王家清. 我国城市化动力机制研究进展 [J]. 城市问题, 2007 (8): 20-25.

[351] 许锋, 周一星. 我国城市职能结构变化的动态特征及趋势 [J]. 城市发展研究, 2008 (6): 49-55.

[352] 许恒周, 殷红春, 石淑芹. 代际差异视角下农民工乡城迁移与宅基地退出影响因素分析——基于推拉理论的实证研究 [J]. 中国人口·资源与环境, 2013 (8): 75-80.

[353] 许明月, 段浩. 农业转移人口市民化的法律激励机制构建 [J]. 比较法研究, 2017 (6): 75-85.

[354] 许学强. 城市地理学 [M]. 北京: 高等教育出版社, 1997.

[355] 许学强, 周一星, 宁越敏. 城市地理学 [M]. 北京: 高等教育出版社, 2009.

[356] 宣国富, 赵静. 江苏省旅游经济等级规模结构及演化 [J]. 旅游科学, 2011 (5): 23-32.

[357] 宣国富. 中国入境旅游规模结构的省际差异及影响因素 [J]. 经济地理, 2012 (11): 156-161.

[358] 闫杰, 刘清娟, 热依汗·吾甫尔. 中国对中亚五国直接投资的贸易效应——基于丝绸之路经济带视角的研究 [J]. 上海经济研究, 2017 (3): 58-64.

[359] 闫世伟. 就近城镇化应把握的着力点 [J]. 理论探索, 2014 (4): 106-107.

[360] 闫卫阳, 王发曾, 秦耀辰. 城市空间相互作用理论模型的演进与机理 [J]. 地理科学进展, 2009 (4): 511-518.

[361] 严思齐, 吴群. 土地城镇化与人口城镇化的非协调性和互动关系 [J]. 中国人口·资源与环境, 2016 (11): 28-36.

[362] 颜如春. 中国西部多元城镇化道路探析 [J]. 中国行政管理, 2004 (9): 70-74.

[363] 颜银根. 转移支付、产业跨区转移与区域协调发展 [J]. 财经研究, 2014 (9): 50-61.

[364] 杨朝峰, 赵志耘, 许治. 区域创新能力与经济收敛实证研究 [J]. 中国软科学, 2015 (1): 88-95.

[365] 杨海洋. 中国制造业向海外转移的区位分析 [J]. 国际贸易问题, 2013 (4): 123-138.

[366] 杨宏伟, 郑洁. 丝绸之路经济带沿线省区城镇化可持续发展评价研究 [J]. 新疆农垦经济, 2017 (8): 46-52.

[367] 杨金江, 李德波, 李再龙, 等. 关于边疆民族地区城镇化建设的思考——以西双版纳州景洪市基诺乡为例 [J]. 云南农业大学学报, 2008 (2): 44-47.

[368] 杨开宇. 运用系统动力学分析我国城镇化对水资源供需平衡的影响 [J]. 财政研究, 2013 (6): 10-13.

[369] 杨佩卿. 西部地区新型城镇化动力机制及其测度 [J]. 人文杂志, 2019 (11): 63-73.

[370] 杨忍, 刘彦随, 龙花楼. 中国环渤海地区人口—土地—产业非农化转型协同演化特征 [J]. 地理研究, 2015 (3): 475-486.

[371] 杨世松, 习谏. 我国农村"就地城市化"问题探讨 [J]. 学习论坛, 2006 (5): 72-74.

[372] 杨恕, 王术森. 丝绸之路经济带: 战略构想及其挑战 [J]. 兰州大学学报, 2014 (1): 23-31.

[373] 杨小柳. 民族地区新型城镇化发展路径探略: 基于新发展理念的分析 [J]. 广西民族大学学报 (哲学社会科学版), 2019 (1): 102-108.

[374] 杨新华. 新型城镇化的本质及其动力机制研究——基于市场自组织与政府他组织的视角 [J]. 中国软科学, 2015 (4): 183-192.

[375] 杨雪锋,董晓晨. 不同代际农民工退出宅基地意愿差异及影响因素——基于杭州的调查[J]. 经济理论与经济管理,2015(4):44-56.

[376] 杨勇,杨丹,张明勇. 都市圈城市等级体系的分形特征研究[J]. 管理世界,2011(9):170-171,175.

[377] 杨云善. 河南就近城镇化中的小城镇"空心化"风险及其化解[J]. 中州学刊,2017(1):76-80.

[378] 姚士谋,王肖惠,陈振光. 大城市群内新型城镇化发展的策略问题[J]. 人文地理,2015(4):1-5.

[379] 叶浩,庄大昌,陈少沛,等. 基于逆序的城市数目与累积规模关系探讨[J]. 地理研究,2015(8):1461-1470.

[380] 叶浩,庄大昌. 城市体系规模结构研究的新方法——位序累积规模模型[J]. 地理科学,2017(6):825-832.

[381] 叶建平,申俊喜,胡潇. 中国OFDI逆向技术溢出的区域异质性与动态门限效应[J]. 世界经济研究,2014(10):66-72,89.

[382] 尹宏玲,徐腾. 我国城市人口城镇化与土地城镇化失调特征及差异研究[J]. 城市规划学刊,2013(2):10-15.

[383] 余侃华,蔡辉. 区域旅游经济等级规模结构及其演化研究——以陕西省为例[J]. 城市发展研究,2013(5):128-133.

[384] 袁红清,李荔波. 农村大学生就业质量分析——基于浙江省1514名农村大学毕业生的调查[J]. 农业经济问题,2013(11):65-70.

[385] 苑韶峰,朱从谋,杨丽霞. 人口半城镇化与产业非农化的时空耦合分析——以浙江省67县市为例[J]. 经济地理,2017(3):144-151.

[386] 岳立,杨帆. "丝绸之路经济带"中国与中亚五国能源合作的经验借鉴及路径探析——基于地缘经济视角[J]. 人文杂志,2016(9):23-32.

[387] 岳立,杨玉春,江铃峰. "丝绸之路经济带"绿色全要素能源效率的地区差异及影响因素研究——基于Global Malmquist-Luenberger指数的实证分析[J]. 兰州大学学报,2018(6):158-166.

[388] 岳文泽,徐建华,颉耀文. 甘肃城镇体系结构及其分形模型研究[J]. 地域研究与开发,2004(1):16-20.

[389] 臧良震,苏毅清. 我国新型城镇化水平空间格局及其演变趋势研究[J]. 生态经济,2019(4):81-85,110.

[390] 曾春水,申玉铭,李哲,等. 京津冀城市职能演变特征与优化对策[J]. 经济地理,2018(9):67-77.

[391] 曾鹏, 陈芬. 我国十大城市群等级规模结构特征比较研究 [J]. 科技进步与对策, 2013 (5): 42-46.

[392] 曾鹏, 黄图毅, 阙菲菲. 中国十大城市群空间结构特征比较研究 [J]. 经济地理, 2011 (4): 603-608.

[393] 曾雁冰, 杨天娇, 许玮茜, 等. 老龄化背景下我国医疗保险制度的系统动力学研究 [J]. 中国卫生统计, 2018 (6): 811-816.

[394] 翟羽佳, 周常春, 车震宇. 云南省旅游经济等级规模结构演变规律研究 [J]. 科技与产业, 2018 (1): 36-41, 116.

[395] 张车伟, 蔡翼飞. 中国城镇化格局变动与人口合理分布 [J]. 中国人口科学, 2012 (6): 44-57.

[396] 张鼎如. 中国农村就地城市化刍议 [J]. 中国农学报, 2006 (11): 508-511.

[397] 张广宇, 沈兴菊, 刘韫. 丝绸之路经济带建设背景下的国际区域旅游合作研究 [J]. 四川师范大学学报(社会科学版), 2015 (5): 53-58.

[398] 张国玉, 刘晓红. 边疆地区的城镇化与边疆安全 [J]. 城市问题, 2009 (6): 5-8.

[399] 张海涛, 陆铭俊. 新丝绸之路经济带交通基础设施与城市化——基于高铁和高速公路的研究 [J]. 工业技术经济, 2017 (4): 33-39.

[400] 张继焦, 宋丹. 民族地区的新型城镇化——以特色小镇为例 [J]. 广西大学学报(哲学社会科学版), 2019 (3): 127-134.

[401] 张冀新. 城市群现代产业体系的评价体系构建及指数测算 [J]. 工业技术经济, 2012 (9): 133-138.

[402] 张佳海. 中国城市体系等级规模结构研究 [J]. 经贸实践, 2018 (5): 157, 159.

[403] 张抗私, 李善乐. 我国就业质量评价研究——基于2000~2012年辽宁宏观数据的分析 [J]. 人口与经济, 2015 (6): 62-72.

[404] 张磊, 武友德, 李君, 等. 泛珠江三角洲经济圈城市职能结构特征与分类研究 [J]. 南方人口, 2016 (3): 21-25.

[405] 张鹏, 郝宇彪, 陈卫民. 幸福感、社会融合对户籍迁入城市意愿的影响——基于2011年四省市外来人口微观调查数据的经验分析 [J]. 经济评论, 2014 (1): 58-69.

[406] 张蕊, 白永平, 马卫. 新型城镇化质量与协调性研究——以"新丝绸之路"经济带为例 [J]. 资源开发与市场, 2015 (2): 204-206, 244.

[407] 张绍稳, 徐光远. 城市体系演变规律及其影响因素研究——基于云南省州市面板数据的实证分析 [J]. 云南财经大学学报, 2019 (6): 95-102.

[408] 张泰城, 张小青. 中部地区城镇化的动力机制及路径选择研究 [J]. 经济问题, 2007 (2): 47-49.

[409] 张莞. 四川民族地区乡村旅游与新型城镇化协同发展研究——以阿坝州茂县为例 [J]. 民族学刊, 2019 (3): 21-28, 106-108.

[410] 张文奎, 刘继生, 王力. 论中国城市的职能分类 [J]. 人文地理, 1990 (3): 1-7, 80-88.

[411] 张小刚. 城市资源环境承载力评价方法与提升路径探析 [J]. 湖南社会科学, 2015 (2): 96-100.

[412] 张晓堂, 吴嵩博. 地区间污染产业承接与转型的区位选择: 一个博弈论分析框架 [J]. 中南财经政法大学学报, 2015 (3): 131-138.

[413] 张延平, 王满四, 陈宝星, 等. 劳动密集型产业转移承接地的劳动力供给支撑能力测评 [J]. 统计与决策, 2013 (1): 111-114.

[414] 张莹, 雷国平, 周敏. 中国人口土地产业城镇化的协同演化状况 [J]. 城市问题, 2019 (1): 14-22.

[415] 张勇民, 梁世夫, 郭超然. 民族地区农业现代化与新型城镇化协调发展研究 [J]. 农业经济问题, 2014 (10): 87-94.

[416] 张玉玲, 张捷, 赵文慧. 居民环境后果认知对保护旅游地环境行为影响研究 [J]. 中国人口·资源与环境, 2014 (7): 149-156.

[417] 张裕凤, 孙宇雯, 阿娜力斯. 西部能源经济区城市体系评价 [J]. 中国土地科学, 2016 (9): 57-63, 81.

[418] 张运清. 对托达罗模型解读农村劳动力转移问题的反思 [J]. 社会科学家, 2007 (7): 158-162.

[419] 张占斌, 孙志远. 区域经济建设与城镇化发展的结合——丝绸之路经济带如何带动中西部城镇化发展 [J]. 人民论坛, 2014 (26): 22-24.

[420] 张占斌. 新型城镇化的战略意义和改革难题 [J]. 国家行政学院学报, 2013 (1): 48-54.

[421] 赵春艳. 关于城市群等级规模结构问题的研究——以陕西为例 [J]. 经济问题, 2007 (6): 43-45.

[422] 赵建强. 人口城镇化和土地城镇化的投融资失衡研究 [J]. 财经理论与实践, 2014 (7): 111-116.

[423] 赵金丽, 张璐璐, 宋金平. 京津冀城市群城市体系空间结构及其演变

特征[J].地域研究开发,2018(2):9-13,24.

[424] 赵静,焦华富,宣国富.安徽省城市体系等级规模结构特征及其调整[J].长江流域资源与环境,2005(5):556-560.

[425] 赵俊超.城镇化:改革的突破口[M].北京:中国人民大学出版社,2015.

[426] 赵丽琴,李赟,王志楠.中国城市群网络空间结构特征及影响因素分析[J].统计与决策,2019(14):87-90.

[427] 赵璐,赵作权,王伟.中国东部沿海地区经济空间格局变化[J].经济地理,2014(2):14-18,27.

[428] 赵民,陈晨.我国城镇化的现实情景、理论诠释及政策思考[J].城市规划,2013(12):9-21.

[429] 赵曦,刘天平.西南边疆民族地区经济社会发展战略思路研究[J].西南金融,2012(8):18-21.

[430] 赵志威,王冬艳,李红,等.吉林省城镇化时空差异及协调发展研究[J].地域研究与开发,2017(1):60-65.

[431] 郑永兰,汤绮.新生代农民工就近城镇化意愿影响因素研究——基于江苏省的调查[J].山东科技大学学报(社会科学版),2019(1):79-85.

[432] 郑玉雯,薛伟贤.丝绸之路经济带沿线国家协同发展的驱动因素——基于哈肯模型的分阶段研究[J].中国软科学,2019(2):78-92.

[433] 郑元凯.海峡西岸城市群城市体系规模结构特征与优化[J].金融经济,2008(6):25-27.

[434] 支小军."丝绸之路经济带"沿线兵团城镇空间结构优化与功能布局[J].新疆农垦经济,2014(5):25-30.

[435] 中国经济实验研究院城市生活质量研究中心.经济承压,生活质量满意度稳中有升——2015年中国35个城市生活质量报告[J].经济学动态,2015(9):13-32.

[436] 中国人口与发展研究中心课题组.中国人口城镇化战略研究[J].人口研究,2012(5):3-13.

[437] 钟海燕.民族地区城市体系优化模型分析[J].贵州民族研究,2012(2):109-114.

[438] 钟水映,李春香.乡城人口流动的理论解释:农村人口退出视角——托达罗模型的再修正[J].人口研究,2015(6):13-21.

[439] 钟学思.珠江—西江经济带城市旅游规模差异及位序规模分布研究

[J]. 社会科学家，2015（4）：82-86.

[440] 钟业喜，冯兴华. 长江经济带城市职能结构的演变 [J]. 南通大学学报（社会科学版），2018（1）：34-40.

[441] 钟永光，贾晓菁，钱颖，等. 系统动力学（第二版）[M]. 北京：科学出版社，2013.

[442] 仲俊涛，米文宝，米楠，等. 丝绸之路经济带陆路西北段城市体系与开放性研究 [J]. 地域研究与开发，2016（1）：27-33.

[443] 周飞舟，王绍琛. 农民上楼与资本下乡：城镇化的社会学研究 [J]. 中国社会科学，2015（1）：66-83.

[444] 周霞，王德起，刘海楠，等. 城市群城镇等级体系：理想金字塔与演变趋势——以京津冀为例 [J]. 城市发展研究，2017（6）：23-29.

[445] 周晓晔，付东明，高婧葳. 基于系统动力学的产业集群与城镇化互动发展研究 [J]. 沈阳工业大学学报（社会科学版），2016（1）：47-52.

[446] 周一星，R. 布雷德肖. 中国城市（包括辖县）的工业职能分类——理论、方法和结果 [J]. 地理学报，1988（4）：287-298.

[447] 周一星. 城市地理学 [M]. 北京：商务印书馆，1995.

[448] 周一星，胡智勇. 从航空运输看中国城市体系的空间网络结构 [J]. 地理研究，2002（3）：276-286.

[449] 周毅. 城市化理论的发展与演变 [J]. 城市问题，2009（11）：27-30，97.

[450] 朱博恩，张伯伟，马骆茹. 交通基础设施联通对"丝绸之路经济带"的经济影响研究——基于CGE的模拟分析 [J]. 国际商务（对外经济贸易大学学报），2019（5）：41-55.

[451] 朱传耿，孙姗姗，李志江. 中国人口城市化的影响要素与空间格局 [J]. 地理研究，2008（1）：13-22，241.

[452] 朱东辰，李英. 边疆少数民族地区城镇化建设初探 [J]. 黑龙江民族丛刊，2013（5）：27-31.

[453] 朱高立，邹伟，王雪琪. 经济结构调整对人口城镇化与土地城镇化协调性的影响差异 [J]. 中国人口·资源与环境，2018（5）：93-104.

[454] 朱海强，贡璐，赵晶晶，等. 丝绸之路经济带核心区城镇化与生态环境耦合关系研究进展 [J]. 生态学报，2019（14）：5149-5156.

[455] 朱喜钢. 集中与分散——城市空间结构演化与机制研究（以南京为例）[D]. 南京：南京大学，2000.

[456] 朱显平, 邹向阳. 中国—中亚新丝绸之路经济发展带构想 [J]. 东北亚论坛, 2006 (5): 3-6.

[457] 卓乘风, 白洋, 邓峰. 产业转移、基础设施投资与区域创新能力研究——基于丝绸之路经济带地区面板数据的分析 [J]. 华东经济管理, 2019 (8): 53-59.

[458] Akamatsu K. A Historical Pattern of Economic Growth in Developing Countries [J]. The Developing Economies, 1962 (1): 3-25.

[459] Alfeld L. E., Graham A. K. Introduction to Urban Dynamics [M]. Cambridge Wright-Allen Press, 1976.

[460] Andersen H. T., Lasse Mãller-Jensen, Engelstoft S. The End of Urbanization? Towards a New Urban Concept or Rethinking Urbanization [J]. European Planning Studies, 2011, 19 (4): 595-611.

[461] Anselin L. Local Indicators of Spatial Association—LISA [J]. Geographical Analysis, 1995, 27 (2): 93-115.

[462] Asheim B., Dunford M. Regional Futures [J]. Regional Studies, 1997, 31 (5): 445-455.

[463] Auerbach F. Das Gesetz der Bevolkerung-skoncentration [J]. Petermanns Geographische Mitteilungen, 1913, 59 (11): 74-76.

[464] Aurousseau M. The Distribution of Population: A Constructive Problem [J]. Geographical Review, 1921, 11 (4): 563-592.

[465] Bourne L. S. Internal Structure of the City: Readings on Urban Form, Growth, and Policy [M]. New York: Oxford University Press, 1982.

[466] Chant C. The Preindustrial Cities and Technology Reader [M]. London: Routledge, 1999.

[467] Chen M. X., Liu W. D., Lu D. D., et al. Progress of China's New-type Urbanization Construction since 2014: a Preliminary Assessment [J]. Cities, 2018, 78 (8): 180-193.

[468] Colin C., David G. Preindustrial Cities & Technology [M]. Londong: Routledge, 1999.

[469] Diener E. Subjective Well-being: The Science of Happiness and a Porposal for a National Index [J]. American Psychologist, 2000, 55 (1): 34-43.

[470] Dunning J. H. The Eclectic Paradigm of International Production: A Restatement and Some Possible Extension [J]. Journal of International Business Studies,

1988, 19 (1): 1-31.

[471] Ebanks G. E., Cheng C. China: A Unique Uurbanization Model [J]. Asia-Pacific Population Journal/United Nations, 1990, 5 (3): 29-50.

[472] Forrester J. W. Industrial Dynamics: A Major Breakthrough for Decision Makers [J]. Harvard Business Review, 1958 (4): 37-66.

[473] Forrester J. W. Urban Danamics [M]. Pegasus Communications, Inc, 1969.

[474] Friedmann J. Four Theses in the Study of China's Uurbanization [J]. Modern Urban Research, 2007 (7): 440-451.

[475] Getis A., Ord J. K. The Analysis of Spatial Association by Use of Distance Statistics [J]. Geographical Analysis, 1992, 24 (3): 189-206.

[476] Gottman J. Megalopolis or the Urbanization of the Northeastern Seaboard [J]. Economic Geography, 1957, 33 (3): 189-220.

[477] Hagerstrand T. Innovation Diffusion as a Spatial Process [M]. Chicago U P, 1953.

[478] Harris C. D., Boggs D. J., Kathawala Y., et al. What Influences Americans Versus Kuwaitis to Accept an International Assignment [J]. The Journal of International Business Research and Practice, 2014 (8): 5-18.

[479] Henderson V. The Urbanization Process and Economic Growth: The So-what Question [J]. Journal of Economic Growth, 2003, 8 (1): 47-71.

[480] Howard E. Tomorrow: A Peaceful Path to Real Reform [J]. Routledge Abingdon UK, 1994, 6 (10): 139.

[481] Hunt G. L., Richard E. M. North American Migration: Return to Skill, Border Effects, and Mobility Costs [J]. Review of Ecoonomics and Statistics, 2004, 86 (4): 988-1007.

[482] Jewson N., Macgregor S. Transforming Cities: Contested Governance and New Spatial Divisions [M]. London: Routledge, 1997.

[483] Joreskog K. G., Sorbom D. LISREL7: A Guide to the Program and Applications [M]. Chicago: SPSS Pubications, 1989.

[484] Kojima K. Direct Foreign Investment: A Japanese Model of Multinational Business Operations [M]. New York: Praeger, 1978.

[485] Liu S., Li X., Zhang M. Scenario Analysis on Uurbanization and Rural-urban Migration in China [R]. International Institute of Applied Systems Analysis,

Laxenburg, Austria, 2003: 2 - 15.

[486] Luis D. S. , Isabel M. , Paula B. Measuring Subjective Quality of Life: A Survey to Porto's Residents [J]. Applied Research in Quality of Life, 2007, 2 (1): 51 - 64.

[487] Mass N. J. Readings in Urban Dynamics (Ⅰ) [M]. Cambridge Wright - Allen Press, 1974.

[488] Maxwell J. W. The Functional Structure of Canadian Cities: A Classification of Cities [J]. Geographical Bulletin, 1965, 7 (2): 79 - 104.

[489] Mohammad R. R. , Hossain M. , Mohammad H. S. Evaluating Quality of Life in Urban Areas (case study: Noorabad city, Iran) [J]. Social Indicators Research, 2013, 112 (1): 203 - 220.

[490] Moir H. Relationships between Urbanization Levels and the Industrial Structure of the Labor Force [J]. Economic Development and Cultural Change, 1976, 25 (1): 123 - 135.

[491] Moran P. A. P. The Interpretation of Statistical Maps [J]. Journal of the Royal Statistical Societ, 1948, 10 (2): 243 - 251.

[492] Morris A. History of Urban Form before the Industrial Revolution [M]. Longman Scientific & Technical, 1994.

[493] Myrdal G. Economic Theory and Underdeveloped Regions [M]. London: Duckworth, 1957.

[494] Perroux F. Economic Space, Theory and Applications [J]. Quarterly Journal of Economics, 1950, 64 (1): 89 - 104.

[495] Porter M. E. The Competitive Advantage of Nations [M]. The Free Press, 1990.

[496] Schroeder W. W. , Sweeney R. E. , Alfeld L. E. Reading in Urban Dynamics (Ⅱ) [M]. Cambridge Wright - Allen Press, 1975.

[497] Shen L. , Peng Y. , Zhang X. , et al. An Alternative Model for Evaluating Sustainable Urbanization [J]. Cities, 2012, 29 (1): 32 - 39.

[498] Tavernia B. G. , Reed J. M. Spatial Extent and Habitat Context Influence the Nature and Strength of Relationships between Urbanization Measures [J]. Landscape and Urban Planning, 2009, 92 (1): 0 - 52.

[499] Vernon R. International Investment and International Trade in Product Cycle [J]. Quarterly Journal of Economics, 1966, 80 (5): 197 - 207.

[500] Vresk M., Vresk M. The Functional Structure and the Functional Classification of Cities and Towns in Croatia [J]. Geografski Glasnik, 1996, 58 (1): 51–67.

[501] Zhu Y. Changing Uurbanization Processes and in Siturural-urban Transformation: Reflections on China's Settlement Definitions [M]. New Forms of Urbanization, Aldershot: Ashgate, 2004.

[502] Zipf G. K. Human Behaviour and the Principle of Least Effort [M]. Addison – Wesley, Reading MA, 1949.

后 记

本书是广西师范大学经济管理学院蒋团标教授主持的 2015 年度国家社会科学基金一般项目《西南边疆民族地区丝绸之路经济带建设中城镇化多元格局实现路径研究》（15BMZ080）的研究成果，该课题已于 2020 年 12 月以"优秀"等级结题。同时，本书也是广西高校人文社会科学重点建设研究基地"西南城市与区域发展研究中心"和广西东融智库中心重要的研究成果之一，是集体创作的成果。

中国社会科学院民族学与人类学研究所刘小珉研究员和广西社会科学院经济发展与战略决策研究学部主任杨鹏研究员为本书提出了宝贵的修改意见并欣然做序。在本书即将付梓之际，谨向两位专家表示最衷心的感谢。

项目获得立项后，课题组做了大量的调查准备工作，在走访广西壮族自治区工业和信息化委员会、发展与改革委员会、政府发展研究中心、科学技术厅等职能部门的基础上，设计了调查问卷，编制了调研提纲，确定了评价指标和评价方法。并组织了 60 多名在校研究生、本科生的暑期社会实践团队，参与了由共青团中央学校部、教育部新闻办、新浪微博主办的"丝路新世界，青春中国梦"全国大学生"圆梦中国"暑期社会实践专项行动，奔赴云南、贵州、广西多地就西南边疆民族地区丝绸之路经济带建设中城镇化建设问题展开实地调研。团队的"民心相通：城镇化进程与民生改善"实践团队获评"全国优秀团队"，完成的 15 万字的调研报告《"一带一路"建设下西南民族地区城镇化路径与民生改善考察》获评"全国优秀调研报告"，研究成果入选 2015 年"丝路新世界 青春中国梦"青年观察白皮书。

课题组在深入调查研究的基础上，参阅大量文献与数据，历时 5 年，最后完成了 30 余万字的课题研究报告（专著）《西南边疆民族地区丝绸之路经济带建设中城镇化多元格局实现路径研究》并公开出版，旨在通过揭示丝绸之路经济带与西南边疆民族地区城镇化多元格局关系，认识西南边疆民族地区丝绸之路经济带建设中城镇化多元格局形成的主要影响因素及实现路径，为国家在扩大对外经济合作和交流，特别是对目前的丝绸之路经济带效应影响下的广西、云南、贵州、重庆、四川和西北的陕西、甘肃、青海、宁夏、新疆等及内蒙古等省份的城镇化多元格局问题提供示范和参考。

本书的作者名单如下：向丽（贺州学院经济与管理学院副教授）、蒋团标（广西师范大学经济管理学院教授）、裴金平（桂林电子科技大学商学院副教授）、罗艳（广西师范大学经济管理学院讲师）、覃顺梅（桂林航天工业学院外语外贸学院副教授）、廉超（广西师范大学马克思主义学院副研究员）、陆凤娟（原广西师范大学经济管理学院硕士研究生，现为广西金融学会干部）、刘慧（原广西师范大学经济管理学院硕士研究生，现为安徽弘毅城市发展研究有限公司研究部项目经理）、朱本慧（原广西师范大学经济管理学院硕士研究生，现为中国工商银行股份有限公司济宁分行员工）、刘一笑（原广西师范大学经济管理学院硕士研究生，现为国家税务总局平顶山市卫东区税务局干部）、蒋睿（美国伊利若伊大学香槟分校劳动关系学院人力资源与劳资关系专业研究生）。

全书由蒋团标、向丽拟定思路与大纲，并由向丽、蒋团标进行统稿修订完成。各章分工合作完成，具体分工如下：第一章由蒋团标、刘慧、刘一笑完成；第二章由蒋团标、陆凤娟、朱本慧完成；第三章由罗艳完成；第四章由裴金平完成；第五章由覃顺梅完成；第六章由裴金平、廉超完成；第七章由向丽、蒋睿完成；第八章由向丽完成；第九章由蒋团标、陆凤娟、刘慧完成。

课题从立项到实施，以及成书出版均得到了广西师范大学社会科学研究处、广西师范大学经济管理学院、贺州学院领导的大力支持与帮助；在课题调研过程中，得到了广西壮族自治区、云南省、贵州省及相关市县工信委、发改委等相关部门的大力协助和支持，书稿的出版得到经济科学出版社领导及李晓杰编辑的大力支持，在此表示衷心感谢。广西师范大学钟学思教授、张海丰副教授也参与了课题部分调研并为课题研究提出了珍贵意见，同时也对参与调研同学们的辛勤付出，在此一并特致诚挚谢意。书中有关引用资料、图片大多数已经标注，但有些一时找不到出处，除一并感谢外烦请有关作者与我们联系。